Liebe Lilo, lieber Dieter,

wenn es Menschen gibt, die an Dich denken und Dir verbunden sind, dann bist Du ein reich beschenkter Mensch, dann bist Du nicht allein. Dafür danke ich in ganz besonderer Weise Dir, liebe Lilo.
Laßt Euch beim Lesen in meine einstige Traumwelt entführen, kommt mit in fremde Länder und zu anderen Menschen, taucht ein in die Welt der grenzenlosen Freiheit auf dem Meere, erlebt hautnah das kleine Abenteuer und spürt das Prickeln im Bauch, wenn Ihr in Gedanken mit uns auf Sturmfahrt geht.

Herzlichst
Eure
Edda

Dreieich, den 07.09.1994

Edda und Werner Goldbeck

Vom Orient zum Okzident

8000 Seemeilen durchs Mittelmeer

Pietsch Verlag Stuttgart

Einbandgestaltung:
Johann Walentek unter Verwendung eines Dias der Autoren.

Bildnachweis:
Alle Fotos und Kartenskizzen stammen von den Autoren.
Das Bild auf Seite 53 »Schleichfahrt durch den berühmten Isthmus von Korinth« wurde freundlicherweise zur Verfügung gestellt vom R. G. Fischer Verlag, Orber Straße 30, 60386 Frankfurt/Main, aus dem Buch von Edda und Werner Goldbeck »Vom Ostseestrand zum Wüstensand« erschienen 1984, 2. überarbeitete Auflage 1987.

Für die Zeichnungen danken wir unserem Freund Ben-Zion Pechtholt (Tel-Aviv).

ISBN 3-613-50193-7

1. Auflage 1994

Satz: primustype Hurler GmbH, Notzingen.
Druck: Druckerei Karl Weinbrenner & Söhne, 70771 Leinfelden/Echterdingen.
Bindung: Großbuchbinderei Heinrich Koch, 72072 Tübingen.
Printed in Germany.

Inhalt

Vorwort

Wer das Mittelmeer für eine hinlänglich bekannte Größe hält, darf sich als Skipper getrost auf Überraschungen gefaßt machen. Es ist ein Meer mit tausend Gesichtern, zwischen drei Kontinenten gelegen, ... ein Meer mit unzähligen Inseln und vielen Namen, ein Meer, an dessen Küsten unterschiedlichste Landschaften Menschen und Kulturen geprägt haben.
Einstmals das Meer der Alten Welt mit einem winzigen, kleinen Zugang zum Atlantischen Ozean, den erst nach Jahrtausenden mutige Seefahrer überquerten und an den Küsten der Neuen Welt landeten.
Für den Motorbootler ist das Mittelmeer das Meer der grenzenlosen Freiheit. An den Küsten dreier Kontinente – Europa, Asien und Afrika – haben wir viele Gesichter dieses einzigartigen Meeres kennengelernt. Wir haben mit ihm gerungen und es besiegt, haben beglückendes Freisein gespürt und Ängste ausgestanden, haben uns ihm anvertraut und sind wie im Rausch dahingeschwebt.
Wir erzählen von Erlebnissen, die uns begeisterten, und wir spüren Schauder über den Rücken laufen, wenn wir von durchlittenen Ängsten berichten. Darüber hinaus informieren wir sachlich und detailliert, geben Tips und Ratschläge. Wer daran denkt oder zunächst nur davon träumt, einmal das Mittelmeer auf eigenem Kiel in kleineren oder größeren Etappen erobern zu wollen, wird sich von diesem Buch anregen lassen und zugleich beim Lesen erfahren, was auf ihn zukommen könnte. Eine Abenteuerreise, eine ungewöhnliche Reise, eine an- und auch aufregende Reise wird es ganz gewiß werden. Was für den Segler die Weltumseglung, ist für den Motorbootler die Durchquerung des Mittelmeeres.
Skipper ahoi!

Edda und Werner Goldbeck
Dreieich, im Februar 1994

Das Mittelm

Atlantischer Ozean
Frankreich
Schweiz
Spanien
Italien
Marokko
Algerien
Tunesien
Venedig
Pula
Genua
Ravenna
Monaco
Marseille
San Remo
Toulon
Nizza
Livorno
Ancona
Hyerische Inseln
Elba
Bastia
Korsika
Ajaccio
Rom
Barcelona
Tarragona
Pontinische Inseln
Ischia
Capri
Balearen
Valencia
Palma
Menorca
Mallorca
Cabrera
Ibiza
Espalmador
Formentera
Alicante
Cartagena
Sassari
Sardinien
Cagliari
Malaga
Almeria
Gibraltar
Ceuta
Tanger
Alboran
Ägadische Inseln
Palermo
Trápani
Sizilien
Kap Bon
Mazara del Vallo
Algier
Tunis
Kélibia
Pantelleria
Gozo
Pelagische Inseln
Linosa
Lampedusa
Sousse
Sfax
Kerkennah
Gabès
Djerba
Tripolis

seine Länder

Vorbemerkung zu den jeweiligen Törninfos

Auf die Angabe gesetzlicher Bestimmungen der einzelnen Länder bei Ein- und Ausreise haben wir mit voller Absicht verzichtet, da diese ständigen Änderungen unterliegen. Wir empfehlen, die einschlägigen Bestimmungen den Informationsschriften der Wassersportverbände oder den wassertouristischen Informationen des Referats Sportschifffahrt des ADAC zu entnehmen. Sie liegen für die meisten Mittelmeerländer vor und sind kostenlos erhältlich.
Wir haben in unseren Törninfos Hinweise für Trailerkapitäne gegeben, da sich etwa neun der dreizehn beschriebenen Törns im Rahmen einer Urlaubsreise nachvollziehen lassen.
Die Nummern der Seekarten sind dem Katalog »Seekarten und Seebücher für Sportschiffer« entnommen, herausgegeben von *Bade & Hornig GmbH, Herrengraben 31, 20459 Hamburg oder Postfach 112045, 20420 Hamburg, Telefon (040) 374811-0, Fax (040) 366400, Telex 213136 dsbi*
Die Buchstaben vor den Seekartennummern geben das Herausgeberland derselben an: D für deutsche Seekarten, BA für britische Seekarten (British Admiralty, E für englische, seit Jahren nicht mehr benutzt), Sp für spanische, F für französische, I für italienische, YU für jugoslawische und T für türkische.

Seekarten
D 707, D 705, D 672, D 670, D 669, D 661, D 659, D 658, D 604, E 2072, T 324, T 323, T 322, T 321, T 313, T 312, T 311, T 224, T 223, T 222

Handbücher
Axel Kramer, Ägais Ost, Tulln / Österreich.
Seehandbuch Teil V, Die Levante, DHI, Hamburg.
Hafenhandbuch der Kreuzerabteilung, Mittelmeer Teil V, DSV, Hamburg.
Andrea Horn / Wyn Hoop, Kreuzen zwischen Türkischer Küste und Ostgriechischen Inseln, Hamburg.
Gerd Radspieler, Häfen und Ankerplätze Griechenland, Teile 1, 2, 3, 4, Bielefeld
H. M. Denham, Ionische Inseln, Kreta, Rhodos, Bielefeld.
H. M. Denham, Die Ägäis, Bielefeld.
Yachtfunkdienst Mittelmeer, DHI, Hamburg.

Informationsschriften
Info-Mappe, Israels Küstengewässer, Staatliches Verkehrsbüro, Frankfurt / Main.
Merkblatt, Wassersport in der Türkei, DSV, Hamburg.
Yachting in Griechenland, Griechische Zentrale für Fremdenverkehr, München.

Vom Orient zum Okzident

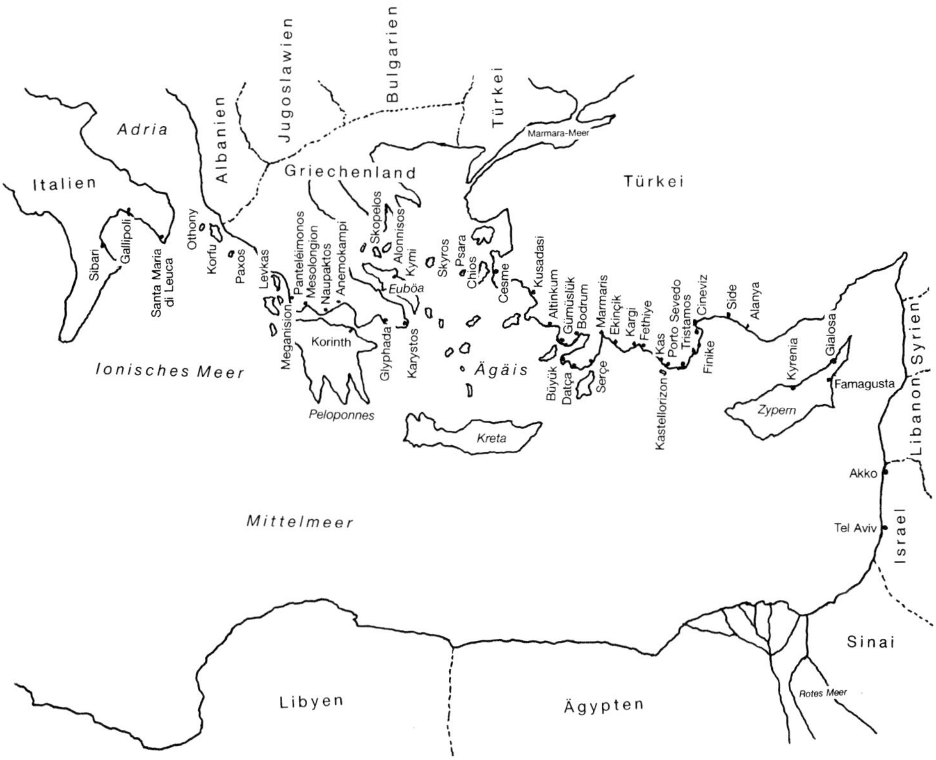

Törninfos

Etappen	sm (Seemeilen)
Tel Aviv / Israel – Akko	60,1
Akko – Famagusta / Nordzypern	159,4
Famagusta – Gialosa	82,4
Gialosa – Kyrenia	49,4
Kyrenia – Alanya / Türkei	102,6
Alanya – Side	35,5
Side – Cineviz	55,0
Cineviz – Finike	28,4
Finike – Tristamos	19,1
Tristamos – Kas	16,1
Kas – Porto Sevedo	2,0
Porto Sevedo – Kastellorizon	4,6
Kastellorizon – Fethiye	52,3
Fethiye – Kargi Liman	13,9
Kargi Liman – Ekinçik	29,1
Ekinçik – Marmaris	20,8
Marmaris – Serçe Limani	24,6
Serçe Limani – Datça	24,6
Datça – Büyük Limani	21,5
Büyük Limani – Bodrum	27.1
Bodrum – Gümüslük	18,2
Gümüslük – Altinkum	30,5
Altinkum – Kusadasi	47,7
Kusadasi – Cesme	66,4
Cesme – Chios / Griechenland	8,8
Chios – Psara	44,2
Psara – Skyros	60,9
Skyros – Alonnisos	40,4
Alonnisos – Skopelos	8,7
Skopelos – Skiathos	16,5
Skiathos – Skopelos	15,1
Skopelos – Kymi	39,2
Kymi – Karystos	59,5
Karystos – Glyphada	56,7
Glyphada – Korinth	41,5
Korinth – Anemokampi	37,6

Anemokampi – Naupaktos	29,6
Naupaktos – Mesolongion	25,8
Mesolongion – Panteléimonos	34,6
Panteléimonos – Meganision	20,6
Meganision – Levkas	12,1
Levkas – Mongonisi / Paxos	33,0
Mongonisi – Gaios / Paxos	1,5
Gaios – Korfu	31,3
Korfu – Othony	36,9
Othony – Santa Maria di Leuca / Italien	47,9
Santa Maria di Leuca – Gallipoli	32,6
Gallipoli – Sibari	76,3
	1802,6
	(3338,4 km)

Israel – Shalom

Ungläubig betrachtet der Emigration Officer in seinem Büro in der Marina Tel Aviv unsere Papiere: »Wo wollen Sie herkommen? Aus Deutschland? Mit dem Boot? Mit einem Motorboot, mit nur einer Maschine? Und – nur Sie beide allein?« Er kann es nicht fassen. Immer wieder überprüft er unsere Pässe und versäumt es nicht, die diversen Ein- und Ausreisestempel zu studieren. Er ist ernsthaft beeindruckt: »Sie sind die ersten, die mit einem Motorboot von Deutschland nach Israel geschippert sind. Welcome in Israel! Segler hatten wir schon einige hier, doch Motorbootler, dazu mit einem so kleinen Motorboot. Das war noch nie da! Wie sind Sie bloß auf diese Idee gekommen?«
Wir erzählen: »Seit Jahren war es unser Traum, auf eigenem Kiel im Mittelmeer zu kreuzen. Im vergangenen Jahr dann wurde aus diesem langgehegten Traum Wirklichkeit. Wir schipperten mit unserer *Cora III* vom Rhein über die Mosel, über französische Kanäle, Saône und Rhône ins Mittelmeer. Entlang der Küsten Frankreichs und Italiens gelangen wir nach Sibari im Golf von Tarent. In diesem Jahr haben wir die Reise fortgesetzt. Über Griechenland, die Ägäis, die türkische Südküste, Zypern und den Libanon sind wir nach Israel gelangt. Hier in Tel Aviv nun soll *Cora III* überwintern.«
Der Zoll stimmt zu. Es gibt keine Probleme. *Cora* wird an Land gesetzt. Wir sind aller Sorgen ledig. Die Marina ist Tag und Nacht von der Polizei strengstens bewacht (siehe Hafenporträt).
Als wir im Frühling des darauffolgenden Jahres in Tel Aviv einfliegen, haben wir uns vorgenommen, das Heilige Land kennenzulernen, ehe wir weiterreisen. Jerusalem, Massada, das Tote Meer, Genezareth, Bethlehem, Eilat mit seinem Unterwasserobservatorium im Roten Meer, all dies sind Stätten, die wir besuchen. Die Krönung ist schließlich ein Abstecher ins Land der Pharaonen, nach Ägypten!
Mit dem Bus ab Tel Aviv, quer durch den Sinai, über den Suezkanal nach Kairo und weiter per Flugzeug nach Theben zu den Königsgräbern. Eine Nilkreuzfahrt nach Assuan ist eindrucksvoller Abschluß der Reise.
Wieder in Tel Aviv, wird *Cora* für den Törn zurück zum Okzident, zurück nach Sibari / Italien, vorbereitet. Sie muß sich einer kosmetischen Behandlung unterziehen. Das Wichtigste allerdings ist die Wartung des Motors! Da tritt unser Freund Ben-Zion auf den Plan. Von Beruf ist er Ingenieur und Schulungsleiter bei Ford. Der Motor im Bauch der *Cora* ist ein Ford-Mercraft. Wir bitten Benzi, uns einen Fachmann aus seiner Firma zu schicken. »Sehen wir«, sagt er nachdenklich. Der Fachmann kommt. Es ist Benzi selbst. Sorgfältig hat er alle technischen Daten des Motors studiert. Sach- und fachgerecht geht er ans Werk. Die Probefahrt zum Schluß verläuft zu aller Zufriedenheit.
Der Abschied von Tel Aviv fällt schwer. Wehmütig blicken uns unsere Freunde nach und winken. Auch uns geht der Abschied nah. Langsam verläßt *Cora* die Marina, Kurs Akko. Die Silhouette Tel Avivs versinkt im Morgennebel.
Der Hafen Akko, wenige Seemeilen nördlich von Haifa gelegen, beherbergt eine kleine Marina (siehe Hafenporträt). Akko selbst ist eine 4000 Jahre alte, vornehmlich arabisch besiedelte Stadt. Typisch orientalisches Leben und Treiben in den engen Altstadtgassen

zieht uns magisch an. Kleinste Läden bieten alles, was wir uns nur denken können. Natürlich wird gefeilscht und gehandelt. Es macht den Arabern offensichtlich Spaß, überhöhte Preise zu fordern, um schließlich weit darunter zu verkaufen.
Überall, wo in den vergangenen Jahrhunderten Kreuzritter ihre Macht ausübten, haben sie auch Zeichen dieser Macht hinterlassen. Eine ausgedehnte Festungsanlage mit zahlreichen Katakomben und unterirdischen Gängen lohnt zu besuchen. Am Eingang zur Gruft des Heiligen Johannes befindet sich heute eine kleine Zweigstelle der Post. Ein anderer Teil der Katakomben ist umfunktioniert zu einem Touristen-Center mit Shops aus aller Herren Länder.
Akko ist leider kein Port of Entry. Wir müssen – bevor wir Israel verlassen – die notwendigen Ausklarierungsformalitäten mit Genehmigung der örtlichen Polizei bei den zuständigen Behörden in Haifa erledigen (siehe Hafenporträt).
Als der Wettergott ein Einsehen hat – die Vorhersage für die folgenden 24 Stunden lautet: teilweise bewölkt, westliche Winde Beaufort 4, Dünung 1 bis 3 – holt uns der Wecker um 2.30 Uhr aus den Kojen. Um 3.05 Uhr brummt der Diesel. Wir tasten uns vorsichtig aus dem Hafen, denn es ist noch dunkel. Mit dem Handscheinwerfer versuchen wir, die undefinierbare Bojenmarkierung der Hafenausfahrt auszumachen.
Als der Leuchtturm von Akko achterlich zu peilen ist, nehmen wir Funkkontakt mit der israelischen Navy auf. Das übliche Frage- und Antwortspiel läuft ab: Schiffsname, Personenzahl an Bord, Kurs, Geschwindigkeit und Zielhafen.
Ein Handicap auf unserem Kurs bilden die vielen ausgelegten Fischernetze, dürftig beleuchtet, aber gerade noch rechtzeitig auszumachen. Nach etwa einer Stunde tönt es aus dem Funkgerät: »*Cora III, Cora III* for Israeli Navy!« Wir melden uns umgehend. Verlangt werden Position, Entfernung von Akko, nochmals Kurs und Geschwindigkeit. Dann wünscht uns der Marinesoldat am Funkgerät: »Good luck« und sagt: »Shalom«.
Noch immer pechschwarze Nacht! Der Autopilot arbeitet zuverlässig und hält *Cora* auf Kurs. Es ist etwa eine halbe Stunde vergangen, als wir urplötzlich in taghelles, grelles Scheinwerferlicht von achtern getaucht werden. Das Licht kommt näher und näher. Der Scheinwerfer sucht und sucht offensichtlich nach Schiffsnamen und Flagge. Wir gehen in die Plicht, halten die Hände schützend vor die Augen und strecken unsere Flagge, damit sie erkannt werde. Währenddessen zieht unser Boot mit unverminderter Geschwindigkeit seine Bahn. Der Scheinwerfer tastet am Bootsrumpf entlang. Der am Bug deutlich sichtbare Schiffsname wird nunmehr identifiziert. Der Scheinwerfer verlischt. Wir können erkennen, daß es sich um ein Kontrollboot der israelischen Navy handelt. Mit aufkommendem Gefühl der Wehmut stehen wir in der Plicht und winken ihnen nach. Das Boot verschwindet in der Nacht. Israel - Shalom!

Nordzypern – wir kommen

Die Morgendämmerung bricht herein. Die Sonne geht auf. Der Wind erwacht. Gegen 9 Uhr schläft er wieder ein. Das Meer wird ruhiger und nahezu spiegelglatt. Wir können es kaum fassen, einen solchen Tag für die 160 Seemeilen (sm) weite Überfahrt nach Zypern erwischt zu haben.
Am frühen Abend erreichen wir Kap Greco. Von da aus laufen wir unter der Küste entlang. Im rotgoldenen Licht der untergehenden Sonne liegt Famagusta vor uns. Zielstrebig und unbeirrt steuern wir eine Hafeneinfahrt an. Um es vorwegzunehmen: »Es ist die falsche!« Ein schnelles Motorboot mit Außenborder – besetzt mit fünf Soldaten – von denen einer eine Maschinenpistole trägt, hält plötzlich auf uns zu. »Werden wir nun auch vor Nordzypern wie im letzten Jahr bereits vor Israels Küste auf See abgefangen und kontrolliert?« murrt die Bordfrau.
Wir atmen kräftig durch – und stoppen. Das Kontrollboot geht backbord längsseits. Die

Die Häscher an der Leine? Vor Famagusta / Nordzypern ist das den stolzen Militärs noch einmal erspart geblieben.

Soldaten begutachten uns und unser Gefährt, registrieren Schiffsnamen und Nationalität, aber sprechen zunächst kein Wort mit uns. Die Maschinenpistole stets im Anschlag. Da wir noch keine Flagge von Nordzypern besitzen, führen wir als Gastlandsflagge am höchsten Punkt des Bootes die türkische. Dies hat, wie sich später herausstellt, zu einem folgenschwerem Irrtum geführt, denn unsere Nationalität ist schlichtweg übersehen worden.
Ein für uns nicht zu verstehendes Telefongespräch von Bord des Motorbootes folgt. Wir blicken uns verständnislos an: »Was soll das alles?« Schließlich bedeuten uns die Soldaten, ihnen zu folgen. Sie würden uns zur richtigen Hafeneinfahrt geleiten. Da streikt der Außenborder. Selbstverständlich bieten wir eine Leine an, um ihr Boot abzuschleppen. Unser Angebot wird energisch zurückgewiesen und strikt abgelehnt. Wir müssen warten. Schließlich bringen die findigen Jungs den Motor wieder in Gang. »Schade«, denken wir, »zu gerne hätten wir das zu unserer Kontrolle ausgesandte Boot in Schlepp genommen und mit einem schadenfrohen Lächeln bei der zuständigen Dienststelle im Hafen abgeliefert.«
So aber folgen wir ihnen wie geheißen. Unter militärischer Bewachung sind wir noch nie in einen Hafen eingelaufen. Vor der Polizeistation haben wir festzumachen. Größeres Palaver zwischen den Soldaten und den auf dem Kai wartenden Polizei- und Zollbeamten. Schließlich verlangen sie unsere Pässe. Nach gewissenhafter Überprüfung legt das immer noch neben uns liegende Kontrollboot ab.
Nunmehr werden wir freundlich und zuvorkommend behandelt. Die Einklarierungsformalitäten sind flugs erledigt. Abschließend erfahren wir, es würden später noch zwei Be-

amte in Zivil erscheinen, um uns zu befragen. Dies empfinden wir als merkwürdig. Warum eine Befragung? Doch ausgelaugt und hundemüde denken wir nicht weiter darüber nach und essen zu Abend. Dann klopft es. Die avisierten Beamten bitten, an Bord kommen zu dürfen. Sie ersuchen um Auskunft, wo wir herkämen und wollen wissen, auf welchen Kursen wir gelaufen sind. Sie verlangen Einsicht in unsere Seekarte. Als sie feststellen, daß in ihr kein Sperrgebiet vor Famagusta ausgewiesen ist, eröffnen sie uns, daß wir in ein solches der auf Zypern stationierten UN-Truppen eingelaufen sind. Das sei auch der Grund für ihr Erscheinen auf See. Die im August 1983 amtlich berichtigte Seekarte ist eben doch nicht richtig! Sie spricht uns von jedem Fehlverhalten frei (siehe Nachwort). Nichtsahnend haben wir Rückfragen der UN-Truppen beim nordzyprischen und beim türkischen Außenministerium ausgelöst, als unser Boot – fälschlicherweise als türkisches Schiff angenommen – nach Überschreiten der Demarkationslinie im Sperrgebiet ausgemacht wurde. Ein ausführliches Protokoll wird aufgenommen. Der Käpt'n muß es unterzeichnen. Die Angelegenheit ist damit erledigt. »Nur gut, daß uns UN-Soldaten aufgebracht haben«, denken wir. »Glück gehabt!«
Am nächsten Morgen wird uns ein Liegeplatz zugewiesen, an dem wir ungestört sein würden. Das Ungestörtsein ist relativ, denn im Hafen herrscht Hochbetrieb. Es ist Orangensaison. Frachtschiffe aller Herren Länder übernehmen ihre fruchtige Ladung (siehe Hafenporträts).

Rendezvous mit Kyrenia

Der reizvollste Ort Nordzyperns ist Kyrenia oder – wie die Türken sagen – Girne. Er ist unser nächstes Ziel. 130 sm sind zu bewältigen. Bei ruhiger See heißt es an Bord: Leinen los! Um 5 Uhr früh – die Dämmerung bricht gerade herein – verlassen wir den sicheren Hafen von Famagusta, türkisch Magosa. Zuvor haben wir uns beim Hafenmeister nach eventuellen weiteren Sperrgebieten erkundigt. Gebranntes Kind scheut Feuer!
Das nadelspitze Kap Andreas am äußersten Punkt des nach Nordosten ausgestreckten Zeigefingers der Insel Zypern gehört dazu. Deshalb runden wir es in gebührendem Abstand. Ein An-Land-Gehen ist strengstens untersagt. Das Apostel-Andreas-Kloster, fast am äußersten Ende dieser Halbinsel, läßt sich nur mit besonderer Erlaubnis der Regierung in Nikosia / Lefkosa besuchen. Uns muß der Blick von See her genügen. Sichtbar warnende Mahnung für die Gefährlichkeit des Kaps sind die Wracks dreier an den Klippen zerschellter Schiffe. Ein grauenerregender Anblick!
Kaum haben wir das Kap gerundet, steht uns ein kräftiger Westwind entgegen. Nach 80 sm erreichen wir die Bucht von Gialosa. Sie liegt am Fuße der hoch über dem Meeresspiegel gelegenen Burgruine Kantara. Sie ist eine der drei byzantinischen Festungen, die als Wach- und Wehrposten zum Schutze des Nordteils der Insel errichtet wurden. Die anderen beiden sind Buffavento und St. Hilarion nahe Kyrenia.
Die Gialosa-Bucht bietet guten Schutz vor westlichen Winden, ist aber teilweise recht untief und erfordert daher ein sorgfältiges Ausloten des Ankerplatzes. Nach einer ruhigen Nacht legen wir am frühen Morgen startend die letzten 50 sm nach Kyrenia zurück.
Schon von weitem grüßt das mächtige Kreuzritter-Kastell und macht es daher leicht, den kleinen Rundhafen von Kyrenia anzusteuern. Er bietet bei jeder Wetterlage sicheren Schutz. Eine reizvolle, südländische Kulisse breitet sich um den Hafen aus. Im Schatten des Kastells, rings um das Hafenbecken gruppiert, befinden sich kleine Shops, Bars und Spezialitätenrestaurants! Bunte Sonnenschirme, darunter hübschgedeckte Tische, stehen bis an die Kaimauer. Der gesamte Hafenbereich ist Fußgängerzone. Alles strahlt Ruhe und Beschaulichkeit aus.
Am Abend belebt sich die Szene, besonders an Tagen vor Ankunft der Fähre. Neugierige und Abholer erwarten die wenigen Touristen, die aus der Türkei übersetzen. Drei-

mal wöchentlich findet dieses große Ereignis statt. Andere bewundern und begutachten die Segelyachten, die sich hier und da zwischen die Fischkutter gelegt haben. Während unseres Aufenthaltes sind es je eine aus Frankreich, England und Dänemark. Wir tanzen wie immer mit unserem Motorboot aus der Reihe.
Natürlich braucht *Cora* wieder Kraftstoff. Per Tankwagen, telefonisch durch einen der hilfsbereiten Zollbeamten herbeizitiert, erhalten wir Diesel. Halils Restaurant spendet allmorgendlich Trinkwasser. Selbst elektrischer Strom ist vom Hafenmeister gegen Entgelt zu erhalten. Wir verleben hier herrliche Urlaubstage (siehe Hafenporträts).
Etwas für die Bildung zu tun, können wir auch in Kyrenia nicht lassen, zumal die Zitadelle direkt vor unserer Nase liegt. Sie ist sehr gut erhalten, weil sie niemals erobert werden konnte. Massige Mauern, Bastionen und Verließe sind durch ein Wirrwarr unterirdischer Gänge miteinander verbunden. Selbst eine kleine Kapelle verbirgt sich in diesen Mauern. Vom Burghof gelangen wir in das Schiffswrackmuseum, das ein in der Welt einmaliges Ausstellungsstück beherbergt. Ein 1967 von Amerikanern 3 sm vor Kyrenia entdecktes und gehobenes 12 m langes und 4,50 m breites Schiffswrack aus Pinienholz aus der Zeit Alexanders des Großen – etwa 300 Jahre v. Chr. – ist in einem klimatisierten Ausstellungsraum zu bewundern. Sogar die Schiffsladung wie Amphoren, Räder und – man höre und staune – Mandeln ist fast vollständig erhalten.
Für den nächsten Tag haben wir ein auf Zypern so preiswertes Taxi bestellt. Wir besuchen zunächst Bellapais, ein Kloster der Prämonstratenser-Mönche aus dem 13. Jahrhundert. Von hier aus führt unser Weg steil in die Berge zum »Schloß der Tausend Gemächer«, zur Festung St.Hilarion. Wie Berggeißen erklimmen wir die in drei Ebenen angelegte Festung.
Die berühmteste der bereits erwähnten Festungen dürfte wohl Kantara sein. Bis hierher verfolgte Richard Löwenherz während der Kreuzzüge seine Gegner, um die Burg zu erobern. Auch sie liegt unzugänglich am Scheitelpunkt der Karpashöhen, 700 m über dem Meeresspiegel. Das besondere ihres Standortes ist die einmalige Aussicht. Bei klarem Wetter schweift der Blick über das Meer nach Norden bis an die Küste der Türkei, nach Osten bis zum Libanon und nach Süden hinab in die weiträumige Bucht von Famagusta.
Doch erst einmal wieder genug der Bildung – zurück zur *Cora*. Die Überfahrt zur türkischen Küste steht bevor. Der Seewetterbericht hat brauchbares Reisewetter vorhergesagt. Die gut 50 sm zum Kap Anamur sind für uns und unsere *Cora* mittlerweile ein kleiner Fisch. So bewegt es uns auch nicht sonderlich, daß wir erst gegen 8.30 Uhr starten können, weil wieder einmal die Rückgabe der einbehaltenen Pässe – wie im Orient für transitreisende Skipper üblich – auf sich warten läßt.
Langsam tuckern wir aus dem reizvollen Hafen und nehmen, die Ansteuerungstonnen hinter uns lassend, zügig Fahrt auf. Mag der Wille des Käpt'ns auch noch so stark sein, schnell voranzukommen, den Willen der See kann er nicht brechen. Die Wettervorhersage ist leicht geschönt. Mehr und mehr muß der Käpt'n das Gas drosseln.
Wir denken an die Worte des Hafenmeisters: »The sea is working.« In der Tat, sie arbeitet mit häßlicher, hoher, kurzer, schaumgekrönter Dünung – und das unserer *Cora* gegenan. Mal steckt das Boot seine Nase tief in die See und schaufelt Wasser, mal erhebt sich der Bug, als wolle er, einem Flugzeug gleich, von der Landebahn abheben. Das anhaltende Crescendo des Seeganges bewegt uns nach knapp 10 sm, weder uns noch unserem Gefährt eine so ruppige See zuzumuten. Also Kurs zurück nach Kyrenia. Über Sprechfunk informieren wir die Hafenmeisterei von unserem Entschluß. Empfangsbereit stehen der Hafenmeister und der dänische Skipper bereit, um die Festmacheleinen entgegenzunehmen, zu vertäuen und zu hören, was draußen los ist.
Nach drei Tagen ist es soweit. Bereits kurz vor 5 Uhr früh kommt ein Beamter mit unseren erneut einbehaltenen Pässen, da wir zuvor klarmachen konnten, daß für ein Motorboot ein Start in frühester Morgenstunde nicht zu unterschätzende Vorteile bringt. Die

See arbeitet zwar noch immer, aber mit leicht gedämpfter Kraft. Dennoch wird der Käpt'n seekrank. Das ist etwas gänzlich Neues! Ein nicht zu ergründendes Unwohlsein, Wringen und Zerren der Gedärme setzen ihn sichtlich schachmatt. Blaß und bleich, von kaltem Schweiß bedeckt, liegt er auf der Polsterbank im Steuerhaus. Also muß die Bordfrau Uhren und Instrumente überwachen. Seit Beginn des Törns haben wir jemanden an Bord, der heimlich steuert, nämlich einen Autopiloten. Von Deutschland nach Israel haben wir in den beiden Jahren zuvor nur von Hand gesteuert.
Gegen 11 Uhr erreichen wir Kap Anamur. Nunmehr entlang der Küste führt unser Kurs nach Alanya. Der schwer mitgenommene Käpt'n manövriert *Cora* zum Liegeplatz. Die üblichen Einklarierungsformalitäten beginnen. Die Seekrankheit stellt sich als akute Darmverstimmung heraus.

Unsere große Liebe – Alanya

Wir ahnen nicht, daß es in Alanya so viele Menschen gibt, die sich an uns erinnern. Kaum, daß sie unser Boot entdeckt haben, kommen sie, um uns zu begrüßen. Auch der Zollbeamte erinnert sich. Der Polizeichef ist stolz, sein neues Büro vorführen zu können. Nur einer steht nicht am Hafen, unser Freund Abdullah. Doch ihn gleich aufzusuchen, sind wir zu müde, der Käpt'n vor allem zu schwach. Erst am nächsten Morgen gehen wir zu ihm. Große Freude auf beiden Seiten! Langersehnte Post aus Deutschland für uns in seinen Händen, heißgeliebte Dunhill-Zigaretten für ihn in unseren! Beim obligatorischen Begrüßungscay (Tee) müssen wir erzählen, wie es uns seit dem letzten Beisammensein im vergangenen Jahr ergangen ist.
Auch diesmal erweist sich Alanya als eine Stadt, in der wir viel erledigen können. Gleichwohl, ob es Friseur, Wäscherei, Schuster oder gar der herrliche Obst- und Gemüsemarkt mit seinem reichhaltigen Angebot ist, in Alanya fühlen wir uns fast wie zu Hause.
Besondere Freude bereitet uns Abdullah. Ihm haben wir es zu verdanken, daß wir Stromanschluß von der türkischen Marine erhalten, obwohl eigens dafür die Stromspannung von 380 auf 220 Volt reduziert werden muß.
Als hätte Abdullah es geahnt, erfüllt er unseren geheimsten und sehnlichsten Wunsch, den Sonnenuntergang hoch droben über Alanya auf der Seldschukenburg erleben zu können. Fasziniert und beglückt, beeindruckt und bewegt, die Schönheit unseres Erdensterns fühlend, die lebensspendende Kraft der Sonne ahnend, stehen wir schweigsam auf den Zinnen der Burg und nehmen das hier so überwältigende, obwohl alltägliche Schauspiel in uns auf.
Der Abschied von Alanya fällt ausgesprochen schwer. Von Tag zu Tag schieben wir ihn hinaus. Doch die Zeit ist gekommen. Am Abend vor der Abreise ein letztes Beisammensein mit Abdullah, natürlich bei einem Cay. Als sei es verabredet, hat jeder ein kleines Abschiedsgeschenk mitgebracht. Ein letztes Mal drücken wir uns die Hände, wissend, daß wir uns so bald nicht wiedersehen werden. Wir sind Freunde geworden. »God bless you!« ruft uns unser moslemischer Freund nach.

Inselparadies Kekova

Auf unserem Kurs nach Westen überqueren wir von Side aus den Golf von Antalya. Die Cineviz-Bucht an der Westküste des Golfes bietet uns Schutz für die Nacht. Am nächsten Morgen laufen wir Finike an: ein nicht gerade reizvoller, aber für Motorbootskipper sehr bequemer Hafen. In weniger als einer Stunde haben wir 250 l Diesel gebunkert, den Trinkwassertank gefüllt und zwischen Fischkuttern einen Liegeplatz gefunden. Auf dem Markt erstehen wir frisches Obst und Gemüse, Kartoffeln nicht zu vergessen, schaffen Bier und anderes Getränk heran und besorgen verschiedene Lebensmittel.

Die Bucht Porto Sevedo bietet traumhafte Anker- und Badeplätze.

Bestens versorgt steuern wir am folgenden Morgen das Inselrevier von Kekova an, mit der Gewißheit, dort einige Tage zu verweilen. Es ist der Quasi-Binnensee von Tristamos, den wir auserkoren haben. In diesem Revier gibt es viele Liegemöglichkeiten, durch die dicht dem Festland vorgelagerte, langgestreckte Insel Kekova geschützt. Zahlreiche Einschnitte am Festland geben jedem die Möglichkeit, sich seine eigene Badebucht auszusuchen.

In der Nähe der kleinen Uferrestaurants, es mögen etwa sieben bis acht sein, sammeln sich die Yachten. Kein Wunder – auserlesenes Meeresgetier – wie Hummer und Langusten, verstehen die Köche hier ausgezeichnet zuzubereiten. Ein Schmaus für Gaumen und Augen zugleich! Auch wir können dem nicht widerstehen.

Bestechend ist die landschaftliche Schönheit dieses Reviers. Hohe Bergketten, bewaldet von den Ufern bis zur Höhe, umschließen mit grünem Band die Buchten mit ihren klaren blauen Wassern. Unzählige Male tummeln wir uns von der Badeplattform aus im lauen Meer, selbstredend im Adamskostüm.

Glücklicherweise lassen sich einige wenige Lebensmittel im winzigen, 400 Seelen zählenden Dörfchen Kale kaufen. Nur Trinkwasser ist nicht zu erhalten.

Im Nordosten von Kekova liegt Myra, das wir unbedingt besuchen wollen. Wir chartern einen Fischkutter. Wenn auch das Geknatter des Kuttermotors beinahe unerträglich wird, macht es dennoch riesig Freude. Er bringt uns zur seichten Landestelle an der Mündung des Dembrecay. Mit einem Taxi erreichen wir von hier aus Myra, historisch bekannt durch Bischof Nikolaus. Er ist der Schutzheilige der Seeleute und der Kinder. Heutzutage feiern wir ihn als Sankt Nikolaus, der am 6. Dezember, seinem Todestag, die Kinder aller Welt beschenkt.

Am Fuße der hoch auf dem Berge gelegenen Ruinen von Myra befindet sich ein römisches Amphitheater. Dicht dabei liegen zahlreiche, in eine nahezu senkrecht aufragende Bergwand gemeißelte, lykische Felsengräber aus dem 5. und 4. Jahrhundert v. Chr. Allerdings um dorthin zu gelangen, müssen wir schon einige Kletterkunststücke vollbringen und vor allem schwindelfrei sein. Wie hier gehämmert, gemeißelt, ornamentiert und sogar ein griechischer Fries aus der Felswand herausgearbeitet werden konnte, bleibt uns ein Rätsel.
Wiederum fällt es schwer, Abschied zu nehmen. Eines Morgens aber steuern wir das nur 16 sm entfernte Kas an. Kas nennen wir scherzhafterweise den Ort mit dem »Schiefen Turm von Pisa«. Es müssen harte, mächtige Brecher gewesen sein, die das äußere Ende der Südostmole zum Teil bersten und absinken haben lassen, so daß der Leuchtturm, selbst zwar unversehrt, seither schief steht.
Das nahezu 3000 m hohe Beygebirge umschließt dieses kleine, goldige Hafennest. Sehen wir einen Lkw, der Waren bringt, fragen wir uns, wie er hierher gelangen konnte. So weit das Auge reicht, haben wir den Eindruck: Diesen Ort erreichen Fahrzeuge auf dem Landwege nur mit einer Himalaja-Expedition.
Bei so vielen Bergen ist Trinkwasser kein Problem! Sind wir bereit, für 24 Stunden 1000 TL (7,50 DM) zu entrichten, erhalten wir sogar elektrischen Stromanschluß. Auf dem kleinen Markt können wir uns einigermaßen gut versorgen.
Knapp 2 sm östlich von Kas liegt die herrliche Bucht Porto Sevedo. Im Osten begrenzt von schroffen Felswänden, in denen ebenfalls lykische Gräber zu finden sind, im Südwesten durch eine kleine Landzunge geschützt, finden wir hier einen romantischen Anker- und Badeplatz. Da der Wind leider stark auffrischt, noch dazu aus einer für diese Bucht ungünstigen Richtung, verlegen wir am nächsten Morgen zum östlichsten Vorposten Europas, zur 3 sm entfernten, griechischen Insel Kastellorizon.

Auf Westkurs

Nahezu in Rufweite vor der türkischen Küste liegt die Insel Kastellorizon. Nur noch wenige Griechen harren auf diesem Eiland aus. Schade, daß etwa 90 Prozent der am Hang gelegenen Häuser unbewohnt leerstehen. Gewiß haben fehlende Erwerbsmöglichkeiten die Insulaner gezwungen, ihre reizvolle Heimat zu verlassen. Die wenigen, die hiergeblieben sind, leben vom Fischfang und dem Restaurationsbetrieb am Hafen. Zu ihren Gästen zählen vornehmlich Skipper, die mit ihren Yachten diese romantische Insel anlaufen.
Allwöchentlich einmal, sonntags um Mitternacht, kommt für eine halbe Stunde Aufenthalt die Fähre aus dem 72 sm entfernten Rhodos, um Versorgungsgüter und dann und wann einige Touristen zu bringen. Alles, was Beine hat, ist zu diesem Ereignis am Hafen.
Es ist ein Wochenende, an dem wir in Kastellorizon einlaufen. In unserem Portemonnaie befindet sich keine einzige griechische Drachme. Eine Bank gibt es auf dieser Insel nicht. Dafür aber nimmt ein Restaurantbesitzer als Konzessionär der griechischen Nationalbank die Geldgeschäfte wahr. Da es Samstag ist, erklärt er sich außerstande, unseren Euroscheck einzulösen, weil er den Tageskurs der Mark nicht kennt. Er vertröstet uns auf Montag, übergibt uns aber ohne Umschweife 2000 Drachmen (etwa 50 DM) und meint: »Übers Wochenende können Sie doch nicht ganz ohne Geld bleiben.« Wir sind sprachlos und nehmen sein Angebot dankend an.
Die Attraktion dieser Insel ist die knapp 3 sm vom Hafen entfernte, an der Südküste gelegene Blaue Grotte. Fischerboote fahren auf Wunsch dorthin. Erstaunt beobachten wir, daß sie stets ein kleines Beiboot im Schlepp mitführen. Eine Sicherheitsmaßnahme, so glauben wir.
Wir warten ruhige See ab, machen unser Beiboot klar und tuckern gemütlich auf eigenem Kielchen zur Blauen Grotte. Nach einer Stunde Fahrt erreichen und entdecken wir

den niedrigen, winzigen Zugang. Damit ist klar, daß die Beiboote der Fischkutter keine Sicherheitsmaßnahmen sind, sondern eine Notwendigkeit, um überhaupt in die Grotte einfahren zu können. Selbst in unserem winzigen Tender müssen wir noch beim Passieren des Grotteneinganges die Köpfe einziehen. So klein der Durchbruch zum Meer ist, so überwältigend sind die Ausmaße im Innern! Sie ist wirklich eine blaue Grotte. Im domgleichen Grottengewölbe haben sich Stalaktiten gebildet, die wallenden Gewändern gleich in verschiedenen Blautönen leuchten. Ein Zauber der Natur von berauschender Schönheit.

Vier Tage bleiben wir auf Kastellorizon. Dann heißt es um 6 Uhr früh: Anker auf – Kurs Fethiye. Die normalerweise recht gut geschützte Bucht zeigt sich an diesem Tage garstig und unfreundlich. Es bläst kräftig aus Nordost. Mit dem Schutz an der Kaimauer ist es vorbei. Die Yachten werden ordentlich durchgeschüttelt, so kräftig, daß der Käpt'n sicherheitshalber als Ankerwache an Bord bleibt. Die Bordfrau muß sich ohne ihn zum Einkaufen auf den Weg machen.

Und da geht es auch schon los! Die ersten Anker brechen aus. Die neben *Cora* liegenden Segelyachten werden gegen die Kaimauer gedrückt. Der immer höherwerdende, enorme Schwell läßt die Boote auf- und niedertanzen. Der Höhenunterschied wird so groß und der Druck so stark, daß trotz vieler helfender Hände drei Bugkörbe zu Bruch gehen.

Auch unser Stockanker bietet bei 40 m Kette auf 6 m Wassertiefe im Schlickgrund keinen Halt mehr. Da hilft nur noch die Maschine, um das Boot von der Kaimauer freizuhalten. Als habe die Bordfrau die drohende Unbill geahnt, hat sie ihren Gang zum Markt gar nicht erst angetreten, sondern die Waren im nahegelegenen Lebensmittelgeschäft bestellt.

Eilenden Schrittes, nichts Gutes erwartend, kehrt sie an Bord zurück, gerade rechtzeitig, um Heckleinen und Anker einzuholen. Hektischer Aufbruch vieler Boote ist bereits im Gange. Man behindert sich gegenseitig beim Bergen der Anker. Keine reine Freude ist es, unseren Anker zu liften, haben wir doch nur eine mechanische Ankerwinde. Der große Run auf die Fethiye gegenüber im Lee einer schützenden Halbinsel gelegene Bucht beginnt. Dort, vor Anker schwoiend, kommen alle wieder zur Ruhe. Am Abend findet der Spuk ein Ende. Der Meltemi hat seine Visitenkarte abgegeben.

Wir verlegen unsere *Cora* erneut in Hafennähe und holen mit dem Beiboot die am Vormittag bestellten Lebensmittel ab. Nach einigermaßen ruhiger Nacht müssen wir in früher Morgenstunde wiederum ein Ankermanöver fahren, denn der Nordost hat zum zweiten Male Gefallen daran gefunden, die vor Anker liegenden Boote durchzuschütteln.

Sobald es See und Wind erlauben, verlassen wir Fethiye, um Kargi Liman anzulaufen, wo es uns im Vorjahr so gut gefallen hat. Die wohltuende Ruhe dieser romantischen Ankerbucht wird diesmal durch einen auf unserem Nachbarboot beheimateten Schäferhund empfindlich gestört. Es ist eine helle Vollmondnacht. Jaulend und heulend, mit kräftiger Stimme lautgebend, sitzt er an Deck und verbellt bis weit nach Mitternacht den leuchtenden Erdtrabanten. Nichts kann ihn von seinem jämmerlichen Geheul abbringen. Wir sind unendlich enttäuscht und entnervt.

Auf unserem Weg nach Marmaris wollen wir die Anker- und Badebucht von Ekinçik nicht auslassen. Wir haben besonderes Glück. Sie gehört uns diesmal allein. Wir tummeln uns stundenlang im herrlich klaren und warmen Meereswasser.

Doch auch Marmaris hält in diesem Jahr eine wenig schöne Überraschung für uns bereit. Starkwind in dem durch die beiden vorgelagerten Inseln einigermaßen gut geschützten, nur nach Süden offenen Hafen macht uns das Leben schwer. Blitzschnell müssen wir auch hier die Kaimauer verlassen. Nur etwa dreimal im Jahr soll in diesem Seeraum der Wind kräftigst aus Süd blasen. Einen dieser drei Tage haben wir jetzt erwischt. Wir gehen bei Winden zwischen 7 und 8 Beaufort (Bft) in der weiträumigen Bucht vor Anker

und bringen zu den 40 m Kette noch weitere 40 m Leine aus – und das auf 10 m Wassertiefe! Der sich immer mehr aufbauende und aufschaukelnde Seegang mit den sich brechenden Kämmen ist so beträchtlich, daß der Bug mehrmals nur knapp überkommendem Wasser entgeht. Glücklicherweise flaut der Starkwind in den Abendstunden ab. Am Morgen können wir wieder an die Kaimauer verholen. Wie wir später erfahren, hat Marmaris jetzt einen Yachthafen.
Wenige Boote neben uns entdecken wir Rachel und Iomi, Freunde aus Tel Aviv. Iomi war Oberbefehlshaber der israelischen Navy. Im Sommer törnt er mit seiner 14-m-Ketsch durchs Mittelmeer. Er ist ein Seemann von rechtem Schrot und Korn. Als an einem Morgen eine riesige Kaïke versucht, in eine viel zu enge Lücke neben uns einzudampfen und uns in arge Bedrängnis bringt, ist er ungerufen zur Stelle. »Werner, brauchst Du Hilfe?« fragt er besorgt und jumpt an Bord. Seiner Umsicht ist es zu verdanken, daß die Reling unserer *Cora* bei diesem rücksichtslosen Manöver keinen Schaden nimmt.

In der wildesten Ecke der Ägäis

Wir haben die Absicht, von Marmaris aus an der reichgegliederten, türkischen Westküste nach Norden zu laufen. Çesme soll für uns der nördlichste Punkt an dieser Küste werden. Auf besagter Strecke sind vier berüchtigte, windige Meeresstraßen zwischen griechischen Inseln und türkischem Festland zu passieren. Es sind die Straßen von Rhodos, Kos, Samos und Chios. Das griechische Wort »diavlos« für Meeresstraße drückt schon das Teuflische dieser Meerengen aus.
Bereits im letzten Jahr haben wir auf unserer Fahrt durch die südöstliche Ägäis und einen Teil des Dodekanes erste Erfahrungen mit dem Meltemi gesammelt. Es ist sehr sinnvoll mit einem so kleinen Motorboot in frühester Morgenstunde zu starten, um sich nach Norden hinaufzuarbeiten, denn spätestens am Mittag erreicht der Meltemi Windstärken, die ein Weiterkommen für derlei Boote sehr ungemütlich, wenn nicht gar unmöglich machen. Doch wieder einmal bewahrheitet sich: Grau ist alle Theorie. Tagelang erleben wir, daß der Starkwind ununterbrochen Tag und Nacht heult und D-Zügen gleich mit Windstärken um 8 Bft sein Lied singt. Gewiß kein Schlaflied! Heulende Wanten, klappernde Fallen, knarrendes Tauwerk, glucksende, an die Rümpfe klatschende Wasser bilden die Melodie dieses stürmischen Windes. Wehe dem, der sich nicht rechtzeitig vom sicheren Halt seines Ankers überzeugt hat.
Wir haben kaum die Straße von Rhodos erreicht, als der Meltemi sein Morgenlied anstimmt. Auf derartiges vorbereitet, ist von uns als Zufluchtsstätte Serçe Limani vorgesehen, ein Naturhafen, in dem wir vor nördlichen Winden sicher geschützt sind. Die nach Südosten offene, schmale Einfahrt ist von See her durch die steil abfallenden Felsen leicht auszumachen. Ein kleines, von Fischern bewirtschaftetes Restaurant macht für viele Skipper die Bucht zudem attraktiv. Überdies kommen die Fischer mit einem Ruderboot einlaufenden Yachten entgegen, um beim Ankermanöver behilflich zu sein und Landfesten auszubringen.
Am nächsten Morgen gelangen wir, vorbei an der griechischen Insel Symi, nach Datça, einer türkischen Sommerfrische auf der gleichnamigen, sich weit nach West erstreckenden Halbinsel. Für eine Nacht gewährt uns diese weiträumige, nach Osten offene Bucht Schutz vor den starken, nördlichen Winden.
Datça – Bodrum heißt es am nächsten Morgen. Solange wir im Schutze der Halbinsel Datça laufen, ahnen wir nicht, wie die nördlichen Winde die See bereits aufgewühlt haben. Am Kap Deveboynu kommt die Stunde der Wahrheit. Ein Laufen nach Norden, hinauf nach Bodrum, ist völlig unmöglich. Auch diesmal haben wir vorgebaut und Büyük Liman, hart südlich des Kaps gelegen, als Ausweichhafen vorgesehen. Nicht

schlecht erstaunt sind wir, wieviele Yachten hier schon zu früher Morgenstunde Schutz gesucht haben. Den ganzen Tag lang pfeift und jagt der Sturm nur so über die flache Landzunge, die den kleinen Hafen gegen das offene Meer nach Nord begrenzt. Nicht einmal Hummer kann uns aus dem Boote locken. Ankerwache geht vor Gaumenschmaus!
Am nächsten Morgen scheint sich die Wetterlage beruhigt zu haben. Anker auf: Kurs Bodrum. 5-6 Bft hat Hellas Radio vorhergesagt. Die Winde in der »diavlos tis Kos« wissen nichts davon. Weiße Schaumstreifen, hohe, kurze Wellen und steifer Nord bei Kurs 9 Grad machen uns erheblich zu schaffen, so schwer, daß wir zur Kursänderung direkt auf Kos gezwungen sind. Im Lee der Insel laufen wir nach Nordost und wollen am Kap Psalidi entscheiden, ob eine Weiterfahrt nach Bodrum möglich ist. Notfalls suchen wir in Kos/Hafen vor dem Sturm Schutz, obgleich wir wissen, daß wir dort bei Nordwinden nur bedingt gut liegen. Zum Problem wäre dabei obendrein das Einklarieren auf der griechischen Insel geworden, da wir in der Türkei nicht ausklariert haben. Wir sind aber überzeugt, daß die widrigen Wind- und Seeverhältnisse unser Verhalten gerechtfertigt hätten.
Am Kap aber heißt glücklicherweise die Entscheidung: Kurs Bodrum. Noch knapp 5 sm sind wir der aus Nordwest peitschenden See ausgesetzt. Fliegendes Wasser ergießt sich über unser Boot, vom Bug direkt in das in den Davits hängende Beiboot. Die Scheibenwischer brauchen wir gar nicht erst zu betätigen. Dieser Wassermassen können sie nicht Herr werden. Zuverlässig arbeitet der Dieselmotor und bringt uns Minute um Minute dem schützenden Festland näher. Hart unter der Küste wird die See deutlich flacher und ruhiger. Unsere Herzen schlagen der Marina von Bodrum entgegen. Ein sicherer Liegeplatz, elektrischer Anschluß, Trinkwasser und viele helfende Hände sind wohltuender Ausgleich nach einer solchen Sturmfahrt.
Die Ruhe tut sichtlich gut. Doch der Nordwest pfeift weiterhin über unsere Köpfe. Schwell kann in der am nordwestlichen Ufer des Hafenbeckens gelegenen Marina nicht entstehen. Anders sieht es im Südosten des Hafens aus. Dort liegen die Boote und ihre Crews zwar direkt unterhalb des ausgedehnten Kreuzritter-Kastells und mitten im Ort, doch gemütlich sicher nicht.
Die Liegetage in Bodrum nutzen wir zum Aufladen der Batterien. Die Motorbetriebsstunden mahnen, die Kraftstoffpumpe zu reinigen und die Filter zu wechseln. Die Verschmutzung von Membran und Filtern beweist die Dringlichkeit dieser Arbeiten.
Obwohl der Seewetterbericht Winde um 5-6 Bft vorhersagt, erleben wir am Nordwesteingang der »Straße von Kos« auf unserer Weiterfahrt nach Norden bereits in frühester Morgenstunde harte 7 Bft gegenan. Unsere *Cora III* muß wieder einmal beweisen, wie seetüchtig sie ist. Wieder fliegen die Wasser nur so über sie hinweg. Wieder geht es hinauf auf den Wellenkamm, hinab ins Wellental und dazu Krängungen von backbord nach steuerbord, von steuerbord nach backbord. Eine wahrhaft ungemütliche Fahrt, der wir nach 18 sm in Gümüslük ein Ende setzen.
Die Einfahrt in diesen Naturhafen ist verzwickt und eng. Eine vorgelagerte Insel, Unterwasserfelsen und antike, abgesunkene Molenreste fordern vom Skipper höchste Wachsamkeit und erschweren das Einlaufen, noch dazu bei derartigem Seegang. Gümüslük ist der Hafen des antiken Mindus und bei allen Winden sicher.
Auch an den folgenden Tagen können wir den schützenden Hafen nicht verlassen. Eine von der Adria herangezogene Kaltfront hat sturmartige Winde verursacht und macht uns das Leben schwer. Tag und Nacht pfeift es unaufhörlich um unsere Ohren. Wahrlich, die wildeste Ecke der Ägäis! Wir erleben Winde mit Geschwindigkeiten in einzelnen Böen bis zu 42 Knoten (kn). Das sind 9 Bft, Sturm! Bei 6 Bft ist im Hafen von Kos Auslaufverbot für Charteryachten.
Am Abend des 29. Juli glauben wir, das Schlimmste hinter uns zu haben. Mitnichten! Was sich dann zwischen 22 Uhr und 2 Uhr nachts abspielt, ist die absolute Krönung. Der

gut geschützte Naturhafen verwandelt sich in einen brodelnden Kessel. Der Sturm rast in Böen mit 50 kn (10 Bft), unaufhörlich, Stunde um Stunde über die Wasserfläche. Anker brechen aus. Maschinen laufen. Auf allen Yachten hektisches Hantieren, banges Abwarten und Beobachten. Auch wir gehen Ankerwache. Immer wieder versuchen wir, in der stockfinsteren Nacht Peilungen an Landmarken zu nehmen. Die Kontrollen ergeben glücklicherweise: Der Anker hält! Gegen 2 Uhr endlich ein leichtes Nachlassen der Wahnsinnsböen.

An Bord der Yachten verlöschen nach und nach die Lichter. Wir versuchen, eine Mütze voll Schlaf zu nehmen. Um 2.30 Uhr beginnt es zu regnen, aber kein weiteres Abflauen des Sturmes ist zu bemerken. Unser Echolot steht auf Ankerwache. Eine feine Sache? Mehrmals jedoch springt die Bordfrau wie von der Tarantel gestochen aus der Koje, weil es Alarm schlägt. Was hat den Alarm ausgelöst? Ist *Cora* nun doch abgetrieben? Hat der Anker seinen festen Halt eingebüßt? Unruhe befällt uns. Fische, muntere Fische unter dem Kiel des Bootes sind die Alarmauslöser. Die Tiefenanzeige bleibt unverändert. Also schalten wir den Alarm ab.

Am 1. August schließlich wagen wir es, weiter nach Norden zu schippern. Wir sind, wie so oft, bereits um 6 Uhr unterwegs und wollen das 30 sm entfernte Altinkum erreichen. Kaum haben wir die Halbinsel Sandama gerundet, empfängt uns im Golf von Güllük, wie gehabt, Starkwind und hohe, steile See. Innerhalb kürzester Zeit wird es so ungemütlich, daß wir den Kurs ändern müssen. Mit unserer *Cora* können wir in der schweren Kreuz- und Grundsee unmöglich weiter voran, da wir befürchten, von den Wellen gekentert zu werden. Bereits im voraus haben wir auf der Seekarte die Bucht von Türkbükkü als Ausweichankerplatz vorgesehen. Diesen einige Seemeilen entfernten Schlupfwinkel steuern wir nunmehr an. Die Zeit wird lang, bis wir die schutzbietende, kleine Halbinsel erreicht haben. Noch während wir nach einem geeigneten Ankerplatz Ausschau halten, glauben wir, ein leichtes Nachlassen des Windes zu verspüren. Außerdem stellen wir auf der Seekarte fest, daß die schützende Nordküste des Golfes von Güllük von hier aus nur noch 7 sm entfernt ist. Das muß doch zu packen sein! Wir wagen den kleinen Sprung und steuern unter Landschutz laufend Altinkum an.

Endlich wieder in einer Bucht vor Anker liegend, wollen wir natürlich baden. Das Thermometer zeigt 32° C im Schatten. Die Bordfrau kann es kaum erwarten, ins blaue Naß zu tauchen. Aber so schnell wie sie im Wasser ist, kommt sie auch wieder heraus. Verwundert schaut der Käpt'n auf sein frierendes Etwas. »Das ist ja kälter als die Ostsee«, schimpft der Badeengel. In der Tat, das Badethermometer bringt es auf ganze 17° C. Da vergeht dem Käpt'n die Badelust vollends.

Am nächsten Tag heißt es für uns Kurs Kusadasi. Der Weg dorthin führt durch die berüchtigte »Straße von Samos«. Wer über sie in Seehandbüchern gelesen hat, wird unseren Respekt verstehen, den wir vor diesem Etmal haben. Bei 5 Windstärken steuern wir die Durchfahrt an. Doch unberechenbar, wie diese windige Ecke der Ägäis ist, bläst es vorübergehend mit 7 Bft. Auch diesmal haben wir eine vor Meltemi schützende Bucht am südlichen Eingang der »Straße von Samos« am Kap Dipburun als Ausweichankerplatz vorgesehen. Wir nehmen Kurs auf ihn. Kaum erreicht, schläft der Wind ein. So runden wir das Kap und – glaube es, wer will – vor uns liegt die Samos-Straße mit nahezu spiegelglatter See. Endlich hat Neptun ein Herz für *Cora*. Wir atmen erleichtert auf. Haben wir doch schon erste Überlegungen angestellt, eventuell die Marina Kusadasi als Winterliegeplatz für unser Boot vorzusehen. Wie sagte in dieser Marina ein Segler aus München: »Mir wünsche jemand noch einmal Mast- und Schotbruch!« und schnappte wie ein auf dem Trockenen liegender Fisch nach Luft. Der Mast seines stattlichen Segelschiffes war wie ein Streichholz geknickt worden, als er bei den Stürmen, die wir in Gümüslük durchstanden, versuchte, die für ihn noch 10 sm entfernte Insel Kalymnos anzulaufen, um Schutz zu finden.

Uns aber haben diese rauhen wilden Tage etwas gebracht: seemännische Erfahrung, Vertrauen in unser Boot und einiges mehr. Dennoch sagen wir heute: »Die Route entlang der türkischen Westküste von Süd nach Nord in den Monaten des Meltemi ist für ein Motorboot von 29 Fuß (8,87 m) Länge ein mühsames und hartes Vorwärtskommen und keine reine Freude und deshalb nicht zu empfehlen.«
Die Marina in Kusadasi ist eine europäischen Maßstäben gemäße Anlage. Sie ist absolut sicher und zur Überwinterung eines Bootes gut geeignet. Allerdings erscheint uns eine Überwinterung an Land unerfindlich teuer und in keinem Verhältnis zu den Kosten für einen Wasserliegeplatz zu stehen.
Wenige Kilometer von Kusadasi entfernt liegen die umfangreichen Ausgrabungsstätten von Ephesus. Österreichische Archäologen haben hier großartige Arbeit geleistet und weite Teile dieser sehenswerten Weltstadt der Antike, die damals direkt am Meer lag, freigelegt und restauriert.
Von gänzlich anderer Schönheit sind die Kalksinter-Terrassen in Pamukkale. Thermalquellen mit hohem Gehalt an Kalziumbikarbonat haben im Laufe der Jahrtausende Kalkablagerungen gebildet, die in breiter Front einen terrassenartig verlaufenden Berghang wie einen erstarrten Wasserfall umhüllen. Ein einmaliges, unvergeßliches Bild, das die weite Reise ins Landesinnere, es sind immerhin 200 km, reichlich belohnt.

Über die Nördlichen Sporaden nach Athen

Mit heftigen Winden reichlich gesegnet, hoffen wir nun, ruhigere Gefilde in der Ägäis anzusteuern. Wir freuen uns schon auf die Nördlichen Sporaden, die Perlen gleich auf dieser Route liegen. Çesme ist für uns der letzte und zudem nördlichste Hafen an der türkischen Westküste. Bewacht von dem mächtigen Kastell, faszinierend angestrahlt bei Nacht, verbringen wir vor Anker schwoiend unsere letzte Nacht in Asien.
Wir haben am Abend ausklariert. Der Zollbeamte ist eigens an Bord gekommen, um nach zollpflichtigen Waren zu forschen. Ganz geheuer ist ihm das Übersetzen in unserem kleinen Beiboot allerdings nicht. Eindringlich beschwört er uns, das türkische Festland nicht mehr zu betreten und umgehend auszulaufen. Da die Dunkelheit bereits hereinbricht, bleiben wir dennoch bis zum Morgengrauen im Hafen, allerdings ohne uns von Bord zu rühren.
Ganze 9 sm ist die griechische Insel Chios entfernt. Wir queren die »Straße von Chios« mit Wind gegenan. Das Einklarieren in Chios ist von ungewohntem Komfort gekennzeichnet. Arzt, Zoll, Fremdenpolizei und Hafenmeister kommen an Bord, um die erforderlichen Formalitäten zu erledigen. Kurze Zeit später können wir das Transitlog in Empfang nehmen. Bevor wir jedoch griechischen Boden betreten dürfen, müssen wir unsere an Bord befindlichen Schuhe auf einem eigens auf dem Kai zur Desinfizierung ausgebreiteten Schaumstofflappen abtreten. Dies entlockt uns dann doch ein Lächeln.
10 sm westlich von Chios liegt die winzige, einsame Insel Psara. Von vielen als unbedeutendes Eiland abgetan, empfinden wir diese liebenswerte Insel mit ihrem gemütlichen Hafen, in ihrer Urtümlichkeit, wohltuend erholsam und reizvoll zugleich. Einen ungewöhnlichen Hafenbewohner schließen wir besonders ins Herz. Es ist ein Pelikan, der das seichte, nördliche Ufer des Hafens als sein Revier beansprucht.
Psara ist so winzig, daß wir in wenigen Minuten von der Ost- zur Westküste wandern können. Es mag sein, daß dieses Eiland nur denen gefällt, die Naturverbundenheit und Abgeschiedenheit bevorzugen. Wir fühlen uns hier unter den Einheimischen im Kafeneion sitzend ausgesprochen wohl, sind wir doch die einzigen Gastlieger. Selbst unsere Trinkwasservorräte können wir ergänzen. Ein langer Schlauch vom Restaurant am Hafen und das hier so knappe und kostbare Naß kann fließen!
Endlich hat der Meeresgott ein Herz für uns Skipper. Leicht gekräuselte See, umlau-

fende Brise, so werden 60 sm zur größten der Sporaden-Inseln, nach Skyros, eine wunderschöne Fahrt. Der ehemals reizende Hafen Linaria ist, als wir ihn anlaufen wollen, nichts als eine Baustelle. Als riesige Staubwolken auf uns zuschweben, ausgelöst durch Arbeiten zur Wiederherstellung der zerstörten Mole, nehmen wir Reißaus und Kurs auf die nördlich gelegene Bucht, um vor Anker schwoiend einigermaßen geschützt die Nacht verbringen zu können.
Am frühen Morgen: Anker auf – Kurs Skopelos. Neugierig und voller Vorfreude streben wir den drei stets grünen, vom blauen Meer umgebenen und von goldener Sonne überfluteten Inseln Skopelos, Alonnisos und Skiathos entgegen. Sie sind wahrlich Perlen in der nördlichen Ägäis, so schön wie die schönste aller Blumen, doch leider Rosen mit Dornen. Wir haben dem Hafenführer den sibyllinischen Satz entnommen: Bei starkem Meltemi sollten Yachten es nicht riskieren, den Hafen von Skopelos anzulaufen. Wir sind guter Dinge, denn bei ruhiger See haben wir 30 sm zurückgelegt. Noch 10 sm bis Skopelos. Doch da erwacht der Meltemi und zwingt uns vehement zur Kursänderung. Patitiri auf Alonnisos heißt das neue Ziel. Direkt gegen die See stampfend erreichen wir den romantischen Hafen.
An der Mole ist zunächst kein Platz frei. Wir gehen vorübergehend vor Anker. Am späten Nachittag dann können wir unser Boot an die Mole verholen. Wir wollen Lebensmittel, vor allem Brot, besorgen. Das ist leider nicht möglich. An diesem Donnerstagnachmittag sind in Patitiri alle Geschäfte geschlossen. Wir wissen zwar, daß montags, mittwochs und samstags in Griechenland die Lebensmittelgeschäfte nachmittags geschlossen sind, doch auf Alonnisos schlagen die Uhren eben anders.
Am nächsten Tag nehmen wir Kurs auf den 9 sm entfernten Hafen von Skopelos – nichtahnend, was uns bevorsteht. Die Inseln Alonnisos und Skopelos liegen in einem Winkel von etwa 90 Grad zueinander. Sie bilden förmlich einen Trichter mit einer ungefähr 1 sm breiten Durchfahrt. In diesem Trichter erleben wir denn auch unser blaues Wunder! Wer wissen möchte, was Grundsee bedeutet, der passiere diesen Engpaß bei Meltemi. Wir haben schon viel erlebt, aber Seegang dieser Art ist uns absolut neu! Der Wind bläst nur mit 5-6 Bft, doch die Wellen sind höher als unser Boot. Sie erreichen wohl 3,50 m bis 4 m und stellen die härteste Herausforderung dar, die wir zu bestehen haben. Im nachhinein betrachtet, blieb uns wahrhaftig nichts anderes übrig, als diese Gegebenheiten anzunehmen und zu meistern, denn ein Umkehren wäre noch gefährlicher gewesen.
Über eines sind wir uns heute einig: Ein zweites Mal möchten wir einer solchen Situation nicht ausgesetzt sein. Nein, danke. Hautnah haben wir am eigenen Leibe erfahren, warum Bootler bei Meltemi den Hafen von Skopelos nicht anlaufen sollten. Unversehens sind wir an die Grenze von Vernunft und Wagemut geraten. Wenn möglich, sollte jeder Skipper so etwas tunlichst vermeiden!
Ist die Zufahrt zum Hafen auch zeitweilig derart riskant, der Anblick des kleinen, den Berghang hinaufkletternden Ortes zieht jeden Besucher in seinen Bann. Schlohweiße, in- und übereinandergeschachtelte Häuser, die Dächer mit grauen und roten Schieferplatten gedeckt, dazwischen Höfe mit Blumen, Schalen mit Basilikumpflanzen, enge, winklige Gassen mit Marmorplatten gepflastert, immer wieder Treppen und Stufen, unzählige Kirchlein mit Rundtürmen, der pittoreske Hafen umgeben von Tavernen und Cafés, dies alles in seiner Harmonie ist ein optischer Augenschmaus! Zudem locken zahlreiche Strände zum Bade. So ist es kein Wunder, daß diese Insel in den Sommermonaten von Touristen hoffnungslos überlaufen ist.
So wohl es dem Auge tut, Skopelos zu sehen, so wird der Zauber der Insel durch Lärm- und Geruchsbelästigung beeinträchtigt. Wir sind versucht, das Hafenbecken eine Kloake zu schimpfen. Dazu umgeben von undefinierbaren Essensgerüchen aus den zahlreichen Restaurants können wir es kaum wagen, uns irgendwo an der Kaimauer einen Liegeplatz zu suchen. Es sei denn, wir verpassen unserer Nase eine Wäscheklammer.

Heute leider nicht mehr wegzudenkende Diskotheken, in diesen Breiten möglichst im Freien, berieseln mit ohrenbetäubendem Gehämmer die Nachtruhe bis in die frühen Morgenstunden.
Wir müssen in Skopelos Diesel bunkern. Laut Hafenführer soll es eine Yachtservice-Station geben. Doch dort fühlt sich für unseren Wunsch niemand zuständig. Es hat den Anschein, daß die Station nur während der einmal jährlich stattfindenden Segelwoche in Aktion tritt. Am Ortsausgang entdecken wir eine Tankstelle, bei der der Tankwart nach langem Hin und Her bereit ist, 200 l Diesel von dem ausgerechnet an diesem Wochenende zur Neige gehenden Kraftstoff zu liefern.
Mit wohlgefüllten Tanks verlassen wir gleich am nächsten Tag den stinkenden, lärmerfüllten Hafen, um das nur 16 sm entfernte Skiathos auf der gleichnamigen Insel anzusteuern. Es ist ein regnerischer Vormittag, an dem wir in Skiathos einlaufen. Wir finden einen ruhigen Liegeplatz am Kai für Yachten. Hier ist besonders angenehm, daß die Yachtliegeplätze etwas außerhalb des Touristengetümmels und in reichlichem Abstand zu den Fähranlegern liegen. Vor- und nachmittags ist Trinkwasser gegen Entgelt erhältlich. Ein kleiner Tankwagen versorgt die Yachten auf Bestellung mit Kraftstoff. Geschäfte gibt es in Hülle und Fülle. Wir sind rundherum zufrieden.
Am frühen Nachmittag macht neben uns eine größere Motoryacht fest. Die *Paul Jardine* hat am Turbolader einen Schaden. Als wir von diesem Problem erfahren und feststellen, daß der defekte Turbolader vom gleichen Typ wie der unsrige ist, stellen wir den Nachbarn unseren vorsorglich mitgeführten Turbo-Ersatzteil-Kit und einiges Werkzeug zur Verfügung. Sie sind hocherfreut, zumal die Yacht am nächsten Vormittag einen wichtigen Gast erwartet, wie sie uns erzählen. Der Schaden ist am folgenden Morgen auch ohne Verwendung unserer Ersatzteile behoben.
Der wichtige Gast kommt. Zu unserer Überraschung sind es der damalige Vizekanzler Hans-Dietrich Genscher und seine Frau. Von Bord zu Bord entwickelt sich ein angeregtes Gespräch. Genscher zeigt lebhaftes Interesse an der kleinen deutschen Motoryacht. Er ist erstaunt, daß wir mit unserer *Cora III* bis nach Israel gelangt sind und nunmehr in den Monaten des Meltemi durch die Ägäis schippern. Die ihm zu Ehren auf der *Paul Jardine* anwesenden Gäste scheint er vergessen zu haben. Mit neugierigen, gezielten Fragen bombardiert er uns: »Wo schlafen Sie an Bord? In der Kajüte im Bug? Können Sie an Bord kochen? Ist eine Dusche vorhanden? Wieviel Maschinen hat Ihr Boot? Was, nur eine?! Haben Sie keine Angst nur zu zweit? Ist das alles nicht sehr teuer? Wieviel kostet so ein Boot? Was sind Sie von Beruf, wenn ich fragen darf?« Diese und ähnliche Fragen beantworten wir geduldig, sind wir doch erstaunt, welches Interesse unser Außenminister an der christlichen Seefahrt zeigt.
So bleibt es nicht aus, daß wir ihn bitten, ein Foto schießen zu dürfen. Er ist einverstanden. Käpt'n Werner erscheint mit der Kamera. Vize Genscher und Bordfrau Edda setzen sich in Positur. Der Käpt'n drückt auf den Auslöser. Künstlerpech, nichts tut sich: Der Film ist zu Ende. Die Maschinen der *Paul Jardine* werden bereits auf Touren gebracht, die Heckleinen eingeholt, der Anker gehievt. Uns bleibt nur noch Zeit, einen neuen Fototermin nach Rückkehr von seinem Tagesausflug zu verabreden. Dann braust die Yacht davon, und Genscher ruft uns zu: »Bis später! Ich beneide Sie!«
»Kein Wunder«, denken wir. Wer erliegt nicht der Faszination, die von der Weite des Meeres ausgeht? Wer sehnt sich nicht nach der grenzenlosen Freiheit sowie dem kleinen Abenteuer? Wer mag nicht die wärmende Sonne, die sanfte Brise und auch den heftigen Wind auf der Haut spüren? Wen das Meer einmal in seinen Bann gezogen hat, den läßt es nicht mehr los! Ein letzter Hauch Romantik geht von ihm aus. Gewiß – und wer träumt nicht davon?!
Wir ändern unseren ursprünglichen Plan, den Golf von Euböa zu passieren, und steuern nunmehr über die offene See den Saronischen Golf an, um nach Athen zu gelangen.

Unmittelbar nach dem Auslaufen aus Skiathos, wir befinden uns gerade in der von den Fährschiffen ständig benutzten Durchfahrt zwischen den beiden vorgelagerten Inseln, stellt die Maschine abrupt ihre Arbeit ein. Zur Fehlersuche ist in diesem belebten Fahrwasser keine Zeit. Die Bordfrau signalisiert den heranlaufenden Fähren mit der roten Flagge Manövrierunfähigkeit. Dem Käpt'n bleibt nichts anderes übrig, als umgehend den Notmotor zu montieren. Ein Fischerboot kommt heran und schleppt uns an den Fahrwasserrand. Sehr bald kann der frischmontierte Außenbordmotor die Arbeit übernehmen. Dem Fischer ein herzliches Dankeschön und zurück mit 3 kn an den Liegeplatz. Erstaunte Fragen unseres Nachbarn. Ohne Umschweife bietet er seine Hilfe an. Wir haben gerade die Festmacheleinen belegt, da steht er schon mit einem Monteur am Kai. Mit gezielten Fragen beginnt John die Fehlersuche. In kurzer Zeit hat er des Übels Kern entdeckt: »Ein Diesel läuft nun mal nicht mit Wasser!« Es stellt sich heraus, daß beide Kraftstoffilter vollständig mit Wasser angefüllt sind, obwohl wir sie erst wenige Betriebsstunden zuvor ausgewechselt haben. Weit über 2 l Wasser fördert John zutage, bevor endlich wieder Kraftstoff fließt.
Bei uns dämmert es: Beim letzten Bunkern in Skopelos müssen wir den edlen Wasserzusatz getankt haben. Da wir bei recht rauher See nach Skiathos gelaufen sind, haben sich Kraftstoff und Wasser gut vermischt. Der Motor hatte ständig ein Diesel-Wasser-Gemisch angesaugt. Nun war das Maß voll, die Filter zum Überlaufen mit Wasser angefüllt. Als dann noch die Einspritzpumpe den edlen Saft im Leibe hatte, streikte die Maschine natürlich. Die Kraftstoffilter müssen wiederum erneuert, das in Kraftstoffleitungen und Einspritzpumpe gelangte Wasser entfernt werden. Anschließend die Probe aufs Exempel: Der Motor brummt satt und gesund. In den folgenden Tagen entwässern wir nach jeder Fahrt die Kraftstoffilter, solange bis tatsächlich kein Tröpfchen Wasser mehr zu entdecken ist. Doch bis es soweit ist, befinden wir uns bereits in Korinth.
Unser Kurs führt am nächsten Tag noch einmal zur Insel Skopelos und von dort nach Kymi. Das Etmal beträgt 40 sm. Nach der Hälfte des Weges setzt sintflutartiger Regen ein. Vergeblich hoffen wir auf ein Abflauen des Windes und eine Beruhigung der See. Die Sichtverhältnisse sind miserabel. Als wir uns Kap Kymis nähern, ist die Sicht gleich Null. Aus der Seekarte wissen wir, daß zahlreiche vorgelagerte Felseilande und Klippen respektvollen Abstand erfordern. Ausgerechnet jetzt haben wir das Kap erreicht! Angestrengt suchen wir, die Gefahrenstellen auszumachen. Haben wir noch genügend Abstand? Erkennen können wir nichts. Unaufhörlich prasselt der Regen hernieder. Doch dann – endlich – markiert meterhoch aufsprühende Gischt die Lage der Felsen und macht deutlich, mit welcher Gewalt die für uns zum Glück achterliche See anrollt. Unser Kurs stimmt exakt. Wir haben ausreichende Distanz zu den Felsen. Keine Gefahr für unser Boot.
Froh, die schützenden Hafenmolen erreicht zu haben, finden wir einen geeigneten Platz. Das Wetter beruhigt sich. Die Sonne kommt heraus. Gleißendes Licht überstrahlt den Hafen mit seiner beeindruckenden Bergkulisse. Angesichts dieses friedvollen Bildes kann sich die Bordfrau die sarkastische Bemerkung nicht verkneifen: »Ja, ja, wenn die See so richtig kocht, ist die *Cora* drauf!« Einen Vorteil hat das Unwetter mit seinen ergiebigen Regenfällen doch. Das Boot ist restlos entsalzen. Wir brauchen es nur noch trokkenzuwischen.
Der Hafen Kymi ist ein Ortsteil der 3 km entfernt in den Bergen liegenden Stadt. Immerhin können wir uns versorgen. Lebensmittel, Schiffsbedarf, Kraftstoff und Trinkwasser sind zu haben. Der Kraftstoff wird per Tankwagen gebracht. Das Trinkwasser holen wir kanisterweise.
Noch 120 sm bis Athen. In Karystos, am Südostzipfel Euböas, machen wir für eine Nacht Station. Kap Sounion, berühmt durch den hoch oben auf steilem Fels thronenden Poseidon-Tempel, grüßt uns am nächsten Tag. Athen / Glyphada heißt unser Ziel. In der weiträumigen Bucht liegen vier Marinas gleichen Namens, fortlaufend numeriert. Es ist allge-

mein bekannt, daß die Yachthäfen Athens hoffnungslos überfüllt sind. Das Hafenhandbuch des DSV aber verspricht: Durchreisende Yachten finden hier immer einen Liegeplatz. Nun denn, wir erhalten tatsächlich einen, aber unter erheblichen Schwierigkeiten. Infolge der unmittelbaren Nähe des Athener Airports mit seinem überaus regen Flugbetrieb ist die Lärmbelästigung derart unerträglich, daß wir das Gefühl haben, landende Maschinen fliegen nicht über, sondern durch unsere Köpfe. So sind die weltberühmten Sehenswürdigkeiten dieser Millionenstadt der einzige Grund, hier zu verweilen.
Wer die Akropolis und das Nationalmuseum besucht hat, kann nicht schweigen. Wir haben keinen ruhmreicheren Ort betreten als diese Akropole. Geblendet von der Größe des Parthenon ruht das Auge auf dem zierlichen Nike-Tempel aus. Der monumentale Zugang zum Heiligen Felsen, die Propyläen, und das eindrucksvolle Erechtheion des Perikles lassen den Besucher in staunender Bewunderung verharren und die Geschichte der Antike lebendig werden.
Geschickt ist in der Südostecke des Akropolis-Felsens ein Museum eingerichtet, das die bedeutendsten Werke archaisch-klassischer Bildhauerkunst und das großartige Panorama des Parthenonfrieses vor den Augen des Betrachters ausbreitet. Voller Ungeduld und Neugier, voller Erwartung und Vorfreude betreten wir das Nationalmuseum, sind wir doch auf dem Vorjahrestörn mit unserer *Cora* in Mykene und auf Santorin gewesen. Wir freuen uns unbändig auf den kostbaren Goldschatz des Agamemnon und auf die einmaligen Wandmalereien.
Nur etwa 40 sm westlich Athen liegt Korinth, eine Stadt, die in der Antike immer wieder mit Athen im Wettstreit lag und um Vorherrschaft über die griechischen Stadtstaaten kämpfte. Wäre der Bau des Kanals durch den Isthmus von Korinth in der Antike nicht nur geplant, sondern auch technisch möglich gewesen, die Hauptstadt Griechenlands hieße heute vielleicht Korinth. Wir wollen auch den Hafen dieser Stadt anlaufen, um die Ausgrabungen in Alt-Korinth besuchen zu können. Wir begegnen hier einer 7000jährigen Geschichte.
Der Hafen von Korinth, eine weiträumige Anlage, ist – abgesehen vom Korinthen-Export – nahezu bedeutungslos geworden. Für Sportskipper gerät dies zum Vorteil, da stets weite Strecken der Kaimauern frei sind. Wir können problemlos längsseits anlegen. Bei Winden um Nordost allerdings steht Schwell in den Hafen. Die Versorgungsmöglichkeiten sind hervorragend, die Entfernungen einer größeren Stadt gemäß. Kraftstoff kommt auch hier per Tankwagen. Trinkwasser ist an zwei Stellen im Hafengebiet kostenlos zu zapfen.
Wir queren den Golf von Korinth bei achterlichen Winden. Am Festland, an der Westseite der weiten Bucht von Itea, finden wir im Ormos Anemokampi eine rundherum geschützte Badebucht. Durch die Liegetage in Häfen haben wir seit längerer Zeit das Baden vom Boot aus vermißt. Doch hier verwehrt die Wassertemperatur uns Frierkatzen die Badefreuden. 18° C, das ist nichts für uns.
Von Anemokampi aus nehmen wir Kurs auf Naupaktos. Dieser idyllische Rundhafen mit seinen ihn umgebenden, hohen Festungsmauern bietet leider nur wenigen Yachten Platz. Wir sind froh, vor der Hafeneinfahrt einer auslaufenden Segelyacht zu begegnen. So können wir hoffen, wenigstens ein Platz würde frei sein. In drangvoller Enge, bei unangenehmem Schwell, Bordwand an Bordwand liegend, bleiben wir nur eine Nacht.

In der Inlandsee des Ionischen Meeres

Wir passieren die Straße von Rion, – man nennt sie auch die Kleinen Dardanellen –durchqueren den Golf von Patras und steuern den Lagunenhafen von Mesolongion an. Unglaublich viel Raum im Hafen macht uns die Entscheidung schwer, wo wir eigentlich festmachen sollen. Wer die Wahl hat, hat die Qual!

Und die Qual lernen wir auf ungeahnte Weise wirklich kennen. Zunächst wundern wir uns, daß eine große Segelyacht bei Sonnenuntergang die endlos lange Kaimauer verläßt, um in einem entfernten Winkel des riesigen Hafens vor Anker zu gehen. Am späten Abend, wir sind rechtschaffen müde, krabbeln wir in die Kojen. An Einschlafen ist jedoch nicht zu denken. Ein motorisierter Zweiradfan beginnt seine Trainingsrunden um das Hafenbecken. Seine Maschine veranstaltet einen Höllenlärm. Dauert es zunächst etwa 20 Minuten, bis er wieder knappe 5 m von unserer *Cora* entfernt vorbeirast, so schafft er seine Trainingsrunde nachts gegen 2.30 Uhr in 15 Minuten. Wir hätten ihm zu seinem Rekord gerne handfest gratuliert. Doch 5 Stunden lang der Nachtruhe beraubt zu werden, bringt selbst ruhige Bürger zur Verzweiflung. Wutentbrannt springt der Käpt'n urplötzlich aus der Koje, ergreift im Salon das altbewährte Preßlufthorn, hüpft in flatterndem Nachthemd mit einem Satz wie von der Tarantel gestochen auf den Kai und lauert auf den heranbrausenden Rennfahrer. Als dieser *Cora* erreicht, läßt das »Nachtgespenst« das Horn mit voller Kraft heulen. Doch für das ohrenbetäubende Geknatter der Maschine ist es nur eine mäßige Konkurrenz. Immerhin dreht sich der Zweiradfan kurz um. Er hat wohl endlich begriffen, daß er die Nachtruhe seit Stunden erheblich stört. Er stellt sein Training ein und ward nicht mehr gesehen.
Die Wochen mit Starkwind, Stürmen und rauher See in der Ägäis haben unsere Sehnsucht nach windstillen Tagen und ruhigen Wassern erheblich gesteigert. So sind wir froh, nunmehr in eines der ruhigsten Gebiete des Ionischen Meeres, in die sogenannte Inlandsee, einzulaufen. Sie erstreckt sich südlich Levkas bis zum Eingang des Golfes von Patras, ist gegen das offene Meer durch Levkas selbst, Ithaka, Kephallinia und Zakynthos geschützt und obendrein von zahlreichen, kleinen, bewaldeten Inselchen durchsetzt. Wie Smaragde liegen sie im blauen Meer. Für Wassersportler ein traumhaft schönes und recht weiträumiges Revier.
Neptun erfüllt unseren Wunsch. Spiegelglatt bis leicht bewegt ist die See. Wir überlassen dem Autopiloten die Steuermannsarbeit, sitzen auf dem Bug, lauschen dem Plätschern der Wellen und genießen wärmende Sonne und samtweiche Luft. Tagelang kreuzen wir in diesem Gebiet, besuchen einsame Inseln und menschenleere Buchten, begegnen hier und da Fischern auf ihren Kuttern und vernehmen oftmals nur statt menschlicher Stimmen das Meckern von Zicklein, die auf den Eilanden weiden. Es ist ein lustiges Bild zu sehen, wie sie per Boot von Inselchen zu Inselchen gebracht werden, um neue Weidegründe abgrasen zu können. Kein Wunder, daß sich in dieser heilen Welt Aristoteles Onassis eine Insel auserkor, Skorpios.
Das lebhafte Treiben im Hafen Levkas fasziniert uns auf ganz andere Weise. Enge Gassen, kleine Shops und Tavernen, Kafeneions und Boutiquen bilden einen farbenfrohen Kontrast zur Stille der Natur. Von der direkt am Hafen gelegenen Bunkerstation übernehmen wir Diesel und machen anschließend über Heckanker am Kai fest. Morgens und abends ist Trinkwasser vom Wassermann gegen Entgelt erhältlich.
Wohlversorgt setzen wir am nächsten Tag unsere Reise fort. Unser Ziel ist die Insel Paxos, wo wir in der am Südende gelegenen, gut geschützten Mongonisi-Bucht verweilen. Unsere Tage auf griechischen Inseln und Gewässern sind von nun an gezählt. Schon hier feiern wir mit Mousaka und Retsina, bei Klängen des Bousuki, Abschied von dieser beschaulichen reizvollen Inselwelt.
Doch so schnell läßt uns Paxos nicht los. Wir freuen uns noch auf Gaios, den entzückenden Naturhafen dieser Insel. Er wird von Fähren aus Korfu und Parga, einer Hafenstadt am griechischen Festland, mehrmals täglich angelaufen. Wie in Levkas wollen wir auch hier über Heckanker mit dem Bug zur Uferpromenade liegen. Das hat den Vorteil, daß wir beim Aufenthalt in der Plicht vor den neugierigen Blicken der zahlreichen Touristen geschützt sind.
Die eigene Ungeschicklichkeit wird uns beim Anlegemanöver zum Verhängnis. Die

Bordfrau hat bereits den Heckanker geworfen und mehrere Meter Leine gefiert, als der Käpt'n nochmals kurz zurücksetzt, um in eine freie, recht enge Lücke sicher einsteuern zu können. Beim Vorwärtsfahren dann geht abrupt der Motor aus. Was ist geschehen? Schraube und Welle haben die eigene Ankerleine erfaßt und viele Male fein säuberlich aufgewickelt. Mit Hilfe anderer Skipper machen wir mit langer Bugleine notdürftig fest, liegen aber noch zur Hälfte im Fahrwasser.
Eine etwa einstündige Tauchaktion des Käpt'ns folgt. Unzählige Male verschwindet er unter dem Boot und versucht, das entstandene Gewirr der Ankerleine auf Schraube und Welle zu lösen. Endlich das erlösende »Geschafft«. Mit strahlenden Augen und stolz geschwellter Brust kommt er an Bord zurück. Die Bordfrau beendet das Anlegemanöver. *Cora III* liegt endlich an ihrem Platz.
Wenige Seemeilen nördlich Paxos liegt die Insel Korfu. Kerkyra sagen die Griechen. Wir laufen den Zollhafen an. Wir müssen ausklarieren. Hier liegen Hafenmeisterei, Paß- und Zollamt dicht beieinander, so daß die notwendigen Formalitäten mühelos erledigt werden können. Auch das Bunkern von Kraftstoff ist bequem. Wir füllen Tanks und Reservekanister randvoll, denn die Überfahrt nach Bella Italia steht bevor.
Sind wir noch bei ruhiger See nach Korfu gelangt, so wird es im Hafen zunehmend ungemütlich. Er ist unzureichend geschützt. Das Barometer ist deutlich gefallen. Unzählige Windwolken zeichnen sich am vorher so blauen Himmel ab und verheißen stürmische Tage. Wir beschließen deshalb, wie schon so oft auf diesem Törn, in aller Frühe des nächsten Morgens aufzubrechen, um wenigstens einen Teil der etwa 40 sm bis zur westlichsten, griechischen Insel Othony bei einigermaßen ruhiger See zurücklegen zu können.
Am Nordende Korfus heißt es sehr wachsam sein, um in der Engstelle zwischen der albanischen Küste und der von Untiefen und Felsen durchsetzten Küste der Insel, einerseits nicht ins Sperrgebiet der Albaner zu geraten, andererseits das Boot nicht auf eine Untiefe zu setzen. Die Fahrrinne ist zwar ausreichend betonnt, dennoch müssen wir uns am Detailplan der Seekarte genauestens orientieren.
Kaum haben wir die Engstelle passiert und den Kurs nach Westen gerichtet, befinden wir uns in hohem Seegang gegenan. Es ist nicht ganz einfach, mit Wind und Wellen zurechtzukommen. Die See zwingt dazu, wie ein Segelboot zu kreuzen. Wir steuern von Hand. Dem Autopiloten können wir diese diffizile Steuermannsarbeit nicht überlassen. Mitdenken kann nun mal ein elektronisches Gerät nicht.
Mit gedrosselter Motorkraft stampft *Cora* durch die rauhe See. Zwei Fischkutter laufen auf gleichem Kurs. Das Auf und Nieder dieser schweren, stabilen Schiffe, ihr Verschwinden im Wellental, das erneute Auftauchen auf dem sich brechenden Wellenkamm, die meterweit hochspritzenden, vom Winde aufgepeitschten Wassermassen lassen uns ahnen, wie unsere Nußschale in dieser tosenden See aussehen mag.
Mehr und mehr nähern wir uns Othony. Im Windschatten der Insel empfängt uns, wie erhofft, ruhigeres Wasser. Wir nehmen schnellere Fahrt auf. Die Ankerbucht bietet eine Überraschung. Sie ist zum Hafen mit schützenden Molen ausgebaut worden. Der Hafenmeister steht auf dem Kai, winkt uns in eine Lücke und hilft flink und geschickt beim Vertäuen. Ehe wir uns versehen, sind wir längsseits festgemacht. Sicher und gut geschützt liegend können wir der weiteren Wetterentwicklung entgegensehen.
Der Starkwind läßt sich Zeit. Er bläst kräftig aus südlichen Richtungen. So haben wir Muße, die Insel zu erkunden. Besonders gern schauen wir hoch droben auf einer Anhöhe sitzend der im Meer versinkenden Sonne nach. Doch derlei Wartetage sind eigentlich nicht eingeplant. In Korfu haben wir die letzten griechischen Drachmen ausgegeben. Auf Othony spielt das zum Glück keine Rolle. So winzig die Ansiedlung am Hafen ist, so clever sind ihre Bewohner. Ob Deutsche Mark, Dollar, Franken oder Lire, alles Bargeld wird in Zahlung genommen.
Mehrmals täglich greifen wir nach dem Fernglas und beobachten den Horizont, um kri-

tisch Seegang und Wellenhöhe zu begutachten. Diese private Wettereinschätzung ist oftmals aufschlußreicher als der Seewetterbericht. Wenn am Horizont deutliche Bewegungen von Wellenbergen und -tälern bereits mit bloßem Auge zu erkennen sind, ist die See für unser Boot viel zu ruppig. Ideal ist eine gerade, ruhige Horizontlinie.
Nach drei Tagen des Abwartens ist das Bild des Horizontes annehmbar. Wir beschließen, die Straße von Otranto zu queren und erreichen nach sechs Stunden Kap Leuca. Der ehemals kleine Hafen Santa Maria di Leuca ist nicht mehr klein. Eine lange, neu angelegte, wuchtige Mole bietet Schutz und Raum für zahlreiche Wasserfahrzeuge. Doch sonderlich ruhig liegen wir nicht, da auch hier die vielen ein- und auslaufenden Fischkutter mit voller Motorkraft entsprechenden Schwell erzeugen.
Für das Befahren italienischer Gewässer müssen wir natürlich einklarieren, deshalb laufen wir am nächsten Tage Gallipoli an. Gallipoli ist in diesem Seeraum der erste Port of Entry. Zu unserem Erstaunen – es ist Freitagnachmittag – können wir die erforderlichen Behördengänge sämtlichst erledigen. Das Costituto (Fahrterlaubnis) erhalten wir jedoch erst am nächsten Morgen, nachdem wir die Tassa di Stationamente (Gebühr für die Dauer des Aufenthaltes in italienischen Gewässern) auf der Post eingezahlt haben.
Das letzte Etmal dieser Saison, Gallipoli – Sibari, steht bevor. Die Bordfrau, sprich Schiffsjunge, Navigator, Smutje, Funker, Hilfsmonteur, Festmacher und vieles andere mehr, und der Käpt'n – er bleibt schließlich in jeder Funktion der Käpt'n – wünschen sich zum Abschluß ein spiegelglattes Meer. Dieser Wunsch wird erfüllt. Wie auf einer Wolke schwebend gleitet *Cora* dem 75 sm entfernten Winterliegeplatz entgegen. Sie kennt ihn und wird auch sogleich wiedererkannt, haben wir sie doch vor zwei Jahren schon einmal zur Überwinterung in Sybaris Marine alleingelassen. Von hier aus sind wir nach Israel gestartet, und von Israel kommend kehren wir heute zurück. Große Wiedersehensfreude bei allen! Wir fühlen uns beinah wie zu Hause.
Sogleich gehen wir daran, das Boot winterfest zu machen. So ganz nebenbei entsteht eine ellenlange Liste mit Ersatzmaterialien und Ersatzteilen, hinzu kommen Notizen zu Verbesserungswünschen für die kommende Saison. Wir beschließen, *Cora* im Wasser liegend überwintern zu lassen. Wo sonst ist ein Boot besser aufgehoben als in seinem Element.
Schließlich ist der Tag der Heimreise gekommen. Mit einem Mietwagen fahren wir nach Lamezia Terme, dem nächstgelegenen Flughafen. In wenigen Stunden bringt uns eine DC 10 aus dem noch immer sommerlich warmen Süditalien in die herbstlich regnerische Kühle des Rhein-Main-Gebietes.
Beinahe sechs Monate sind wir unterwegs gewesen. Unzählige Erlebnisse sind auf uns eingestürmt, beglückende und aufregende, reizvolle und interessante, abenteuerliche und phantastische. Nun verselbständigen sich diese Bilder und laufen wie ein Film vor unseren Augen ab. Lange werden wir brauchen, all das Gesehene und Erlebte zu verarbeiten.
Manchmal glauben wir, Wanderer zwischen zwei Welten zu sein. Wie gewaltig ist doch der Unterschied zwischen der alltäglichen Realität mit ihren festgelegten Normen und dem Erleben der grenzenlosen Freiheit an Bord unserer kleinen *Cora III* auf dem Wege vom Orient zum Okzident, vom Morgenland zum Abendland.

Reise nach Olympia

Törninfos mit Traileranreise

Etappen	sm
Sibari – Santa Maria di Leuca	95,1
Santa Maria di Leuca – Othony	54,8
Othony – Korfu	41,2
Korfu – Paxos	35.0
Paxos – Mongonisi	1,7
Mongonisi – Levkas	36,8
Levkas – Vlychon	10,3
Vlychon – Syvota	11,6
Syvota – Phiskardo	13,6
Phiskardo – Eufemia	12,3
Eufemia – Zakynthos	42,8
Zakynthos – Katakolon	25,7
Katakolon – Petalas	60,2
Petalas – Kioni	23,9
Kioni – Syvota	14,0
Syvota – Levkas	17,0
Levkas – Mongonisi	38.4
Mongonisi – Garitsa / Korfu	39,7
Garitsa – Gouvia	6,3
Gouvia – Othony	40,6
Othony – Tricase	54,6
	675,6
	(1251,2 km)

Seekarten
D 661, D 604, D 658, I 26, I 28.

Handbücher
A. Kramer, Ionisches Meer, Tulln / Österreich.
H.M. Denham, Ionische Inseln, Kreta und Rhodos, Bielefeld.
Hafenhandbuch der Kreuzerabteilung, Teil III, Adria Süd und Teil IV, Mittelmeer, DSV, Hamburg.
Yachtfunkdienst Mittelmeer, DHI, Hamburg.

Traileranreise
Für den Trailerkapitän ist dieser Törn ohne weiteres realisierbar. Auf der italienischen Autobahn entlang der Adria nach Süden bis Bari, Brindisi oder Otranto. Von den genannten Häfen aus besteht täglich Fährverbindung nach Korfu. Die preiswerteste Verbindung bietet Otranto. Wenige Kilometer von Korfu / Stadt entfernt in der Marina Gouvia kann das Boot entladen, Auto und Trailer sicher abgestellt werden.
Die Ionischen Inseln in der sogenannten Inlandsee des Ionischen Meeres sind für Motorbootler ein ideales Revier.

Havarie auf Othony

Will auch der Winter in Old Germany in diesem Jahr kein Ende finden, eines Tages muß er doch weichen. Beim ersten wärmenden Sonnenstrahl lockt uns die Weite des Meeres. Wir starten gen Süden nach Sibari in Kalabrien, um unsere *Cora* vom Winterschlaf zu erlösen. Leider geht das nicht so einfach wie im Märchen: Kuß genügt und schon ist Dornröschen erwacht. Nein, nein, nicht küssen, sondern schrubben, putzen, waschen, polieren, inspizieren, reparieren und montieren sind Liebesbezeugungen, die ein Boot mit Charakter erwartet.
Weniger erwartungsvoll sieht das Boot dem Beladen entgegen. Auf dem Steg reihen sich Karton an Karton, Kisten und Kästen, Taschen und Seesäcke, länger als *Cora* selbst. Jeder Winkel und jedes Eckchen werden ausgenutzt. Da wir längst wissen, wo und wie alles unterzubringen ist, geht die Arbeit zügig von der Hand. Bald ist der Steg abgeräumt, *Cora* aber hat einiges mehr an Eintauchtiefe.
Die Arbeiten in der Werft stehen noch bevor. Mit dem Super-Travellift wird unser Boot aus dem Wasser gehoben, und mit der Druckwaschanlage wird das Unterwasserschiff von Bewuchs und Algen befreit. Mit einem Spachtel müssen wir Muscheln und Pocken zu Leibe rücken, um sie von Welle, Schraube, Ruder, Trimmklappen und deren Öldruckzylindern zu entfernen. Dem Sumlog haben die Seepocken den Garaus gemacht. Es rückt und rührt sich nicht mehr. Die Pocken haben einen Flügel des Gebers fest mit dem Rumpf verschweißt. Anschließend wird das Boot behutsam an Land gesetzt und verpallt. Dann können die Überholungsarbeiten beginnen. Antifouling wird aufgebracht, der Rumpf gereinigt und von der Bordfrau im Schweiße ihres Angesichts poliert, Stoßleisten und Teakreling vom Käpt'n lackiert, um *Cora* schließlich in ihr Element zurückzusetzen.
Ende Mai ist es dann soweit. Unser Boot erstrahlt in neuem Glanze. Daß es schon so einiges erlebt hat, ist ihm nicht anzusehen. »Quasi una barca nuova«, sagen die Italiener und schauen es mit prüfenden und zugleich bewundernden Blicken an.
Am Vorabend unseres ersten Reisetages erhalten wir eine Einladung an Bord der *Linda*, einer 14-m-Ketsch aus Israel, Abschied von Sybaris Marine zu feiern. Es wird eine lange und sehr unterhaltsame Nacht. Unser erstes Etmal führt auch in diesem Jahr nach Santa Maria di Leuca. Der Autopilot läßt *Cora* eine schnurgerade Spur durchs Wasser ziehen. Urplötzlich brodelt die spiegelglatte See in Coranähe. Im ersten Augenblick können wir uns die quirlige Wasseroberfläche nicht erklären.
Doch dann sehen wir die ersten Rückenflossen und die übermütigen Sprünge verspielter Delphine. Rund um *Cora* ist lebhaftes Treiben. Sie schwimmen zu dritt Formation vor dem Bug. Es sieht aus, als würden sie Pferden gleich an langen Zügeln unser Boot durchs Wasser ziehen. Immer wieder wetteifern sie um den Platz vor dem Bug. Wir sind außer uns vor Begeisterung. Wir stehen am Bugkorb und schauen dem einmaligen Schauspiel fasziniert zu. Möge es doch noch eine Weile andauern, ist unser innigster Wunsch! Es läßt sich nicht leugnen, Delphinen begegnen, bedeutet Freunden begegnen. Überlieferungen aus der Antike, der Delphin sei Helfer des Menschen, nehmen Gestalt

Wieder einmal wird *Cora III* von Delphinen begleitet.

an. Wir können und wollen uns derartigen Empfindungen nicht entziehen. Wir nehmen diese Begegnung als glückbringendes Omen.

Unsere Reise soll durch die Inselwelt des Ionischen Meeres zum Peloponnes nach Olympia führen. Vor uns liegt die Straße von Otranto. Wie gehabt brummt bereits in früher Morgenstunde der Diesel satt und sanft wie eine Hornisse. Die See ist recht bewegt. Wir freuen uns schon auf Othony. Doch die Freude währt nicht lange. Die von Seeschiffen und Frachtern stark befahrene Straße von Otranto bietet zeitweilig das Bild einer »strada di plastica«. Vorsichtig und umsichtig manövrieren wir durch Unmengen von diversen Abfällen und unzähligen Plastiktüten aller Art und Größe. Und da passiert es.

Ein gewaltiger Schlag läßt *Cora* erzittern und uns nichts Gutes ahnen. Es kann schließlich keine Grundberührung sein. 7 sm vom Kap Leuca entfernt gibt es keine Untiefen. Die Schraube hat einen stattlichen Plastiksack gefangen. Wie eine Inspektion von der Badeplattform aus ergibt, ist er fein säuberlich zwischen Wellenblock und Schraube aufgewickelt. Da hilft kein Vorwärts- und kein Rückwärtsfahren. Der Käpt'n muß tauchen. Bei 16° C Wassertemperatur kein reines Vergnügen. Also besser den Taucheranzug an, die Maske auf die Nase und ab unter das Boot. Wieder einmal. Doch diesmal ohne jeden Erfolg. Durch die unruhige See ist unter Wasser nichts zu erkennen. Der Plastiksack hat sich derart fest verzurrt, daß längeres Tauchen erforderlich wäre, um ihm mit einem Messer zu Leibe rücken zu können. Doch ohne Preßluftflasche kein längeres Tauchen. Also Kapitulation vor der Tücke des Objekts. Mit 3 kn tuckern wir zurück nach Santa Maria di Leuca. Eine höhere Geschwindigkeit riskieren wir nicht, denn die durch den aufgewikkelten Plastiksack entstandene Unwucht hätte größere Schäden anrichten können.

In Leuca suchen wir umgehend nach einem Taucher. Schneller als gedacht finden sich zwei junge Leute. Sie kommen an Bord und machen sich ans Werk. Jeweils mit einem Küchenmesser bewaffnet, tauchen sie wie Delphine unter die *Cora* und zerlegen den Plastiksack in Einzelteile. Sie sind so geschickt, daß wir den Eindruck haben, es wäre für sie ein alltägliches Geschäft, Bootsschrauben und -wellen von Plastik zu befreien. Was sie da zutage fördern, ist in der Tat ein äußerst stabiles Material. Als wir die jungen Leute nach ihrem Entgelt fragen, meinen sie bescheiden: »Solo un regalo (nur ein Geschenk, eine Aufmerksamkeit).«

Beim erneuten Versuch, die nunmehr von uns so genannte »strada di plastica« zu überqueren, haben wir keine Probleme. Nach 50 sm liegt in gleißendes Sonnenlicht getaucht, von kräftigem Nordwest umweht, die westlichste der Ionischen Inseln vor uns. Der steife Maestrale zwingt uns, im sicheren Schutzhafen zu verweilen.

Wer gut zu Fuß ist, wird überrascht sein von der reichbewaldeten Landschaft, der eindrucksvollen Bergwelt – mit Anhöhen bis zu 400 m – und der Unberührtheit der Natur. Nur eines sollte der Wanderer wissen: Geschlossenes, festes Schuhwerk empfiehlt sich, denn auf Othony leben mehr Schlangen als Menschen. Vornehmlich giftige und ungiftige Vipern trifft der Wanderer auf engen, steilen Pfaden. Die rund 200 Einwohner wissen sich dieser Reptilien zu erwehren. Jeder Haushalt hält zwei bis drei Katzen und füttert sie dürftig, damit ihr Appetit auf Schlangenmahlzeiten erhalten bleibt. Angriffslustig sind diese bis zu 1,50 m langen, daumenstarken Schlangen jedoch nicht. Also nur: Augen auf und aus dem Wege gehen.

Zwei der windigen Tage haben wir am Kai verbracht. Am dritten Morgen müssen wir in hektischer Eile unseren Liegeplatz räumen, weil die Personenfähre aus Korfu an dieser Stelle festzumachen pflegt. Der Fußabtreter bleibt bei dieser Aktion versehentlich auf dem Kai liegen. Erst am nächsten Morgen, als wir nach Korfu aufbrechen wollen, bemerken wir es. Natürlich wollen wir auf dieses Utensil nicht verzichten.

Der Anker ist eingeholt. Wir beabsichtigen, Kurs auf den Kai zu nehmen, doch irgend etwas stimmt nicht. Die Schraube treibt das Boot nicht gleichmäßig voran. Wir haben das Gefühl, daß der Antrieb mal arbeitet, dann aussetzt, wieder arbeitet und wieder nicht funktioniert, obwohl der Motor einwandfrei läuft. Rückwärtsfahren ist gänzlich unmöglich. Wir stehen vor einem Rätsel. Da gibt es nur eine Alternative: schleunigst Anker marsch. Noch befinden wir uns im Schutze der Hafenmole.

Vor Anker schwoiend begeben wir uns auf Fehlersuche. Zunächst wird das Getriebe überprüft. Es fehlt zwar etwas Öl, aber es arbeitet exakt und dreht die Welle vorwärts wie rückwärts, ohne daß das Boot auch nur die geringste Fahrt aufnimmt. Beim Käpt'n macht es klick: »Der Propeller wird offensichtlich von der Welle nicht mehr mitgenommen. Natürlich!« Wieder den Taucheranzug an, die Maske auf die Nase und ab ins kühle Naß! Grinsend taucht der Käpt'n nach einer Weile auf und demonstriert auf der Badeplattform stehend, daß er die Schiffsschraube auf der von ihm zuvor blockierten Welle spielend mit dem kleinen Finger beliebig in jede Richtung drehen kann. Des Übels Kern ist ein winzig kleines Eisenteilchen, der Mitnehmekeil; er ist gebrochen! Da stehen wir nun mit langen Gesichtern auf der naturschönen Insel ohne Werkstatt und Kran! Wieder heißt das Zauberwort: Taucher. Der Schlag in der »strada di plastica« hat nun doch ernste Folgen.

Wir machen das Beiboot klar und rudern an Land. Im Kafeneion hören wir uns um. Wir schildern Schaden und Problem. Wer das Glück auf seiner Seite hat, findet eine hilfreiche Hand! Dimitri, auf Othony zu Hause, jung und kräftig, erbietet sich, die schwierige Arbeit zu übernehmen. Wir denken an eine perfekte Taucherausrüstung mit Preßluftflasche und allem Drum und Dran. Weit gefehlt! Dimitri kommt auf seinem Motorrad, zwar mit Taucheranzug und -maske, aber unter dem Arm führt er einen Blasebalg mit sich. »Habt Ihr rund 4 m Schlauch an Bord?« fragt er erwartungsvoll. Wir haben. Unverzüglich zwängt er sich in seinen Anzug. Dann befestigt er den Schlauch an Blasebalg und

Schnorchel, läßt sich Werkzeug geben, – welch ein Glück, daß wir einen speziell angefertigten Schlüssel für die überdimensionale Sicherungsmutter der Schiffsschraube immer mitführen – setzt sich auf die Badeplattform, nimmt den Schnorchel in den Mund und gibt der Bordfrau durch Handzeichen den Rhythmus der Blasebalgbeatmung an. Treten gleich einatmen, loslassen gleich ausatmen. Als es klappt, bekreuzigt er sich und taucht unter das Boot. Dort macht er sich ans Werk. Die Bordfrau tritt unermüdlich im Rhythmus der Atmung den Blasebalg. Der Käpt'n blockiert die Welle. Dimitri entfernt Sicherungssplint und -mutter und taucht nach geraumer Zeit mit dem Propeller im Arm wieder auf. Er bestätigt: »Der Mitnehmekeil ist gebrochen. Ein neuer Keil muß her!« Doch woher nehmen, da wir keinen im Ersatz haben?
Verzweifelt suchen wir unter den an Bord vorhandenen Materialien und Werkzeugen nach einem geeigneten Stück, aus dem sich ein solcher Keil anfertigen ließe. Auf Othony gibt es weder eine Schlosserei noch derartiges Material. Ein bulliger Imbusschlüssel findet schließlich Dimitris Zustimmung. Er schwingt sich auf sein Motorrad, um an geeigneter Stätte den erforderlichen Keil paßrecht zurechtzufeilen. Nach etwa einer Stunde ist er wieder zurück, zeigt uns freudestrahlend sein Meisterwerk und begibt sich unverzüglich an seine nasse Arbeitsstätte.
Die Bordfrau tritt und tritt wiederum fein rhythmisch den Blasebalg, um Dimitri ordentlich mit Luft zu versorgen. Es dauert und dauert. Der Käpt'n merkt, mit welch ungeheurer Kraft Dimitri an der Welle arbeitet. Er muß die Bohrungen von Welle und Sicherungsmutter in Übereinstimmung bringen, um den Sicherungssplint durchführen zu können. Endlich taucht er auf. Sichtlich angestrengt erklärt er: »Nur noch einen Millimeter, dann klappt's.« Nach kurzer Erholungspause glaubt er, auch das noch bewältigen zu können. Doch auf Anhieb gelingt es nicht. Erst nach mehrmaligen Versuchen ist es geschafft. Strahlend kommt er an Bord und erbittet sehnlichst einen großen Schluck Cognac zum Aufwärmen. *Cora* ist nach fünf Stunden Schwerstarbeit wieder in Takt. Dimitri hat Großartiges geleistet. Natürlich entlohnen wir ihn seiner Leistung gemäß. Kurs Korfu – hoffentlich nunmehr ohne Pannen.
Korfu bedeutet zunächst im neuen Hafen einklarieren, das heißt Transitlog ausstellen lassen, Paß- und Zollkontrolle absolvieren, um griechischen Boden betreten zu dürfen. Erst hier also beginnt die Bürokratie. Das kleine Eiland Othony ist quasi eine Enklave. Amtliche Wettervorhersage und Realität stimmen für Korfu selten überein. Da heißt es: Korfu windstill. Doch im Hafen machen Nordwest und entstandener Schwell ein Liegen am Kai unmöglich. Wir sind gezwungen, den sowieso schon ungastlichen Hafen zu verlassen. Zwei Möglichkeiten bieten sich an. Recht und schlecht im Süden der venezianischen Zitadelle an der seewärtigen Seite der Mole in der Garitsa-Bucht, wo die Boote stets dem von Fähren, Kreuzfahrern und Handelsschiffen verursachten Schwell schutzlos ausgeliefert sind. Dennoch werden hier lächelnd horrende Liegegebühren kassiert. Wesentlich besser und absolut geschützt liegen Sportboote in der 3 sm nordwestlich der Inselhauptstadt gelegenen Gouvia-Bucht. Die Einfahrt ist gut betonnt, so daß der Skipper gefahrlos in die seichte Lagune einsteuern kann. Die dort ansässige, weitläufige Marina bietet an einigen Plätzen Strom- und Wasseranschlüsse, hat sanitäre Anlagen und Telefon und verlangt die gleichen Liegegebühren für drei Tage wie das nur einen Festmacher bietende Garitsa für einen einzigen Tag.

In der Karibik Europas

Das Ionische Meer und insbesondere die Inlandsee sind für denjenigen ausgesprochen geeignet, der nicht gerade scharf darauf ist, Bekanntschaft mit den nördlichen Winden, sei es Maestrale oder Meltemi, zu machen. So ist dieses Seegebiet für Motorbootler das ideale Urlaubsparadies. Überdies gibt es in dieser reichgegliederten Inselwelt zahlreiche

Buchten, Ankerplätze und Naturhäfen, die zum Verweilen locken und die Zeit schneller verstreichen lassen, als einem lieb ist. Für uns ist die Ionische Inlandsee die Karibik Europas.

Die erste Insel auf unserem Kurs nach Süden ist Paxos. Sein kleiner Naturhafen Gaios, durch zwei vorgelagerte Inseln geschützt, mit der zum Kai ausgebauten Uferstraße bietet viele Anlegemöglichkeiten. Wir nehmen hautnah am Leben und Treiben der Inselbewohner teil. Doch diesmal ist es des Guten zuviel. Die ganze Nacht hindurch glauben wir, mitten auf dem Ku'damm zu liegen. Die kleine Uferstraße überbietet gekonnt den Verkehrslärm einer Großstadt. Autos, Motorräder, Mofas und Mopeds scheinen im Wettstreit zu liegen, wer den höllischsten Lärm verursachen kann. Als dann gegen 5 Uhr früh leere Fässer mit polterndem Gedröhn zum Fähranleger gerollt werden, ist das Maß voll. Stunde um Stunde haben wir versucht einzuschlafen. Jetzt geben wir es auf und flüchten in die zauberhaft gelegene Mongonisi-Bucht. Nahezu ringsum bewaldet, von Felsküste und Kiesstrand gesäumt, einem kleinen, oberitalienischen See gleich, frönen wir hier ungetrübten Badefreuden.

Ein ganz ungewöhnlicher, vierbeiniger Badegast gesellt sich dazu. Quasi dem Spieß entronnen trollt sich leise grunzend ein munteres Spanferkel ins Wasser. Wir halten die Luft an, glauben wir doch, es würde untergehen. Der Käpt'n will schon das Beiboot klarmachen und eine Rettungsaktion starten. Doch hurtig und in erstaunlichem Tempo überquert das quietschvergnügte Tier die Badebucht. Im Dickicht des jenseitigen Ufers verschwindet es. Da naht auch schon die Gefahr. Der Wirt des Strandrestaurants eilt schnellen Schrittes herbei und sucht nach dem entlaufenen Braten. Nachdem er den Flüchtling am anderen Ufer entdeckt hat, setzt er sich in Trab, denn das Ferkelchen hat sich bereits recht weit entfernt. Ein dem Wirt hilfsbereiter Surfer ergreift sein Brett und paddelt aus Leibeskräften über die Bucht, um dem Ausreißer den Weg abzuschneiden. Mehrmals gelingt es dem quicklebendigen Schweinchen, seinen Häschern ein Schnippchen zu schlagen. Doch dann wird der Flucht ein Ende gesetzt. Jämmerlich quiekend, an den Hinterbeinen gepackt, wird es vom Wirt zurückgeschleppt und aufs neue eingesperrt. So ein Ärger – Flucht gelungen und doch nicht entkommen.

Im 35 sm entfernten Levkas ist es ein leichtes, Wasser und Diesel zu bunkern sowie Lebensmittel zu ergänzen. Der Hafen Levkas bietet sicheren Schutz, doch ab Mittag pustet der Wind so kräftig, daß jeder Skipper gut daran tut, sich stets vor reichlich Ankerkette zu legen.

Levkas wird vom Festland durch einen schmalen, aber gut betonnten Kanal getrennt. Die Ansteuerung von Nord jedoch ist nicht ganz unproblematisch. Flachwasserzonen beiderseits der unbetonnten Zufahrt erfordern selbst bei guter Sicht höchste Wachsamkeit, bis wir endlich die beiden mickerigen Leuchttürme ausgemacht haben oder gar das Fort Santa Maura entdecken. Da ist das Echolot unentbehrliche Navigationshilfe. Bei der Ansteuerung von Süd ist das massige Fort Sankt Georg, auf steiler Höh' erbaut, eine markante Landmarke.

Jetzt zieht uns die weiträumige Vlychon-Bucht an. Bewaldete Anhöhen säumen ihre Ufer. Eine Oase der Ruhe und Abgeschiedenheit! Abendliche, kurzweilige Bummel genießen wir entlang der oleanderbestandenen Straße des verschlafenen Örtchens Vlychon, wo die Bewohner vor ihren weißgetünchten Häusern an der Straße sitzen, den Fremden neugierig mustern und freudig seinen Gruß erwidern. Niemand hat es eilig, kein Lärm, keine Hektik, nur geschwätziges Erzählen der Einheimischen und der Gäste im Kafeneion.

Von Badebucht zu Badebucht geht es am nächsten Tag, doch nicht ohne vorher das Onassis-Eiland Skorpios zu beäugen. Mit Swimmingpools, Tennisplätzen, Hubschrauberlandeplatz und Hafenanlage ist es schon eine besondere Insel, die der griechische Reeder sein eigen nannte.

In der südlichsten Bucht von Levkas, in der Syvota-Bucht, gehen wir vor Anker. Kristallklares Wasser! Mehrere kleine Tavernen liegen rund um die Bucht, schattenspendende Sonnendächer aus rankenden Pflanzen, duftende Oleanderbüsche, leuchtende Bougainvillea und bunte Blumen laden zum Verweilen und Genießen köstlicher Delikatessen. Der Käpt'n kann es nicht lassen, einen Hummer zu verspeisen. Spontan beschließen wir, diese malerische Bucht auf dem Rückweg nochmals aufzusuchen.
Nach einer ruhigen Nacht brechen wir auf nach Kefalonia. Den Hafen von Phiskardo mögen wir auf Anhieb, obschon er von einer Flotille fast gänzlich in Beschlag genommen wird. Wir glauben kaum, noch in Griechenland zu sein. Beinahe ausschließlich englische Laute erreichen unsere Ohren. Gerade Engländer scheinen das Flotillen-Segeln zu lieben. Gruppen von drei bis zwölf gecharterten Segelbooten gehen mit einem Begleitschiff auf Törn. Oftmals hat der »leader« harte Arbeit, besonders in dem Augenblick, wenn sie in Scharen in Häfen oder Buchten einfallen. Je nach Fähigkeit der Charterer hilft er beim Ankerwerfen, Anlegen, Festmachen und Vertäuen. Er sorgt für Trinkwasser, gegebenenfalls für Treibstoff, und bestellt vor allen Dingen im Restaurant das abendliche Menü. Quasi ein Flottillen-Stewart!
Am nächsten Morgen staunen wir nicht schlecht, daß wir minimal zur Kasse gebeten werden. Englische Sprache hin oder her: for look (für die Aussicht) oder for lock (für das Festmachen), der Käpt'n hat dafür ganze 47 Drachmen (etwa 1 DM) zu berappen. Der »look« in Phiskardo ist ja auch wirklich reizvoll und eigentlich sehr viel mehr wert.
Unser nächstes Ziel führt an der Ostküste Kefalonias entlang nach Eufemia.Wie wir es in Griechenland nicht zum ersten Male erleben, sind hilfreiche Hände beim Anlegen oftmals die der Taxifahrer. Von Eufemia aus bietet sich der Besuch des unterirdischen Sees von Melissanis und der nahegelegenen Tropfsteinhöhlen an. So bestellen wir gleich beim Festmachen das Taxi für den nächsten Morgen. Eine Bootsfahrt auf dem See unter der Erdoberfläche regt unsere Phantasie lebhaft an und läßt uns an den Prinzen von Arkadien denken, dem bekanntlich Orpheus in der Unterwelt begegnete. Die Wasser dieses unterirdischen Sees werden von 30 km entfernten Quellen bei Argostoli gespeist und fließen wenige Kilometer vom See entfernt ins Meer ab, so daß der See eine beträchtliche Strömung aufweist.
Bevor wir zum Peloponnes schippern, wollen wir auch Zakynthos anlaufen. Sie ist die südlichste der Ionischen Inseln. Im geräumigen Hafen der Inselhauptstadt hoffen wir, unsere Dieselvorräte ergänzen zu können. Doch wer nur 200 l Diesel braucht, ist ein armer Wicht, wenn eine Superyacht nebenan 3000 l aus einem Tankwagen bunkert. Dann vergißt der Tankwart ganz einfach diese lächerliche Menge. Auch wiederholtes Erinnern bringt keinen Erfolg. Zwei Tage warten wir artig, verschieben Landausflüge und rühren uns nicht von Bord. Statt des versprochenen Diesels kommt Starkwind. Das läßt unser Stimmungsbarometer nicht gerade steigen. Schließlich bittet der Käpt'n in der Hafenkommandantur um Hilfe. Die Diesellieferung wird ihm für 11 Uhr zugesagt. Wir atmen erleichtert auf. Es wird 11 Uhr, es wird 11.30 Uhr, doch nichts geschieht. Um 12 Uhr reißt der Bordfrau der Geduldsfaden. Stürmischen Schrittes, mit blitzenden Augen, eilt sie zur Hafenmeisterei. Zunächst höflich, aber bestimmt, erklärt sie den Herren, daß immer noch kein Diesel geliefert worden sei.
Die gleichgültige, desinteressierte, ja gelangweilte Reaktion der Uniformierten bringt die Bordfrau in Harnisch. Wie der Racheengel des Zeus schimpft und wettert sie, bis der Hafenkapitän sich endlich dazu herabläßt, zum Telefon zu greifen. Ergebnis: Der Diesel käme gegen 14 Uhr. Ausgerechnet während der in diesen Breiten geheiligten Mittagspause soll der Tankwart kommen?! Wir trauen unseren Augen nicht, als er bereits um 13.45 Uhr vor unserer *Cora* steht und den ersehnten Saft anliefert. Nirgendwo sonst hatten wir derartige Schwierigkeiten mit der Kraftstoffversorgung!
Zakynthos, die Insel der Hyazinthen, hält uns noch einen weiteren Tag fest. Starkwind

Auf Zakynthos / Griechenland dauert es Tage bis wir den ersehnten Kraftstoff erhalten.

hat die See aufgewühlt und eine Weiterfahrt unmöglich gemacht. Sogar die Inselfähren stellen ihren Betrieb ein, wie es in Griechenland ab Windstärke 6 üblich ist. Doch dann heißt es: »Kurs Olympia«, genauer gesagt: »Kurs Katakolon«.
Die antiken, olympischen Stätten liegen etwa 35 km landeinwärts. Katakolon selbst ist ein wenig einladender Hafen. Mehrere still vor sich hinrostende Frachter warten fest vertäut auf ihre Kapitäne, die im Gefängnis sitzen. Auch hier hilft uns beim Festmachen ein Taxifahrer. Selbstverständlich wird mit ihm die Fahrt nach Olympia für den nächsten Tag ausgehandelt. Geschäftstüchtig sind sie, die griechischen Taxifahrer.
Olympia liegt zwischen den Flüssen Alpheios und Kladeos. Es ist eine fruchtbare Ebene, in der sich die ehemalige Kult- und Orakelstätte befindet. Hier wurde vornehmlich Kronos, der Vater des Zeus, verehrt. Der Mythos berichtet, daß in dieser Gegend König Oinomaos herrschte. Als es darum ging, seine bildschöne Tochter Hippodameia zu vermählen, verlangte er von den Bewerbern, daß sie zunächst ihn, den König selbst, in einem Wagenrennen besiegten. Gelang ihnen dies nicht, wurden sie geköpft. Dreizehn Bewerber hatten auf diese grausame Weise ihr Leben verloren. Als Pelops, der Sohn des Tantalos, davon hörte, bestach er den Wagenlenker des Königs. Dieser nahm die Naben des sieggewohnten, königlichen Wagens heraus und ersetzte sie durch Wachszapfen. Natürlich schmolzen sie während des wilden Rennens. Der Wagen brach. Oinomaos wurde zu Tode geschleift. Fortan herrschte Pelops über das Reich. Auf ihn ist der Name dieser handähnlichgeformten Halbinsel zurückzuführen: Peloponnes. Sein Grab, das Pelopion, liegt inmitten der Heiligen Stätten von Olympia.
Von den ehemaligen Prachtbauten sind leider nur Fundamente erhalten. Erdbeben und Überschwemmungen haben das ihre dazu getan. Immerhin 293 Olympische Spiele wurden hier ausgetragen. Die ersten fanden 767 vor Christi Geburt statt, an denen aus-

schließlich Griechen teilnehmen durften. Die letzten wurden 393 nach Christi veranstaltet. Die Athleten kämpften nackt um olympische Ehren. Frauen war nicht nur die Teilnahme, sondern auch das Zuschauen verboten. Als sich die Mutter eines Athleten in Männerkleidern als Kampfrichter eingeschlichen hatte, mußten fortan auch diese nackt auf der Tribüne stehen.
Die systematischen Ausgrabungen des deutschen Archäologischen Instituts brachten reiche, herrliche Funde zutage, die im Museum von Olympia zu bestaunen sind. Der Ost- und der Westgiebel des Zeus-Tempels sind mit ihren einzigartigen Skulpturen einmalig auf der Welt. Der Ostgiebel zeigt die Vorbereitungen zum dramatischen Wettkampf zwischen Pelops und Oinomaos. Im Mittelfeld steht Zeus, der die Tat des Pelops nicht verhinderte, ihr anscheinend seinen Segen gab. Der Westgiebel schildert höchst anschaulich den Kampf zwischen Kentauren und Lapithen. Die roßbeinigen Kentauren symbolisieren die ungebändigte Natur und versuchen mit tierischer Rohheit als zum Hochzeitsmahl geladene Gäste die Frauen der Lapithen zu rauben. Die Lapithen hingegen sind die Urväter der Hellenen. Sie verkörpern Menschlichkeit, Recht und Sitte: ein Urthema der griechischen Kunst.
Nicht nur die Idee des Sports schlug in Olympia für immer Wurzeln, sondern verbreitete seinen Namen über die ganze bewohnte Erde. Alle vier Jahre wird an dieser Stätte das Olympische Feuer entfacht und zu den Olympischen Spielen hinaus in die Welt getragen.
»Seht Ihr den Ölzweig dort auf des Käpt'ns Haupte prangen?« Wenn auch das Schippern mit dem Motorboot keine olympische Disziplin ist, so weiht die Bordfrau dennoch ihren Käpt'n zum Olympioniken. Nicht etwa um mit obligatorischem Ölzweig schütteren Haarwuchs zu bedecken, sondern um ihn zu ermuntern, nunmehr die »Adria rund« in Angriff zu nehmen.
Wir machen uns also auf gen Norden. Zunächst überqueren wir den Golf von Patras bei herrlich ruhiger See, um nach 60 sm in der seichten Bucht von Petalas die Nacht zu verbringen.
Auf dem Wege nach Olympia haben wir eine Insel ausgelassen: Ithaka, die Heimat des Odysseus. Jetzt wollen wir sie besuchen. Kioni, im Nordosten der Insel gelegen, ist ein ausgesprochen romantischer Hafen in einer zauberhaften Naturbucht. Allerdings betragen die Wassertiefen um 20 m, so daß wir eigentlich nur an der Kaimauer sicher liegen können. Ausgerechnet hier hat der frischbekränzte Käpt'n Manövrierprobleme. »Ja, es ist halt immer dasselbe, eine Maschine bei starkem Seitenwind erfordert höhere Touren, und wehe dem, der nicht stark genug mit dem Rückwärtsgang abbremst!« So setzt der Käpt'n die Nase der *Cora* unsanft auf die Kaimauer und verunziert geräuschvoll den bis dahin ach so glatten Bug. Aber, was soll's? Wer jahrelang mit seinem Boot unterwegs ist, hat Erfahrung genug, eine solche Schramme auszubessern. So sitzt der Käpt'n dann am folgenden Morgen im Beiboot mit Spachtel und Schmirgelpapier bewaffnet und versucht sich als Schönheitschirurg, was ihm auch sehr gut zur Zufriedenheit aller gelingt.
Kioni reizt zum Landgang, denn nur so können wir die Großartigkeit der Umgebung wirklich kennenlernen und genießen. Kleine Kiesbuchten wechseln ab mit steiler Felsküste. Saftig grüne Vegetation tut dem Auge wohl. Restaurants und Tavernen umsäumen den Hafen. Und wieder einmal Hummer für die Crew! Über Levkas, Paxos und Korfu geht es nach Othony. Hier treffen wir Dimitri wieder. Interessiert erkundigt er sich, ob mit Welle und Schraube alles in Ordnung sei. Als Wind und Wellen es erlauben, nehmen wir Kurs auf die italienische Küste. »Adria rund – Traum vieler Skipper« steht nun bevor.

Adria rund – Traum vieler Skipper

Törninfos mit Traileranreise

Etappen	sm
Tricase – Porto Badisco	14,6
Porto Badisco – Brindisi	54,0
Brindisi – Bari	68,9
Bari – Manfredonia	61,1
Manfredonia – Mattinata	10,6
Mattinata – Pugnochiuso	8,8
Pugnochiuso – Vieste	8,0
Vieste – Peschici	10,6
Peschici – Tremiti	29,4
Tremiti – Termoli	25,4
Termoli – Ortona	38,4
Ortona – Pescara	14,9
Pescara – San Benedetto del Tronto	37,4
San Benedetto del Tronto – Numana	39,1
Numana – Pesaro	45,8
Pesaro – Cervia	37,4
Cervia – Porto Garibaldi	28,4
Porto Garibaldi – Albarella	41,1
Albarella – Santa Margherita di Caorle	46,5
Santa Margherita di Caorle – Piran/Jugoslawien	32,1
Piran – Portoroz	2,1
Portoroz – Santa Margherita di Caorle/Italien	34,0
Santa Margherita di Caorle – Venedig	30,0
Venedig – Lignano	44,5
Lignano – Umag/Jugoslawien	42,3
Umag – Rovinj	23,3
Rovinj – Pula	19,7
Pula – Susak	36,7
Susak – Mali Losinj/Artaturi	11,4
Mali Losinj/Artaturi – Telascica	59,3

Telascica – Vodice	31,4	Kotor – Herceg Novi	18,2
Vodice – Skradin	13,9	Herceg Novi – Bar	34,9
Skradin – Split	46,6	Bar – Mola di Bari / Italien	120,4
Split – Vrboska / Hvar	29,7	Mola di Bari – Brindisi	50,4
Vrboska / Hvar – Korcula	44,4	Brindisi – Santa Maria di Leuca	67,4
Korcula – Dubrovnik	49,4	Santa Maria di Leuca – Sibari	92,6
Dubrovnik – Kotor	47,8		1602,9
			(2968,6 km)

Seekarten
D 603, D 604, D 661, D 1071, D 1072, D 1073 D 1074, D 1075, D 1076, D 1077, D 1078, I 32, I 33, I 34, I 35, I 58960 (Lagunenkarte).

Handbücher
Axel Kramer, Hafenführer Adria, Tulln / Österreich.
H.M. Denham, Die Adria, Bielefeld.
Häfen und Ankerplätze der jugoslawischen Adria, Uni-Sport-Club, München.
Hafenhandbuch Adria Nord, Teil III a, DSV, Hamburg.
Hafenhandbuch Adria Süd, Teil III b, DSV, Hamburg.
Yachtfunkdienst Mittelmeer, DHI, Hamburg.

Informationsschriften
Wassertouristische Informationen Italien, ADAC, München.
Wassertouristische Informationen Jugoslawien, ADAC München.
Wassersport in Jugoslawien, DSV, Hamburg.
Wassersport in Jugoslawien, Jugoslawisches Fremdenverkehrsamt, Frankfurt / Main.

Traileranreise
Die Adria ist in der Hochsaison ein überlaufenes Urlaubsgebiet. Der Bootler hat die Möglichkeit, dem ärgsten Getümmel zu entgehen. Wer den Gargano und die Tremitinischen Inseln besuchen will, findet im Hafen von Mattinata nahe Manfredonia ideale Voraussetzungen. Das Boot kann per Kran oder Slip gewassert werden. Wer allerdings an den Stegen einen Urlaubsliegeplatz haben möchte, sollte sich rechtzeitig vorher anmelden. Anschrift: *Nautica Mazzone, Mattinata / Foggia, Italia, Tel.: 0039/884/4121.*
Auto und Trailer stehen auf dem in unmittelbarer Nähe der Marina gelegenen Campingplatz sehr sicher.
In Peschici / Gargano kann das Boot per Kran zu Wasser gebracht werden. Die Unterbringung von Auto und Trailer ist hier nicht ganz unproblematisch, doch der örtliche Fremdendienst Pro Loco beim Rathaus der Stadt hilft gerne. Auch auf den in der Umgebung gelegenen Campingplätzen ist eine sichere Verwahrung der Fahrzeuge gegeben.
Auf dem Gebiet des früheren Jugoslawiens sind im Prinzip alle ACY-Marinas (Adriatic-Club-Yugoslavia) geeignet, das Boot zu Wasser bringen zu lassen. Auto und Trailer können bewacht abgestellt werden. Außer den ACY-Marinas sind Portoroz im Norden an der Küste Istriens und Dubrovnik im Süden an der Makarska-Riviera ideale Ausgangspunkte für Törns durch die Inselwelt, die dem Bootler selbst in der Hochsaison Ruhe, Erholung und Entspannung bieten.

Auf dem Weg zum Gargano

Wir steuern Tricase an, 10 sm nördlich von Santa Maria di Leuca. Es ist schade, daß dieser Hafen so klein ist. Wir aber haben Glück und ergattern dennoch einen Liegeplatz. Uns ist nicht nur das Glück hold, sondern auch der Hafenmeister wohlgesonnen.

Die massive, hohe Steinmole gibt dem Hafen ein wehrhaftes Aussehen. Im nahegelegenen »alimentari« können wir uns mit Lebensmitteln versorgen. Unserer *Cora* lassen wir eine Schönheitspflege mit Süßwasser angedeihen. Diesel muß allerdings 4 km landeinwärts bestellt werden. Der Verwalter des Tanklagers staunt nicht schlecht, daß er statt landwirtschaftliche Produktionsgenossenschaften eine Motoryacht mit dem energiespendenden Saft beliefern soll.
Eigentlich nur gezwungenermaßen gelangen wir nach Porto Badisco. Windstärke 6 und rauhe See gegenan zwingen uns zur Kursänderung. Bei derart starkem Wind aus Nordost erscheint es nicht ratsam, das Kap Otranto zu runden.
In Porto Badisco gefällt es uns ausgesprochen gut. Wer glaubt, hier einen Hafen zu finden, wie der Name sagt, der irrt. Eine gegen nördliche Winde geschützte, langgestreckte Naturbucht macht ein Liegen vor Anker angenehm. Mit dem Beiboot rudern wir an Land. Wie so häufig in Italien, schließen wir schnell Bekanntschaft. Umwerfend allerdings ist es, in dieser winzigen Ortschaft einen Frankfurter zu treffen, der hier ansässig geworden ist. Als wir dann noch erfahren, daß sein ehemaliger Klassenlehrer der Rektor unserer Schule war, verschlägt es uns die Sprache. Da ist schon etwas dran an der Redensart: Die Welt ist ein Dorf..., aber ein liebenswertes.
Von Porto Badisco aus laufen wir nach Brindisi, 54 sm weit. Neben Ancona und Bari ist Brindisi eine der größten Hafenstädte an der südlichen Adria. Sie ist Marine-, Handels- und Fährhafen zugleich und daher trotz der Weiträumigkeit unruhig und entsprechend schmutzig. Den Transitgästen stehen an den Stegen des Yachtclubs einige Liegeplätze zur Verfügung. Amüsant ist der Zugang vom Clubgelände zur Stadt. Wer den relativ weiten Fahrweg als Fußweg scheut, kann per pedes über eiserne Treppen und Stiegen über das Dach des Clubhauses auf kürzestem Weg die Stadt erreichen. Will ein Skipper allerdings in die Altstadt mit ihren Sehenswürdigkeiten, gelangt er per Bus oder mit der Fähre zum gegenüberliegenden Ufer. Wir nehmen die Fähre.
Bari heißt das nächste Ziel. Wieder eine große Hafenstadt, die zum Glück den Alten Hafen als Yachthafen zur Verfügung gestellt hat, so daß wir fern vom Industriehafen bleiben. Wie bei einer Großstadt nicht anders zu erwarten, ist der Yachthafen hoffnungslos überfüllt. Ein Segel- und ein Motorbootclub haben sich hier breitgemacht. Der Segelclub hat seine Räume in einem ehemaligen Palazzo. Der Motorbootclub hat einen Prachtbau errichten lassen. Exklusive Hotelkonzerne würden sich darum reißen, derartige Anlagen ihr eigen nennen zu können.
Das Tanken im Yachthafen ist wieder einmal ein Problem für sich – wie heißt es so vielversprechend im Hafenhandbuch der Kreuzerabteilung: Die Tankstellen in Porto Vecchio sind für Yachten bis 1,30 m Tiefgang erreichbar. Haben wir endlich nach diffiziler Slalomfahrt durch drangvolle Enge unter Umgehung aller aufschwimmenden Leinen und zahlloser Bojen, Boote und Bootchen den Anleger unbeschadet erreicht, erklärt uns der Tankwart bedauernd: »Benzin ja, Diesel nein!« Hilfsbereit wie er sich zeigt, schleppt er jedoch 210 l Diesel von der wenige Meter entfernten Straßentankstelle kanisterweise herbei, um uns die Weiterfahrt zu ermöglichen. Nach dieser umständlichen Tankaktion machen wir beim Segelclub mit dem Bug zum Schwimmsteg fest.
Dem Hafenmeister ist dies ganz und gar nicht recht. Immer wieder beschwört er uns, mit dem Heck zum Steg anzulegen, da er befürchtet, raffinierte Spitzbuben könnten bei Nacht lautlos, heimlich, still und leise das Beiboot aus den Davits stehlen. Das Ganze beeindruckt uns letztlich so, daß wir die Winden der Davits mit Ketten und Vorhängeschlössern sichern, damit sie nicht mehr zu handhaben sind. Alles, was in der Plicht nicht niet- und nagelfest ist, verschwindet im Salon.
Bari – Manfredonia bedeuten 61 sm mit Kurs weiter nordwärts.

Alla grotta, alla grotta!

Manfredonia ist der südlichste Hafen am Sporn der Apennin-Halbinsel und Tor zum ungemein reizvollen Naturschutzgebiet Gargano. Der Gargano ist ein Gebirgszug mit steil ins Meer abfallenden Felspartien. Unzählige Grotten und vom Meer herausgewaschene Höhlen sind das charakteristische Merkmal der Südostküste. Kaum Weg noch Steg führen in die zauberhafte, kalkweiße Gesteinswelt. Nur dem Bootler ist es vergönnt, die Schönheiten dieses Küstenabschnittes zu bewundern und zu erleben. Kleine, einsame Kiesstrände unterhalb der schroffen, steilaufragenden Felswände locken zum Schnorcheln, Tauchen, Baden und Surfen.
Der nördliche Teil der Garganoküste ist flach und zwischen Rodi Garganico und Vieste dem Fremdenverkehr erschlossen. Hier gibt es herrlich weite Sandstrände, an denen sich Hotels, Appartementhäuser und Campingplätze angesiedelt haben. Auf der Anhöhe weist der Gargano eine Besonderheit auf: den »foresta umbra« (schattiger Wald), dicht bewachsen mit Eichen und Buchen, wie wir es nur aus nördlichen Gefilden kennen. Wahrhaft eine grüne Oase des sonst so steinigen Apuliens.
Ein großzügiges Geschenk der Natur ist das Klima des Gebietes. Der Sommer währt von Mai bis Oktober, wobei Juli und August mit Temperaturen meist über 30° C gesegnet sind.
»Alla grotta, alla grotta!« schallt es immer wieder über das Wasser. Im Winter Fischer, im Sommer Kapitäne auf ihren kleinen Booten, für Touristen zurechtgemacht, so suchen die Einheimischen Gäste für Fahrten entlang der Küste zu den eindrucksvollen Grotten. Durch niedrige, schmale Felsspalten, kaum bemerkbar von See, nur für kleine Boote zugänglich, gelangt der Besucher in unwirkliches Halbdunkel. Glucksendes Wasser, unheimliche Geräusche und plötzlich ein domhohes Rund, für das nunmehr ans Dunkel gewöhnte Auge erkennbar! Leuchtende Farben, einer Regenbogenpalette gleich, spiegeln die feuchten, bizarren Felswände wider. Eine der schönsten Grotten Europas ist für uns die Smeralda wegen ihrer unglaublichen Farbenpracht, gelegen zwischen Mattinata und Pugnochiuso.
Bei ruhiger Wetterlage ist die Bucht von Pugnochiuso ein herrlicher Ankerplatz. Wir erwischen einen strahlendschönen Sommertag, tuckern gemächlich entlang der Felsküste mit ihren verschiedenen, frei im Meer stehenden Felsgebilden, erfinden Namen für die von der Natur in Fels gehauenen Formen und Figuren. Wir entdecken einen Triumphbogen, einen Elefanten ohne Kopf, einen wachsamen Bernhardiner und lassen schließlich in Pugnochiuso den Anker ins Meer rasseln. Bei 32° C im Schatten lechzen wir nach einem Bade.
Wie so oft ist die Bordfrau als erste im Wasser. Doch Vorsicht ist geboten. Wachsamen Auges beobachtet der Käpt'n von Bord aus einige Quallen, die sich bei unserem Boot tummeln. Plötzlich entdeckt er violettrote Feuerquallen. Er warnt seinen Badeengel. Doch da ist es bereits zu spät. Wie von der Tarantel gestochen schießt die Bordfrau mit kurzen, hastigen Schwimmstößen zum Boot zurück, erklimmt die Badeleiter und hat, vom Schmerz gepeinigt, Tränen in den Augen. Eine Feuerqualle hat sie attackiert. Sie deutet immer wieder auf den Rücken und fragt, was zu sehen sei. Sie hat das Gefühl, einen Schlag mit einem nicht isolierten, stromführenden Kabel erhalten zu haben. Es brennt wie Feuer und schmerzt fürchterlich. Zunächst aber ist nichts zu entdecken.
Der Käpt'n eilt an die Bordapotheke und holt Brandsalbe herbei, doch wie wir später erfahren, ist das völlig falsch. Nach und nach zeigt sich eine handtellergroße Verbrennung. Die aufgetragene Brandsalbe bringt keinerlei Linderung. Sie hat nur geschadet. Erst nach Stunden läßt der Schmerz geringfügig nach. Hoch gerötet, stark angeschwollen und entzündet macht diese Verletzung der Bordfrau schwer zu schaffen. Sie kann vor Schmerzen weder auf dem Rücken liegen noch schlafen. 40,5° C Fieber stellt sich ein.

Wir beschließen, nach Vieste weiterzuschippern. Glücklicherweise, denn zur Nacht kommt Starkwind auf. Es ist ausgerechnet der Greco di Levante, der sich mit 6 bis 7 Bft drei Tage lang in diesem Revier austobt. Er verursacht hier die rauheste und ungemütlichste See, denn er pfeift aus Südost und kommt somit über das offene Meer. Selbst im Hafen von Vieste geht es sehr unruhig zu. Aber was soll's! Wer sich nicht auf See einem Tanz auf den Wellen aussetzen will, muß im Hafen geduldig ausharren.

Endlich können wir Peschici, nur 11 sm entfernt, ansteuern. Peschici ist für uns eine liebenswerte Erinnerung aus der Jugendzeit unserer Ehe. Vor beinahe einem Vierteljahrhundert waren wir schon einmal hier, mit Auto, Zelt und Schlauchboot. Als wir damals auf der Küstenstraße von Rodi Garganico kommend das hoch auf steilem Fels gelegene Peschici erblickten, fragte die Bordfrau kleinlaut und ängstlich: »Was denn, in dieses Seeräubernest willst Du mit mir fahren?« Höhlenwohnungen, von Meeresluft strapazierte und vom Zahn der Zeit gezeichnete Behausungen waren der erste, bildhafte Eindruck dieser Ortschaft. Doch ausgerechnet dieses Fleckchen Erde wuchs uns in der Folgezeit besonders ans Herz. Mehrere Jahre hindurch fuhren wir im Urlaub dorthin, Camping Manacore war das Ziel. Wir fanden Freunde, die uns all die Jahre treu geblieben sind.

Als wir in diesem Jahr mit *Cora* in den Hafen von Peschici einlaufen, trauen wir unseren Augen nicht. Erstaunt und neugierig blicken wir umher. Das soll unser geliebtes Seeräubernest von einst sein?! Die Skyline einer hoch auf dem Fels thronenden, modernen Stadt überrascht uns. Aber nicht nur das. Peschici hat seit zwei Jahren diesen Hafen, in den wir heute neugierig umherschauend hineintuckern. Vergeblich suchen wir das kleine Felseiland Santa Monacelli mit der die Bucht schützenden, aufs Meer blickenden Madonna. Diese vorgelagerte Klippe ist in die neue, massive Hafenmole einbetoniert worden. Die Madonna aber wird seither in Peschicis größter Kirche aufbewahrt. Nach Fertigstellung der Hafenanlagen wird sie an einem exponierten Platz erneut aufgestellt werden.

Der Südteil des geräumigen Hafens ist noch unbefestigt und flach. Im Augenblick liegen dort kleinere Boote vor Mooring. Voller Stolz berichtet der Leiter des Bauamtes vom geplanten Ausbau des Hafens. Er soll überall auf 4 m Wassertiefe ausgebaggert werden und auch an der Südseite eine Pier erhalten. Schon jetzt ist ein 10-t-Autokran im Hafen stationiert. Trinkwasser liefert ein am Hafen liegendes Restaurant. Sanitäre Anlagen sind in einem grottenähnlichen Gewölbe untergebracht. Natürlich fehlt die berühmt-berüchtigte Disco nicht. Doch diese verursacht hier keinen ohrenbetäubenden Lärm, denn sie liegt in schallschützenden Felsgewölben.

Isole Tremiti – gestern und heute

25 sm nordnordöstlich von Peschici liegen die Tremitinischen Inseln. Ein kleines Paradies in der Adria. Ihnen gilt unsere Sehnsucht damals wie heute, sind wir doch dorthin mit unserer *Cora* wie zu einer Expedition aufgebrochen. In der Cala Spalmaiola, das Boot nahe an den Strand gezogen, verbrachten wir damals eine abenteuerliche Nacht. Recht und schlecht ausgeschlafen, ungewaschen und ungekämmt entdecken wir am frühen Morgen unmittelbar neben unserem kleinen Sportboot einen etwa 60 cm langen jungen Blauhai.

Fast wäre die Bordfrau auf ihn getreten. Blitzschnell zieht sie den Fuß ins Boot zurück. Dann beobachten wir den kleinen bildschönen Hai. Er bewegt sich nur mit den Wellen, stellen wir nunmehr fest. Er ist verendet. So wagen wir uns von Bord und schießen ein Erinnerungsfoto. Als sei er eine Jadgtrophäe, präsentiert sich die Bordfrau mit ihm. So gefährlich diese Haie sind, so schön sind sie von Gestalt und Farbe!

In diesem Jahr bietet Cala Spalmaiola unserer *Cora III* keinerlei Schutz. Wind und See stehen voll in die romantische Bucht hinein. Wir suchen deshalb auf der anderen Seite,

im Lee der Insel San Domino, nach einer geeigneten Ankerbucht. Die Isole Tremiti haben leider keinen Hafen. Selbst der Fähranleger auf San Nicola, der ehemaligen Gefangeneninsel, bietet keinerlei Schutz. Je nach Windrichtung müssen wir im Windschatten der Inseln in einer der vielen Buchten vor Anker gehen. Nur schlecht, wenn während der Nacht der Wind plötzlich das Lee zum Luv macht. Da bleibt kein Auge geschlossen, an Schlaf ist nicht zu denken. So etwas erleben wir leider in diesem Jahr.
Im ersten Morgengrauen ergreifen wir die Flucht und suchen in einer Ankerbucht der unbewohnten Felsinsel Capraia Schutz. Die Insel ist tatsächlich unbewohnt. Umso bewohnter ist das sie umgebende Meer! Myriaden von Feuerquallen aller Größen tummeln sich hier. Wir haben das Gefühl, sie wollen an Bord krabbeln, so zahlreich haben sie sich um unser Boot versammelt. Nie zuvor haben wir den Anker so schnell eingeholt und ergreifen erneut die Flucht. Die Suche nach einem anderen Liegeplatz beginnt. Schließlich landen wir da, wo wir hergekommen sind.
»Oh Tremiti, oh Tremiti, wo ist dein kristallklares, azurblaues Wasser ohne Feuerquallen geblieben?!« Wer anfängt, an Vergangenes zu denken, ist älter geworden. Wer anfängt, in der Vergangenheit zu leben, ist alt geworden! Kein Zweifel, wir sind älter geworden. Doch gemeinsam älter werden, ist Geschenk und Gnade zugleich.

An den Ausläufern der Abruzzen

Es ist ein strahlender Sommermorgen, an dem wir ans Festland nach Termoli schippern. Der Wind bläst mit 4 Bft aus Südwest. Nach gut drei Stunden dümpeln wir vor der Küste und suchen die Hafeneinfahrt. Im Hafenhandbuch ist als Ansteuerungshilfe ein Viadukt mit vielen Bögen angegeben. Entweder hat dieser Viadukt Junge bekommen, oder unsere Augen spielen uns einen Streich, denn wir machen drei einander ähnliche Viadukte aus. Selbst der Leuchtturm muß geschrumpft sein. Also wer suchet, der findet! Durch einen in den Fährhafen einlaufenden Aliscafo (Flugboot, Tragflächenboot) werden wir mit der Nase auf die Einfahrt gestoßen.
Eine kleine, private, hölzerne Steganlage mit allem Drum und Dran, sprich Trinkwasser- und Stromanschlüssen, sowie Duschen und Toiletten an der Südmole des Hafens bietet uns einen ruhigen Liegeplatz.
Termoli mit seiner Altstadt und dem wuchtigen Kastell auf einem Felsplateau über dem Meere gelegen lockt allabendlich mit südländischem Leben bei lauen Lüften zum Stadtbummel. Wohltuende Espresso-Düfte schwarzgebrannten Kaffees, hübsch dekorierte Eisbecher, wer kann dem schon auf der Piazza unter Platanen sitzend widerstehen?! Wir sind mit uns und der Welt zufrieden.
Der große Handelshafen Ortona, 38 sm nördlich, ist unser nächstes Ziel. Wir erwarten, wie in Handelshäfen üblich, stinkendes Hafenwasser, ungepflegte Kaianlagen, aber auch eine Bunkerstation. Weit gefehlt. Im Südwestteil des großen Hafens hat die Lega Navale an der massigen Südmole in landschaftlich schöner Umgebung für Yachten gute Liegemöglichkeiten geschaffen. Wir sind herrlich ungestört, der feinsandige Badestrand jenseits der Mole nur wenige Schritte entfernt. Eine Strandbar bietet Erfrischungen aller Art.
Die Treibstoffversorgung aber ist in Ortona ein dickes Problem. Wer glaubt, in diesem großen Hafen an einer der beiden im Nordteil vorhandenen Tankstellen Kraftstoff zu erhalten, sieht sich schier unüberwindlichen Schwierigkeiten gegenüber. Die Genehmigung, bunkern zu dürfen, kostet »nur« 120 Mark, alldieweil zum Betanken von Yachten die Feuerwehr anrücken muß. Erst wenn das Löschfahrzeug bei Fuß steht, darf der »edle Saft« fließen. Lediglich die Fischer Ortonas erhalten Kraftstoff ohne Feuerwehr. Uns ist das alles zu umständlich und vor allem zu teuer. Zum Glück können wir mit dem Diesel aus unseren Reservekanistern noch bis Pescara, 15 sm weit, dampfen. Dort im Kanalha-

fen bunkern wir problemlos. Überdies liegen wir, wie auch schon in Ortona, kostenlos. Pescara ist eine Großstadt. Verkehr, Betriebsamkeit und Lärm verwirren uns zunächst erheblich, sind wir doch in letzter Zeit vornehmlich an die beschauliche Ruhe kleiner Häfen, Buchten und Inseln gewöhnt. Doch der Mensch des 20. Jahrhunderts ist schnell von Hektik und quirligem Leben eingefangen. Kaufhäuser, Supermärkte, Geschäfte in Hülle und Fülle, kurzum: Konsum geht um. Was Wunder, daß auch wir die Gelegenheit nutzen, alles Mögliche und Unmögliche zu besorgen.
Es wird zwar immer wieder von Skippern behauptet, die italienische Seite der Adria sei langweilig und landschaftlich uninteressant, da sie wenig gegliedert ist und eigentlich von Nord nach Süd aus einem einzigen, endlos langen Sandstrand besteht. Doch wir sind anderer Ansicht. Abwechslungsreich ist sie allemal. Denken wir an die mittelgebirgsähnlich gestaltete Landschaft und Küste Apuliens, den ungewöhnlich bizarr geformten, steil ins Meer abfallenden Gargano, an Häfen und Buchten an den Ausläufern der Abruzzen, an die weitläufigen, feinsandigen Badestrände der Romagna und an die lagunenreiche Küste Venetiens. Ein Kaleidoskop von Landschaften, Formen und Farben. In jedem Falle eine Reise wert, egal, welchen Küstenabschnitt der Skipper sich zum Ziel gesetzt hat.
San Benedetto del Tronto – was für ein musikalisch klingender Name – ist für die Teutonen der südlichste gefragte Badeort an den Gestaden der Adria. Der Yachtclub des Ortes bietet gute Anlegemöglichkeiten, wobei wir als durchreisende Yacht sogar drei Tage unentgeltlich liegen dürfen. Benedetto selbst, ein sehr gepflegter Badeort, ist durch seinen langgestreckten, palmenbestandenen Park besonders attraktiv.
Südlich des Kap Ancona liegt der Yachthafen Numana. Die Nähe der Großstadt macht sich bemerkbar. In dieser Marina einen Liegeplatz zu finden, ist ein Lotteriespiel. Jeder tarnt sich mit Unkenntnis, seien es die Küstenwache, der Hafenmeister oder die vielen in Servicebooten herumtuckernden Marinaleute. Endlich entdecken wir eine Lücke. Niemand kommt, um zu helfen. Doch kurze Zeit nach dem Festmachen werden wir auch schon zur Anmeldung in das Marinabüro gebeten. Die Anlage besteht aus vier Schwimmstegen, einer Kaimauer für größere Yachten, unzähligen Moorings und zwei langgezogenen Schlauchbootinseln. Es mögen an die hundert Schlauchboote sein, die jeweils in einem für uns unentwirrbaren Knäuel zusammengebunden im Hafenbecken liegen. Ein Meisterdetektiv ist der, der da sein Boot aufspürt.
Schon drei Tage lang bläst der Wind aus westlichen Richtungen so kräftig, daß wir Zeit und Muße haben, Numana näher kennenzulernen. Der Ort liegt hoch über dem Meer auf steilem Fels. Von oben haben wir einen phantastischen Ausblick auf Marina, Umgebung, Strände und Küstenverlauf beiderseits der Ortschaft.
Das ins Meer hinausragende, steilabfallende Kap Ancona ist bei klarer Sicht gut auszumachen. Kein Aussichtspunkt – und von denen gibt es viele hier – ohne Taverne oder typisch italienische Trattoria. Täglich klettern wir zum höchstgelegenen Aussichtsplateau, schon um begutachten zu können, wie der mit 6 bis 7 Bft blasende Starkwind die See aufgepeitscht hat.
Pech für die zahlreichen Segler, die zu einer internationalen Regatta angereist sind. Die höllische Brandung verhindert mehrfach das Auslaufen der Boote. Die Regatta muß von Tag zu Tag verschoben werden. Endlich hat sich der Starkwind gelegt. Auch wir können aufs Meer hinaus und nehmen Kurs auf Pesaro. Nach 46 sm erreichen wir den Kanalhafen, vor dessen Einfahrt noch hoher Schwell steht.
Wir haben gehofft, hier unsere Dieselvorräte ergänzen zu können. Denkste – das Hafenhandbuch hat uns wieder einmal genarrt. Nur Fischer erhalten Kraftstoff, Yachteigner müssen im 11 sm entfernten Portoverde bunkern. Portoverde, das ist eine Marina der Superlative! Dieser Rundhafen liegt 2 sm nordwestlich von Cattolica in einem Ferienzentrum. Gleich im Einfahrtskanal befindet sich die Bunkerstation. In kürzester Zeit haben wir aufgetankt und sind auf der Fahrt nach Cervia.

Sandstrand und Bohrtürme, Nebel und Lagunen

Auch Cervia hat einen Kanalhafen, dazu eine von diesem abzweigende Marina. Wir sind überrascht, als Transitgäste auch hier zwei Tage kostenlos liegen zu dürfen. Um es vorwegzunehmen: Derartige Gastfreundschaft genießen wir in dieser Marina zum letzten Male. Weiter nördlich wird stets zur Kasse gebeten. Das Bunkern von Kraftstoff allerdings sollte jeder Skipper an den Tankstellen im Kanal vornehmen, denn da ist der Diesel weitaus preiswerter.

Das nächste Etmal führt uns nach Porto Garibaldi. In dem Seegebiet vor Ravenna werden Erdöl und Erdgas gefördert. Unzählige Bohrinseln, Bohrtürme und Verladebrükken sind im Meer verankert. Die in der Seekarte ausgewiesenen Sperrzonen braucht der Sportskipper nach Auskunft des Hafenkapitäns in Cervia nicht zu beachten. Er muß sie nicht seewärts umfahren. Das trifft nur für die Großschiffahrt zu. Allerdings sollte er navigieren und mitdenken können. Es empfiehlt sich ganz gewiß nicht, zwischen einem Tankschiff und einer noch so weit entfernt liegenden, unscheinbaren, vergammelten Tonne hindurchzufahren, denn diese Tonnen sind Mooringtonnen. Endlos lange Stahlseile führen von ihnen zu Tank- oder Versorgungsschiffen, um sie auf Position zu halten. Überdies sind die Tonnen unbeleuchtet. Bei unsichtigem Wetter ist deshalb die seewärtige Passage vorzuziehen, auch wenn sich dadurch viele Seemeilen Umweg ergeben. Trotzdem – ein Erlebnis ist es allemal, die gigantischen stählernen im Meeresboden verankerten Ungetüme aus der Nähe bestaunen zu können. Wer in Cervia oder in Marina di Ravenna ein Ausflugsboot besteigt, hat ebenfalls eine Chance zum Bestaunen.

Gegen Mittag laufen wir in Porto Garibaldi ein. Wieder ein Kanalhafen, der die Fremdenverkehrsorte Lido degli Estensi im Süden und Garibaldi im Norden voneinander trennt. Hinter einem größeren Ausflugsdampfer für passionierte Angler, der täglich zum Fischen aufs Meer hinausdampft, machen wir fest. Der Capitano, ein wohlbeleibter gemütlicher Seebär, erklärt uns wortreich, daß bereits gegen 2 Uhr nachts seine angelsüchtigen Gäste an Bord kommen. Als probates Schlafmittel drängt er uns eine große Buddel italienischen Landweines bester Qualität und Güte auf und will uns zum gemeinsamen Spaghettischmaus an Bord seines Schiffes verführen. Trotz probaten Schlafmittels ist gegen 2 Uhr die Nachtruhe vorbei. So kriechen auch wir zeitig aus den Kojen, werfen die Leinen los und wollen Kurs auf Albarella nehmen.

Unausgeschlafen und müde bemerken wir erst beim Ablegen, daß wir das andere Ufer des schmalen Kanals kaum erkennen können. Ein in gleichen Abständen sich ständig wiederholender, dumpfer, deutlich vernehmbarer, unheimlich klingender Ton erfüllt die Luft. Der Nebelschallsender am Molenkopf der Hafeneinfahrt arbeitet seit geraumer Zeit. Wir sind verunsichert. Sollen wir auf See hinaus oder besser umkehren? Etwas können wir ja erkennen. Mit aufsteigender Sonne muß sich die Sicht doch bessern. Uns ist allerdings schon mulmig zumute. Doch umkehren wollen wir auch nicht.

Je mehr wir uns der Hafenausfahrt nähern, je lauter wird der Ton. Eindringlich, fast mahnend klingt das Nebelhorn. »Käpt'n, oh Käpt'n, und siehst Du nicht dort Neptuns Nebelgestalten am düsteren Ort?« Schweigend, doch fragend sehen wir uns an. »Fahren wir weiter?« Niemand spricht ein Wort. Als wir zurückblicken, ist es zu spät. Der Nebel hat die Hafeneinfahrt verschluckt. Dicker und dicker wird die Suppe. Kaum, daß wir den Bug unserer *Cora* ausmachen können. Der Käpt'n sitzt angespannt am Ruder und starrt, stur nach Kompaß fahrend, in das undurchdringliche Nichts. Die Bordfrau schiebt das Seitenfenster auf, steckt den Kopf hinaus, in der Hoffnung besser sehen zu können. Alle 30 Sekunden geben wir mit dem Nebelhorn einen langgestreckten Ton. Unglaublich, wie unheimlich alles wirkt. Wir lauschen auf Antwort. »Ist da jemand?« Nicht das geringste Geräusch! Das Meer ist bleiern. Wieder durchschneidet anhaltend und schrill unser Ne-

Jerusalem – heilige Stadt dreier Weltreligionen. Im Vordergrund die Klagemauer.

Die Marina von Tel Aviv/Israel.

Der Rundhafen von Kyrenia/Nordzypern.

Die Perle am Taurus – Alanya/Türkei. Der weithin sichtbare rote Turm dient vielen Skippern als Landmarke.

rechts: Unweit von Myra befinden sich die in den steilen Fels gehauenen lykischen Felsengräber aus dem 5. bis 4. Jahrhundert v. Chr.

Im Hafen von Skiathos – auf der gleichnamigen Insel – wurden Yachtliegeplätze weit genug vom Stadtzentrum entfernt angelegt.

Zu unserer großen Überraschung erwartet auf Skiathos die neben uns liegende Motoryacht *Paul Jardine* hochrangigen Besuch: Außenminister Hans-Dietrich Genscher.

Schleichfahrt durch den berühmten Isthmus von Korinth. Der Kanal ist immer nur für ein Schiff passierbar. Erderschütterungen führen zu einem stetig fortschreitenden Abbröckeln der Wände.

54 **Zweimal schon nutzten wir Sybaris Marine im Golf von Tarent/Italien als Winterliegeplatz für unser Boot.**

Das antike Gymnasion von Olympia – ehemals Ausbildungsstätte griechischer Athleten.

Die Steganlagen des Yachtclubs im weiträumigen Hafen von Brindisi – direkt gegenüber der Altstadt.

Am Canale Grande in der Nähe der Rialto-Brücke findet alljährlich im September die »Regatta Storica« statt.

Der Hafen von Herceg Novi/Jugoslawien liegt heute in unmittelbarer Nähe zur Grenze nach Bosnien-Herzegowina.

belsignal die nässegeschwängerte Dunstglocke. Wer so etwas nicht am eigenen Leibe erfahren hat, kann es sich nicht vorstellen, geschweige denn nachempfinden.
»Würde man unsere Navigationslichter überhaupt ausmachen können? Würde ein entgegenkommendes oder unseren Kurs kreuzendes Schiff auf unser kleines Sportboot rechtzeitig aufmerksam werden?« Wir jedenfalls sehen rundherum nichts als dichten weißen Nebel. Wieder ertönt unser Nebelhorn. Langsam, unendlich langsam zieht *Cora* durch die Waschküche. Die Bordfrau mit triefend nassen Haaren, als hätte sie den Kopf gerade unter der Dusche weggezogen, schimpft: »Lieber wieder bei 7 Windstärken und rauher See in der Ägäis, als bei bleiernem Meer ohne jede Sicht hier in der nördlichen Adria! Damals wußten wir wenigstens, mit wem wir es zu tun hatten. Da konnten wir uns dem Kampf mit der See stellen. Aber dieser Nebel als unsichtbarer Gegner ist unerträglich, ja unfair! Immer nur abwarten, ist da was oder kommt da was?!« Wir sehnen für einen Augenblick einige Meter Sicht herbei. Der Käpt'n flucht: »Radar an Bord wäre jetzt ein Geschenk des Himmels. Aber wer nicht hören will, muß fühlen. Warum nur sind wir hinausgefahren?« Wieder das Nebelsignal. Keine Antwort. Es ist bereits 10 Uhr.
Endlich ein leichtes Kräuseln der Wasseroberfläche! Jetzt wird es nicht mehr lange dauern, bis die sanfte Brise die Nebelschwaden zerreißt. Wir fiebern diesem Augenblick entgegen. Das Po-Delta mit seinen Lagunen hat uns da eine »schöne« Überraschung beschert! Urplötzlich mehrere Meter Sicht! Doch schon sind wir wieder in dichte Nebelschwaden gehüllt. Fünf-, sechsmal geht das so, dann haben Wind und Sonne obsiegt. Strahlend blauer Himmel und golden leuchtender Sonnenschein setzen dem Spuk ein Ende. Wir atmen auf. Der Käpt'n lehnt sich entspannt in den Steuermannsstuhl zurück. Die Bordfrau jubelt: »Geschafft, geschafft!«
Nun aber folgt eine herrlich geruhsame Fahrt. Marina Albarella ist das Ziel. Sie liegt an einer Insel im weitverzweigten Po-Delta und bietet alle Annehmlichkeiten, die sich ein Skipper nur wünschen kann. Albarella ist mehr als eine Marina. Albarella ist ein Ferienzentrum. Autos sind hier verpönt. Mit dem geliehenen Fahrrad radelt ein jeder ins 2,5 km entfernte Dorf, joggt oder benutzt die kostenlose Inselbahn. 20 Sportarten – vom Reiten bis zum Surfen, vom Golf bis zum Tennis, vom Baden im Meer bis zum Baden im Swimmingpool – bietet Albarella, damit auch jeder tun kann, wozu er gerade Lust und Laune hat. Die Gastronomie verwöhnt die Feriengäste. Von gutbürgerlicher Küche bis zu erlesenem Gaumenschmaus, von der Pizza bis zum Krabbencocktail, läßt sich alles je nach Portemonnaie genießen.

Cora IV

Es fällt schwer, das Ferienparadies Albarella zu verlassen. Doch wer einen so aufregenden Grund hat wie wir, tut es gern. Magisch zieht es uns nach Portoroz in Jugoslawien. Dort soll in wenigen Tagen unser neues Boot, unsere *Cora IV*, ausgeliefert werden. So schippern wir entlang der lagunenreichen Küste der nördlichen Adria über Santa Marguerita di Caorle nach Piran an der Küste Istriens, um einzuklarieren.
Die Formalitäten sind in diesem Hafen beinahe ein Vergnügen. Nicht einmal eine halbe Stunde, und wir haben die Fahrterlaubnis für jugoslawische Gewässer in Händen. Dicht am Hafen befinden sich zwei Duty-Free-Shops, die ausschließlich gegen Devisen Getränke, Zigaretten, Bootszubehör und ähnliches an die Stege liefern. Jugoslawien war bis zum Ausbruch des Bürgerkrieges am Bootstourismus ausgesprochen interessiert, da durch ihn reichlich Devisen ins Land fließen.
Nur 2 sm trennen uns noch von Portoroz. Freude auf *Cora IV* bedeutet zugleich Abschied von *Cora III*. Diesen können wir uns aber noch nicht vorstellen. *Cora III* hat uns jahrelang Freude bereitet, Glück gebracht, auch Kummer verursacht, uns Ängste ausstehen lassen, aber vor allem Erlebnisse und Abenteuer ermöglicht, die ohne ein derart zu-

verlässiges, schwimmfähiges Gefährt nicht denkbar gewesen wären. In wenigen Tagen soll sie aus ihrem Element gehoben, auf einen Bootstransporter geladen und nach Deutschland zurücktransportiert werden. Das hat sie sich gewiß nicht träumen lassen, auf dem Landwege in heimatliche Gefilde gelangen zu müssen. Uns aber bleibt die Erinnerung, die durch nichts auszulöschen ist. Wie sagt Jean Paul so treffend: »Erinnerung ist das Paradies, aus dem wir niemals vertrieben werden können.«

Cora IV muß erst einmal beweisen, wie sie mit dem Element Wasser fertig wird, wie sie auf Wind und Wellen reagiert. Eines hat sie *Cora III* augenfällig voraus: Sie bietet mehr Lebensraum, mehr Bewegungsfreiheit. Sie hat eine Achterkajüte und einen zweiten Steuerstand. Sie ist etwas länger, 9,45 m, und etwas breiter, 3,35 m. Vor allem aber hat sie zwei Maschinen im Bauch, zwei Diesel mit je 180 PS Turbo. Sie hat größere Kraftstofftanks und kann mehr Trinkwasser aufnehmen. Außerdem wird sie einen 3-kW-Generator haben, der 220 V Strom erzeugt, wann immer wir wollen. Nun ja, warten wir ab, was da auf uns zukommt.

Heute ist ein Sonntag im August. Ein schweres Gewitter hat sich in den Vormittagsstunden ausgetobt. Noch immer pfeift die Bora aus Nordost. Wir liegen in der Marina Portoroz, genießen allen Luxus, den der Yachthafen bietet, demontieren den in Israel eingebauten Autopiloten, schrauben die Wetterstation ab, bringen *Cora III* noch einmal auf Hochglanz und warten klopfenden Herzens auf den Mittwoch, an dem unser neues Boot, eine Birchwood 31, Commodore, eintreffen soll; natürlich auf dem Landwege.

Als wir am Dienstagmorgen einholen wollen, trauen wir unseren Augen nicht. Da steht sie schon – *Cora IV* – auf einem Tieflader, wenige Meter vom Travellift entfernt. Weithin ist ihr Name in leuchtendblauen Lettern zu lesen. Aus ist es mit der Ruhe. Wir setzen uns in Trab und rennen die letzten Meter. Atemlos und bewundernd halten wir vor ihr inne. Das also ist *Cora IV*! In voller Pracht und Schönheit präsentiert sie sich. Groß, riesengroß erscheint sie auf dem Tieflader. Schon rollt der Travellift heran. Ehe wir alles so recht begreifen, sind die Gurte um ihren Rumpf gelegt. *Cora IV* kommt zum ersten Male in ihr Element. Wie klein sie nun plötzlich wirkt. Eine erste Probefahrt wird unternommen – natürlich nach dem Bunkern. Mit Ruhe und Umsicht erklärt Herr Knoche, Bootshändler vom Edersee, den wir schon viele Jahre kennen und sehr schätzen, alles, was wir wissen wollen. Doch da tauchen einige kleine Mängel auf. Die Trinkwasserpumpe versagt ihren Dienst, die elektrische Ankerwinde arbeitet nicht, das Sumlog zeigt nicht an. Mit großem, persönlichem Einsatz macht sich Herr Knoche an die Beseitigung der Defekte. Eine erneute Probefahrt nach Piran wird zum Einklarieren der *Cora IV* genutzt. Wir sind begeistert von der Wasserlage und der möglichen Geschwindigkeit des neuen Bootes.

Zurückgekehrt, manövriert der Käpt'n zum ersten Male, nur mit den Gängen der beiden Maschinen steuernd, ohne das Ruder zu berühren, an den seit Tagen freigehaltenen Liegeplatz neben *Cora III*. Es gelingt ihm auf Anhieb. Der Umzug von Bord zu Bord kann beginnen. Kisten und Kasten, Seesäcke und Taschen, Kartons und Plastikkörbe, alles wartet längst darauf, umgeladen zu werden. Wir arbeiten bis in die Nacht. *Cora IV* wird immer wohnlicher, doch *Cora III* – an Bug und Heck schon namenlos – immer ungemütlicher. Am nächsten Morgen der endgültige Abschied!

Langsam tuckern wir durch den Hafen und bringen *Cora III* zum Travellift. Wehmut steigt in uns auf. Neun Jahre hat sie uns nie im Stich gelassen. Neun Jahre haben wir uns ihr anvertraut. Erst jetzt begreifen wir: Sie ist ein Teil von uns geworden. Der Abschied tut verdammt weh.

Es vergehen einige Tage, bis *Cora IV* klar zum Auslaufen ist. Wir haben gleich noch Verbesserungswünsche. Eine Halterung für die Gangway muß angefertigt und montiert werden. Der kleine Außenborder für das Beiboot erhält eine Aufhängevorrichtung an der Heckreling. Eine Tochteranzeige des Echolotes ist am zweiten Fahrstand anzubringen.

Die Rettungsinsel wird auf dem Achterdeck deponiert, ebenso Mokick und Decksmöbel. Der Autopilot erhält seinen Platz am unteren Fahrstand im Salon.
Bald ist es geschafft. *Cora IV* sticht in See. Die Maschinen können eingefahren werden. In der BMW-Vertragswerkstatt in Lignano wollen wir nach zehn Motorbetriebsstunden die erste Inspektion durchführen lassen. So beschließen wir, eine Jungfernfahrt nach Venedig zu unternehmen. Wir wissen, daß am ersten Wochenende im September die berühmte, historische Regatta der Gondolieri auf dem Canale Grande stattfinden wird.

Historische Regatta in Venedig

Zunächst steuern wir noch einmal Santa Marguerita di Caorle an. Die Marina ist ähnlich wie das romantische Port Grimaud an der Côte d'Azur angelegt. Einstöckige kleine Reihenhäuser mit Liegeplatz vor einem winzigen Garten, in den Seitenarmen der Zufahrt gelegen, bestimmen das Bild. Die Anlage mit mehreren Stegen gegenüber von Werft und Tankstelle bietet auch durchreisenden Skippern Liegemöglichkeiten. Hier befinden wir uns mitten in der Stadt, können täglich bummeln gehen und auch mal so tun, als seien wir Landratten. Wenige Meter sind es bis zur Haltestelle der Busse, die nach Caorle, Lignano oder Venedig/Mestre fahren.
Caorle besuchen wir auf dem Landweg, denn der Kanal dorthin ist schmal, und Liegeplätze sind rar. Venedig aber, das wollen wir uns nicht nehmen lassen, erobern wir auf dem Seeweg. Ohne Lagunenkarte tun wir dies jedoch nicht. Die Fahrwasser in der Lagune sind zwar betonnt, aber für Ortsunkundige ist die Spezialkarte eine entscheidende Hilfe. Wir finden im Diporto Velico Veneziano an der Insel Santa Elena eine Liegemöglichkeit. An Dalben mit langen Leinen vertäut, ohne Weg und Steg, gelangen wir nur mit dem Beiboot an Land. Im Gebäude des Yachtclubs befinden sich Clubräume, Duschen und Toilettenanlagen.
Nach wenigen Minuten Fußweg erreichen wir eine der vielen Anlegestellen der Wasseromnibusse Venedigs. Nach 15 Minuten Bootsfahrt steigen wir am Markusplatz aus. Der Dogenpalast, der Campanile, der Uhrenturm, der Dom, die zahlreichen auf dem ständig unruhigen Wasser schaukelnden Gondeln, die vielen hin- und hereilenden Touristen, Straßencafés und Bars, alles in gleißendes Sonnenlicht getaucht, Seufzer- und Rialtobrücke, Ladenpassagen und enge Gassen, Brücken und Stege überwältigen jeden Besucher. Kein Wunder, daß diese märchenhafte Stadt Traumziel vieler Brautpaare ist. Venedig ist und bleibt eine berauschende Stadt, die nirgendwo ihresgleichen hat.
Am nächsten Vormittag machen wir uns zeitig auf den Weg. Wir wollen irgendwo am Canale Grande in der Nähe der Rialto-Brücke einen Platz ergattern, um das großartige Schauspiel der Regatta Storica hautnah miterleben zu können. Himmel und Menschen drängen, schieben und zwängen sich durch enge Gassen hin zum Kanal. Die Rialtobrücke ist bereits gesperrt und nur Presse, Funk und Fernsehen vorbehalten. Alles was Beine hat ist am Canale Grande. In Vierer- und Fünferreihen stehen die Menschen und warten unter stahlblauem Himmel Stunde um Stunde auf das große Ereignis. Die Sonne brennt unbarmherzig. Taschentücher, aus Zeitungspapier gefaltete Mützen, Regenschirme, Sonnenhüte – Kopfbedeckungen aller Art sollen Schutz bieten.
Endlich haben wir einen guten Platz erwischt. Zweieinhalb Stunden später geht es los. Die ersten Gondeln nähern sich der Rialto-Brücke. Der Wettkampf hat begonnen. Die Schaulustigen klatschen Beifall und feuern durch Zurufe ihre Favoriten an. Die Gondolieri liefern sich heiße Kämpfe. Wer wird der schnellste sein, die Gelben oder die Grünen, die Roten oder die Blauen, die Braunen oder die Schwarzen? Bald werden die ersten Sieger geehrt.
Doch die Höhepunkte der Regatta sind nicht die Wettfahrten, sondern die prächtig ausgestatteten, reich dekorierten und kostbar verzierten historischen Schiffe und Gondeln.

In Kostümen aus dem Mittelalter ziehen Bürger und Kaufleute, Herzöge und Fürsten, Bischöfe und Kardinäle, Bürgermeister und Statthalter, Würdenträger aller Art der venezianischen Vergangenheit mit ihrem Gefolge und ihren prächtigen Gondeln am Beschauer vorüber. Prunk und Pomp der ehemaligen Seerepublik Venedig werden lebendig. Ein eindrucksvolles, ein einzigartiges Schauspiel, getragen vom frenetischen Beifall und Jubel der die Ufer des Canale Grande säumenden Menschenmassen! Bis in die frühen Abendstunden dauert die Regatta. Begeisterung und staunende Bewunderung haben uns das Verrinnen der Zeit nicht gewahr werden lassen. Es wird schon dunkel, als wir zu unserem Boot zurückkehren.
Am nächsten Vormittag verlassen wir Venedig. In der Mündung des Tagliamento bei Lignano liegt Marina Uno. Sie ist unser Ziel. Hier sind wir für die erste Motorinspektion angemeldet. Oh je, oh weh, wer so brandneue Maschinen hat, stößt auf schon vorab befürchtete Schwierigkeiten. Die Monteure wissen zwar von der Existenz dieser Motoren, mehr aber nicht. Vorsorglich haben wir Original-Öl- und Kraftstoffilter an Bord. BMW baut unbestritten gute Motoren, doch Zubehör und Ersatzteile für den neuen D 636 sind selbst in Deutschland noch schwer erhältlich. Die gediegene saubere Arbeitsweise der Monteure verdient Erwähnung. Die Probefahrt später verläuft zu aller Zufriedenheit.

Von Istrien zu den Kornaten

Bis zum Bürgerkrieg war Jugoslawien eines der beliebtesten Reiseländer und Wassersportreviere vieler Skipper aus Deutschland, Österreich und der Schweiz. Zum einen sind die Anreisewege relativ kurz, zum anderen lockt die Vielgestalt der Landschaften mit ihren zerklüfteten Küsten und reichen Inselwelt. Naturbuchten und einsame Strände lassen die Herzen der Bootler höher schlagen. Der Adriatic Club Yugoslavia, ACY, hat zahlreiche Marinas von Istrien bis hinunter zur Insel Hvar errichten lassen.
Wir steuern zunächst Umag auf der Halbinsel Istrien an. Gleich beim Einlaufen fällt auf, daß sich die Marinaios, stets blau-weiß gekleidet, um ankommende Skipper kümmern. Kein Suchen nach einem Liegeplatz: Marinaios kommen im Schlauchboot einlaufenden Yachten entgegen und weisen einen geeigneten Platz an. Umgehend werden auf Wunsch Wasser und Strom montiert und das Transitlog erbeten. Bei der Anmeldung erhalten wir es nach Bezahlung der Liegegebühren in der Rezeption zurück.
Umag ist ein ausgesprochener Badeort, gelegen auf einer kleinen bewaldeten Halbinsel mit unzähligen Badebuchten. Im Gegensatz zur feinsandigen Adria-Küste Italiens herrschen hier Kiesstrände vor, Felsbuchten, Klippen und betonierte Plateaux mit Badeleitern ins Meer, um den Gästen eine gewisse Bequemlichkeit zu bieten. Auch FKK-Fans kommen auf ihre Kosten. Weite Strandabschnitte sind für sie reserviert. Ein Bimmelbähnchen mit Diesellok, bunt bemalt, fährt über asphaltierte Straßen auf einem Rundkurs diverse Badebuchten an. Hotels, Bungalows, Ferienwohnungen und Campingplätze stehen den Touristen zur Verfügung. In zahlreichen SB-Restaurants unter freiem Himmel lassen sich Hunger und Durst stillen.
Weiter führt unsere Fahrt nach Süden. Wir passieren die Zufahrt zum Limski-Kanal und steuern Rovinj an. Schon von weitem ist die hoch auf einer Landzunge erbaute Kathedrale zu erkennen. Die vorgelagerte Katarinen-Insel gibt der Marina guten Schutz. Der Limski-Kanal darf nicht mehr auf eigenem Kiel befahren werden. Dieser tief ins Land einschneidende Fjord war Jahre zuvor schon zum Naturschutzgebiet erklärt worden. Ausflugsboote allerdings fahren von Rovinj aus zum Limfjord. Im Alten Hafen besteigen wir ein solches Gefährt. Der für Südeuropa ungewöhnliche Meereseinschnitt mit seinen steil ins Meer abfallenden, schroffen Felswänden beeindruckt uns sehr. Rovinj selbst ist eine Stadt mit dem Pulsschlag unserer Zeit. Die herzige Altstadt rankt sich um die Kathedrale. Von ihrem Turm aus schweift der Blick weit über Land und Meer.

Auch am nächsten Ziel erwartet uns eine Sehenswürdigkeit, das Amphitheater aus römischer Zeit in Pula, das größte und besterhaltene auf dem Boden des ehemaligen Jugoslawiens. Die ACY-Marina liegt zu Füßen des gewaltigen Bauwerkes. In den Katakomben befindet sich ein Museum mit Funden aus vorchristlicher Zeit, die auch hier die Vorherrschaft der Römer dokumentieren.
Seit Wochen sind wir an der Küste entlanggeschippert. Nun aber liegt die jugoslawische Inselwelt vor uns. Endlich Inseln, endlich weg vom Festland. Das kleine Susak soll das erste Inselparadies sein, will doch der Käpt'n den bekannten Susak-Wein probieren. Der Hafenmeister jedoch ist ein warnendes Beispiel. Voll des süßen Weines schwankt er schon am frühen Vormittag den Kai entlang und wirbt um die Gunst der Bordfrauen. »Das scheint ja ein Teufelszeug zu sein!« sinniert der Käpt'n.
Die Ortschaft mit ihren engen Gassen und kleinen Häusern liegt auf der Anhöhe der Insel. Am Hafen gibt es nur wenige Gebäude, darunter ein Restaurant und ein Minimarkt. Eine weiträumige, recht flache Badebucht dehnt sich in unmittelbarer Nachbarschaft aus. Kristallklares Wasser, sogar quallenfrei, lockt zum Baden und Schnorcheln. Wir unternehmen eine ausgedehnte Wanderung über die Insel. Von der Anhöhe erkennen wir am Horizont Mali Losinj. Dies wird unser nächstes Ziel, weil wir bunkern müssen. In Jugoslawien erleben wir auch heute noch, daß auf Kraftstoff stundenlang gewartet werden muß. Zum Glück ist der Tankwagen bereits da, um Nachschub zu liefern. Dennoch dauert es zwei Stunden. Mehr und mehr Boote sammeln sich am Anleger. Jeder möchte Kraftstoff erhalten, bevor dieser aufs neue zur Neige geht.
Die Marina in Mali Losinj laufen wir nicht an. Wegen des ständigen Ausflugs- und Fährverkehrs ist sie unruhig und obendrein vom Lärm aus der naheliegenden Werft erfüllt. Mehrere Naturbuchten laden zum Verweilen. Wir ankern in der Artaturi-Bucht im nördlichen Teil der Insel. Am Abend kommt Starkwind auf. In der Bucht wird es von Minute zu Minute ungemütlicher. Kurzerhand beschließen wir, erneut den kleinen, sicheren Hafen von Susak aufzusuchen, denn nichts geht über eine ungestörte Nachtruhe.
Am Morgen des nächsten Tages wollen wir eigentlich nach Süden weiterfahren. Wir warten und warten, doch das Meer ist noch immer aufgewühlt. Der Wind hat längst deutlich nachgelassen. Gegen Mittag können wir endlich starten und Kurs auf die Kornaten nehmen. »Viel Steine gab's und wenig Brot...« Das charakterisiert diese weitausgedehnte Inselgruppe. Vornehmlich kahle Felseilande, ab und an etwas Grün, doch beeindrukkend durch die Vielzahl anscheinend wahllos über das Meer verstreuter Inseln. Für jeden Skipper ein traumhaftes Revier, aber ungeheuer aufmerksam muß er sein. Ständig variierende Wassertiefen, enge Durchfahrten, Unterwasserfelsen und -riffe erschweren das Manövrieren in diesem herrlichen Naturpark. Doch dies ist kein Grund, ihn zu meiden.
Es ist Mitte September geworden. Nur noch wenige Bootler sind unterwegs. Um so schöner wird es für uns. Die Telascica-Bucht auf Dugi Otok haben wir als Ankerplatz auserkoren. Die weiträumige Bucht, vor allen Winden gut geschützt, ist von niedrigwachsenden Bäumen umgeben. Ein Restaurant am Ufer, bekannt durch seine delikaten Fischgerichte, verwöhnt hungrige Bootsleute. Ein romantischer Wanderweg führt zu einem seichten Salzsee mit Wassertemperaturen eines Thermalbades. Unweit der Insel Dugi Otok liegt die Filminsel Mana, auf der einst Karl May- und Wildwestfilme gedreht wurden. Reste der Filmstadt sind noch heute zu sehen. Wer gerne kraxelt, sollte auf den Spuren der Filmemacher wandeln, die hier »In den Schluchten des Balkan« drehten.
Wieder einmal ist das zur Neige gehende Trinkwasser Grund zur Weiterfahrt. Wir kehren zum Festland zurück und laufen die ACY-Marina in Vodice an. Eine Marina, die uns überrascht. Mit Erfolg haben Architekten entworfen, was sich in das Landschaftsbild einfügt. Natur und Umgebung werden nicht verschandelt. Sie bilden eine harmonische Einheit.

In der Marina Vodice ist »Waschmaschinen-Service« das Zauberwort der Bordfrau. Der prallgefüllte Schmutzwäschesack droht zu platzen. Mit 5 Mark ist sie dabei, pro Waschmaschine – versteht sich. Die Bordfrau schleppt drei Waschmaschinenfüllungen von Bord. Kurze Zeit später ist sie wieder da – arbeitslos. Wie oft hat sie die Wäsche mühsam von Hand geschrubbt. Am frühen Nachmittag aktiviert sie den Käpt'n: »Raus aus der Koje, Wäscheleinen müssen her!« Brav spannt er von Davit zu Davit, über das Achterdeck zum Geräteträger die Leinen. Als vorbildlicher Hausmann geht er mit, die schleudertrockne Wäsche abzuholen. Kaum aufgehängt, ist alles trocken. Dann ran an das Bügeln. Es lebe der Waschmaschinen-Service!

Traumrevier Krka

Nur 6 sm südlich Vodice mündet bei Sibenik die Krka in die Adria. Sie ist ein Fluß, der sich in drei Ebenen durch das Gebirge schlängelt und immerhin von der Mündung bis zum unteren Wasserfall (20 km) für Sport- und Ausflugsboote zu befahren ist. Die ACY-Marina Skradin liegt wenige Kilometer vor dem unteren Katarakt.
Sibenik breitet sich direkt an der Mündung der Krka aus. Einem Cañon gleich zeigt sich die Flußlandschaft. Steilaufragende Felsen an den Ufern, seenartige Erweiterungen und enge Schluchten mit starker Strömung passiert der Skipper auf seiner Fahrt nach Skradin. Ein Naturschutzgebiet von berauschender Schönheit! Ein Biotop mit Flora und Fauna, wie es in Europa kein zweites gibt. Deshalb verbietet es sich von selbst, irgendwo nach Belieben in diesem einzigartigen Revier zu ankern. Die Bootler sind gehalten, in der Marina Skradin zu verweilen, einer Marina mit ganz besonderen Qualitäten. Neben dem typischen ACY-Komfort bieten sich von hier aus zahlreiche Ausflüge ins Landesinnere an. Der Direktor, Darco Petrovic, eröffnet seinen Gästen erstaunliche Möglichkeiten. Er veranstaltet Kanufahrten zu den Unteren Krka-Fällen, ermöglicht Fahrten auf der Mittleren Krka und organisiert Ausflüge und Besichtigungen.
Mit uns fährt er zum Kloster Visovac. Es liegt auf einer grünen winzigen Insel inmitten eines großflächigen Sees, den die Mittlere Krka bildet. Auf verabredeten Zuruf werden wir an einer Landestelle am Seeufer abgeholt. Ein Franziskaner-Mönch in seiner wohlbekannten braunen Kutte steuert höchsteigenhändig den Nachen, der uns zur Insel hinüberbringt.
Schon im 13. Jahrhundert war die Insel von Eremiten bewohnt. Die heutige Sakristei war die erste, winzige Kirche. Später kamen Franziskaner auf die Insel. Neben der Verkündigung des Bibelwortes wirkten sie als Lehrer an Schulen und Universitäten, arbeiteten in Krankenhäusern, lehrten Wissenschaft und Künste, unterrichteten das Volk in Lesen und Schreiben und versuchten, das Gefühl der inneren Sicherheit der Menschen zu stärken, ihnen Selbstbewußtsein und Selbstvertrauen zu geben und nationale Identität bewußt zu machen. In der Zeit der Türkenkriege waren es wiederum Franziskaner, die den Befreiungskampf des Volkes anführten.
Die wechselhafte Geschichte der Balkanländer spiegelt sich im Schicksal dieser Mönche. Venezianer, Türken, Franzosen, Österreicher, Italiener und Deutsche beherrschten zeitweise das Land. All dies erzählt uns Abt Branco bei einer Tasse Kaffee. Später zeigt uns Bruder Gabro, der älteste Mönch des Klosters, die Klosterkirche mit ihren zwei völlig identischen Hauptaltären und erklärt, wie es dazu kam. Kostbarkeiten und wertvolle, alte Handschriften, Gemälde und Urkunden läßt er uns auch betrachten.
Als wir uns herzlich verabschieden, meint Bruder Gabro mit vielsagendem verschmitztem Lächeln: »Ja, ja, in der Tat, Jugoslawien ist auch im 20. Jahrhundert ein ungewöhnliches Land! Es hat 7 Grenzen, besteht aus 6 Republiken, zählt 5 Nationen, man spricht in 4 Sprachen, hat Gläubige aus 3 Religionen, schreibt in 2 Schriften und ist dennoch 1 Volk!« Ein Bonmot, das vor allem in Hinblick auf das spätere blutige Auseinanderbre-

chen dieses staatlichen Gebildes zu denken gibt! Niemand von uns hatte an jenem Tag auch nur daran gedacht, daß sich das einmal ändern würde.
Für archäologisch interessierte Gäste hat der Direktor der Marina eine Besonderheit zu bieten. Auf der Hochebene des Felsmassives, unweit der Krka, befindet sich eine ausgedehnte Ausgrabungsstätte. Archäologen haben beim heutigen Bribir die Reste der antiken römischen Stadt Barbarium entdeckt. Stadtmauern, Tore, Brunnen, Wasserleitungen, Fundamente von Häusern, Thermen, Straßen und Gräber wurden freigelegt; Amphoren, Werkzeuge, Schmuck und Fragmente von Skulpturen gefunden. Es wird noch viele Jahre dauern, bis die Arbeiten im Alten Barbarium abgeschlossen werden können.
Ein besonderes Erlebnis ist ein Ausflug mit dem eigenen Beiboot auf der Mittleren Krka. Mit Getränken versorgt, die Köpfe gegen die brennende Sonne geschützt und ausreichend Benzin für den kleinen Motor, beginnen wir unsere Exkursion zu den Mittleren Wasserfällen. 20 km hin und 20 km zurück bei 3 kn Geschwindigkeit liegen vor uns. Eine unbeschreiblich romantische Flußlandschaft mit schilfbestandenen Ufern, in denen sich Seetaucher und Bleßhühner tummeln, begleitet uns auf dem ersten Teil des Flußlaufes. Dann erreichen wir den See mit der von den Franziskanern bewohnten Klosterinsel. Wir runden die Insel und suchen im vor uns liegenden Bergmassiv den Durchbruch des Wasserlaufes.
Deutlich ist zu erkennen, wie die Krka im Laufe der Jahrtausende das Felsmassiv durchgesägt hat. Steile, glatte Felswände zu beiden Seiten der Engstelle! Das Wechselspiel von Licht und Schatten zaubert eine imposante Kulisse. Zusehends werden die Felswände schroffer und bizarrer, die Strömung stärker und voller Strudel, die Farbe des klaren Wassers intensiv blau. Weiter flußaufwärts treten die Felswände zurück. Die Landschaft wird lieblicher. Üppiges Grün der Wälder an den Ufern und undurchdringliche Schilfgürtel säumen den Flußlauf. Schon von weitem sehen wir das Wasser über bemooste, bewachsene Felswände herabstürzen. Wir fahren ganz dicht heran, empfinden angenehm die Kühle des in der heißen Sommerluft zerstäubenden Wassers. Das unaufhörliche Rauschen der Kaskaden wird zu Musik. Berauscht und beglückt vom goldenen Überfluß dieser ungestörten Welt verharren wir in ehrfürchtiger Bewunderung. Zu Tal mit der Strömung fahrend genießen wir nochmals dieses kontrastreiche Revier. Ein wundervoller Tag geht zu Ende.

Dubrovnik – Perle der Adria

Überhaupt nichts Paradiesisches hat Split. Im weiträumigen Hafen der Großstadt gehen wir in der Marina an einem der Stege längsseits. Nichts rührt sich. Niemand läßt sich sehen. Menschenleer die Stege, aber dicht gedrängt die Boote an ihnen. Die Saison ist offensichtlich vorüber. Im Marinabüro melden wir uns an und auch gleich wieder ab. Wir sind uns einig. Länger als eine Nacht wollen wir nicht bleiben. Es fällt auf, daß diese Anlage vollständig eingezäunt ist. Die Nähe der Großstadt oder die hier stationierte Charterflotte könnte der Grund dafür sein.
30 km trennen uns noch von der Insel Hvar. In der Marina Vrboska übernachten wir. Den Tag verbringen wir in der Zecevo-Bucht, nur 2 sm entfernt. Diese Badebucht wird durch ein kleines Eiland geschützt, auf dem die Nackedeis zu Hause sind.
Vrboska ist eine verträumte Ortschaft am Ende einer langgestreckten, schmalen Bucht. Bei kräftigem Schirokko steigt der Meeresspiegel am trichterförmigen Ende bis zu 2 m über Normal an und überflutet die Uferstraßen. Die Marina bleibt von Überschwemmungen verschont. Beim Ansteigen des Wassers jedoch müssen die Leinen gefiert werden.
Von Vrboska aus zieht es uns nach Dubrovnik. Zunächst aber schippern wir zur Insel Korcula. An der Stadtpier von Korcula müssen wir bunkern, doch Kraftstoff gibt es an

diesem Nachmittag nicht mehr. In der nahegelegenen Bucht Uvala Luka verbringen wir vor Anker schwoiend die Nacht. Am nächsten Vormittag wird das Bunkern zu einem schwierigen Unterfangen. Auf das Betanken von Sportbooten ist die Tankstelle hier nicht eingerichtet. Die überdimensionale Zapfpistole bringt schier unüberwindliche Probleme. Endlich ist die leidige Aktion beendet.
Vier Stunden später sind wir in Dubrovnik, einer ungewöhnlichen Stadt, deren Silhouette von der wuchtigen Festungsanlage beherrscht wird. Wir steuern den Ombla-Fluß an, der die schönste Marina des früheren Jugoslawiens beherbergt. Im Herbst 1985 wurde sie deshalb ausgezeichnet. Wie könnte es anders sein: Der Service ist perfekt, die gärtnerisch gestaltete Anlage wunderschön. Unter Palmen, Kakteen, Hecken und Rosen glauben wir an ein karibisches Märchen.
Die Marina liegt wenige Kilometer von der Stadt entfernt. Mit dem Bus fahren wir nach Dubrovnik hinein. Allein für die Besichtigung der Festungsanlagen und der Altstadt nehmen wir uns einen ganzen Tag. Selbst das ist zu wenig. Der Rundgang auf der mehrere Kilometer langen Festungsmauer dauert Stunden. Immer neue Ausblicke auf Altstadt, Umgebung und Meer verführen zum Verweilen und Fotografieren. Diese Anlage läßt sich nicht erstürmen! Dann der Alte Hafen! Auf ihn blicken wir aus steiler Höh' hinab. In einem Straßencafé gönnen wir uns eine Verschnaufpause. Das lebhafte, farbenfrohe Treiben nimmt uns gefangen.
Der Sehenswürdigkeiten gibt es viele in dieser historisch bedeutsamen Stadt, seien es die engen Treppengassen, die Altstadthäuser mit ihren geraniengeschmückten Balkons, die Kathedrale, das Museum, das Kloster oder eine Fahrt mit der Seilbahn in luftige Höhen hoch über die Stadt.
Doch wer meint, mit Dubrovnik seien die Höhepunkte einer Reise »Adria rund« erschöpft, der irrt.

In der Boka Kotorska

Eine weitere Perle der Adria liegt an der Küste Montenegros, die Boka Kotorska, die Bucht von Kotor. Schon die Seekarte läßt erkennen, welche Ausdehnungen dieser Meereseinschnitt hat. Fast 20 sm sind es bis zu seinem Ende in Kotor. Eine halbe Tagesreise für den Segler. Als wir nach rund 20 sm die Einfahrt zur Bucht erreichen, drosseln wir die Maschinen und tuckern gemächlich durch das spiegelglatte Wasser.
Zunächst weiträumig, nach und nach immer enger werdend, wird die Bucht im hinteren Teil fjordähnlich. Hohe, manchmal bis zum Gipfel bewaldete Bergketten säumen die Ufer. Wir glauben, eher einen Gebirgssee zu befahren, als auf dem Meere zu sein. Dieser Meereseinschnitt bildet einen riesigen Naturhafen. Kein Wunder, daß die jugoslawische Marine hier Stützpunkte errichtet und einige Bereiche zu Sperrgebieten erklärt hatte. So muß der Skipper diesbezügliche Hinweise in den Seekarten genauestens beachten.
Immer wieder begegnen wir in Ruderbooten sitzenden Anglern. Ausflugsboote kreuzen unseren Kurs, an einer Engstelle eine Fähre. Sie hat Wegerecht. Friedvolle Ortschaften und eine zauberhafte Landschaft ziehen vorüber. Dann erreichen wir Kotor. Dieser Ort hat einen neuen Hafen. An der langen Kaimauer liegen nur wenige Boote. Wir gehen längsseits. Überall Betonblöcke mit Strom- und Wasseranschlüssen, doch keiner funktioniert. Wir melden uns in der Hafenmeisterei und erfahren, daß wir kostenlos liegen dürfen. Wir haben direkt unterhalb der 1979 vom Erdbeben verwüsteten Altstadt festgemacht. Bauarbeiten sind im Gange. Auch hier ist die Altstadt von Festungsmauern umschlossen. Zwei Tore führen hinein beziehungsweise hinaus. Die Festung dehnt sich bis zum Gipfel des Berghanges aus. Wir sind erstaunt, daß vor dem Betreten der Altstadt noch immer gewarnt wird. Das grauenvolle Erdbeben liegt doch schon jahrelang zurück. Wir sind erschüttert und betroffen, was sich unseren Augen bietet. Als hätte das Erdbe-

ben erst gestern gewütet, so wirkt es auf uns: tiefe, weitklaffende Risse quer durch Häuserwände und -fronten, teilweise oder ganz eingestürzte Gebäude, offene, provisorisch mit Brettern abgedeckte Erdspalten, zerborstene Treppenhäuser, mit Schutt und Asche bedeckte Innenhöfe und ab und zu einige notdürftig hergerichtete Wohnungen.
Der berühmte Uhrenturm ist ein Fragment. Die Basilika hat dieser entsetzlichen Katastrophe einigermaßen standgehalten. Immerhin sind Kanalisation, Elektrizität und Trinkwasserversorgung wiederhergestellt. Und das Museum ist neu aufgebaut! Anschaulich erzählt es von Vergangenheit und Gegenwart der Boka Kotorska, eindringlich vom Geschehen im Frühjahr 1979. Völlig überwältigt sind wir, als wir im Gespräch erfahren, daß die Menschen lieber in der Altstadt als in der modernen Neustadt wohnen wollen.
Heute machen wir uns auf, die Bucht nochmals gemächlich abzufahren. Strahlend blau der Himmel über uns und ebenso blau das Meer unter uns. Wir bummeln genüßlich dahin. Es währt nicht lange, da sehen wir dichte, schwarze Rauchwolken in den sonnenüberfluteten Himmel steigen: Waldbrände! Auch diese herrliche Bucht bleibt davon nicht verschont. »Wie können so ausgedehnte Brände in abgelegener Höhe gelöscht werden?« fragen wir uns. Da schwebt auch schon ein orangefarbenes Löschflugzeug hernieder. Dicht neben uns setzt es auf der Wasseroberfläche auf. Die Motoren heulen ohrenbetäubend. Das Flugzeug jagt kraftvoll durchs Wasser und nimmt dieses in Tanks auf, um anschließend wieder an Höhe zu gewinnen, zur Brandstelle zu fliegen und es dort abzuwerfen. So geht es viele Male. Interessiert beobachten wir das Geschehen. Dann setzen wir unsere Rundfahrt fort.
In Herceg-Novi müssen wir leider wieder längsseits festmachen, ob wir wollen oder nicht. »Anker werfen verboten!« bedeutet uns der Kapitän einer Personenfähre. In dieser romantischen Ortschaft ist von den Folgen des Erdbebens kaum noch etwas zu bemerken. Steil klettern die Häuser den Berghang hinauf. Auf der Anhöhe liegt das Ortszentrum, jenseits des Hafens eine weitläufige Hotelanlage. Ein Kreuzfahrtschiff läuft in die Boka Kotorska ein und bleibt auf Reede liegen. In kleinen Barkassen werden die Passagiere für einige Stunden an Land gebracht. Die subtropische Vegetation hier ist ungemein reizvoll. Wir stürzen uns ins abendliche High-Society-Getümmel.
Nachdem wir gebunkert haben, nehmen wir Kurs auf Bar, den südlichsten Hafen Jugoslawiens vor der albanischen Grenze. Dort wollen wir ausklarieren. Es ist der letzte Septembertag. Im Hafen liegt ein Küstenwachboot. Ein Offizier eilt herbei und hilft beim Festmachen. Wir kommen ins Gespräch. Auch er erzählt von der Erdbebenkatastrophe: »Stadt und Hafen seien dem Erdbeben restlos zum Opfer gefallen. Da blieb kein Stein auf dem anderen.« Schließlich lädt er uns zu einer Autofahrt ein. Er will uns Ulcinj, die Stadt direkt an der albanischen Grenze, zeigen.
Als wir in Bar zum Einkaufen gehen, sind wir vom Stadtbild überrumpelt. Ungewöhnlich moderne, formenreiche Bauwerke, großzügige Park- und Grünanlagen, breite Straßen und Plätze geben der jungen Stadt ein neuzeitlich kommunistisches Gepräge. In dieser ungewohnten Weite kommen wir uns verloren vor. Bedauerlich, daß sich am neuen Hafen keine Tankstelle befindet. So holt der Käpt'n mit dem Mokick kanisterweise den Kraftstoff herbei. Glücklicherweise fehlen nur 80 l Diesel, um mit vollen Tanks die Überfahrt nach Italien antreten zu können.

Italien hat uns wieder

Die Wettervorhersage ist nicht gerade berückend. Winde bis zu 5 Bft aus Südost sind angesagt. Auf der Seekarte haben wir den Kurs Bar-Brindisi bestimmt, etwa 100 sm. Damit ist klar, bei den vorhergesagten Winden aus Südost wird die See von Backbord gegen unser Boot schlagen. Mal sehen, wie unsere *Cora IV* damit zurechtkommen wird!
Um 7 Uhr früh können wir die Ausklarierungsformalitäten erledigen. Eine halbe Stunde

Steuermann halt die Wacht! Vor Italien geraten wir in einen kernigen Sturm, der unserem neuen Boot seine erste Bewährungsprobe abverlangt.

später verlassen wir den Hafen. Der Wind ist bereits aufgestanden. Die See beginnt sich aufzuschaukeln. Noch kommen wir zügig voran, und das Boot hat mit den breitseits an den Rumpf schlagenden Wellen keine Probleme. Wir laufen mit 14 kn. Der Wind brist stärker auf. Die Wellen werden steiler und höher, das Krängen der *Cora* unangenehmer. So weit das Auge reicht, weiße Schaumbänder auf den sich in breiter Front brechenden Wellen. Das Kurshalten wird schwieriger. Wir drosseln die Fahrt, in der Hoffnung ruhiger laufen zu können. Irrtum, das starke Krängen wird dadurch nicht geringer, im Gegenteil.
So beschließen wir, eine Kursänderung vorzunehmen. Ganze 17 sm haben wir zurückgelegt. Wir wollen fortan stärker nach Nordwest laufen, um die See eher achterlich als querab zu haben. Der neue Kurs wird uns nach Mola di Bari führen. Das bedeutet aber auch, statt 100 sm müssen wir 120 sm zurücklegen. Herrlich, das Boot läuft ruhiger! Die Gefahr, gekentert zu werden, ist gebannt. Obwohl der Wind weiter zunimmt, können wir die Geschwindigkeit erhöhen. Die Zeit verrinnt. Erstaunlich, wie gut und kursstabil *Cora* mit der beinah achterlichen See zurechtkommt. *Cora IV* ist dabei, ihre Bewährungsprobe zu bestehen. Wir sind zufrieden.
Endlich Landsicht! Die jugoslawische Gastlandsflagge muß weichen, die italienische wird gehißt. Italien hat uns wieder. 120,4 sm bei rauher See und Starkwind von Hafen zu Hafen in 9 Stunden 24 Minuten ist eine bravouröse Leistung.
Mola di Bari, was für eine Krankheit für Sportboote. Schreiende, wild gestikulierende Fischer verteidigen jeden Millimeter Kaimauer und lassen nur Fischkutter festmachen. Endlich erbarmt sich jemand aus der Hafenmeisterei und weist uns einen Platz zu. Doch wie unzumutbar dieser Platz ist, wird schon beim Anlegemanöver klar. Einlaufende Fischkutter preschen in voller Verdrängerfahrt dicht an unserem Boot vorbei. Der

Schwell, der unsere *Cora* breitseits trifft, ist so stark, daß die Fender dem Druck kaum standhalten können. Sie werden plattgedrückt wie eine Wanze. *Cora* springt an der hohen Kaimauer auf und nieder wie ein ungezähmtes wildes Pferd, das seinen Reiter abwerfen will. Wir legen sofort wieder ab und suchen eine andere Liegemöglichkeit. Am neuen Platz finden wir einigermaßen Ruhe. Der Schwell kommt der Bootslänge nach. Das läßt sich ertragen. Müde und abgespannt fallen wir zeitig in die Kojen.
Am nächsten Morgen stehen Einklarieren und Bunkern auf dem Programm. Der Ärger geht weiter. Weder Polizei- noch Zollbeamte haben an diesem Tag Lust, ihren Dienst aufzunehmen. Eine Tankstelle für Sportboote, direkt am Hafen, gibt es auch nicht. Wir machen uns in der Stadt auf die Suche nach einer nämlichen. Der Chef dieser Station wird erst am Mittag anwesend sein. Also warten, nicht nur auf Polizei und Zoll, sondern nun auch noch auf den Kraftstoff. Wir sind sauer. Endlich tut sich was. Wir erhalten das Costituto, auch der Diesel wird gebracht. Gegen 14 Uhr können wir starten. Wir dampfen nach Brindisi, das wir eigentlich schon am Vortage erreichen wollten. Immerhin, 70 sm Umweg hat uns der Starkwind eingebrockt. Doch Sicherheit hat unbedingten Vorrang.

Stürmischer Abschied

Noch zwei Etappen liegen vor uns, dann haben wir das Winterquartier für *Cora IV* in Sibari erreicht. Bei Santa Maria di Leuca gelangen wir in den Golf von Tarent. Nun heißt es, ihn zu queren. Wieder begegnen wir Delphinen. Als wollten sie uns und unser neues Gefährt bei der Heimkehr begrüßen, begleiten sie das Boot ein Stück des Weges. Dann verschwinden sie nach übermütigen Sprüngen gelassen im tiefblauen Meer.
Als wir den Turm des Marinagebäudes ausmachen, ist der Stichkanal von Sybaris Marine nicht mehr weit. Die Zufahrt ist diffizil. Nur die schmale markierte Fahrrinne hat ausreichende Wassertiefe. Klopfenden Herzens laufen wir in den Stichkanal und passieren die durch Tore gesicherte Marinaeinfahrt. Einer der Marinaios steht an der Bunkerstation und begrüßt uns herzlich. Im Nu sind Bekannte und Freunde um das Boot versammelt und nehmen es in Augenschein, haben sie doch seit Monaten auf diesen Augenblick gewartet.
Am Abend verholen wir an den Platz, an dem *Cora* Winterschlaf halten soll. Wir haben einige Tage zu tun, um das Boot darauf vorzubereiten und uns auf die Heimreise nach Deutschland einzustimmen. Am Vorabend der Heimreise ist unser Auto startklar gepackt. Nicht nur Garderobe und Wäsche werden mitgenommen, sondern auch Seekarten und Handbücher. Das Wichtigste aber ist der Notizblock mit einer umfangreichen Liste von Wünschen und Verbesserungen, die wir in den Wintermonaten realisieren wollen. Welcher Skipper weiß nicht, daß mit einem neuen Boot die Arbeit von vorne beginnt?
Der Tag vor unserer Abreise scheint den Abschied leicht zu machen. Bereits am frühen Morgen pfeift der Wind aus nördlichen Richtungen. Am Nachmittag erreicht er in Böen Geschwindigkeiten bis zu 95 km / h. Schwerer Sturm mit 10 Bft verwandelt den Golf in einen brodelnden Kessel. Auf vielen Booten sind die Funkgeräte eingeschaltet. Bei hereinbrechender Dunkelheit wird Sybaris Marine von zwei englischen Seglercrews gerufen. Sie sind in Sibari bekannt. Schon mehrfach haben die beiden Ehepaare ihre Yachten hier überwintern lassen. Nun bitten sie dringend um Hilfe. Längst haben sie Sturmsegel gesetzt. Eines der beiden Segelboote hat Probleme mit der Maschine. Noch geht alles gut. Die Besatzung der Marina ist alarmiert. Die Molenbefeuerung, sowieso schon mickrig, ist ausgefallen. Zudem sind die Bojen, die die Zufahrt markieren, von meterhohen, sich brechenden Wellen versetzt worden. Über Funk werden die Segler gewarnt. Als sie bei tobender See in stockdunkler Nacht die Küste erreichen, können sie die Zufahrt zur Marina nicht finden. Da meldet sich plötzlich eine deutsche Segelyacht. Sie irrt seit Stunden

orientierungslos umher. Ein Kleinkind ist an Bord. Sorge macht sich breit in der Marina. Der deutsche Skipper beschreibt die Lichter, die er von Bord aus sehen kann. Dabei wird klar, daß er sich vor Trebisacce, 6 km nördlich Sibari, befindet. Nun stationieren die Marinaios einen Pkw auf der vorgelagerten Landzunge. Ununterbrochenes Lichthupen soll den Seglern Ansteuerungshilfe werden. Jeder von uns weiß nur zu gut, wie irritierend die vielen Lichter an der Küste von See aus wirken können.
Ein belgischer und ein deutscher Skipper wagen sich mit einem Schlauchboot in die Brandung hinaus. An einer der vertriebenen Bojen machen sie fest. Die beiden können sich in ihrem winzigen Boot kaum halten. Erneut eine Stimme im Funkgerät! Ein viertes Segelboot, von Crotone kommend, meldet sich und bittet um Einsteuerungshilfe. Auch dieser Skipper kann die Zufahrt nicht ausmachen.
Zwischenzeitlich sind die englischen Segelboote dicht herangekommen. Der deutsche Skipper im winzigen Schlauchboot dirigiert sie in die Zufahrt. Er hat ein Handsprechfunkgerät dabei. Mal hören wir: »Weiter nach steuerbord. Nein zuviel, zurück nach backbord. So ist es gut. Nun mittschiffs voraus. Jetzt hart backbord. Vorsicht, haltet Euch vom Molenkopf frei. Ihr habt es geschafft! Vor Euch wartet im Stichkanal der Hafenkapitän in einem kleinen Nachen. Er wird Euch die Fahrrinne zeigen. Folgt ihm exakt bis in die Marina.«
Erwartungsvoll stehen Skipper auf dem vordersten Steg. Sie wollen den erschöpften Seglern beim Festmachen helfen. Die Crews sind am Ende ihrer physischen und psychischen Kräfte. Sie bringen kaum ein Wort heraus. Heißer Kaffee wird gebracht. Es dauert einige Minuten, bis sie sich gefangen haben. Erstes Aufatmen bei allen.
Aber noch sind die beiden deutschen Segelboote draußen. Endlich haben sie die Lichthupe des Pkw erkannt. Nun dauert es nicht mehr lange, bis auch sie im sicheren Hafen liegen. Pitschnaß und durchgefroren, aber glücklich und zufrieden, kehren als letzte die beiden mutigen Schlauchbootfahrer aus der Brandung zurück. Lob und Dank aller gilt ihnen! Stundenlang haben sie in ihrer tanzenden, immer wieder vom Seewasser überspülten »Badewanne« ausgeharrt. Ohne sie hätten die Segler gewiß nicht unbeschadet die Marina erreicht.
Namenlose Helfer – sind sie so selbstverständlich auf See? Ein mutiger, beeindruckender und selbstloser Einsatz. Jeder von uns kann unversehens in ähnliche Gefahr geraten. Wohl dem, der dann auch solche Helfer an seiner Seite weiß!

Vulkanisches Märchen – Liparische Inseln

Törninfos mit Traileranreise

Etappen	sm
Sibari – Crotone	62,2
Crotone – Reggio Calabria	131,4
Reggio Calabria – Scilla	11,3
Scilla – Milazzo	25,1
Milazzo – Vulcano	20,7
Vulcano – Lipari	9,7
Lipari – Panarea	11,9
Panarea – Stromboli	17,5
Stromboli – Lipari	27,8
Lipari – Salina	12,1
Salina – Filicudi	13,2
Filicudi – Alicudi	15,7
Alicudi – Palermo	55,7
	414,3
	(767,3 km)

Seekarten
D 661, D662, I 14, I 15, I 16.

Handbücher
Axel Kramer. Sizilien, Malta, Tunesien. Tulln / Österreich.
Hafenhandbuch Mittelmeer, Teil II Mitte. DSV. Hamburg.
Yachtfunkdienst Mittelmeer. DHI. Hamburg.

Traileranreise
Von Deutschland aus über italienische Autobahnen nach Vibo Valentia am Golf von Sant' Eufemia / Tyrrhenisches Meer oder nach Reggio Calabria an der Straße von Messina. Für Trailerkapitäne empfiehlt es sich, den Törn erst dort zu beginnen. Trailer-Entladung ist in beiden genannten Häfen problemlos. In Reggio hat der Skipper die Möglichkeit, Auto und Trailer hinter dem Gebäude der Guardia di Finanza im Rücken der Yachthafenverwaltung abzustellen. In Vibo empfiehlt es sich, die Fahrzeuge auf einem der nahegelegenen Campingplätze unterzubringen.
Wer den relativ weiten Weg auf Autobahnen scheut, kann mit der Fähre von Genua nach Palermo / Sizilien übersetzen. Eine weitere Möglichkeit sind die Autofähren ab Neapel nach Palermo oder Messina.
Ebenso kann auch der Yachthafen Portorosa, 38°07'40" N, 15°07'06" O, zwischen Kap Milazzo und Kap Tindari auf Sizilien angefahren werden, der sich sicherlich am besten als Ausgangshafen für diesen Törn eignet.
Ab Milazzo und Lipari gibt es mehrmals täglich Fährverbindungen und Exkursionen zu den Inseln, ein- bis zweimal wöchentlich eine Exkursion zur Insel Stromboli in Verbindung mit einer Vulkanbesteigung bei Nacht.

Touristische Information
Italienisches Fremdenverkehrsamt, ENIT, Kaiserstr. 65, 60329 Frankfurt / Main.

Unser Freund Michele

Und wieder ist eine neue Saison angebrochen. Diverse Arbeiten am neuen Boot haben die Abreise mehrfach verzögert. Perfektionisten, die wir nun einmal sind, ruhen bekanntlich nicht eher, bis alle Verbesserungsideen, und seien sie noch so geringfügig, in die Tat umgesetzt worden sind.
Nur eine der vielen Verbesserungen möchten wir erwähnen. Für das Achterdeck haben wir ein schattenspendendes Sonnendach ausgetüftelt und müssen noch alle notwendigen Halterungen und Befestigungen für das Gestänge montieren. Stolz und zufrieden genießen wir zum ersten Mal den Aufenthalt auf dem Achterdeck ohne Sonne, im Schatten. Erfreut stellen wir außerdem fest, wie erstaunlich kühlend sich der Schatten auf die Temperaturen in der darunterliegenden Achterkajüte auswirkt.
Mitte Juni erst verläßt *Cora IV* die schützenden Gefilde von Sybaris Marine. Südkurs heißt es diesmal, Sizilien und seine Inseln, Nordafrika. Das erste Etmal führt uns nach Crotone. Rattenhafen heißt er unter Seglern. Wir haben Glück, weder Ratte noch Mäuslein vergällen uns den Aufenthalt. Dafür aber haucht die elektrische Ankerwinde ihr Leben aus. Der Elektromotor ist glücklicherweise unversehrt geblieben. Das Mitnehmeritzel für den manuellen Betrieb hat sich hoffnungslos verklemmt und kann nur in einer Werkstatt wieder gangbar gemacht werden. Einen Tag Zwangsaufenthalt bringt die Reparatur ein.
Wer in Crotone bunkern muß und die üblichen Transportkosten für »Diesel auf Rädern« einsparen will, kann mit Hilfe von Kanistern von der etwa 600 m entfernten Tankstelle den Kraftstoff heranschleppen. Uns leistet das Bordmokick dabei gute Dienste.

Am frühen Morgen des nächsten Tages liegen 130 sm bis Reggio Calabria vor uns. Ruhige See, wolkenloser Himmel und eine leichte Brise erlauben es, den gefürchteten Golf von Squillace zu queren. Die Straße von Messina jedoch bringt uns mit zahlreichen Strudeln und starker Strömung bei heftigem Wind gegenan aus der Ruhe. Kurze, steile Wellen, da Strömung und Starkwind gegeneinanderstehen, klatschen an den Bug, überspülen so manches Mal das Deck und zwingen uns, mit gedrosselter Kraft zu fahren. Nach 11 Stunden laufen wir in den Yachthafen von Reggio ein.
Mit diesem Hafen verbindet uns eine langjährige Freundschaft. Es ist Michele, der Hafenmeister, ein Kalabrese mit überschäumendem Temperament, von grenzenloser Hilfsbereitschaft. Aus dem Briefwechsel mit ihm wissen wir, daß er nicht länger als Hafenmeister tätig ist. Er hat sich als Sanitär- und Heizungsmonteur selbständig gemacht. Wir haben nur den einen Wunsch, Michele und seine Familie wiederzusehen.
Michele weiß, daß wir Mitte Juni nach Reggio kommen werden. Schon mehrere Tage hat er nach *Cora IV* Ausschau gehalten. Prompt, am Morgen nach unserer Ankunft, die Gangway ist noch nicht einmal heruntergelassen, klettert er vom Kai aus über das in den Davits hängende Beiboot auf das Achterdeck. Die Wiedersehensfreude ist groß. Natürlich müssen wir erzählen, wie es uns ergangen ist. Der Einladung, sein neues Haus zu besichtigen, können wir nicht widerstehen. Vor vier Jahren haben wir es im Rohbau gesehen. Nun ist es fertig. Phantastisch, was Michele da zuwegegebracht hat! Marmorböden und wunderbare Fliesen zieren die Räume.
Aus vorgesehenen zwei Liegetagen in Reggio werden drei. Ein Ausflug nach Santa Elia, einem hoch über dem Meer gelegenen Aussichtspunkt, und eine Einladung zu einem frugalen Mittagessen im Kreise seiner Familie stehen für uns auf Micheles Programm. Mit Geschenken wie Orangen, Zitronen, Wein und selbsteingemachten passierten Tomaten überhäuft, nehmen wir schließlich Abschied.

Zwischen Scylla und Charybdis

Kurs Scylla heißt es am nächsten Morgen. Hier, am Nordeingang der Straße von Messina, wollen wir auf Odysseus Spuren wandeln. Dem Mythos zufolge haben die Meeresmonstren Scylla, an der Küste Kalabriens, und Charybdis, vor der gegenüberliegenden sizilianischen Küste, die zerbrechlichen Schiffe des Altertums zerstört und mit Mann und Maus versenkt und diese gar verschlungen. In Wirklichkeit handelt es sich um Strömungen und Strudel in der Meerenge von Messina. Täglich fließen die gewaltig strudelnden Wassermassen je nach Gezeiten in beiden Richtungen zwischen dem Tyrrhenischen und dem Ionischen Meer, zwischen Festland und der Insel Sizilien, hindurch und verursachen so die gefährlichen Wirbelströme.
Wir erliegen zwar nicht den Lockrufen der Sirenen, die in der Antike die Schiffer von den Gefahren ablenkten, wohl aber dem eindrucksvollen Anblick der den steilen Fels hinaufkletternden Ortschaft Scilla, mit Blick hinüber nach Sizilien.
Hier nehmen wir Abschied vom italienischen Festland und steuern «Bella Sicilia« an. »Ohne Sizilien gesehen zu haben, kann man sich kein Bild von Italien machen. In Sizilien und seinen Inseln findet man den Schlüssel zu allem.« So schrieb Goethe vor fast 200 Jahren. Homer spricht in der Odyssee von der Insel der Sonne. Wir wollen nun auf Sizilien entdecken, was es für uns zu entdecken gibt.
Milazzo, 25 sm entfernt, soll der erste Hafen sein. Aus dem Dunst taucht die weit aufs Meer hinausragende Landzunge auf, an deren Fuß sich nahe des gut sichtbaren Kastells der bei allen Winden leicht anzusteuernde Hafen ausdehnt. Greifbar nahe liegen die Liparischen Inseln vor uns.
Wer sich in das Abenteuer »Vulkanische Inselwelt« stürzen will, tut gut daran, hier in Milazzo Kraftstoff- und Trinkwassertanks bis zum Überlaufen zu füllen. Es versteht sich

In der Straße von Messina.

von selbst, daß ein solcher Archipel Probleme mit diesen Versorgungsgütern hat. Sowohl Trinkwasser als auch Kraftstoff müssen mit Tankschiffen herangeschafft werden. Der Einheitspreis für Trinkwasser bis zu 1000 l beträgt bei unserem Besuch 33 DM. Wer also nur 250 l bunkern kann, hat Pech gehabt.

Die Liparischen Inseln, die Italiener nennen sie Isole Eolie, bestehen aus 7 bewohnten Inseln und einigen kleinen Felseilanden. Alle sind vulkanischen Ursprungs. Es fällt schwer zu sagen, welche von ihnen die besuchenswerteste sei, ob Vulcano, Lipari, Panarea, Stromboli, Salina, Filicudi oder Alicudi. Eine jede hat ihre ureigenen Reize. Sie alle sind geologisch jüngeren Datums. Stromboli ist vor etwa 40 000 Jahren aus dem Meer emporgestiegen, die Halbinsel Vulcanello auf Vulcano erst im Jahre 183 vor Christi.

Von Milazzo aus dampfen wir zunächst zur 21 sm entfernten Insel Vulcano. Bei spiegelglatter See schwebt *Cora* förmlich der Insel entgegen. In Porto Levante gehen wir vor Anker. Wem das Schwoien mißfällt, der kann in Vulcano am nur wenige Liegeplätze bietenden Kai festmachen, etwa 1 sm entfernt. Bei Winden aus dem zweiten Quadranten findet der Skipper im Porto Ponente, jenseits der kleinen Halbinsel Vulcanello, Schutz und ruhiges Wasser.

Kaum vor Anker liegend aalen wir uns schon im wohltuenden Meeresnaß. Doch in Strandnähe ist Vorsicht geboten. So mancher Ahnungslose hat sich hier den Po verbrannt. Heiße Wasser, »acque calde«, quellen sprudelnd aus dem Meeresboden empor. Zu Füßen eines Alaunberges, Feuerfelsen genannt, brodelt ein Schwefelmoor, dessen Heilkräfte für Haut- und Gelenkerkrankungen, Wirbelsäulen- und Bandscheibenschäden äußerst wirksam sind. Vor einer Fumarole sitzend wird der aufgetragene Heilschlamm am Körper getrocknet. Eine Prozedur besser als jede Fangopackung. Abgesehen von dem Vergnügen, daß das anschließende Bad im wohltemperierten Meereswasser bereitet, ist es ein Amusement besonderer Art, mit dem Schlamm einbalsamierte Gestalten, aussehend wie Wesen von einem anderen Stern, vor den Fumarolen hocken und schmoren zu sehen. Auch wir können es nicht lassen, die Wirkung des Heilschlammes auszuprobieren. Noch Tage danach umgibt uns exquisites Schwefelodeur.

Die beiden erloschenen Krater der Insel wollen wir erklimmen. Vulcanello mit seinen 125 m über dem Meeresspiegel erfordert keine bergsteigerischen Qualitäten. Herrliche Aussicht auf Lipari und, wie wir es bei klarem Wetter erlebt haben, bis hin nach Panarea und Stromboli belohnt uns. Auch Porto Levante mit dem vielfarbigschillernden Feuerfelsen und Porto Ponente mit seinem ausgedehnten schwarzen Sandstrand (sabbie nere) liegen uns zu Füßen.

Der Kraterrand des Vulcano, in einer Höhe von etwa 400 m, will schon erstiegen sein. Zunächst marschieren wir auf wohlgepflastertem Pfad durch das Tal der Ungeheuer, valle dei mostri, mit seinen grotesken Felsformationen. Doch dann geht es steil hinauf. Nach einer guten Stunde haben wir den Kraterrand erreicht.

Einem riesigen Trichter gleich liegt der erloschene Vulkan unter uns. Lavagestein, Asche und unzählige Fumarolen, denen kochendheißer Schwefeldampf entweicht, umgeben ihn. Hellgelbleuchtende, vielgestaltige, bizarrgeformte Schwefelkristalle haben sich am Lavagestein gebildet. Der Anblick des Kraters ist unwirklich, einer Mondlandschaft gleich, schön ist die Sicht auf das azurblaue Meer und seine Inselwelt. Es reizt uns, den Krater zu umrunden. Die austretenden ätzenden Schwefeldämpfe machen das Atmen schwer. Doch wir geben nicht auf.

Wer glaubt, damit wäre auf Vulcano alles gesehen, der irrt. Auch vom Meer her bietet die Insel interessante Ausflugsziele. Besonders stark zerklüftet ist die Westküste mit zahlreichen Abgründen, Buchten und Grotten. Die bekannteste unter ihnen ist die Pferdegrotte, grotta del cavallo. Uns aber zieht es weiter nach Lipari, bis zum Hafen sind es gerade 9 sm.

Nur 800 m breit ist der Meeresarm zwischen Vulcano und Lipari. Zwei schroffe, aus dem Meer senkrecht aufragende Felsnadeln, Faraglioni genannt, markieren die Südwestküste Liparis. Bizarre Verschnörkelungen der Natur, auf denen die untergehende Sonne ständig wechselnde Lichteffekte erzeugt.

Der Hafen der Insel liegt an der Ostküste. Hier gibt es zwei Liegemöglichkeiten für Yachten. Vom neuausgebauten Kai, unmittelbar vor der Altstadt, sind es nur wenige Schritte zu Sehenswürdigkeiten und Geschäften, Restaurants und Trattorias. Allerdings wird es an diesem Liegeplatz bei Winden aus östlichen Richtungen sehr ungemütlich. Dann gibt es noch die Möglichkeit, im Norden der großen Bucht von Lipari hinter dem von Nord nach Südwest verlaufenden Wellenbrecher Schutz zu finden. Wir erkaufen uns ruhiges Liegen mit weiten Wegen zur Stadt (3 km). Trinkwasser ist an beiden Plätzen erhältlich. Eine Kraftstoffübernahme bedeutet in Lipari ein riskantes Unterfangen und ist deshalb unseres Erachtens nur bei ruhiger See ratsam. Ein neuerstellter, doch baufällig anmutender Gerüststeg mit vielen ungeschützt herausragenden Eisenteilen erschwert das Anlegen. Allein schon der durch Flugboote und Fähren erzeugte Schwell bringt Schwierigkeiten. Da ist es sicherer, statt längsseits über Buganker und Heckleinen zu gehen, sofern der Dieselschlauch dann noch bis zum Tankeinfüllstutzen reicht.

Ein Bummel durch den alten Stadtkern von Lipari, der sich um Kastell und Barockschloß erstreckt, offenbart das Leben der Insulaner. Wir spüren den Stolz auf »Ihre Insel«, ist Lipari doch Hauptinsel und Verwaltungszentrum im Archipel. Unsere besondere Aufmerksamkeit nimmt das archäologische Museum in Anspruch, das in den Räumen des Schlosses untergebracht ist. In 25 Sälen sind Funde aus vorchristlicher und griechisch / römischer Zeit zusammengetragen, die von den sieben Inseln stammen. Beeindruckend ist die wiederaufgebaute Totenstadt, Contrada Diana, die im heutigen Orts-

zentrum von Lipari ausgegraben wurde. Unzählige bemalte Krüge, Urnen, Sarkophage, Amphoren, Öllampen, Münzen und Gebrauchsgegenstände dokumentieren den hohen kulturellen Stand der Insulaner in vergangenen Jahrhunderten.
Unmengen eines ungewöhnlichen, glasartigen, schwarzen Steines vulkanischen Ursprungs, ossidiana genannt, gibt es auf Lipari. Von der Phantasie beflügelt, doch nüchtern übersetzt, bedeutet der Name: Knochen der Diana.
Nördlich der Stadt liegt das Handelszentrum Canetto, von dem aus ein anderes Gestein vulkanischen Ursprungs, der an der Nordküste abgebaute Bimsstein, in alle Welt verschifft wird.
Mehrere Tage gönnen wir uns auf Lipari. Dann aber heißt es: Kurs Panarea, auf zur Cala Junco, 12 sm weit, denn einen Hafen gibt es an dieser kleinen Insel nicht. Eng umschließen hohe, schroffe Felswände die kleine, nach Südwesten offene Bucht. Direkt über der Bucht auf einem Felsplateau finden sich Ausgrabungen der Fundamente von Rundhütten aus vorchristlicher Zeit.
Hatten wir bisher eine sehr ruhige Wetterlage mit leichten Winden, kündigt sich nach Eintritt der Dunkelheit ein Unwetter an. Kurz vor Mitternacht beginnt anhaltendes Wetterleuchten und erhellt die schmale Felsenbucht. Starkwind kommt auf. Die Bucht bietet guten Schutz. Die Bordfrau geht Ankerwache. Hat der Anker sicheren Halt? In der Dunkelheit rücken die Felsen enger zusammen, die Entfernung zum Boot scheint sich zu verringern. Aber nein, alles in Ordnung. Die Abstände stimmen. Unentwegtes Wetterleuchten. Wann wird das Gewitter über uns sein? Ein erstes, vernehmbares Grummeln. Jetzt geht es los. Doch nein, der Dieselmotor eines schutzsuchenden, in die Bucht einlaufenden Kutters hat irritiert. Sein Anker fällt rasselnd ins Meer. Der Motor schweigt. Wieder nur das Heulen des Windes. Der Käpt'n der *Cora* aber schläft sanft. Doch nun bricht es wirklich herein. Kanonenschlägen gleich entlädt sich in pausenlosem Trommelfeuer das Gewitter. Grell zucken die Blitze über den Himmel. Sintflutartiger Regen prasselt hernieder. Aus dem Schlaf aufgeschreckt, im Nachthemd wie ein Gespenst wirkend, eilt der Käpt'n herbei. »Alles in Ordnung, Anker hält sicher, kein Grund zur Besorgnis«, beruhigt ihn die Bordfrau. Zwei Stunden währt das Getöse. Endlich läßt der anhaltende Regen nach, das ohrenbetäubende Donnern entfernt sich, die wild zuckenden Blitze haben ein Ende. Wir verschwinden in unsere Kojen. In den Nachrichten am frühen Morgen hören wir von unermeßlichen Unwetterschäden am italienischen Festland.

Zwischen Furcht und Faszination

Sehr bald hat sich die Wetterlage soweit beruhigt, daß wir Stromboli, 17 sm entfernt, ansteuern können. Auch Stromboli hat keinen Hafen, nicht einmal eine schutzbietende Bucht. Vor den beiden Ortschaften San Vincenzo und San Bartolomeo im Norden der Insel ist die Küste einigermaßen flach. Wir finden vor San Vincenzo auf etwa 20 m Ankergrund und bringen die gesamten 60 m Kette aus, weil wir die Nacht vor Anker schwoiend verbringen wollen. Übrigens befindet sich hier auch der Anleger für Tragflächenboote. Ruhiges Meer und beständiges Wetter sind Voraussetzungen für den Aufenthalt zu Wasser an dieser einmaligen aufregenden Insel.
Stromboli ist die nordöstlichste Insel des Archipels und zugleich auch die einzige mit einem in regelmäßigen Zeitabständen tätigen Vulkan. Der letzte wirklich große Lavaausbruch fand 1930 statt. Seither schleudert der Vulkan aus seinen drei Kratern nur kleinere Lavamengen heraus, dafür aber täglich. Bei Nacht lassen sich diese feurigen Explosionen vom Meer aus an der Lavastraße, der sciara del fuoco, an der Westküste oder an einem Kraterrand des ewig rauchenden Vulkankegels sitzend ausgezeichnet beobachten. Wir wollen dieses Naturschauspiel oben an einem der Krater hautnah miterleben.
Gleich am nächsten Tag nehmen wir an der Vulkanbesteigung teil. Etwa 50 Abenteuer-

hungrige haben sich eingefunden. Der Bergsteiger fordert festes Schuhwerk, Pullover, Trinkwasser und vor allen Dingen eine Taschenlampe als Minimalausrüstung. Gegen 19 Uhr gehen wir los. 926 m Höhe werden wir nach drei Stunden erklommen haben. Zunächst geht es durch enge Gassen der Ortschaft Bartolomeo, dann auf einem breiten, mit unförmigen Pflastersteinen ausgelegten Pfad vorbei an dem ehemaligen Observatorium in Richtung Westküste. Nun heißt es im Gänsemarsch dem Bergführer, der sein Diplom am Ätna gemacht hat, zu folgen. Hin und wieder entdecken wir eine rotweiße Wegmarkierung. Wir müssen kraxeln und am steilen Hang nicht etwa das Gleichgewicht verlieren. Aufgepaßt! Der Westhang, die Lavastraße, ist erreicht. Die Sonne schickt sich an, im Meer zu versinken. Ein eindrucksvolles Bild. In der leichten Dünung dümpelt ein Ausflugsdampfer mit Schaulustigen. Die kleine Ruhepause tut wohl. Der Bergführer ermahnt noch einmal alle, genau seinen Spuren zu folgen und keine Extraausflüge zu unternehmen. Es geht weiter.
Immer steiler, immer unzugänglicher wird das Gelände. Ginster und dürres Gestrüpp geben dem Gestein zusätzlichen Halt. Wir atmen schwerer und schwerer. Von der Stirne rinnt der Schweiß. Die Anstrengung ist groß. Zwei Stunden sind wir bereits unterwegs. Der Vulkan will erobert sein! Wieder eine kurze Verschnaufpause! Ein Schluck Wasser, auch ein Apfel, beides tut gut. Die Dunkelheit bricht herein. Es wird kalt. Wir ziehen Jakken an. Der Wind pfeift uns um die Ohren. Die ersten Taschenlampen werden eingeschaltet. Über ein ausgedehntes Lavafeld geht es hinauf, immer steiler hinauf. Noch ist er fern, der Kraterrand. Doch plötzlich ein Grummeln, ein unbekanntes Geräusch. Dann sehen wir einen riesigen Feuerschein. Die für uns erste Explosion in einem der Krater hat stattgefunden. Unbeschreiblich! Ein Raunen geht durch die Menge. Erwartungsvoll klopfen unsere Herzen. Die Anstrengung ist verflogen. Wir wollen nur noch hinauf, hinauf an den Kraterrand.
Endlich ist es geschafft. Schnaufend und zähneklappernd lassen wir uns nieder. Der Wind ist beißend kalt. Ein leichtes Glühen erhellt den Krater. Es wird intensiver und leuchtender. Die Erde beginnt zu grummeln und zu dröhnen, zu ächzen und zu stöhnen, bis mit einem tosenden Poltern und Krachen, glühendrot, Lava und feurige Gesteinsbrocken in einer gewaltigen Explosion hoch hinauf in den nachtschwarzen Himmel geschleudert werden. Der Boden unter uns bebt. Wir sind wie versteinert vom eindrucksvollen Schauspiel unserer Erde, gelähmt, berauscht, sprachlos. Der Krater beruhigt sich. Das Leuchten wird zum Glühen, nur noch ein Glimmen. Dann steigt eine tiefschwarze Wolke empor. Der Wind treibt sie genau zu uns herüber. Flugs mahnt der Bergsteiger: »Augen schließen, Gesicht und Kopf schützen!« Prasselnd ergießt sich ein anhaltender Ascheregen. Minuten vergehen. Endlich ein Ende.
Würde uns der Vulkan noch einmal ein derartiges Schauspiel bieten? Jeder hofft und harrt geduldig. Gebannt blicken wir zur Krateröffnung hinunter. Alle frieren und zittern am ganzen Leib. Doch erwartungsvoll, ja sehnsüchtig wünschen wir eine erneute Explosion herbei. Der Vulkan läßt uns nicht lange warten. Ein leichtes Beben unter uns. Eine weitere, noch gewaltigere Explosion von ungeheurer Wucht läuft ab, läßt uns erschauern und treibt unser Erstaunen ins Unermeßliche. All dies können wir nicht beschreiben. Das muß ein jeder selbst sehen, hören, fühlen, miterleben.
Drei Explosionen finden während unserer Anwesenheit statt. Dreimal bebt die Erde unter uns. Wir können zufrieden sein, nicht immer ist der Vulkan so aktiv. Die Anstrengung hat sich gelohnt. Als wir uns zum Abstieg anschicken, hören wir ein erneutes Dröhnen und Stöhnen des Berges und wieder eine mächtige Explosion. Stromboli hat uns die Aktivität unserer Erde vor Augen geführt. Ein unsagbar ergreifendes Naturschauspiel. Ein Erlebnis zwischen Furcht und Faszination!
Der Abstieg führt uns den Nordosthang hinunter, einen steilabfallenden Asche- und Gesteinshang, von dem wir in der stockfinsteren Nacht kaum etwas erkennen können. Wir

hören nur unentwegtes Gepolter von herabkullernden Gesteinsbrocken, ins Rollen gekommen durch Schritte und Tritte der sich heruntertastenden Gruppe. Wie ein Tausendfüßler, umgeben von Glühwürmchen, so tappt die Gruppe, mit Taschenlampen leuchtend, vorsichtig den Weg suchend, durch Asche, Gestein und dichtwachsendes, stacheliges Gestrüpp immer weiter zu Tal. Manch einer stürzt, von der Anstrengung des Aufstieges noch ermattet, und rappelt sich mühsam wieder auf.
Gegen 2 Uhr erreichen wir San Vincenzo, vor dessen Küste unser Boot vor Anker schwoit. Über und über mit schwarzer, feiner Asche bestäubt, als hätte der Bergführer uns durch eine Esse gejagt, müssen wir erst duschen, bevor wir in die Kojen krabbeln können. Erschöpft, aber zufrieden fallen wir in tiefen Schlaf. Erst am nächsten Morgen bemerken wir, auch unser Boot trägt ein feines, schwarzes Aschekleid. Also lassen wir auch ihm eine Wäsche angedeihen. Klarschiff, Bordfrau und Käpt'n an die Arbeit!
Für die Fahrt nach Salina ist *Cora* nun gerüstet. Doch zunächst führt uns der Kurs noch einmal nach Lipari, um Trinkwasser- und Kraftstoffvorräte zu ergänzen. Dann geht es nach Rinella auf Salina, einem kleinen Hafen an der Südwestküste. In der Vergangenheit wurde diese Insel Gemella (Zwilling) genannt. Kein Wunder, sieht sie mit ihren beiden gleichförmigen Vulkankegeln doch aus, als bestünde sie aus zwei identischen Teilen. Terrassenförmig angelegte Weinberge, Olivengärten und Obsthaine, durchsetzt mit Kapernbüschen, bestimmen die Vegetation. Die wichtigsten Exportgüter sind der aus den Sonnenweintrauben hergestellte Malvasier-Wein und die Kapern.
Rinella haben wir bald zu Fuß erobert. Es ist eine winzige Ortschaft, in der die Menschen Muße haben. Niemand hat es eilig. Sie sitzen gelassen bei einem Kaffee und plauschen. Die Zeit scheint stillzustehen. Weltvergessen verweilen auch wir in einem über der Bucht gelegenen Freiluftrestaurant und genießen einen kühlen Drink. Zurück an Bord, vor Anker liegend, verbringen wir eine ruhige Nacht.

Inseln für Individualisten

Die Insel Filicudi, rund 13 sm entfernt, ist unser nächstes Ziel. Je nach Windrichtung hat der Skipper hier zwei Möglichkeiten vor Anker zu gehen, in Filicudi Porto oder in Pecorini. Filicudi Porto hat einen Fähranleger und ist gegen Winde aus dem 3. und 4. Quadranten geschützt. Pecorini ist eine gegen Winde aus dem 1. und 2. Quadranten gut geschützte Bucht mit einer kleinen Mole. Wir gehen in Pecorini an die Mole.
Filicudi ist eine einsame und abgeschieden gelegene Insel. Touristen haben dieses Eiland noch nicht erobert. Die wenigen Bewohner gehen dem Kapernanbau und dem Fischfang nach. Vornehmlich Hummer wird hier gefangen. Die Jugendlichen tummeln sich tagsüber ausgelassen und übermütig im Meer. Am Abend bedienen sie die wenigen Gäste in der kleinen Taverne. Wildromantisch ist die hohe klippenreiche Küste, dazu kristallklares Wasser unter goldener Sonne. Shopping oder Kaffeehausbummel, so etwas gibt es hier nicht. Wohl fühlt sich derjenige, der die Stille der Natur allem vorzieht.
Auf unserer Fahrt nach Alicudi (16 sm) bummeln wir zunächst an der Nordwestküste Filicudis entlang und treffen unweit der Meerochsengrotte mehrere im Päckchen vor Anker liegende Motoryachten aus Palermo. Wir dürfen längsseits gehen und festmachen. Schnell ist unser Beiboot zu Wasser gebracht. Die wenigen Meter zur Grotte rudern wir hinüber. Wir haben sie gesehen, aber sie ist nicht sonderlich beeindruckend. Wieder an Bord tuckern wir gemächlich vorbei an einer senkrecht aus dem Meer aufragenden, 85 m hohen, obeliskähnlichen Felsnadel. In ihr sehen die Insulaner die Heilige Jungfrau, die ihr Eiland beschützt.
Alicudi ist die westlichste Insel der Äolen. Wir wissen, daß sie keine geschützte Ankerbucht hat, geschweige denn einen Hafen. Sie ist ein beinah kreisrunder, 670 m hoher erloschener Vulkankegel, an dessen Ostküste Häuser am steilen Hang errichtet worden

sind. Weißgetüncht, niedrig, mit winzigen Fenstern versehen bieten ihre dicken Mauern guten Schutz gegen die glühende Sonne. Wir unternehmen zuerst eine Inselrundfahrt. Die Westküste nimmt uns gefangen. Tiefe Schluchten, steilabfallende Lavahänge, wildzerklüftete Felsenriffe, in den verschiedensten Farben leuchtend, über Jahrtausende Wind und Wetter trotzend, faszinieren in ihrer Ursprünglichkeit und erschrecken zugleich.
Bizarre Felsformationen auch unter Wasser und reiche Fischgründe machen dieses Eiland zu einem Paradies für Schnorchler und Taucher. Alicudi ist kein Urlaubsort für jedermann. Es ist eine Insel für Idealisten und Individualisten, für Menschen, die mit sich und der Welt allein sein wollen. An der Südküste ankern wir für einige Stunden. Das unglaublich blaue klare Meer wollen auch wir genießen.
Am frühen Mittag kommt die Fähre aus Palermo. Anker marsch, weiter nichts. Auf Reede liegend werden zahlreiche Versorgungsgüter, in Kisten und Kästen wohlverpackt, per Schiffskran in einen Fischkutter umgeladen. Tiefer und tiefer liegt der Kutter im Wasser. Zu unserem Erstaunen gehen zum Schluß noch einige wenige Passagiere an Bord. Dann tuckert der Kutter an Land. Das mühsame Entladen kann beginnen. Doch damit nicht genug. Selbst ein neues Kunststoffboot wird von der Fähre aus zu Wasser gelassen und von seinem Besitzer in Empfang genommen. Eine nicht ganz alltägliche Bootsauslieferung.

Aufregende Tage in Palermo

Langsam wird es für uns Zeit, den Anker zu lichten. Wir wollen noch vor Einbruch der Dunkelheit Palermo, 56 sm entfernt, erreichen. An der Molo Lupa, direkt neben der Guardia di Finanza, finden wir in der Anlage der Societa Canottieri Palermo mehr als freundliche und gastliche Aufnahme. Zur Begrüßung wird uns eine Geschenkpackung Vino Corvo überreicht, ein Weißer und ein Roter erlesenster Provenienz. Vino Corvo übrigens ist der Sponsor dieses Clubs, der 1927 gegründet wurde. Der Club verfügt über drei Anlagen im Hafen und gewährt an freien Plätzen Transityachten Gastrecht.
Segelunterricht wird gratis erteilt, Regattasport nach Klassen ausgeübt und Rudersport vom Einer bis zum Achter betrieben. Hafenmeister Nino ist Mädchen für alles. Wenn ein Skipper Probleme hat, kann er seiner Hilfe sicher sein. Ein Schalter unserer elektrischen Ankerwinde ist defekt und nicht reparabel. Für Nino kein Problem. Er weiß, wo ein Schalter dieses Typs zu haben ist.
So freundlich und herzlich wir im Club aufgenommen werden, so deutlich wird uns auch die Schattenseite der sizilianischen Metropole vor Augen geführt. Wer hat nicht schon von den sekundenschnellen, jugendlichen Handtaschendieben in Neapel, Rom und Palermo gehört. Im Vorbeifahren auf ihren Mofas entreißen sie Touristen gewaltsam die Handtaschen, in der Hoffnung lohnende Beute zu machen. Oftmals werden die Geschädigten dabei obendrein erheblich verletzt. Bei einem Bummel durch das Hafenviertel geschieht es dann! Ehe sich unsere Schwägerin so recht versieht, ist sie ihre Handtasche los. Geld, Uhr und die Lesebrille sind futsch. Der Kummer ist groß, der jugendliche Dieb mit Vollgas im Verkehrsgewühl verschwunden. Auf dem Kriminalkommissariat erfahren wir, daß wir zu dieser mittäglichen Stunde bereits der fünfte Fall sind. Überall hilfloses Achselzucken und bedauernde Worte. Dieser kleinen, dreisten Ganoven kann wohl niemand in Palermo Herr werden. Hohe Arbeitslosigkeit, besonders unter den Jugendlichen, dürfte mit Ursache dieses asozialen Verhaltens sein.
Doch weg von dem wenig Erfreulichen. Palermo hat viele imposante Sehenswürdigkeiten. Da ist die grandiose Kathedrale, die normannische, gotische und barocke Baustile in sich vereint, oder das im arabischen Stil errichtete religiöse Bauwerk San Giovanni degli Eremiti mit seinen weithin leuchtenden roten Kuppeln. Da ist das berühmte Teatro Mas-

simo, eines der größten Theater der Welt, oder das Polythem Garibaldi mit seiner herrlichen Bronzequadriga auf dem Dach. Da sind die gruselerregenden Katakomben der Benediktiner-Mönche oder die Piazza Pretoria mit ihrem monumentalen Brunnen und seinen eindrucksvollen Statuen. Für uns aber ist der Dom von Monreale ein Wunder erhabener Pracht von nicht zu übertreffender Schönheit. Von außen ist er schmucklos und wirkt eher massiv. Das Innere aber zeigt, was es an vollkommenen, reichen und ergreifenden Mosaiken auf Goldgrund gibt. Der Zyklus des Alten und des Neuen Testamentes bedeckt die Wände mit 130 Darstellungen, mit griechischen und lateinischen Inschriften versehen. In der Mittelapsis allumgreifend der segnende Christus! Der Anblick der funkelnden Mosaiken, des Marmorglanzes der Fußböden und die Pracht der Stalaktitendecke arabischer Art über dem Presbyterium bedeutet für uns ein unvergeßliches Erlebnis.
Doch zurück zur Seefahrt. Ustica, die Ägadischen Inseln und Pantelleria sollen die nächsten Stationen auf unserem Kurs nach Afrika sein.

Auf Piratenkurs

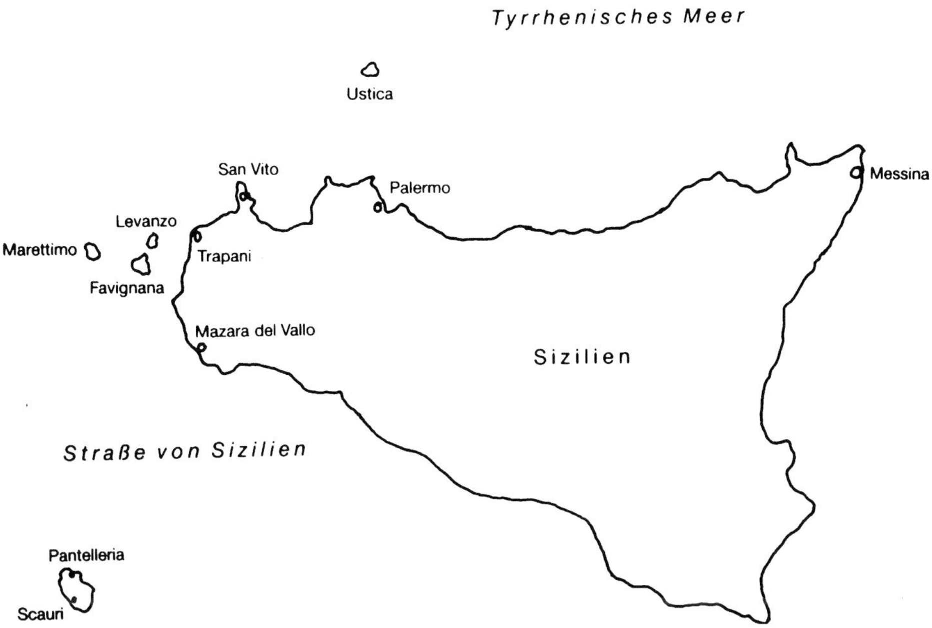

Törninfos mit Traileranreise

Etappen	sm
Palermo – Ustica	39,2
Ustica – San Vito	40,5
San Vito – Trapani	20,7
Trapani – Favignana	10,5
Favignana – Levanzo / Marettimo	29,7
Levanzo / Marettimo – Mazara del Vallo	31,8
Mazara del Vallo – Pantelleria	60,0
Pantelleria – Scauri	16,9
	249,3
	(461,7 km)

Seekarten
D 666, D 665, I 16, I 17, I 18, I 241.

Handbücher
Axel Kramer. Sizilien, Malta, Tunesien. Tulln / Österreich.
Hafenhandbuch Mittelmeer, Teil II Mitte. DSV. Hamburg.
Yachtfunkdienst Mittelmeer. DHI. Hamburg.

Traileranreise
Die Entfernung München-Palermo auf nahezu durchgehender Autobahn beträgt ca. 2100 km, das sind zwei anstrengende Reisetage. Bei einem solchen Fernziel sollte der Trailerkapitän schon die Anreise zum Urlaub werden lassen. Die Autofähre Genua-Palermo macht's möglich. Palermo als Ausgangspunkt dieses ungewöhnlichen Törns ist allen Unkenrufen zum Trotz (Diebstahlgefahr) zu empfehlen. Auto und Trailer können unbesorgt der Societa Canottieri Palermo, Molo Lupa, anvertraut werden. Eine Bewachung rund um die Uhr ist hier sichergestellt. Kranentladung ist im Clubgelände möglich. Es ist jedoch ratsam, mit dem Club vorher Kontakt aufzunehmen und sich anzumelden.

Touristische Information
Italienisches Fremdenverkehrsamt, ENIT, Kaiserstr. 65, 60329 Frankfurt / Main.
Wer die Grotta del Genovese auf Levanzo / Ägaden besuchen will, sollte die Personenfähre Favignana-Levanzo benutzen. Sie verkehrt allerdings nur bei ruhiger See.

Urlaubsparadies Ustica

Nach hektischen und nervenaufreibenden Tagen in Palermo sehnen wir uns nach Ruhe und Beschaulichkeit. Wo finden wir das besser als auf Inseln? Der Faszination von Inseln erliegen wir immer wieder aufs neue. Uns Skippern ist es vergönnt, sie auf eigenem Kiel anzusteuern.
40 sm nordnordwestlich von Palermo liegt Ustica, in vergangenen Jahrhunderten ein Schlupfwinkel für Piraten. Damals flohen die Insulaner aus Furcht, als Sklaven verkauft zu werden. Erst Mitte des 18. Jahrhunderts gelang es dem französischen Herrschergeschlecht, den Bourbonen, der Piraterie ein Ende zu setzen und die Insel mit Familien aus Palermo und Trapani sowie von den Äolischen Inseln erneut zu besiedeln. Heute ist Ustica ein Urlaubsparadies par excellence. Yachten laufen auf ihrem Kurs von Sardinien nach Sizilien Ustica bevorzugt an. Alljährlich finden internationale Tauchwettbewerbe statt. Beim Einlaufen in den kleinen Hafen in der Cala Santa Maria grüßen die Flaggen der am Wettstreit teilnehmenden Nationen. Einen vor allen Winden gut geschützten Liegeplatz allerdings finden wir hier nicht. Die nach Ost offene Bucht ist zwar durch eine kleine Mole geschützt, doch die für Yachten reservierte Pier am Nordufer ist bei Wind aus dem 2. Quadranten mehr als ungemütlich.
Das erleben auch wir. Erst schaukelt sich *Cora* von back- nach steuerbord sanft ein. Dann wird das Krängen intensiver und stärker, bis hin zur Unerträglichkeit. Wir verbringen eine schlaflose Nacht. In allerfrühester Morgenstunde versuchen wir, im Schutze der Mole neben zwei einheimischen Fischkuttern Ruhe zu finden. Dort werden wir zwar nicht mehr durchgeschüttelt, müssen aber zweimal am Tag den beiden Kuttern zum Aus- und wieder Einlaufen Raum geben.
100 bis 200 kg schwere Schwertfische holen sie aus 5 bis 10 m Wassertiefe. Bereits auf See werden die riesigen Schwerter abgesägt. Der Fisch verschwindet anschließend im Kühlraum. Ein hartes Brot! Doch wie Fischer Bartolomeo sagt, ein lohnendes Geschäft. Nicht nur das Meer verwöhnt die Insulaner, große Teile der Insel werden landwirtschaftlich genutzt und lassen saftige Früchte und herrliches Gemüse gedeihen.
Auch auf Ustica erfolgt die Trinkwasserversorgung durch ein Tankschiff. Täglich klettern wir den Berghang über Treppenstraßen hinauf, um im Ort zu bummeln oder einzukaufen. Eine Inselrundfahrt auf dem Mokick bereitet viel Vergnügen. Die Bordfrau muß teilweise auf Schusters Rappen gehen. Die Straße ist entweder zu steil oder aber zu holprig, als daß zwei auf einem Mokick vorankommen könnten. Mofas sind übrigens auf Ustica leihweise zu haben.
Ideale Tauchgründe in tiefblauem Wasser und reizvolle Grotten umgeben dieses romantische Urlaubsparadies. In unmittelbarer Nähe des Hafens liegt unterhalb eines großen Hotelkomplexes die Attraktion der Insel, die Blaue Grotte. Wir lassen unser Beiboot zu Wasser und pullen hinüber. Ein kleiner, aber lohnender Ausflug! Glückliche Tage verbringen wir auf Ustica. Rauhe See und Starkwind lassen uns abwarten.
Vor der Westküste Siziliens liegt die Inselgruppe der Ägaden. Unser Weg dorthin führt zunächst nach San Vito am sizilianischen Festland. Erst gegen Mittag laufen wir aus. Die See hat sich endlich soweit beruhigt, daß wir mit einigermaßen gemütlicher Fahrt die 40 sm zurücklegen können. Die große Hafenbucht nahe dem Kap bietet guten Schutz. Auf 3 m Wassertiefe lassen wir den Anker fallen und wollen schwoiend die Nacht verbringen. Bei hereinbrechender Dunkelheit bedeutet uns ein Fischer, einen Zweitanker

auszubringen. Zur Nacht sei mit Windstärke 7 zu rechnen. Da an der Mole noch Platz ist, verholen wir dorthin. Lieber sicher vor reichlich Ankerkette und Heckleinen an der Mole liegen, als frei vor Anker in der Hafenbucht schwoien.
San Vito ist ein ausgesprochener Badeort. Der weiße weite Badestrand jenseits der Mole ist begehrt und reichlich bevölkert. Lebhaft und geräuschvoll geht es in früher Morgenstunde auf dem »Fischmarkt« neben uns zu, direkt vom Kutter zum Kunden. Wir stürzen uns ins Gedränge und erstehen vier Langusten. Skipper Elia aus Palermo von der Segelyacht nebenan erklärt wortreich die Zubereitung jenes Meeresgetiers. Mutig macht sich die Bordfrau ans Werk. Schließlich kommt Elia, um dem Käpt'n das kunstgerechte Öffnen und Zerlegen der Schalentiere zu zeigen. Mit Mayonnaise und frischem Brot serviert wird es auf Anhieb zum Festessen.
Unser nächstes Ziel ist Trapani. Diesen großen Handelshafen – Yachten sollten ihn meiden – laufen wir nur deshalb an, weil wir Trinkwasser und Kraftstoff bunkern müssen. Laut Hafenhandbüchern ist beides vorhanden. Als wir am Ort sind, erfahren wir, daß es nur jeden zweiten Tag Wasser gibt. Wir kommen an einem solchen, doch 30 Minuten zu spät. Ausschließlich von 8 bis 10 Uhr fließt das köstliche Naß. Wer später kommt, hat Pech gehabt. Wir gehören zu den Pechvögeln. Die Tankstelle wiederum beliefert nur Fischkutter und Fähren. Also, woher den Diesel nehmen und nicht stehlen? Geschäftstüchtige Sizilianer nutzen diese Gegebenheiten und schaffen jedwedes Gewünschte rasch herbei, natürlich unter Berechnung nicht unerheblicher Transportkosten.
Weder sind wir Kinder des Herkules, die Mengen von 250 l Diesel und 200 l Trinkwasser heranschaffen können, noch ist der Hafen von Trapani so einladend, daß wir auf den nächsten wasserspendenden Tag hätten warten wollen. Kanalaustritte in der Kaimauer alle paar Meter, die gräßlich stinkende Jauche ins Hafenbecken sprudeln, veranlassen uns, lieber zu zahlen, um am folgenden Morgen Reißaus nehmen zu können.

Inseln des Thunfischfangs

Kurs Ägadische Inseln. Favignana, Levanzo und Marettimo sind bewohnte Inseln, während Formica und Maraone unbewohnte Felseilande sind. Die 20 sm nach Favignana liegen bei leicht bewegter See bald hinter uns. Schon von weitem grüßt die Festung Santa Caterina auf Bergeshöh' direkt am Hafen. Favignana ist das Zentrum des italienischen Thunfischfangs. Die Thunfischsaison ist bereits vorüber. Wir sind froh, denn so bleiben uns die Gefahren durch meilenweit vor der Küste ausgelegte Thunfischnetze erspart. Sie hängen an armstarken Stahltrossen, von roten und weißen Bojen markiert, und wurden schon so manchem Skipper zum Verhängnis. Außerdem müssen wir nicht Zeuge des blutigen Gemetzels beim Abschlachten der Tiere werden.
Zur Paarungszeit im Frühling nähern sich die Thunfische der Küste Favignanas. Dort werden sie zuhauf in Netze getrieben, deren Kreis enger und enger gezogen wird. Harpunen setzen dem Leben der Tiere ein grauenvolles Ende. Blutrot färbt sich das Meer. Bis zu 5000 Thunfische werden pro Saison in der Fabrik der Insel weiterverarbeitet.
Als wir in Favignana einlaufen, liegen dichtgedrängt Boot an Boot im kleinen Hafen. Wir haben Glück. Ein Segelboot läuft aus. Wir zwängen uns in die freiwerdende Lücke. Dieses kleine Eiland mögen wir auf Anhieb. Favignana auf Favignana ist ein reizender Ort. Rund um die große Piazza scharen sich zahlreiche Geschäfte, Straßencafés und Trattorias. Reges Leben erwacht in den Abendstunden, eine Sommerfrische italienischer Prägung. Doch in dieser Idylle verblüfft das moderne, streng bewachte Staatsgefängnis, in dem vor allem Mafiosi ihre Strafe abbüßen.
Die Insel ist relativ flach mit ebenen Straßen. Unzählige Fahrräder, Tandems, Mofas und ähnliches Gefährt sind für Rundfahrten zu mieten. Wir setzen unser Mokick ein. Favig-

nana rund, einmal zu Wasser und einmal zu Lande, lassen wir uns nicht entgehen. Wir verbringen eine traumhaft schöne Zeit.
Als wir schließlich den Anker lichten wollen, spielt der Wettergott wieder einmal nicht mit: Wind mit 6 bis 7 Bft aus nördlichen Richtungen. So manches Mal sind wir schon in wildem Tanz mit rauher See fertiggeworden, doch diesmal ziehen wir Hafenliegetage vor. Endlich gibt Neptun grünes Licht. Der Wind hat sich gelegt, die See beruhigt.
Levanzo und Marettimo wollen wir ebenfalls erkunden. Beide Inseln haben nur je eine Ortschaft. Levanzo hat keine sichere Anlegemöglichkeit, Marettimo eine sehr zweifelhafte. So können wir nicht einmal die berühmten vorsteinzeitlichen, primitiven Höhlenzeichnungen in der Grotta del Genovese auf Levanzo anschauen. Übrigens, diese Grotte ist nicht vom Meer her zugänglich. Sie liegt auf halber Höhe der Felsinsel. Also begnügen wir uns mit einer Inselrundfahrt und steuern anschließend Marettimo an.
Die Westküste wirkt auf uns grandios und unheimlich zugleich. Stark zerklüftet und steil, wolkenverhangen und zudem von Nebeln überzogen, erscheint sie an diesem Tag noch unwirklicher. Nach einer genüßlichen Rundfahrt tuckern wir zur Südwestküste, um uns in einer kleinen Bucht im azurblauen Wasser zu tummeln. In den Nachmittagsstunden müssen wir weiter. Wir laufen den 32 sm entfernten, sicheren Hafen Mazara del Vallo am sizilianischen »Festland« an.
Mazara del Vallo, der größte Fischereihafen Italiens, ist ein langgestreckter Kanalhafen mit einem weiten Vorhafen. Gleich in der Hafeneinfahrt ruft uns ein aufmerksamer Skipper von einer auslaufenden Motoryacht zu: »Weiter flußaufwärts, in der Nähe der Capitaneria, kurz vor der ersten Straßenbrücke hat ein Motorbootclub seine Liegeplätze. Dort finden Sie bestimmt ein Unterkommen.«
Wir fahren etwa 2 km den kanalisierten Fluß hinauf, vorbei an unzähligen, kreuz und querliegenden Trawlern, großen und kleinen Fischkuttern, dicht gedrängt an beiden Ufern des Kanals, so daß das Fahrwasser manchmal beängstigend eng wird. »Bloß jetzt kein Gegenverkehr bei der Enge und dem starken Wind gegenan«, ist das Stoßgebet des Käpt'ns. Immer wieder sind Ausweichmanöver notwendig, um die zahllosen, herumschwimmenden Plastiksäcke, treibenden Tauenden, leeren Farbtöpfe und Fischkisten nicht mit den Schiffsschrauben zu fangen. Alles ist dreckig und speckig. Es riecht nach Altöl, Diesel, verwesendem Fisch, faulendem Seetang, kurzum diesen Fischereihafen nehmen wir nicht nur mit den Augen sondern vornehmlich mit der Nase wahr.
An einem urigen, hölzernen Segelschiff können wir endlich festmachen. Wieder einmal erleben wir die Freundlichkeit und Hilfsbereitschaft der Sizilianer. Diesel und Trinkwasser sind unser dringliches Begehr. Trinkwasser erhalten wir sofort per Schlauch aus einer an der Uferstraße gelegenen Autowerkstatt. Diesel verspricht uns der Werkstattleiter für den nächsten Morgen. Zufrieden gehen wir auf Einkaufsbummel.
Nach einer ruhigen Nacht, das Frühstück gerade verzehrt, steht auch schon der Diesel vor der Tür. Mit Hilfe unserer elektrischen Pumpe werden flugs 350 l gebunkert. Den Skipper des stattlichen Segelschiffes beeindruckt die Pumpe derart, daß auch er sofort Diesel bestellt und sie gleich zum Bunkern nutzt.
Cora ist klar zum Auslaufen nach Pantelleria. Am Funkgerät verfolgen wir ein Gespräch. Der Skipper einer Segelyacht meldet, auf dem Seeweg von Mazara nach Pantelleria herrsche dichter Nebel über einem bleiernen Meer. Seit Stunden dümpele er ohne die geringste Fahrt auf diesem Kurs. Mit Entsetzen erinnern wir uns an die Nebelfahrt in der nördlichen Adria. Nein, danke, nicht noch einmal!
Zu früher Stunde des nächsten Tages, es ist noch dunkel, lassen wir die Maschinen an und werfen die Leinen los. Vorsichtig schlängelt sich *Cora* durch die schmale Fahrrinne. Unbeschadet gelangen wir in den weiten Vorhafen. Der Käpt'n nimmt Kurs auf die Feuer der Hafenausfahrt. Schemenhaft taucht vor uns ein schwimmendes, undefinierbares Etwas auf. Der Käpt'n beschließt, nach steuerbord auszuweichen. Da rumpelt es

auch schon unsanft unter dem Kiel. Wir sind direkt auf die in der Dämmerung schlecht auszumachende Untiefe gelaufen. Das unscheinbare Etwas, die Untiefenmarkierung, hätte weit steuerbord bleiben müssen. Doch nun heißt es handeln und Ruhe bewahren. Ganz langsam tasten wir uns vorwärts. Das Echolot läuft. Es zeigt 3 Fuß Wassertiefe. Anhaltendes Schweigen an Bord! Jeder fragt sich:» Haben Ruder, Schrauben oder Wellen Schaden genommen?« Wir müssen zurück ins Fahrwasser, behutsam, langsam. Endlich signalisiert das Lot 2 m Wassertiefe. Wir atmen auf. Hat es durch die Grundberührung eine Unwucht gegeben? Bange Sekunden vergehen. Sacht, ganz sacht gibt der Käpt'n Gas: 3 kn, 4 kn – alles bleibt ruhig. Nicht die geringste Vibration ist zu spüren: 7 kn, 8 kn – keinerlei Schütteln des Bootes. Der Käpt'n drückt die Gashebel weiter durch. Mit 12 kn passiert *Cora* die äußeren Molenfeuer. Wir sind noch einmal davongekommen.

Pantelleria – die schwarze Insel

Zügig strebt unser Boot der 60 sm entfernten Insel Pantelleria entgegen. Es wird eine herrliche Überfahrt. Strahlend blauer Himmel, ein ruhiges Meer und zwei zufriedene Skipper. Wir sind besonders froh, einen solchen Tag in der berüchtigten Straße von Sizilien erwischt zu haben. Wissen wir doch, daß vor dem im Norden der Insel gelegenen Hafen bei Starkwind aus dem 1. Quadranten eine mörderische Grundsee steht. Selbst Fähren müssen dann zu dem kleinen, neuerrichteten Hafen von Scauri im Südwesten der Insel ausweichen.

Noch liegen 20 sm vor uns, als Wind aufkommt. Was wird vor der Hafeneinfahrt sein? Die ersten Wellen brechen sich. Der Wind dreht. Er kommt aus Südwest. Das beruhigt. Am Horizont taucht Pantelleria auf. Gut Kurs gehalten! Wir haben von Hand gesteuert. Immer mit dem Autopiloten zu fahren ist langweilig. Das aufregende Kribbeln im Bauch verschwindet. Nach gut vier Stunden haben wir die Hafeneinfahrt erreicht. Der Westteil von Pantelleria Hafen ist von felsigen Untiefen durchsetzt. Wir finden an der Mole im Ostteil einen einigermaßen geschützten Liegeplatz. Trinkwasser und Diesel sind hier nur mit fremder Hilfe heranzuschaffen.

Wie ein Wachposten steht das antike Schloß Barbacane am Hafen, allen Stürmen trotzend. Pantelleria ist die größte der rund um Sizilien liegenden italienischen Inseln. Sie gehört zu keiner Inselgruppe. Im Mittelalter, ebenfalls Stützpunkt und Schlupfwinkel für Piraten und Banditen, haben auch diese Insulaner Raub, Mord, Brandschatzen und Folter über sich ergehen lassen müssen.

Pantelleria ist eine vulkanische Zauberwelt. Schwarzes Lavagestein, ein vielfarbig schimmernder Kratersee, Spiegel der Venus genannt, heiße Wasser, grüne üppige Vegetation, azurbaues Meer, hohe zerklüftete Küsten mit bizarr geformten Klippen, aufgetürmte Lavaformationen, Skulpturen gleich, kurzum eine Insel mit tausend Gesichtern.

Vielgestaltig und interessant sind die aus Lavagestein errichteten Häuser der Bauern mit weiß getünchten Kuppeldächern. Sie heißen »dammusi« und sind mit ihren 2,50 m dicken Mauern – kühlespendend im Sommer, wärmehaltend im Winter – charakteristisch für diese Insel.

Es gelingt uns, von einem Privatmann ein Auto zu mieten. Wenn dieses Gefährt mit seinen defekten Stoßdämpfern auch wie ein Hase durch die Schlaglöcher hüpft und um Kurven eher segelt als spurtreu fährt, so verdanken wir ihm doch eine Inselrundfahrt auf der Panoramastraße voller Eindrücke und Erlebnisse.

Zunächst einmal fahren wir zum Kratersee, in der Hoffnung ein Bad nehmen zu können. Doch weit gefehlt! Bei einer Wassertemperatur von 50° C und meterdickem, weichem Schlamm, in dem wir sofort zu versinken drohen, eilen wir schneller von dannen als wir hineingestakt sind. In Punta dell'Arco holen wir das ersehnte Bad im Meer nach. Erquickt und mit neuem Unternehmungsgeist geht es weiter.

Aus steiler Höh' blicken wir auf den Elefanten-Felsen, einen mächtigen Lavafelsen, der weit ins Meer hinausragt, von Sturzwellen gänzlich durchlöchert. Atemraubend ist die Südküste der Insel. Beinahe senkrecht, aus einer Höhe von etwa 200 m, fällt das Felsgestein zum Meer hinab. Ungezählte Grotten befinden sich an dieser Küste. Wir beschließen, irgendwann mit unserem Tender zur Steilküste zu tuckern, um die Grotten auszukundschaften. Die Grotte der Sirenen macht uns besonders neugierig.
In Scauri legen wir in der kleinen Hafenbar eine Mittagspause ein und sind uns einig, in diesem romantischen Hafen einige Tage vor Anker zu gehen. Entlang der großen Hotelanlagen, deren Eigentümer kein anderer als Ghadafi sein soll, führt unser Weg auf einem Hochplateau am Flughafen vorbei. Von dort geht es hinab auf Meereshöhe zum Hauptort und -hafen, nach Pantelleria selbst.
Am Vormittag des nächsten Tages lichten wir den Anker, holen die Heckleinen ein und bummeln genüßlich um die Insel. Es ist reizvoll, nun aus dieser Perspektive das am Vortage auf dem Landausflug Gesehene noch einmal anschauen zu können. Der Elefanten-Felsen ist imposant, die Steilküste übermächtig und grandios. Doch bald schon laufen wir in Scauri ein. Alles geht flugs von der Hand, wissen wir doch genau, wo und wie wir an der massiven Mole festmachen wollen. *Cora* ist so ziemlich das größte Boot im Hafen. Vornehmlich Schlauch- und Wasserskiboote liegen hier an den Schwimmstegen (siehe Hafenporträts).
Die Attraktion des Hafens haben wir gestern nicht entdeckt. Heute jedoch beim Hafenbummel bemerken wir die in einer Felshöhle gelegene »Naturbadewanne« sofort. 36° C warmes Thermalwasser sprudelt unentwegt aus dem Fels und füllt das gerade für zwei Personen ausreichend große Naturbecken. Jeden Abend steigen wir in diese »Badewanne« und genießen das wohlig warme Thermalwasser.
Übrigens ist das Baden an Pantellerias Küste in klaren reinen Wassern ein einzigartiges Vergnügen. Durch warme Quellen unter der Wasseroberfläche wird das Meereswasser in Küstennähe lauwarm. In zahlreichen Grotten auf Meereshöhe treten Dampfströme aus, die eine natürliche Sauna bilden. Besonders empfehlenswert ist das Bagno Asciutto. Etwa 4 sm nach Süden liegen vor uns, als wir mit dem Beiboot zur Grotte der Sirenen unterwegs sind. Wir gehen dicht unter der Küste entlang. Nach eineinhalb Stunden haben wir das ersehnte Ziel erreicht. Tiefschwarzglänzendes Gestein am Grottengewölbe, dunkelblau das Meer. Die phantasievollen Namen versprechen oft mehr, als sie halten können. Nun denn. Auf dem Rückweg besuchen wir weitere Grotten. Motor aus und hineingepaddelt. Motor wieder an, wenn wir draußen sind. So geht es mehrere Male. Dann aber ... mit einem gewohnt kräftigen Zug will der Käpt'n den kleinen 2-PS-Außenborder erneut anlassen, da streikt der Seilzug, wickelt sich nicht mehr fein säuberlich ins Gehäuse zurück, sondern hat sich am Ende hoffnungslos verklemmt und baumelt schlaff vom Motorkopf herab. Doch noch liegen 3 sm vor uns. Paddeln?
Da dümpelt ein offenes Motorboot auf den Wellen. Wir fragen, ob ihr Weg sie nach Scauri führt. Kaum bejaht, hängen wir auch schon im Schlepp. Das Boot aber tut sich schwer mit uns im Kielwasser. Eine Motoryacht kommt heran. Wir sollen an Bord kommen. Unseren Tender schleppen sie an langer Leine nach. In Scauri angelangt, bitten wir den hilfsbereiten Italiener und seine Crew auf einen Drink an Bord. Beim Abschied werden wir zum Abendessen in ihr »dammuso« eingeladen.
Von außen wirkt das Haus unscheinbar, doch innen ist es komfortabel, gemütlich und ausgesprochen urig mit seinen Deckengewölben, Bogenfenstern und Nischen, umgeben von großzügigen Terrassen und einem exotisch angelegten Garten. Als wir spät in der Nacht »nach Hause« gebracht werden, gestehen wir *Cora*, ihr treu zu bleiben. »Dammuso« hin, »dammuso« her, *Cora* bleibt *Cora*. Und wieder ruft das Meer. Auf nach Afrika! Afrika, der dritte Kontinent, den wir auf eigenem Kiel ansteuern wollen.

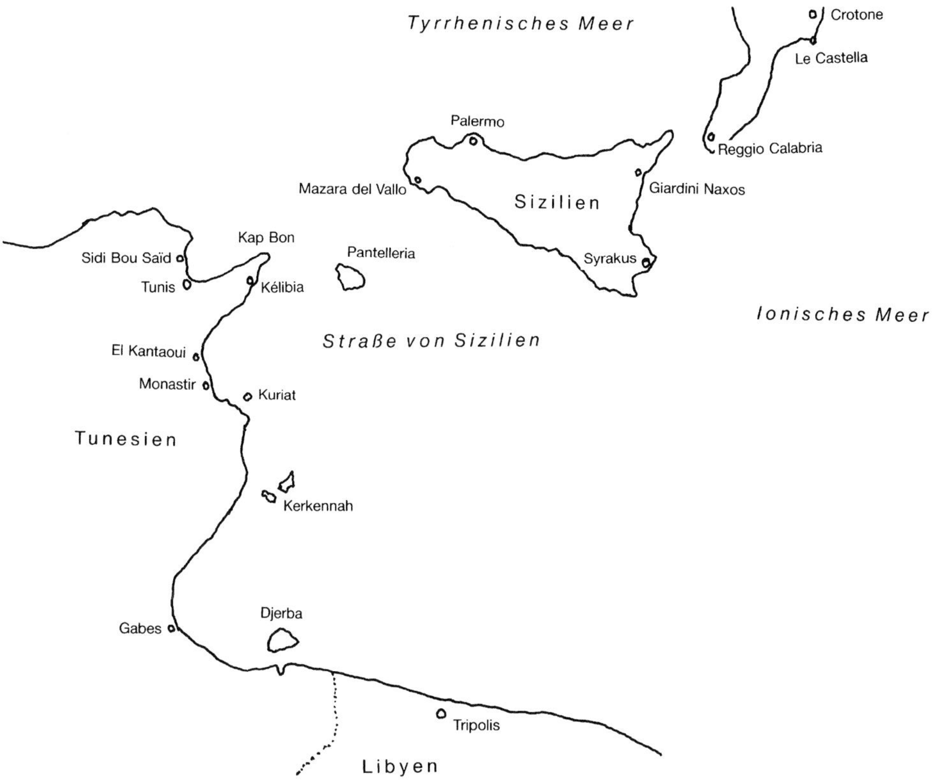

Törninfos

Etappen	sm
Scauri / Pantelleria – Kélibia / Tunesien	44,3
Kélibia – Sidi Bou Saïd	58,2
Sidi Bou Saïd – Mazara del Vallo / Sizilien	129,4
Mazara del Vallo – Kélibia / Tunesien	95,0
Kélibia – Port El Kantaoui	66,4
Port El Kantaoui – Monastir	17,7
Monastir – Kerkennah	92,7
Kerkennah – Sidi Youssef	19,9
Sidi Youssef – Houmt Souk	55,2
Houmt Souk – Sidi J'mur – Houmt Souk	35,5
Houmt Souk – Monastir	144,1
	758,4
	(1404,6 km)

Seekarten
D 696, D 698, F 4194, F 4222, F 4226, F 4237, F 4244.

Handbücher
Seehandbuch Mittelmeer, Teil III. DHI. Hamburg.
Axel Kramer. Sizilien, Malta, Tunesien. Tulln / Österreich.

Informationsschrift
Yachting in Tunesien, Fremdenverkehrsamt Tunesien, Frankfurt/Main.

Tunesien – Salam

Nur 40 sm trennen uns noch von der afrikanischen Küste. Am letzten Tag im Juli sind wir mit Kurs 276 Grad unterwegs nach Kélibia in Tunesien. Weiße Häuser, goldener Wüstensand, verschleierte Frauen, im Wind sich wiegende Palmen, kleine Eselskarren, schlanke Minarette, weithin schallende Rufe des Muezzin, sich zum Gebet nach Osten neigende Moslems, Basare und Souks mit feilschenden Händlern, all dies ist in unserer bildhaften Vorstellung Tunesien! Nun liegt es greifbar nahe vor uns. Nun wollen wir die Realität erleben.
Umlaufende Winde mit 3 Bft und beinahe spiegelglattes Meer lassen *Cora* die Straße von Sizilien queren und mit 16 kn gen Afrika schweben. Voller Erwartung halten Käpt'n und Bordfrau Ausguck. Wer wird zuerst vermelden: »Land in Sicht!« Diesmal ist es dem Käpt'n vorbehalten. Mit verheißungsvoller Stimme verkündet er: »Afrika!«
Der Burgberg von Kélibia taucht schemenhaft aus dem Dunstschleier auf. Nach und nach wird die Küste sichtbar. Die Molen von Kélibia werden deutlich. Wir passieren langsam ihre Feuer und halten Ausschau nach einem Liegeplatz. Der nördliche Teil des Hafenbeckens ist mit Fischkuttern und Trawlern voll belegt. Vor der Fischhalle Himmel und Menschen! Mit lautstarkem orientalischem Gefeilsche wird Fischkiste um Fischkiste an den meistbietenden Interessenten verkauft.
Auf dem neuen Fähranleger für den Aliscafo aus Sizilien winkt ein Uniformierter und fordert zum Anlegen auf. Wir sollen längsseits gehen. Fachkundig hilft er beim Vertäuen. Dann erscheinen nacheinander Fremdenpolizei, Zoll und Garde Nationale an Bord. Alle stellen die gleichen Fragen, stets freundlich und liebenswürdig. Alle haben ein Formular, das ausgefüllt werden muß. Wir schreiben dreimal nahezu das gleiche. Nach eineinhalb Stunden ist die Invasion beendet. Wir erhalten ein Einklarierungspapier und dürfen von nun an tunesischen Boden betreten. Übrigens will später niemand etwas von diesem zeitraubend angefertigten Transitlog wissen. Gültigkeit des Papiers: 2 Monate, darum haben wir gebeten.
In Hafennähe sind nur wenige Grundnahrungsmittel erhältlich. Wir müssen in den 5 km entfernten Ort, um uns zu versorgen. Also Mokick klar und ab geht's. Im Zentralmagazin decken wir uns mit Brot, Eiern, Butter und Joghurt ein. Schweinefleisch und Schinken stehen auf der Verzichtliste, da der Koran diese Nahrungsmittel den Moslems verbietet. Die Qualität des Rindfleischs, so merken wir später, kommt eher der einer Schuhsohle gleich. Obst und Gemüse werden auf dem Markt angeboten. Mal können wir Aubergines erstehen, mal Mohrrüben, hin und wieder Lauch und ganz selten Blumenkohl. Zwiebeln, Knoblauch und Peperoni dagegen gibt es in Hülle und Fülle. Tomaten sind mickrig mit harter Schale, Paprikaschoten klein und dünnwandig. Herrlich süße Weintrauben, kleine angestoßene Äpfel, Melonen aller Art im Überfluß, Feigen, Datteln, manchmal auch Birnen, so zeigt sich das Obstangebot. Süße Leckereien gibt es an jeder Straßenecke.
Beim Wunsche nach einem Bier wird es sehr diffizil. Vor 16 Uhr tut sich gar nichts, freitags überhaupt nichts. Weder im Restaurant noch im Geschäft wird Bier ausgeschenkt oder verkauft. In den meisten Orten wird Bier überdies nur in einem zum Zentralmagazin gehörenden Alkohol-Shop abgegeben und das ausschließlich von 16 bis 18 Uhr. Zwei Ausnahmen lernen wir kennen. In den Touristenzentren El Kantaoui und Monastir gibt es im Zentralmagazin auch tagsüber Bier, Wein und andere Alkoholika. Wer Hochprozentiges mag, muß tief in die Tasche greifen. Eine Flasche Brandy kostet zum Beispiel rund 100 DM. Mit dem »Blauen Dunst« hat der Käpt'n ebenfalls seine Probleme. Tabakwaren einheimischer Produktion sind überall erhältlich und preiswert. Al-

lerdings verträgt nicht jeder Hals das Inhalieren dieses Krautes. Deutsche, englische oder amerikanische Zigaretten hingegen sind nur unter der Hand und entsprechend teuer zu haben.
Als wir wieder auf der *Cora* sind, muß erst einmal Trinkwasser herangeschafft werden. Es geht nun zehnmal mit dem Mokick und einem 12-l-Kanister zum einzigen Wasserhahn, installiert auf der gegenüberliegenden Mole.
Am folgenden Tag sollen die Dieselvorräte ergänzt werden. In Kélibia kein Problem, die Tankstelle liegt am Hafen. Wenn nicht gerade ein größerer Fischkutter bunkert, geht die Aktion einigermaßen schnell, aber umständlich vonstatten. Wegen eines mehr als kurzen Tankschlauches wird die gewünschte Kraftstoffmenge zunächst in einen auf einem Handkarren montierten Tank gefüllt, dann zum Boot gerollt und in die Bootstanks abgelassen. Alle paar Minuten muß allerdings ein verbeulter ausgedienter Farbtopf, der unter dem unentwegt tropfenden Abstellhahn des rollenden Gefährts hängt, entleert werden. Vielleicht wurde schon vor 50 Jahren in Kélibia so gebunkert. Warum soll es nicht so weitergehen? Ruhe und Gelassenheit zeichnet die Tunesier aus. Nach beendeter Aktion tuckern wir wieder an den Liegeplatz im Zollbereich zurück.
Da es bereits Anfang August ist, beschließen wir, zunächst die nahe Tunis gelegene Marina Sidi Bou Saïd anzulaufen. Sie liegt an der Nordküste des Landes. So können wir uns auch gleich den Wunsch, das berühmt-berüchtigte Kap Bon zu runden, erfüllen. Warum es ausgerechnet »Gutes Kap« heißt, weiß Allah allein. Gewiß in den Sommermonaten können Yachten dieses Seegebiet ohne Bedenken befahren. Die Wetterlage ist ruhig und beständig genug. Doch selbst amtliche tunesische Stellen warnen Sportskipper nachdrücklich, dieses Kap nach Mitte August zu passieren. Starke Winde und rauhe See – die Zeit der heftigen Herbststürme kann täglich beginnen – machen es von diesem Zeitpunkt an für kleinere Yachten und Sportboote unpassierbar.
Sidi Bou Saïd ist ein im maurischen Stil erbautes Städtchen, dessen Treppengassen sich von der Anhöhe bis zum Meer hinabziehen. Schneeweiße Häuser mit Fensterläden, die das Blau des Himmels und des Meeres widerspiegeln, Häuser wie aus einer Zuckerbäkkerei, eingebettet in eine üppige Vegetation, verleihen der Ortschaft seinen unwiderstehlichen Reiz.
Die Marina zu Füßen des Ortes verfügt über 320 Liegeplätze und ist gut belegt. Der Komfort entspricht dem in europäischen Marinas. Fachgerechte Reparaturen allerdings sind wie auch in den anderen Marinas des Landes nicht ohne Probleme. Trotz aller Improvisationskünste fehlen Ersatzteile und Fachkräfte (siehe Hafenporträts).
Sidi liegt vor den Toren von Karthago, der einstigen Hauptstadt der Phönizier und der heutigen Landeshauptstadt Tunis. Beide wollen wir besuchen. 814 v. Chr. haben die Phönizier Karthago gegründet; ein kluges und kühnes Volk, dessen Flotte in kurzer Zeit unangefochtener Herrscher im Mittelmeer war. Karthago selbst beherrschte die Meerenge von Sizilien. In den drei Punischen Kriegen bezwangen die Römer Karthago und zerstörten die Stadt. Rund 100 Jahre später begann unter Julius Caesar der Wiederaufbau. Tunesien blieb beinahe 600 Jahre lang unter römischer Herrschaft. Nicht allzuviel ist vom antiken Karthago erhalten geblieben. Doch auf so entscheidend historischem Boden zu wandeln, dem können wir nicht widerstehen.
Im Jahre 698 begannen die Araber, das unweit Karthago gelegene Tunis zur nördlichen Feste des Landes auszubauen. Aufgrund ihrer wechselvollen Geschichte sind die Tunesier ein kosmopolitisches Völkergemisch aus Berbern, Phöniziern, Römern, Vandalen, Byzantinern, Türken, Griechen und Arabern.
Ein Kleinod ist das Bardo-Museum mit unzähligen römischen Mosaiken, wie sie wohl in der ganzen Welt nicht mehr zu finden sind. Sie sind in dem Palast des letzten Bey untergebracht. Allein das Gebäude mit seinen Spiegeln, Marmorböden und kunstvoll geschnitzten Holzdecken ist ein Märchen aus »1001 Nacht«.

In Tunis zieht uns die Medina an. Dieses Labyrinth zu erforschen, gelingt mit Sicherheit erst nach vielen, unendlich vielen Besuchen. Im Laufe der Jahrhunderte wurden die engen Gassen mit tunnelähnlich gewölbten Dächern überdeckt, um den Handwerkern Schatten an ihren Arbeitsplätzen zu verschaffen. Die Gassen sind nach Handwerken fein säuberlich getrennt. Der Souk (Markt) der Silberschmiede und der Souk der Kupferschmiede sind vom helltönenden Gehämmer fleißiger Hände erfüllt. Den Souk der Parfümhändler mit ihren betörenden Essenzen und den Souk der Gewürzhändler mit fremdländischen Wurzeln und Kräutern umgeben berauschende orientalische Düfte. Im Souk der Buchhändler erstehen wir einen Koran, für uns ein geheimnisvolles Bilderbuch. Im Souk der Schuhmacher ist die Bordfrau in ihrem Element. Im Souk der Hutmacher probiert der Käpt'n Fes und Turban und meint, weder das eine noch das andere stünde ihm zu Gesicht.
Hartnäckig verfolgt uns ein zierlicher, junger Tunesier in einem weißen, wallenden Gewand, im arabischen Galabiya. Er schleppt uns zum Souk der Teppichhändler, führt uns auf die mit Fayencen geschmückte Dachterrasse des Hauses und benennt Minarette und Moscheen, Plätze und Bauwerke im zu unseren Füßen liegenden Tunis. Wir haben Mühe, ihn wieder loszuwerden, doch noch größere Mühe, allein aus der Medina herauszufinden. Ein Hauch von Orient hält uns gefangen. Im spottbilligen Taxi fahren wir zur Marina zurück.

Ein abenteuerliches Unterfangen

Nach einem so anstrengenden Besichtigungstag bei glühender Hitze ist »relaxing« an Bord gefragt. Wir ziehen die Gangway hoch und wollen für den Rest des Abends mit uns und unseren Eindrücken allein sein. Doch weit gefehlt. Bei hereinbrechender Dunkelheit steht der Marina-Direktor mit zwei fremden jungen Leuten auf dem Kai und ruft wiederholt: »*Cora IV! Cora IV!*« Ach, wir sind gemeint und entscheiden uns, anwesend zu sein. Also hinaus aus dem gemütlichen Salon, weg von den Träumereien, Gangway herunter, die Besucher an Bord bitten.
Verdächtig erscheint uns, daß alle drei sofort die Schuhe ausziehen, sie zeigen betont bootserfahrenes Verhalten. Im Salon sitzend läßt der Marina-Direktor die Katze aus dem Sack. Er stellt die beiden Fremden als Bruno Gouvy und Bernard Biancotto, als Surfer und Fotograf, vor. Bruno ist Inhaber des Geschwindigkeitsweltrekordes auf Monoski (177,07 km/h) und hat den abenteuerlichen Plan, 19 Meerengen des Mittelmeeres mit seinem Surfbrett zu überqueren. 800 sm, ein Mann und ein Brett! »Odyssée 86« nennt der sympathische Franzose sein Unternehmen und hat tatsächlich schon einige Meerengen wie die Straße von Gibraltar, den Bosporus, die Dardanellen, die Straßen von Messina und Bonifacio überquert. Anhand von Presseberichten überzeugt er uns. Wir bestaunen die Leistung des kräftigen, abenteuerlustigen, jungen Mannes.
Nun will er die zunächst längste und für ihn wichtigste Überquerung starten, die Straße von Sizilien: Kap Bon – Mazara del Vallo. Nur »winzige« 85 sm trennen Tunesien von Sizilien – und das auf einem Brett – uns verschlägt es die Sprache. Aber da er nicht lebensmüde sei, brauche er ein Begleitboot. Er sei den ganzen Tag in der Marina umhergeschlichen und habe die dort liegenden Motoryachten begutachtet und ihre Eigner befragt. Erfolglos! Entweder hörte er ein Nein oder die Boote waren nicht geeignet oder aber die Kostenforderungen waren zu hoch. Auf unser Boot habe ihn der Marina-Direktor aufmerksam gemacht. Nun sitzen sie uns gegenüber und blicken uns erwartungsvoll an. »Mit zwei BMW D 636, also zweimal 180 PS im Bauch, ist Ihr Boot doch geeignet, mich in einer Verfolgungsjagd zu begleiten«, denkt Bruno laut. Wir sehen uns an und lächeln: »Was heißt hier Verfolgungsjagd? Glaubt der Surfer etwa, er könne unserer *Cora* davoneilen?« Der Reiz, Begleitboot bei einer derartigen Unternehmung zu sein, läßt uns han-

Auf den Liparischen Inseln: Aus dem Krater des Vulcano – 400 m über dem Meeresspiegel – zischt kochendheißer Schwefeldampf aus unzähligen Fumarolen.

In der Cala Junco der kleinen Insel Panarea. Im Hintergrund ist Salina zu sehen.

rüher ein Piraten-
nest ist Ustica
heute ein Urlaubs-
paradies par excel-
lence. Besonders
Yachten auf dem
urs Sardinien-Sizi-
en laufen es bevor-
zugt an.

Schon deutet sich
im Hafen von San
Vito/Sizilien das
uns prophezeite
hlechte Wetter an.

eilansicht der gran-
osen Kathedrale
Palermo. Archi-
ktonisch vereint
as Gotteshaus nor-
annische, gotische
nd barocke Stilele-
ente.

Im Hafen der »schwarzen Insel« Pantelleria zu Füßen des Schlosses Barbacane.

 Ohne Bürokratie geht auch in Tunesien nichts...

rechts unten: »Zerrissene Basaltfelsen« in der engen Schlucht des Alcantara/Sizilien.

Megalithische Tempelanlage aus der Jungsteinzeit auf Malta. Lebten die Menschen hier einst im Matriarchat?

Einfahrt nach Amalfi, einem der schönsten Küstenabschnitte Italiens am Tyrrhenischen Meer.

 Bereits in der Antike wurde der kleine Naturhafen von Ventotene genutzt.

Ibiza ist die Hauptinsel der Pityusen. Die Altstadt Ibizas wird völlig zu Recht »weiße Stadt« genannt.

Die Bucht Cala Covas auf Menorca mit ihren Höhlenwohnungen aus der Bonzezeit ist von Land her kaum zugänglich.

96 **Die Marina del Este ist eine der ungewöhnlichsten und exklusivsten Marinas des Mittelmeeres. Ein Garten Eden inmitten zerklüfteter Felslandschaft.**

delseinig werden. Bruno übernimmt die Kraftstoffkosten. Wir versprechen, gut auf ihn aufzupassen. Sein Fotograf Bernard soll von Bord aus authentische Fotos schießen. Der Start des Unternehmens wird für den übernächsten Morgen festgesetzt. Am Abend zuvor bringt Bruno sein Surfbrett und drei Segel verschiedener Größe an Bord.

In allerfrühster Morgenstunde verlassen wir die Marina und nehmen Kurs auf Kap Bon, den nordöstlichsten Zipfel Tunesiens und zugleich Ausgangspunkt für Brunos Überquerung. Dort, wir sind dicht an das berüchtigte Kap und in seinen Windschatten gefahren, verläßt Bruno unser Boot, um auf sein Surfbrett umzusteigen. Versehen mit dem kleinsten seiner mitgeführten Segel bei 5 Windstärken aus Nordwest und Seegang 4 mit Wellen bis zu 2 m Höhe schießt Bruno durch die rauhe See mit 17 kn dahin.

Unser Boot hat arg zu kämpfen, ihm auf den Fersen zu bleiben, während Bruno auf seinem Brett die Wellen hinauffliegt und teilweise mit elegantem Satz ins Wellental hinabspringt. Die sich brechende, hohe See bereitet dem Surfer keinerlei Probleme – nein, ausgesprochenes Vergnügen. »Sollte Bruno rechtbehalten, als er von Verfolgungsjagd sprach? Was machen wir, wenn er davoneilt, *Cora* aber kaum mithalten kann?« Der Käpt'n muß so manches Mal die Maschinen drosseln, denn so leichtfüßig wie Bruno auf seinem »Bord mit Windantrieb« springt nun mal ein Motorboot nicht über Wellenkämme hinweg. Da gibt es so manchen harten Schlag und erhebliches Krängen. »Junge, Junge, ein Mann mit einem Brett ist eben doch weit geschickter und schneller als ein Motorboot.« Wir sind tief beeindruckt!

Dem Fotografen fällt es sichtlich schwer, sich an Deck zu halten, um seine Fotos zu schießen. Bruno aber gleitet durch die aufgewühlte See, sicher und gekonnt. Nahezu drei Stunden geht das so. Wir sind entnervt, Bruno dagegen zufrieden und glücklich. Für ihn stimmt einfach alles, Kurs, Windrichtung und körperliche Verfassung. Endlich wird der Wind zahmer und die See flacher. Wir atmen auf. Bruno wechselt das Segel, ein größeres soll ihn wieder zügiger voranbringen.

Für die letzten Meilen vor Siziliens Küste muß er sogar das größte seiner Segel wählen. Der Wind ist zur leichten Brise abgeflaut. Nach 7 Stunden und 52 Minuten hat er es geschafft. Von Kontinent zu Kontinent, von Afrika nach Europa, ist Bruno Gouvy 85 sm weit auf seinem Surfbrett gelangt. Eine der längsten, wohl aber die markanteste seiner Überquerungen liegt hinter ihm. Vor der Hafeneinfahrt von Mazara del Vallo nehmen wir »unseren Helden« samt Segel und Brett an Bord und tuckern gemächlich in den Kanalhafen. Zu beiden Seiten dicht gedrängt große und kleine Fischkutter mit freundlich winkenden Fischern, ein strahlender Surfer an Bord der *Cora*. Für Bruno – auf der Suche nach dem Abenteuer, nach dem Unberechenbaren – ist die Herausforderung menschlicher Fähigkeiten, seien es Kraft, Mut, Energie, Ausdauer, Durchhaltevermögen oder Willensstärke, Motor seines ungewöhnlichen Unternehmens. Jeder seiner Überquerungen hat er ein historisches, ein menschliches, ein geographisches oder ein geopolitisches Symbol gegeben. So spricht er bei der Überquerung der Straße von Gibraltar von dem Zugang zur alten mediterranen Welt hindurch zwischen den legendären Beinen des Herkules. Der Bosporus ist für ihn die klassische Brücke zwischen Okzident und Orient, zwischen Abendland und Morgenland. In der Straße von Messina hat er den gefährlichen Strömungen zwischen Scylla und Charybdis widerstanden, wie es einst Odysseus tat. Von Rhodos nach Marmaris möchte er Bindeglied sein zwischen dem Antagonismus zweier Völker, der Griechen und der Türken. Von Zypern nach Syrien glaubt er, den virulentesten politischen Strömungen symbolisch trotzen zu können. Und hier bei der Überquerung von Afrika nach Europa hat er heute eine Brücke von Kontinent zu Kontinent geschlagen. Ein Träumer? Ganz gewiß nicht!

Als wir am nächsten Morgen mit Bruno und Bernard nach Kélibia / Tunesien aufbrechen wollen, herrscht dichter Nebel. Stunde um Stunde verrinnt, doch der Nebel will nicht wei-

chen. Wir setzen uns eine Frist. Um nicht längere Zeit in der Dunkelheit fahren zu müssen, legen wir als spätesten Starttermin 14.30 Uhr fest. Immer wieder laufen die beiden zur Mole, um die Sicht zu prüfen. Sie sitzen wie auf heißen Kohlen, haben sie doch für die Frühe des nächsten Morgens ihren Rückflug nach Frankreich gebucht.
Endlich, kurz nach 14 Uhr, als hätte der Wettergott ein Einsehen, bessert sich die Sicht, und wir laufen aus. Steine purzeln den termingejagten jungen Leuten vom Herzen. 95 sm liegen vor uns. Wir machen Dampf auf. Bruno und Bernard genießen die Fahrt über eine zunächst spiegelglatte See. Nach 6 Stunden erkennen wir das Leuchtfeuer des Burgberges von Kélibia. Eine halbe Stunde später liegen wir sicher vertäut am wohlbekannten Zollkai. Neugierig und interessiert eilen die Beamten herbei, beglückwünschen Bruno zu seiner Leistung und überschütten ihn mit Fragen. Vom tunesischen Fremdenverkehrsamt wußte ein jeder von dem Unternehmen und lauscht nun nach vollbrachter Tat erwartungsvoll seinen Worten.
Weit nach Mitternacht gehen die beiden von Bord. Wir nehmen Abschied. Uns wird bewußt, wir haben Freunde gewonnen. Als ständige Erinnerung an dieses aufregende Ereignis hat *Cora* einen Kratzer vom Mast eines Segels auf dem Achterdeck.

Ein Hauch von Orient

Tage später gehen wir auf Südkurs. Port El Kantaoui heißt unser Ziel. Eine traumhafte Marina empfängt uns. Fata Morgana oder Wirklichkeit, das ist hier die Frage. Eine Marina mit schneeweißen maurischen Häusern, sich wiegenden Palmen, weiten Stränden, auf Pferden dahinjagenden Beduinen, Touristen auf Kamelrücken, Eseln vor mit Seetang beladenen Karren, kleinen geschmückten Verkaufsständen mit Souvenirs, adrett gekleideten Knaben, die Jasminsträußchen feilbieten und alles unter goldener Sonne umgeben von türkisblauem Meer.
Es macht auch einmal Spaß, in einer solchen Komfort-Marina zu liegen, in der Seeleute und Sehleute einander begaffen. In den Abendstunden, wenn laue Lüfte die Menschen aufatmen lassen, wird die Uferpromenade zur Flaniermeile der ungezählten Gäste aus aller Herren Länder. An das allabendliche Blitzlichtgewitter muß *Cora* sich erst gewöhnen. Die Bundesflagge am Heck eines Motorbootes aus Erfelden am Rhein erregt in diesen Breiten eben doch Aufsehen (siehe Hafenporträts).
Landausflüge lassen sich von Kantaoui aus problemlos organisieren. Das Boot liegt in der Marina absolut sicher und bewacht. So unternehmen wir eine Busfahrt nach Kairouan zur Großen Moschee Djama Sidi Oqba und der Moschee des Barbiers. Schließlich ist Kairouan nach wie vor eine der bedeutendsten Stätten des Islam, eine religiöse Hochburg nach Mekka und Medina, und mit seiner Universität innerhalb der trutzigen Mauern der Moschee ein Zentrum arabischer Wissenschaft und Künste.
Das wuchtige Minarett – heute wie fast alle Minarette in islamischen Ländern mit Lautsprechern bestückt anstelle des rufend singenden Muezzin – und der mit glänzenden Marmorplatten ausgelegte, von Kolonnaden umgebene Innenhof beeindrucken den Beschauer. Wem es als Nichtmoslem vergönnt ist, einen Blick in die Gebetshalle mit dem Allerheiligsten, dem mit Fayencekacheln reich verzierten Mihrab, werfen zu können, mag ahnen, daß dieses Heiligtum Pilger aller islamischen Länder anzieht. Wenn schon nicht nach Mekka, dann wenigstens nach Kairouan.
Nur wenige hundert Meter entfernt steht die Moschee des Barbiers. Sie fasziniert durch ihr außergewöhnlich reiches Dekor. Wände und Gewölbe der Innenhöfe sind über und über mit glänzenden Fayencen geschmückt. Dieser Heilige Ort dient den Moslems vornehmlich als Stätte der Beschneidung der Knaben. Begleitet von schrillen Gesängen der Mütter und Frauen geht die Zeremonie vonstatten. Vom Geschrei der kleinen beschnittenen Burschen ist nichts zu vernehmen. Nur die Tränen zeugen hinterher von den erlit-

tenen Schmerzen. Strahlend geht es zu Fuß in die Moschee, auf den Armen des Vaters weinend wieder heraus.
Kairouan ist eine Stadt in der Wüste. Die Mittagstemperaturen überschreiten im August oftmals die 50°-C-Marke. Wer aus dem klimatisierten Gebäude der Teppichknüpferei tritt, den trifft es wie ein Keulenschlag. Wollteppiche in leuchtenden Farben und klaren Mustern von Frauen hergestellt, die an Knüpfrahmen ohne Vorlage arbeiten, Seidenteppiche entstehen durch Kinderhand, da Feinheit des Materials und Zierlichkeit der Hände in Einklang stehen müssen. Der Besuch der Souks in der Altstadt wird während der Mittagsstunden bei lähmender Hitze eher zur Qual denn zum Vergnügen.
Mit schöner Regelmäßigkeit frischt in den Mittagsstunden in Port El Kantaoui der Wind auf. Das bringt eine angenehme Erfrischung. Am Nachmittag erreicht er seine größte Intensität. Gegen Abend ist er normalerweise wieder eingeschlafen.
Am nächsten Morgen nehmen wir Kurs auf das knapp 8 sm entfernte Cap Monastir. Dort ankern wir für einige Stunden in einer Badebucht und tummeln uns im herrlich warmen Meereswasser. Am frühen Abend holen wir den Anker wieder ein und laufen in die neueste Marina an Tunesiens Gestaden. Sie ist geschickt in ein Touristenzentrum integriert und darüberhinaus vor allen Wetterlagen die bestgeschützte Anlage im Revier. Langsam tuckern wir in den Vorhafen und weiter zur Steganlage im Haupthafen. Nur wenige Yachten liegen in dieser herrlichen Marina (siehe Hafenporträts).
Ja, was sehen wir denn da? Da ist doch tatsächlich eine Motoryacht unter deutscher Flagge. Segelyachten zu treffen sind wir gewohnt, aber eine Motoryacht aus Deutschland, das war noch nie da. Der Skipper kommt, als er uns bemerkt, auf den Steg und nimmt die Festmacheleinen entgegen. Bevor wir ein Dankeschön anbringen können, überfällt er uns mit den Worten: »*Cora, Cora,* Sie sind schuld, daß wir auf Törn gegangen sind. Ihre Berichte im Wassersportmagazin *boote* und Ihr Buch *Vom Ostseestrand zum Wüstensand* haben uns so begeistert, daß wir es Ihnen nachmachen wollten. Vor zwei Jahren sind wir in Deutschland gestartet und sind nun wie Sie der Faszination des Meeres erlegen. Da haben Sie ja etwas Schönes angerichtet!«
Natürlich haben wir uns viel zu erzählen. Abend für Abend sitzen wir einmal an Bord der *Bebe* aus Hamburg, einmal an Bord der *Cora* und schnacken und berichten von Erlebnissen und Erfahrungen.
Für Klaus und Benita ist in dieser Saison hier Endstation. Sie lassen ihre *Bebe* im Winter in der Marina Cap Monastir. Wenn Winterlager in Tunesien, dann Cap Monastir, so denken auch wir. Das Preisniveau liegt deutlich unter dem der anderen beiden Marinas, und sie ist zudem die weitaus sicherste. Allerdings, und das sei nicht verschwiegen, Reparatur- und Wartungsservice stecken hier noch in sehr kleinen Kinderschuhen! Strom- und Wasseranschlüsse sind an jedem Liegeplatz vorhanden und funktionieren auch, sofern der Skipper einen Schlüssel zum Öffnen der Wasserhähne oder einen Adapter für den Stromanschluß erhalten kann. Wir bekommen beides, doch Mangelware sind sie dennoch. Welcher Skipper kennt nicht das Lotteriespiel um einen passenden Stecker?
Unweit der Marina liegt die mächtige Festung, der Ribat. Weitläufige Verteidigungsmauern und Türme, Innenhöfe und spartanische Zellen, die früher von Mönchen bewohnt wurden, lassen die Vergangenheit lebendig werden. Tatsächlich antike Mauern und Türme sowie für den Film *Der Pirat* eingezogene Wände, Treppen und Podeste lassen sich optisch nicht voneinander unterscheiden. Der Ribat, Filmkulisse und historisches Bauwerk zugleich! Stadttore und riesige straßenüberspannende Bögen aus Pappmaché und Styropor gehören auch heute noch zum Stadtbild von Monastir.
Prunkstück der Stadt ist die Bourguiba-Moschee. Verschwenderisch sind kostbare Materialien wie Marmor, Gold und Edelsteine beim Bau verwendet worden. Monastir ist der Geburtsort des Präsidenten, und hier in der Moschee wird er seine letzte Ruhestätte finden, ein Mausoleum, schon zu Bourguibas Lebzeiten errichtet.

Mozart-Festival im Amphitheater von El Djem.

Beim Stadtbummel sehen wir ein Plakat »Mozart-Festival in El Djem«. Das Kammerorchester der Wiener Philharmoniker wird am Freitagabend im römischen Amphitheater konzertieren. Das wollen wir uns anhören. Am frühen Abend werden wir von einem Bus abgeholt. Er kommt mit zwei Stunden Verspätung, weil er aus diversen Hotels dreier Küstenorte das Publikum einsammelt. Wir sind die letzten, die geholt werden.
Nahezu mit den ersten Takten betreten wir das gutbesetzte Rund des römischen Theaters aus dem 3. Jahrhundert. Es ist das größte auf afrikanischem Boden und außerordentlich gut erhalten. Rund um das imposante Bauwerk mit seinen 36 m Höhe hat sich die Ortschaft El Djem ausgebreitet. Wir lauschen den Mozartklängen und sind von den zarten Tönen der Solo-Flöte gefangen, als urplötzlich lautstarkes Geschrei, begleitet von ohrenbetäubendem Lärm, erzeugt von Schlaginstrumenten aller Art – Kochtöpfe, Waschbretter, Eimer, Konservendosen, Trommeln, Rasseln und Schellen – die zarte Stimmung je zerreißt.
Der Dirigent ist irritiert, schaut fragend ins Publikum und unterbricht achselzuckend das Konzert. Heute ist Freitag, an diesem Wochentag wird in Tunesien geheiratet. Der ausgelassene Hochzeitszug umkreist das Amphitheater. Die Braut wird samt Mitgift und Brautschatz, verladen auf Karren und Wagen, von ihrem Elternhaus in ihr neues Heim geleitet. Geduldig warten die Zuhörer, bis der Tumult vorüber ist.
Die Dunkelheit bricht herein. Kerzen und Öllampen werden entzündet, erhellen das weite Rund. Das Konzert nimmt seinen Fortgang. Auge und Ohr sind betört. Mozart-Festival auf tunesisch.

Paradies und Hölle

Tunesien nur vom Boot aus kennenlernen zu wollen, ist eine Utopie. Eine Utopie deshalb, weil die drei bisher vorhandenen Marinas stets in Touristenzentren integriert und daher nicht geeignet sind, Land und Leute in ihrer Ursprünglichkeit erleben zu können. Den überwiegenden Teil des Landes bedeckt Wüste mit dem größten ausgetrockneten Salzsee, dem Chott el Djérid. Entlang der Küste pulsiert das Leben in Städten und Städtchen.

In die Wüste zu ihren Oasen zu reisen, ist für den Europäer ein unvergeßliches Abenteuer. Beduinen und Berber, Zelte und Höhlenwohnungen, Sanddünen und Palmen, der größte Salzsee in gleißendem Licht als grenzenlose Bühne für das verwirrende Schauspiel einer Fatamorgana, wer wollte darauf verzichten? Wüstenbewohner bezeichnen Oasen als »Paradies in der Hölle«. Wir beschließen, Hölle und Paradies zu erleben. Der Marina-Direktor berät und hilft in allen Fragen. Er sorgt für einen Mietwagen, bucht Oasen-Hotels und überläßt uns dann unserem Schicksal. 1000 km mit einem Fiat-Uno auf eigene Faust ins andere Tunesien, ins Tunesien voller Überraschungen und Geheimnisse. Auf der Küstenstraße fahren wir nach Süden. Vor der Meeres-Oase Gabes zweigen wir ab in Richtung Westen in die Wüste.

Es fängt alles ganz harmlos an. Wir sind neugierig, gespannt und aufgeregt. In einer Straßenkarte lesen wir «route difficile« für den Weg über den Salzsee. Eine schwierige Strecke also liegt vor uns. Sicherheitshalber haben wir einen Kompaß, pro Person 2 l Wasser, Proviant, ein Klappmesser, warme Jacken und Sonnenhüte eingepackt. Was uns wirklich fehlt, merken wir erst unterwegs.

Die Ölkontrollampe leuchtet auf. Im Wageninneren riecht es nach verbranntem Öl. Wir machen an der nächsten Tankstelle halt. Stolze zwei Liter Öl fehlen. Wir lassen sie aufgießen. Der Motorraum ist über und über mit Öl bespritzt. Der Käpt'n erinnert sich. Wie hat der Autoverleiher gesagt: »Gestern habe ich Öl wechseln lassen, dabei ist eine Ölbüchse umgekippt und hat den Motorraum verschmiert.« Das war ja wohl ein frommes Märchen. Die Ursache aber für den Ölverlust läßt sich nicht entdecken. Das kann ja heiter werden, mit einem solchen Fahrzeug von jetzt an über 200 km durch die Wüste, ohne Tankstelle, ohne jede Hilfsmöglichkeit. Wenn da der Motor festfrißt. Nicht auszudenken! Wir kaufen noch 3 l Öl und beschließen, den Ölstand von Zeit zu Zeit zu kontrollieren. Auch das Kühlwasser ist reichlich zur Neige gegangen. Wir trinken ein Glas Pfefferminztee. Das beruhigt die Magennerven. Dann füllen wir im Kühler Wasser auf. Wasser werden wir also auch brauchen, nicht für uns gegen den großen Durst sondern für den Fiat, der es wie wild verdunstet. Wir besorgen auch das. Benzin braucht der Wagen nicht, davon hat er noch genug. Dann sind wir »Gefangene der Wüste«.

Schnurgerade führt die Piste unter glühender Sonne ohne jeden Schatten durch endlose Geröllebenen. Bald werden sie zu Sand, goldgelb und fein. Die ersten Dünen, vom Wind getrieben, ständig in Bewegung, unaufhaltsam alles unter sich begrabend, zeigen eine wellenförmige Oberfläche wie das Meer. Endlich die erste Oase Telemine. Hunderte, ja Tausende von Dattelpalmen umgeben uns. Aussteigen, Kopf in den Nacken legen, Mund auf und einfach hineinbeißen in die frischen Datteln, so scheint es, könnten wir hier leben.

Wir fühlen uns wie Adam und Eva im Paradies. Laue Lüfte, kühlender Schatten, plätscherndes Wasser überall! Träumen oder wachen wir? Kinder – braunhäutig, barfuß, mit großen, schwarzen Kulleraugen – kommen neugierig herbei. Wir wickeln unsere Brote aus und beißen lustvoll hinein. Picknick in der Oase. Es schmeckt. Ein junges Mädchen schiebt einen Handkarren mit Hausgerät vor sich her, hält inne und streckt uns ihre Hand zum Gruß entgegen. In bestem Französisch fragt sie, wo wir herkämen. Mit unserer Auskunft zufrieden, setzt sie ihren Weg behende fort. Frisch gestärkt fahren wir wei-

Ein Vorgeschmack aufs Paradies? Auf unserer Fahrt zum Chott el Djerid rasten wir in der Oase Telemine.

ter, nicht ohne das Auto vorher zu versorgen. Der Motor schluckt wiederum 1 l Öl. Wasser fehlt ebenfalls.

Vor uns liegt der Chott el Djérid, auf einer Fläche von 5000 qkm nichts als Sand und Salz. Die Piste ist ausgezeichnet, von »route difficile« keine Spur. Die Luft flimmert. Es ist früher Nachmittag. Kilometer um Kilometer rollen wir dahin. Je nun, was ist das? Wasser, die Küste, das Meer? Das darf doch wohl nicht wahr sein. Wir sind mitten in der Wüste! Am Horizont aber erkennen wir deutlich eine Halbinsel, eine Mole und einzelne Fischerboote. Wasser, so unendlich wie das Meer. Unabhängig voneinander beschreibt ein jeder, was er wahrnimmt. Die Bilder gleichen sich aufs Haar. Doch wir wissen, dieses Meer werden wir nie erreichen. Dieses Meer ist ein Trugbild, eine Fata Morgana. Spiegelungen der flimmerndheißen Luft über der Wüste, kein Sonnenstich, keine Wahnvorstellung.

Rechts und links der Piste immer wieder kleine Wasserrinnen, Salzhaufen von Menschenhand aufgeschichtet, hier und da eine winzige Hütte aus Palmenwedeln. Geschäftstüchtige Beduinen bieten darin Wüstenrosen, Ledergürtel, Tücher und Handarbeiten feil. Ein heißer Tee oder einfach ein Schluck Wasser werden gereicht. Die Wüstenrosen graben die Beduinen 2 m tief unter dem heißen Sand aus. Bizarre Formen, nicht eine gleicht der anderen, in verschiedenen Größen aus Sand und Salzkristallen von der Natur über Jahrtausende gepreßt. Immer wieder müssen die Wüstenrosen mit Wasser beträufelt werden, sonst würden sie in kurzer Zeit in der glühenden Sonne zerfallen. 50° C in der Mittagshitze im Schatten, das sind um diese Jahreszeit die normalen Temperaturen.

Doch in der Palmenhütte ist es erträglich, läßt es sich aushalten. Bevor wir weiterfahren, füllen wir Öl und Wasser für den Uno nach.
Am frühen Abend erreichen wir die Oase Tozeur. Das Wüstenhotel überrascht uns: Swimmingpool unter Palmen, gepflegte klimatisierte Zimmer, Speisesaal mit weißgedeckten Tischen, drei Menues zur Auswahl, in einer Glasvitrine zu begutachten, freundliche und aufmerksame Bedienung. Wir fühlen uns wohl. Ein Duschbad tut ein übriges.
Dann hält uns die afrikanische Nacht gefangen. Auch wer wenig Sinn für Romantik hat, dem Zauber des sternenübersäten Himmels, des silbrigglänzenden Mondscheins, des Rauschens der Palmen, der fremdartigen Vogelschreie und Geräusche, der betörenden Jasmindüfte und der angenehmen Kühle können wir uns nicht entziehen! Noch lange sitzen wir im Hotelgarten und plauschen. Die Probleme mit unserem Mietwagen haben wir längst verdrängt. Morgen ist auch noch ein Tag! Wie die Murmeltiere schlafen wir in ihn hinein.
Das erste Licht läßt uns erwachen. Nach dem Frühstück rufen wir den Autoverleiher an. Ihn scheint unser Problem kaum zu bewegen. Ein anderes Fahrzeug könne er nicht schikken. Eine Reparatur in der Oase Tozeur sei nicht möglich. Wir sollen viel Öl kaufen und die Rechnungen mitbringen, er würde alles bezahlen. Hauptsache wir bringen ihm das Fahrzeug nach Monastir zurück, wie lange es auch dauern möge. Sogar für eine zusätzlich notwendig werdende Hotelübernachtung käme er auf. Eher unwillig als freiwillig lassen wir uns darauf ein. Nun ja, hatten wir es bis dahin geschafft, würden wir auch wieder zurückkommen. Wir beschaffen also Öl und Wasser, reden dem Fiat-Uno gut zu und starten in den zweiten Tag.
Zunächst besuchen wir das Oasenquellgebiet, das Belvedere. Auf schmalen Pfaden streifen wir durch die urwaldähnliche, von Wasserläufen durchzogene Pflanzenwelt, düneauf, düneab. Wir begegnen im Quellwasser balgenden fröhlichen Kindern, beobachten Frauen, die auf den Köpfen Wasserkrüge zu ihren Behausungen tragen oder am Bach Wäsche waschen. Kalt und frisch ist das Wasser. Die Zeit scheint stillzustehen.

Allzumenschliches im Paradies

Dann sind wir auf dem Weg zurück über den Großen Salzsee zur Oase Douz. Hier ist jeden Donnerstag Kamelmarkt. In der Oase Telemine legen wir eine Mittagspause ein. Unser Paradies vom Vortage hält diesmal eine böse Überraschung bereit. Der Käpt'n läßt sich am Fuße einer Palme nieder. Gedankenversunken legt er den Zündschlüssel neben sich in den Sand. Ein etwa achtjähriger Junge streicht neugierig um uns herum und beäugt unser Tun und Lassen. Aus respektvoller Entfernung beobachten uns zwei kleine Mädchen. Das Gehabe des Bengels mit seiner laufenden Rotznase mißfällt uns. Wie eine Raubkatze kreist er unaufhörlich um uns herum. Nachdem wir uns gestärkt haben, kommt das Auto an die Reihe. Es fehlen wie gehabt Wasser und Öl. Dann wollen wir starten.
Doch wo ist der Zündschlüssel? Alle Taschen werden durchwühlt, Autositze abgesucht, Kofferraum inspiziert. Erfolglos! Nun erst einmal in Ruhe rekapitulieren: »Wie war das nach dem Anhalten? Der Käpt'n stieg aus, ging an den Kofferraum und ließ sich anschließend neben der Palme nieder.« Da dämmert es, er hatte den Schlüssel neben sich in den Sand gelegt. Auf allen Vieren kriechend suchen wir die Stelle ab, blicken unter das Fahrzeug, nehmen die nähere Umgebung in Augenschein. Nichts, immer wieder nichts! Das gibt es doch gar nicht, der Käpt'n verliert doch keinen Autoschlüssel.
Der rotznasige Bengel ist inzwischen verschwunden. Wir beginnen, an uns zu zweifeln. Immer mehr Oasenbewohner kommen herbei. Ein jeder hilft suchen, fragt, wo wir überall gewesen sind: »Nur in der Nähe des Autos.« Doch der Schlüssel ist und bleibt verschwunden. Die Bordfrau hält ein herankommendes Fahrzeug an. Es ist ein Kleinlaster,

aus dessen Fahrerhaus fünf Männer purzeln. Auch sie können nicht begreifen, wie ein Zündschlüssel verlorengehen kann. Alles Suchen ist vergebens. So bleibt noch die Möglichkeit, das Fahrzeug kurzzuschließen. Die Tunesier helfen dabei. Doch auch das gelingt nicht. Der Anlasser dreht zwar den Motor durch, der Motor aber zündet nicht. Also abschleppen. In Kébili gibt es eine Werkstatt, vielleicht kann uns dort geholfen werden. Ein Dorfbewohner fährt mit seinem Pkw vor den Fiat, und schon hängen wir am Abschleppseil. Es kann losgehen. Kaum 2 m gerollt, hupt der Käpt'n wie wild. Das Lenkradschloß hat eingerastet. Das Fahrzeug ist nicht mehr zu lenken. Aus! Schluß! Was nun? Wir schieben unseren Mietwagen wieder an den Fahrbahnrand. Sollen wir das Lenkradschloß aufbrechen? Die Bordfrau ringt die Hände und ruft: »Jetzt kann nur noch Gott helfen!« Da stehen wir in der glühenden Sonne und sind hilflos und verzweifelt.
Mit ein, zwei kräftigen Lenkradbewegungen versuchen die Männer, das Schloß zu knakken. Da taucht etwas scheu und zögernd eines der beiden kleinen Mädchen auf, streckt der Bordfrau die rechte Hand entgegen und öffnet sie. »Das darf ja nicht wahr sein, der Autoschlüssel! Wo hast Du ihn her?« Das zierliche Mädchen eilt zu der Palme, an der der Käpt'n sein Mittagsmahl verzehrt hat, und zeigt auf den Boden: »Da hat er gelegen.« Glücklich und dankbar drückt der Käpt'n der Kleinen ein paar Dinar in die Hand. Sie preßt sie fest an ihren Körper und läuft davon. »Allah hat geholfen«, so lautet der Stoßseufzer der Bordfrau. Die Tunesier nicken und sind ehrlich überzeugt davon. Wir sehen es ihren Gesichtern an.
Doch da fällt der Blick der Bordfrau auf den rotznasigen, aufdringlichen Jungen. Er ist urplötzlich wieder da. Sie geht festen Schrittes mit erhobenem Zeigefinger auf ihn zu und bleibt dicht vor ihm stehen. Zögernd und etwas verlegen senkt der Bursche den Kopf und gibt zu, den Schlüssel in einem unbeobachteten Augenblick entwendet zu haben. Nur mit Mühe können wir die umstehenden entsetzten Tunesier davon abhalten, den Jungen zu verprügeln. Langsam erholen wir uns von dem Schock. Wie hat der Käpt'n schon mehrfach gesagt: »In Tunesien ist alles möglich.«

Kamelmarkt in der Wüste

Über zwei Stunden hat uns die Autoschlüssel-Eskapade aufgehalten. Über zwei Stunden hatten wir Zeit, uns mit viel Phantasie auszumalen, was geschehen wäre, wenn ...
Als wir in der Oase Douz eintreffen, ist von Kamelmarkt nichts zu entdecken. In Douz gibt es außer den zur Entstehung einer Oase notwendigen kalten Quellen auch zahlreiche heiße Quellen, deren Wassertemperaturen 50° C und mehr aufweisen. Vor den Toren des großen Beduinen-Festival-Platzes erstreckt sich ein flacher See heißen Wassers, in dem sich gesunde wie rheumakranke Kinder und Jugendliche tummeln. Noch wissen wir nichts von den heißen Wassern. Noch wollen wir nur ein erfrischendes Bad nehmen. Die Mittagshitze hat uns arg zugesetzt. Der Käpt'n watet als erster ins Wasser. Schneller, als er hineingestakt ist, kommt er wieder heraus. »Das ist ja kochend heiß!« flucht er. Wir versuchen es noch einmal. Aber es bleibt dabei, mit krebsroten Füßen nehmen wir Reißaus und suchen Zuflucht im nahegelegenen Hotel. »Wenn schon kein kühles Bad, dann wenigstens kühle Getränke«, so denken wir. Wir sind mehr als erstaunt, als uns Duschen und der Swimmingpool empfohlen und angeboten werden, obwohl wir keine Hausgäste sind. Ein italienischer Gast stellt uns sogar sein Zimmer zum Umkleiden zur Verfügung, und eins, zwei, drei aalen wir uns im Pool.
Auf der Hotelterrasse sitzend kommen wir mit einem Beduinen ins Gespräch. Wir erkundigen uns nach dem Kamelmarkt. Er weiß zu berichten, daß dieser außerhalb der Oase stattfindet. An einer Wasserquelle in der Wüste, etwa 20 km von hier, auf keiner Piste erreichbar, sei heute Kamelmarkt. Wenn wir uns beeilen, könnten wir noch etwas davon sehen. Er würde uns hinfahren. Ein wenig mißtrauisch wendet sich der Käpt'n an die Hotel-

Kamelmarkt in der Wüste.

direktion, um zu erkunden, ob der junge Beduine aufschneidet oder vertrauenswürdig sei. Ali ist es. Wir werden handelseinig. Der Fiat wird zunächst einmal wieder mit Öl und Wasser versorgt. Ali setzt sich an das Steuer und ab geht's aus Douz heraus direkt in die Sanddünen.
Wir glauben, unseren Augen nicht trauen zu können, auf welch abenteuerliche Strecke Ali mit uns fährt, einfach in die Wüste hinein. Der Fiat ist doch schließlich kein Geländewagen und Allradantrieb hat er auch nicht. Wann bleiben wir im Sand stecken? Ali gibt Vollgas, bremst, geht wieder aufs Gas, kurvt geschickt durchs Gelände. Dünen hinauf und Dünen herunter und manchmal meinen wir, jetzt kippt der Wagen um. Ein Teufelsfahrer, dieser Ali. Er schafft es tatsächlich. Nach einer guten halben Stunde sind wir bei den Kamelhändlern. Doch wie er dorthin gefunden hat, fragen wir uns heute noch.
Kamelmarkt ist eine Sache für sich. Für Araber ist es selbstverständlich, daß gehandelt wird. Natürlich bietet der Händler nur ausgesucht gesunde und junge Tiere an, während der Käufer von altersschwachen klapprigen Kreaturen spricht. Nur gut, daß beide voneinander wissen, daß sie Schlitzohren sind.
Die armen Viecher, die da in der Wüste zum Verkauf stehen, leiden schrecklich unter blutsaugenden Zecken. Ein Tier nach dem anderen wird von den Kameltreibern zu Boden geworfen und mit dem Saft der Tamariske sorgfältig eingerieben. Alsbald sollen die Zecken von den Tieren abfallen. Vom Erfolg dieser Prozedur können wir uns nicht mehr überzeugen. Obwohl wir kein Kamel kaufen wollen, bieten die Beduinen uns frisch gemolkene Kamelmilch an. Vom Geschmack her ist sie herber als Kuhmilch, aber milder als Ziegenmilch. Ali weist auf einen Beduinen, der stets zu Fuß aus Algerien über die grüne Grenze etwa 120 km weit durch die Wüste zieht, um hier Kamele zu kaufen. Übrigens sind die meisten Beduinen barfuß.
Am frühen Abend kehren wir nach Douz zurück, verabschieden und bedanken uns und fahren weiter in Richtung Küste zur Meeresoase Gabes. Trotz dampfenden und stinkenden Gefährts genießen wir die zauberhafte Abendstimmung vor Sonnenuntergang. Die Wüste brennt.

Es ist schon dunkel, als wir kurz vor Gabes von einer Verkehrskontrolle gestoppt werden. Schwaden verbrannten Öls umgeben unseren Wagen mit besonderem Odeur. Naserümpfend läßt der Polizist die Motorhaube öffnen. Im Scheine seiner Taschenlampe ist der ölverschmierte Motorraum nicht zu leugnen. »Keinen Meter weiter«, heißt seine Anweisung. Er kontrolliert die Papiere und hört sich geduldig unsere Geschichte an. »Dem Autoverleiher müßte das Handwerk gelegt werden! So einen Wagen an Touristen zu verleihen, ist ja eine Schande!« quillt es zornig und entrüstet aus ihm hervor. Letztlich läßt er uns bis Gabes weiterfahren, mit der Maßgabe das Fahrzeug am nächsten Morgen in eine Werkstatt zu bringen.
Hungrig und rechtschaffen müde erreichen wir das Strandhotel. Im Zimmer ist eine Affenhitze und stickige Luft. Die Klimaanlage ist defekt. Also Fenster auf, selbst auf die Gefahr hin, daß uns die Mücken fressen werden. Doch erst freuen wir uns mit großem Appetit auf das Abendessen.
Am nächsten Morgen haben wir strahlendblauen Himmel und goldenen Sonnenschein, der Zorn auf das mißglückte Abendessen ist verflogen. Es gab nämlich lederhartes Fleisch, das Messer und Zähnen erfolgreich Widerstand leistete. Der Käpt'n war überaus enttäuscht.
Statt eine Autowerkstatt zu suchen beschließen wir die Höhlenwohnungen von Matmata anzuschauen. Also Öl und Wasser aufgießen und 60 km nach Süden. Matmata ist ein außergewöhnliches, von Berbern bewohntes Dorf. Leben die Beduinen in der Wüste, so leben die Berber in den Bergen. Das Tal von Matmata gleicht einer Mondlandschaft, kaum Baum noch Strauch. Die Bewohner leben größtenteils im Berg. Sie haben ihre Wohnungen aus dem weichen Gestein herausgehauen, Tunnel, Gänge, Wohnräume, Speicher, Ställe und Treppen vorangetrieben und sich so gemütliche, angenehm kühle Höhlenwohnungen geschaffen. Große, trichterförmige Durchbrüche zur Erdoberfläche schaffen Innenhöfe und spenden Tageslicht. Sogar das Hotel des Ortes besteht aus einem Trakt von Höhlenwohnungen. Wir sind fasziniert. Eine ungewöhnlich eindrucksvolle und fremde Welt, an der wir hier teilhaben dürfen! Dann treten wir endgültig die Rückfahrt an und sind froh, als wir unversehrt Monastir erreichen und wieder unsere *Cora* betreten.

Palmen, Pannen und Plaisir

Nach dieser erlebnisreichen Exkursion freuen wir uns auf die Seefahrt. Wenige Meilen vor Monastir liegen die Kuriat-Inseln, sehr flache Eilande, die nur durch den riesigen Leuchtturm rechtzeitig und sicher auszumachen sind. Weite Flachwasserzonen umgeben sie und reichen bis ans Festland. Ein ideales Baderevier, doch bei der Annäherung an diese Inseln ist höchste Wachsamkeit geboten.
Wir sind auf dem Weg nach Süden zu den der Ostküste vorgelagerten Kerkennah-Inseln. Aus der Seekarte entnehmen wir, daß es eine betonnte Durchfahrt zwischen den beiden Kuriat-Inseln gibt. Wir beschließen, diese Durchfahrt anzusteuern. Nicht ganz ungefährlich wird das Unternehmen, denn wehe dem, der das Fahrwasser nicht rechtzeitig ausmacht. Einen Trost gibt es. Wer aufläuft, kann die wenigen Meilen zurück zur Küste zu Fuß durchs Wasser waten. Wir starren uns die Augen aus dem Kopf, die verdammten Fahrwassertonnen sind nicht zu entdecken. Die Bordfrau steht am Bugkorb und stiert ins klare Wasser. Es sieht aus, als könne sie den Meeresboden mit der Hand greifen. Aber noch zeigt das Echolot 1,50 m Wassertiefe.
Direkt vor uns liegt ein Fischerkahn vor Anker. Wild gestikulierend warnen die Fischer. Es zeugt nicht gerade von navigatorischem Können, wenn wir jetzt die Fischer nach den Fahrwasserbegrenzungstonnen fragen. Doch es gibt eine ganz einfache Erklärung. Wir hätten suchen und Ausschau halten können, solange wir wollten, die Tonnen sind nicht

mehr da. Starkwind hat sie vertrieben. Sie sind eingeholt worden. So runden wir die Kuriat-Inseln besser seewärts, frei von der Angst, möglicherweise auf Grund zu laufen.
Für etwa 50 sm haben wir genug Wasser unter dem Kiel. Dann erreichen wir die ausgedehnte Flachwasserzone der Kerkennah-Inseln. Die Einfahrt zum Luza-Kanal haben wir bald ausgemacht. Der Wind nimmt zu. Die See wird rauher. Wir freuen uns auf den durch die dem Festland vorgelagerten Inseln geschützten Kanal. Er ist gut betonnt und bei klarer Sicht problemlos zu passieren. Allerdings müssen wir dennoch wachsam sein und von Tonne zu Tonne hüpfen, um in der sicheren Fahrrinne zu bleiben. Kein Skipper sollte sich von den einheimischen Fischerbooten mit ihren großen Lateinersegeln irritieren lassen, denn sie können aufgrund ihres geringen Tiefganges auch die Flachwasserzonen befahren. Sie fischen im gesamten Seeraum zwischen Inseln und Festland. Bei Tonne 10 verlassen wir die sichere Fahrrinne und tasten uns behutsam an die Palmeninsel heran.
Wir wollen in einer Bucht an der Nordwestküste übernachten. Doch so einfach, wie das hier klingt, ist es nicht. Wir sind nicht sicher, ob wir gerade Niedrig- oder Hochwasser haben. Eines aber wissen wir: In diesem Seeraum beträgt der Tidenhub 1,80 m. Je näher wir der Insel kommen und die augenblickliche Wassertiefe mit den Angaben in der Seekarte vergleichen, um so klarer wird uns, daß Ebbe herrscht. Sehr bald wird deutlich, näher als 2 sm kommen wir nicht an die Insel heran. Enttäuschung macht sich breit. Der Traum, unweit eines riesigen Palmenwaldes auf kristallklarem Meer zu ankern, goldgelber, feinkörniger Sandstrand greifbar nahe, geht hier nicht in Erfüllung. Wir werfen Anker und überzeugen uns von seinem sicheren Halt.
Das Meer ist graugrün, mit umherschwimmenden Pflanzenteilen durchsetzt, der Himmel wolkenverhangen und drohend. Ein Gewitter zieht auf. Es wird eine unruhige Nacht. Scharf pfeift der Wind über das flache Wasser. Wild zucken die Blitze über den Himmel. Der Regen prasselt hämmernd auf Deck. Zerknirscht kriechen wir in die Kojen. Am nächsten Morgen ist der Spuk vorbei. Nichts wie weg, zurück zum Luza-Kanal und weiter nach Süden.
Wir laufen den einzigen Hafen der Kerkennah-Inseln, Sidi Youssef, an. Die Zufahrt ist betonnt. Es gibt sogar einen Gastanleger. Der massive Kai muß für die Fähre aus Sfax freigehalten werden. Wir sind die einzigen Gäste im Hafen. Neugierig belagern Jugendliche den Anleger. Die Fischer gehen ungestört ihrer Arbeit nach. Palmenwedel werden mit einem kräftigen Messerhieb angespitzt. Später beobachten wir, daß sie endlose Palmenwedeldämme ins flache Wasser stecken.
Am hölzernen, leicht baufälligen Gaststeg erleben wir zum ersten Mal den Tidenhub von 1,80 m hautnah. Mal lugt das Gestell gerade noch aus dem Wasser, mal ist das Ungetüm auf Relinghöhe der *Cora*. Alle verfügbaren Fender hängen wir backbord in unterschiedliche Höhen. Die Festmacheleinen haben ausreichend Spiel. Steuerbord querab bringen wir einen Anker aus, der das Boot vom Anleger freihält.
Wenige Schritte jensets dehnt sich eine herrliche Badebucht aus, von Palmen umsäumt, in der sich buntbemalte Fischerkähne trockenfallen lassen. Wer dann baden will, muß dem Wasser nachlaufen. In dieser idyllischen Einöde bleiben wir mehrere Tage. Für uns ist es »Klein-Hawaii«.
Eines Nachmittags kann der Käpt'n sein mit dem Schiffsnamen besticktes Badetuch nicht mehr finden. Er hat es ordentlich zum Trocknen auf die Reling an backbord, stegseits also, gehängt und fein säuberlich festgeklammert. Entweder hat der Wind, der Wind, das himmlische Kind, das Handtuch fortgetragen, oder es war ein weniger himmliches Kind auf zwei Beinen, das an dem Handtuch Gefallen gefunden hat. Souvenir! Souvenir!
Unsere Trinkwasservorräte gehen zur Neige. Da wir keine Lust verspüren, Wasser kanisterweise aus der ziemlich entfernten Hafenbar heranzuschleppen, legen wir ab. Ziel ist

die Palmeninsel Djerba nahe der libyschen Grenze. Nicht lange laufen wir im Windschatten der Kerkennah-Inseln, dann schiebt uns ein steifer Nordwind vehement nach Süden. Achterliche See macht *Cora* nicht viel aus. 10 sm vor der Hafeneinfahrt Houmt Souk gibt das Sumlog seinen Geist auf.
Sehr bald erreichen wir die hohe, massige Ansteuerungstonne Djerba. Nun sind es nur noch 4 sm. Nach 1 sm gelangen wir in das durch feste Seezeichen markierte Fahrwasser zum Hafen. Es ist Hochwasser. Bei Wassertiefen um 3,50 m ahnen wir nicht, wie tückisch diese Zufahrt sein kann. Im Hafenbecken geben sich zahlreiche Fischkutter aller Größen und zwei Segelyachten ein Stelldichein. In den frühen Abendstunden wird die Ketsch unter italienischer Flagge von einem Fischkutter aufs Meer hinausgezogen. Motorschaden an Bord! So etwas läßt sich hier nicht beheben.
Djerba ist heute eine beliebte Touristen-Insel. Zahlreiche Hotelkonzerne haben sich an den weiten, weißen Stränden breitgemacht. Nicht nur klimatisch ist das palmenbestandene Djerba tief im Süden Tunesiens reizvoll. Die Europäer lockt auch der faszinierende Hauch Afrikas.
Historisch begründet ist, daß diese Insel Menschen verschiedener Religionen Heimstätte bietet. Noch heute gilt Religionsfreiheit. Eine jüdische Gemeinde, die im 6. Jahrhundert v. Chr. nach der Zerstörung Jerusalems durch Nebukadnezar hier Zuflucht fand, bewahrt in der ehrwürdigen Synagoge La Ghriba eine der ältesten und kostbarsten Thorarollen auf. Juden, Christen, Moslems – alle leben friedlich neben- und miteinander. Was im Libanon nicht möglich ist, auf Djerba wird es praktiziert.
Wie sollte es anders sein, auch Houmt Souk hat seine Souks. Durch solche zu schlendern, ist immer wieder aufregend. Versorgungsprobleme gibt es nicht. Oder doch? Beladen mit Taschen, angefüllt mit leeren Bierflaschen, haben wir uns auf den 2 km langen Weg zum Zentral-Magazin gemacht. Doch leider stehen wir vor verschlossenen Türen. Feiertag! Einige wenige Lebensmittel können wir in einem kleinen Geschäft erstehen, doch Bier gegen Käpt'ns Durst ist nicht zu erhalten.
Gestreßt von der Hitze, verärgert, die leeren Flaschen vergeblich so weit geschleppt zu haben, wollen wir mit einem Taxi zum Hafen zurück. Am Halteplatz steht ein freies, doch das Einsteigen wird uns verwehrt. Wieso? Was ist los? Will der Fahrer kein Geschäft machen? Hat er heute schon genug verdient? Wir sind konsterniert. Wir nehmen einen zweiten Anlauf und bitten erneut unter Hinweis auf die gewichtigen Taschen, uns zum Hafen zu bringen. »Nein und nochmals nein!« Wir können sein Verhalten nicht verstehen und sind ratlos. Er muß es unseren Gesichtern angesehen haben und geht auf die Taschen mit den Bierflaschen zu. »Nichts da, Bier transportiere ich nicht!« läßt er vernehmen. »Ach, deshalb nahm uns vor 14 Tagen ein Taxifahrer in Monastir auch nicht mit und ließ uns wortlos stehen«, dämmert es bei uns. »Halt, halt, die Bierflaschen sind doch leer!« ruft die Bordfrau. Mißtrauisch begutachtet er jede einzelne Flasche, nickt nach beendeter Kontrolle mit dem Kopf und läßt uns einsteigen. »Junge, Junge, hier wird der Glaube ernst genommen!«
Wieder an Bord zwängt sich der Käpt'n in den Taucheranzug. Die Bordfrau verstaut die Lebensmittel. Der Geber des Sumlogs muß inspiziert werden, vielleicht hat er sich nur verklemmt. Versehen mit Tauchermaske und Preßluftflasche – diese neueste Errungenschaft an Bord der *Cora* muß schließlich ausprobiert werden – läßt sich der Käpt'n ins Hafenwasser gleiten. Der Sumlog-Geber ist in Ordnung, dafür aber ist eine Opferanode an der Backbordwelle lose. Der Käpt'n rückt ihr mit einem Schraubenzieher zu Leibe und ist begeistert, wie herrlich es sich unter Wasser mit einer Preßluftflasche auf dem Rücken arbeiten läßt.
Leider, leider müssen wir den Fehler nun im Bootsinneren suchen. Der Verdacht, daß die Antriebswelle gebrochen ist, liegt nahe. Sehr bald entdecken wir die Bruchstelle. Glücklicherweise haben wir Ersatz an Bord. Der Schaden ist schnell behoben.

Da pocht es an das Salonfenster. Ein junger Fischer bittet darum, sich Taucherflasche und Atemgerät ausleihen zu dürfen. Seit Stunden versuchen sie, mit unzulänglichem Werkzeug – immer wieder auftauchend, nach Luft schnappend – ein eingefangenes, völlig verklemmtes Stahlgestell einer Reuse von Schiffsschraube und -welle zu entfernen. Die gesamte Mannschaft des hölzernen Trawlers sei bereits mit ihren Kräften am Ende. Im ersten Augenblick zögern wir: »Das Atemgerät verleihen? Wie desinfizieren wir es?« Doch der Gedanke an Zahnprothesen-Reiniger löst das Problem sekundenschnell. Überglücklich und strahlend taucht der Fischer nunmehr bestens ausgerüstet unter sein Schiff. Wir freuen uns mächtig, helfen zu können, händigen ihm noch eine funkelnagelneue Stahlsäge aus und harren der Dinge. Nach einer guten halben Stunde hat er es geschafft. Er fördert ein stabiles, bizarrverbogenes Stahlgestell zutage. Eitel Freude bei allen. Kaum haben wir das Mundstück desinfiziert und samt Flasche verstaut, stehen drei Mann der Besatzung mit je einem Eimer in der Hand neben *Cora*. Ein Eimer angefüllt mit Langusten, ein zweiter mit Seezungen, der dritte voller Barsche, alles tiefgekühlt in Trockeneis gelagert. »Nein, nein, nein, ein so fürstliches Geschenk können wir nicht annehmen.« tönt es wie aus einem Munde. »Hilfe unter Seeleuten ist selbstverständlich und bedarf keines materiellen Dankes. Wenn Sie dennoch wollen, drei, vier Seezungen sind mehr als genug.« Doch die drei lassen sich nicht beeinflussen. Wir bekämen auch täglich Trockeneis, nur die Eimer müßten sie gleich zurückhaben. Ein ganz großes Dankeschön unsererseits! Den Kühlschrank stellen wir auf Hochtouren. An einem schattigen Platz an Bord verstauen wir zwei Eimer, über die Langusten fallen wir gleich her. Mittags Langusten, abends Seezungen, wir leben wie im Schlaraffenland! Noch am gleichen Abend läuft der Trawler nach Sfax aus.

Am nächsten Morgen bringen einheimische Fischer wie versprochen Trockeneis. Wir kommen mit dem Essen gar nicht nach. Immer und immer wieder versuchen wir, die Crew des noch im Hafen liegenden, französischen Segelbootes anzutreffen. Am Abend endlich haben wir Glück. Wie ein Geschenk des Himmels kommt für sie unser Angebot, einen Eimer voller Fische zu übernehmen. Ihre Vorräte seien am Ende, und sie müßten noch heute nacht auslaufen.

Der nächste Tag soll ein Badetag werden. Wir wollen ihn 8 sm von Houmt Souk entfernt an der Insel bei Sidi J'mur verbringen. In den Morgenstunden ist Ebbe, dennoch laufen wir aus. Prompt sitzen wir mitten in der Fahrrinne gleich hinter der Hafenausfahrt auf Grund. Wir sind fassungslos: »Hat Neptun letzte Nacht eine Sandbank vor die Ausfahrt geschoben? Nein, unmöglich, natürlich nicht!« Das Echolot zeigt 2 Fuß Wassertiefe. *Cora* rückt und rührt sich nicht. Die Bordfrau wird nervös. Nur gut, daß der Käpt'n die Ruhe bewahrt. Mit dem Bootshaken auf der Badeplattform stehend stochert er im Meeresboden herum. »Alles weich, alles Mud«, stellt er beruhigt fest. Zurück am Fahrstand gibt er abwechselnd ganz behutsam erst vorwärts, dann rückwärts, mal Backbord-, mal Steuerbordmaschine Gas. Die Bootsschrauben schaufeln sich nach und nach frei. Plötzlich kräftig Gas, ein Ruck, und *Cora* nimmt Fahrt auf. Erstes Aufatmen an Bord! »Ist alles gutgegangen, oder hat *Cora* Schaden genommen?« Noch wissen wir es nicht. Noch tuckern wir langsam inmitten des Fahrwassers in Richtung offenes Meer. Dann sind wir draußen. Nun wird es sich zeigen, ob wir Glück im Unglück haben.

Der Käpt'n beschleunigt – langsam, vorsichtig. Noch macht *Cora* Verdrängerfahrt, noch ist alles in Ordnung. Dann mehr Gas. *Cora* streckt die Nase hoch, um sie kurz darauf wieder zu senken. Jetzt läuft sie in Gleitfahrt. Keine Vibration und schon gar kein Schütteln des Bootes! Jubel bei der Crew. Wir malen uns lebhaft aus, was es bedeutet hätte, wenn hier am Südzipfel Tunesiens, fernab jeglicher Bootswerkstätten, ein Schaden an Schrauben oder Wellen entstanden wäre. Nicht auszudenken! Aber ... wir haben wieder einmal Glück gehabt. Neptun ist auf unserer Seite.

Vor Sidi J'mur gehen wir vor Anker. Djerba ist ebenfalls rundherum von ausgedehnten

Flachwasserzonen umgeben, so daß wir auch hier 1 sm vom Strand entfernt ankern müssen. Wir sehen die Palmenpracht vom Wasser aus immer nur aus großer Entfernung. Das enttäuscht, wir haben es uns ganz anders ausgemalt. In den Nachmittagsstunden geht es zurück. Wir passieren die markierte Hafenzufahrt nicht ohne Herzklopfen. Unentwegt liest die Bordfrau die Wassertiefen am Echolot ab. Der Käpt'n konzentriert sich ausschließlich auf das Fahrwasser. Noch je ein Seezeichen an back- und steuerbord, dann haben wir es geschafft. Unser Liegeplatz ist frei. Wie gehabt gehen wir längsseits und vertäuen *Cora*.
Lebhafter Wind aus Nordost fegt über den Kai und bedeckt unser Boot in kürzester Zeit über und über mit feinem Wüstensand. Fürchterlich wie alles knirscht,... und Diesel müssen wir auch noch bunkern. In Houmt Souk gibt es zwei Kraftstofflieferanten: einen verschlagenen alten Araber, der auf seinem Eselskarren einen fragwürdigen, vergammelten Tank verzurrt hat und horrende Transportkosten verlangt, und einen jungen Tunesier, der den Kraftstoff in einem Tankwagen – versehen mit Uhr, Schlauch und Zapfpistole – anliefert. Seine Transportkostenforderung erscheint uns angemessen. Plötzlich, wie bestellt, fährt er vor. Wir übernehmen 500 l Diesel und sind startklar für die Rückfahrt nach Monastir.
144 sm liegen vor uns, leider auch eine unruhige, nicht beständige Wetterlage. Gleich, nachdem wir den Seewetterbericht abgehört haben, starten wir kurz nach 6 Uhr. Die Sonne geht gerade auf. Es ist unangenehm kühl und die See ist bewegt. Der Wind kommt noch immer aus Nordost. *Cora* strebt, so zügig sie kann, dem Luza-Kanal entgegen. Die mächtige Bohrinsel vor Sfax ist bald deutlich auszumachen. Im Schutze der Kerkennah-Inseln finden wir ruhiges Wasser. An der Tonne »Afrika« nehmen wir Kurs auf die Kuriat-Inseln.
Jetzt bekommen wir zu spüren, wie sehr der Wind die See aufgepeitscht hat. Sollen wir in den Hafen von Mahdia gehen? Doch es läuft besser, als wir denken. Wir haben die Fahrt gedrosselt. *Cora* steigt auf die Wellenberge und verschwindet im Wellental, steigt wieder hinauf, um erneut zu verschwinden. So geht es über zwei Stunden. Dann passieren wir den Kuriat-Leuchtturm. Die letzten 10 sm laufen wir mit beinahe achterlichem Wind. Mit 6 Bft pfeift er über die See. Lange weiße Schaumstreifen ringsum! Steile, hohe, zu kurze Wellen erschweren das Kurshalten. Die Silhouette von Monastir taucht auf. Wir sind zufrieden.
Parallel zur Hafeneinfahrt steht eine höllische Brandung. Die Bordfrau steuert am unteren Fahrstand. Der Käpt'n wartet am oberen. Nun heißt es Wechsel: Gashebel in Leerlaufstellung, Steuerung umschalten, am oberen Fahrstand Ruder übernehmen. Doch unversehens haben uns die Wellen querab erfaßt. *Cora* legt sich nach steuerbord in einem unglaublichen, nie zuvor erlebten Krängungswinkel, daß wir befürchten, nun passiert's, wir kentern! Für den Bruchteil einer Sekunde erstarren wir in grauenvoller Angst, doch ... das Boot richtet sich wieder auf. Der Käpt'n bringt es gefaßt und cool auf Kurs. Wir sind im Vorhafen. Die Spannung weicht. Doch Hände und Glieder zittern noch. Nach dem Festmachen halten wir das Anemometer in den Wind. Stramme 7 Bft lesen wir hier im Hafen ab. Klaus und Benita begrüßen uns kopfschüttelnd: »Heute haben wir Euch wirklich nicht erwartet.«
Ganz offensichtlich haben die Herbststürme sehr zeitig eingesetzt. Es ist erst Mitte September. Noch Tage dauert es, bis Afrika uns wieder entläßt und wir gen Europa dampfen können.

Törn zu Zeugen der Steinzeit

Törninfos mit Traileranreise

Etappen	sm
Monastir / Tunesien – Lampedusa	95,6
Lampedusa – Malta	110,3
Malta – Syrakus / Sizilien	88,2
Syrakus – Giardini-Naxos	51,9
Giardini-Naxos – Le Castella / Italien	121,6
Le Castella – Crotone	20,0
Crotone – Sibari	61,4
	549,0
	(1016,7 km)

Seekarten
D 305, D 311, D 661, D 662, I 21, I 22, I 217.

Handbücher
Seehandbuch Mittelmeer, Teil III. DHI. Hamburg.

Hafenhandbuch Mittelmeer, Teil II Mitte. DSV. Hamburg.
Axel Kramer. Sizilien, Malta, Tunesien. Tulln/Österreich.

Informationsschrift
Erlebnisinsel Malta. Fremdenverkehrsamt Malta. Schillerstr. 30-40. 60313 Frankfurt/Main.

Traileranreise
Ein Törn nach Malta ist auch für den Trailerkapitän durchaus zu realisieren und lohnenswert. Allerdings sollte ein längerer Urlaub zur Verfügung stehen. Günstiger Ausganspunkt ist die sizilianische Hafenstadt Syrakus. Hier beim Club Lega Navale im Porto Marmoreo kann das Boot problemlos zu Wasser gelassen und Kfz und Trailer auf dem eingezäunten und rund um die Uhr bewachten Clubgelände abgestellt werden. Anschrift: *Lega Navale, Sezione di Siracusa, Presidente Rag. Enrico Cannarella, Porto Marmoreo, Siracusa/Sicilia, Tel: 0039/931/69147.*
Für die Anreise auf fast durchgehender Autobahn, einschließlich der Fähre San Giovanni-Messina, sollte jeder Interessierte ab deutscher Grenze zweieinhalb Reisetage kalkulieren. Eine Alternative wäre Reggio Calabria als Ausgangshafen. Die Anreise verkürzt sich dadurch um einen halben Tag, jedoch ist eine Bewachung von Auto und Trailer hier hinter dem Gebäude der Guardia di Finanza nicht absolut sicher gegeben. Eine weitere Möglichkeit wäre, von Reggio Calabria aus mit der täglich verkehrenden Fähre direkt Malta anzulaufen. Für Fahrzeug und Trailer gibt es auf Malta verschiedene Möglichkeiten, entweder beim Yachting-Center auf Manoel Island oder zu Händen eines Yacht-Brokers.

Insel in Kristall gefaßt

Ein grausamer Wind tobt in der Straße von Sizilien. Die See ist rauh und aufgewühlt. Wir wollen schnellstens von Afrika zurück nach Europa, bevor es zu spät ist, bevor ein Herbststurm den anderen jagt. 95 sm zur Insel Lampedusa liegen zunächst vor uns. Endlich verspricht der Seewetterbericht eine Atempause des Windes. Wir starten zu den Pelagischen Inseln. Es sind deren drei: Lampione, Lampedusa und Linosa.
Es ist gerade 6 Uhr früh, als der Käpt'n die Motoren anläßt. Eine sanfte Brise weht uns um die Nase. Wir nehmen Abschied von Tunesien. Eine weite weiche Dünung empfängt *Cora*, als wir den Hafen von Monastir verlassen. Am Kuriat-Leuchtturm gehen wir auf Kurs Lampedusa. Es wird nicht leicht werden, Lampedusa auszumachen. Seine flache Silhouette bleibt oft im Dunst verborgen. Wir laufen mit Hilfe des Autopiloten, er steuert am genauesten.
Es ist später Vormittag, als wir am Horizont ein größeres, dunkles Etwas erkennen. »Ach, ein Flugzeugträger der amerikanischen Mittelmeerflotte, operiert sie doch seit Monaten vor der libyschen Küste«, denken wir. Doch je näher wir kommen, desto unsicherer werden wir. Ist es nun ein Flugzeugträger oder ist es bereits das Felseiland Lampione? Sein langgestrecktes Felsplateau läßt tatsächlich den Vergleich mit einem Flugzeugträger zu. Beinahe punktgenau hat uns der Autopilot hierhergeführt. Dann taucht Lampedusa auf. Lampedusa, Insel in Kristall gefaßt, weiß und leuchtend, ganz anders als die schwarzen, bizarren Vulkaninseln im Norden und Westen Siziliens. Wir laufen in den Hafen. Er ist nicht gerade das Nonplusultra und von zahlreichen vor Mooring liegenden Fischerbooten bevölkert. Keine Möglichkeit am Kai einen Platz zu ergattern. Hier liegen die Trawler, meist im Päckchen, und blockieren sogar die Anlegemöglichkeit vor der Tankstelle. So bleibt nur das Ankern in der Hafenbucht als Ausweg. Der Grund hält gut. Wir liegen unterhalb der Radiostation, von der wir täglich den Seewetterbericht erhal-

ten können. Das Hafenwasser ist eklig und voller Öl, ein krasser Gegensatz zu dem die Insel umgebenden, glasklaren Meer.
Diese Insel ist fernab von jeglichem Massentourismus ideal für Individualisten. Taucher finden an den Steilküsten mit ihren ungezählten Grotten imposante Unterwasserfelsformationen und einen Fischreichtum, der seinesgleichen sucht. Herrliche Sandstrände an der Süd- und an der Ostküste begeistern Badelustige.
Am nächsten Morgen brechen wir gleich zur Cala dei Conigli auf. Diese Bucht mit der vorgelagerten Kaninchen-Insel ist gewiß die schönste der Ankermöglichkeiten rund Lampedusa. Sie liegt im Süden. Es fehlen wieder einmal die Worte, wenn wir beschreiben sollten, wie paradiesisch dieser Ankerplatz ist. Wir verleben herrliche Stunden und bleiben zur Nacht. Doch gleich nach Mitternacht holt uns aufkommender Starkwind aus den Kojen. Es klatscht und donnert an den Bootsrumpf. An Schlaf ist nicht mehr zu denken. Kaum daß der Tag sich ankündigt, Anker auf und zurück in den wenig schönen Hafen, aber dort liegen wir geschützt und ruhig.
Am folgenden Tag ist in Lampedusa »grande festa«, das Fest der Madonna di Porto Salvo. Der kleine Ort verwandelt sich in einen Rummelplatz. Unzählige Wettbewerbe werden an Land und zu Wasser ausgetragen. Den amüsantesten Höhepunkt bildet das Badewannenrennen quer durch den Hafen. Die Schaulustigen finden sich rechtzeitig ein, bevölkern Fischerkähne, tuckern auf Booten aller Art herbei und okkupieren sogar den am Anleger liegenden, zwischen Sizilien und Insel verkehrenden Aliscafo derart, daß er mit schwerer Schlagseite im Wasser hängt.
Ein Pistolenschuß zerreißt die Luft. Das Badewannenrennen beginnt. Kaum daß die Teilnehmer das Gleichgewicht in ihrem schwimmenden Untersatz halten können, ist ein wilder Wettstreit entbrannt. Mit bloßen Händen und weitausholenden, kräftigen Armzügen wild paddelnd, muß das Ziel erreicht werden. Doch da kentert die erste Wanne und versinkt auf Nimmerwiedersehen. Sie bleibt nicht die einzige, die absäuft, Kurs Hafengrund nimmt und dort liegenbleibt. Nur ein einsamer Wettkämpfer kommt samt Wanne durchs Ziel. Frenetischer Beifall belohnt ihn. Siegerehrung und anschließende Prozession mit der Heiligen Madonna rund um den Hafen. Am Abend Treffpunkt Piazza. Platzkonzert der Militärkapelle und Jubel, Trubel, Heiterkeit für Insulaner und Gäste. Übrigens gibt es auf Lampedusa ein Militärhospital, und im Hafen liegt ein Lazarett-Schiff der italienischen Marine.

Unter dem Malteserkreuz

Uns zieht es weiter nach Malta. 110 sm sind zu bewältigen. Wir warten auf eine ruhige Wetterlage. Als der Seewetterbericht von 3 Bft und auslaufender Dünung spricht, Anker auf und weg. Es wird eine angenehme Überfahrt. Die weiche Dünung läßt *Cora* wellenreiten. Wir versuchen – so lange es geht – oben auf der Welle mitzulaufen. Doch ab und an geraten wir ins Wellental. Wie von Geisterhand wird das Boot dort festgehalten, bis es uns gelingt, wieder auf die Welle hinaufzukommen. Nach geraumer Zeit holen wir die italienische Gastlandsflagge ein, setzen die von Malta und zugleich die gelbe Flagge Q.
Die Maltesischen Inseln bestehen aus Malta, Gozo, Comino und zwei winzigen, unbewohnten Felseilanden. Die eine der beiden Felsinseln wirkt wie ein in Stein gehauener Zylinder. Wer Malta anläuft, muß nach La Valetta zum Einklarieren. Hier auf Manuel Island im Marsamxett-Harbour befinden sich die Behörden. Ganz bestimmte Anlegeplätze sind für das Einklarieren reserviert. Die Zollbeamten kommen umgehend zum Schiff. Dann heißt es erst einmal, im Büro des Yachting-Centers zahlen. Wer für die Maltesischen Inseln nur wenig Zeit mitbringt, ist arm dran, denn die Minimalgebühr für jedes Boot beträgt 20 Maltesische Pfund, etwa 110 bis 120 DM je nach Wechselkurs. Wir hätten fünf Wochen für diese Summe Geldes bleiben können.

Am stadtseitigen Ufer des Lazaretto-Creeks erhalten wir unseren Liegeplatz. Dort ist es wunderschön. Wir liegen an einer Parkanlage mitten in der Stadt. Kaum vertäut, hält ein Pkw an unserem Boot. »Brauchen Sie einen Taucher?« werden wir gefragt. »Wieso einen Taucher?« wollen wir wissen. Der Skipper eines Katamaranes erklärt: »Wenn Sie länger in Malta liegen wollen, müssen Sie eine etwa 50 m lange Leine vom Bug zur im Hafenbecken verankerten, schweren Mooringkette ziehen und dort befestigen lassen, da der Ankergrund keinen sicheren Halt bietet. Bei Winden aus östlichen Richtungen wird Ihr Boot sonst auf die Kaimauer gedrückt. 70 DM verlangt der Taucher für seine Arbeit.« Wir vertrauen zunächst unserem Anker und haben Glück, als der Eigner der neben uns liegenden 20-m-Ketsch aus Österreich anbietet, eine Sicherheitsleine zum Bug seines Schiffes zu ziehen. Er würde sowieso nicht mehr auslaufen und wolle den Winter auf Malta verbringen. So liegen wir sicher und sind beruhigt, als es wenige Tage später anfängt, ordentlich aus Nordost zu blasen. Drei Tage lang singt der Wind mit 8 Bft sein Lied. Die See rund Malta ist aufgepeitscht und wild.

Nie zuvor haben wir um diese Jahreszeit in einem Hafen so viele Yachten und Yachties aus aller Welt gesehen wie an den Liegeplätzen rund Manuel Island. Wer den Winter im Mittelmeer verbringen will, ist hier wohl am besten aufgehoben. Die Yachties haben Kontakt untereinander. Sie können ihre Schiffe überholen. Shipchandler bieten alles, was Skipper an Zubehör oder Ersatzteilen benötigen. Fachkräfte jeglicher Art stehen in La Valetta zur Verfügung. Die Werft führt alle Arbeiten rund ums Boot aus. Auch wir nutzen diese Möglichkeit und verpassen *Cora* ein gedrechseltes Ruder am 2. Steuerstand.

Auf Malta gibt es unzählige Agenturen, die mit der Beaufsichtigung einer unbewohnten Yacht beauftragt werden können. Die Yacht-Broker betreuen und überwachen verantwortlich die stillgelegten, verlassenen Schiffe. Sie sehen nach dem Rechten, kontrollieren Leinen und Verankerung, lassen, wenn verlangt, von Zeit zu Zeit die Motoren laufen und kassieren dafür entsprechende Honorare. Aufgaben, die normalerweise vom Marinapersonal wahrgenommen werden, werden hier von Yacht-Broker übernommen, denn Marinas im uns bekannten Sinne gibt es nicht.

Malta hat ausgezeichnete Verkehrsverbindungen. Die grünen, alten, englischen Busse fahren im Minutentakt in alle Himmelsrichtungen zu allen denkbaren Orten und Gegenden. Irritierend ist zunächst der Linksverkehr. Auch als Fußgänger müssen wir uns daran gewöhnen, vor dem Überqueren zuerst nach rechts zu schauen. Wir haben das Gefühl, Maltas Autofahrer haben sich längst auf das Fehlverhalten der Touristen eingestellt. Auch wir laufen ungewollt vor so manches Fahrzeug. Kreischende Bremsen, verständnisvolles Lächeln und ein Handzeichen zum Weitergehen sind die Reaktionen rücksichtsvoller, maltesischer Wagenlenker.

Mit einem Mietwagen wollen wir die Insel erkunden. Für sage und schreibe 5 Pfund pro Tag, weniger als 30 DM, mieten wir ein Fahrzeug. Kilometergeld wird nicht erhoben. Wir können fahren, so weit und wohin wir wollen. Wir nutzen den Wagen sogar, um Kraftstoff für *Cora* herbeizuschaffen, denn wer bunkern will, muß einen Tankwagen kommen lassen, und da wird ordentlich zugelangt. Fazit, durch den Eigentransport des Kraftstoffes haben wir rein rechnerisch den Mietwagen zwei Tage umsonst.

Tempel, Grotten und Paläste

Eine Fahrt zu den Zeugen der Steinzeit soll unsere erste sein. Wohl einmalig auf der Welt sind die megalithischen Tempel in Tarxien und Hagar Qim aus prähistorischer Zeit. Steinzeitmonumente von unglaublicher Schönheit in streng geometrischen Formen und Linien, verziert mit Punkt- und Spiralornamentik. Nahezu vor 6000 Jahren haben Menschen diese Tempel aus und in Stein gehauen. Unvorstellbar, wenn wir daran denken, daß sie keine technischen Hilfsmittel, wie wir sie heute kennen, hatten. Ihr Werkmate-

rial war der Stein, und aus Stein waren auch ihre Werkzeuge. Auf Steinkugeln zum Beispiel transportierten sie die riesigen Steinblöcke.
Die Tempelanlage von Tarxien besteht aus mehreren Räumen. Besonders interessant sind das Idol, der Weissagungsblock, der Altar mit Spiralmotiven, der Orakelraum mit dem Orakelloch, das Steingefäß aus einem Monolithen gehauen, ungefähr ein Meter hoch, für die Waschungen der Opfertiere vor der Opferung. Die symbolische Reinigung mit Wasser ist auch heute noch in Religionen und Kulten üblich.
Ein weiteres Juwel des »Alten Malta« ist das Hypogeum, eine unterirdische Friedhofs- und Tempelanlage. In Tarxien wurden 12 m unter der Straße aus dem Kalkstein herausgehauene, untereinander verbundene Grabkammern und Gebetsräume – in mehreren Etagen liegend – entdeckt, die früher als die Pyramiden von Gizeh in Ägypten entstanden sind.
Von den eindrucksvollen, von Menschenhand geschaffenen Bauwerken nun zu den bewundernswerten Naturschönheiten der Inseln, zur Blauen Grotte auf Malta und zu den Grotten von Comino. An der Südküste Maltas bei Wied Iz-Zurrieq besteigen wir im Minihafen einen buntbemalten Fischerkahn, der uns entlang der steilen Felsküste zur faszinierenden Blauen Grotte bringt. Sie hat diesen Namen wirklich verdient. Ein leuchtendes Himmelsblau des Meeres bei der geringsten Bewegung der Wasseroberfläche! Für Grottenfans hält Malta auf der kleinen Insel Comino noch weitere Grotten bereit – die mit dem eigenen Beiboot erkundet – besonderen Reiz ausstrahlen. Die Blaue Lagune ist für Bootler der schönste Badeplatz von flachem Fels aus zwischen den Inseln Malta und Gozo.
Wir besuchen Mdina, die mittelalterliche Hauptstadt, im Herzen der Insel Malta gelegen, und fahren mit der Kutsche durch die von Festungsmauern umschlossene »Schweigende Stadt«. Obwohl dicht bewohnt, herrscht hier Grabesstille. Nur der Widerhall der Hufe ist in den engen, mit Pflastersteinen ausgelegten Altstadtgassen zu vernehmen.
Die prachtvolle Rundkirche in Mosta wird von einer der größten Kuppeln Europas gekrönt. Durch die zentrale Kuppelöffnung fiel im 2. Weltkrieg während eines Gottesdienstes eine Fliegerbombe. Niemand wurde verletzt oder gar getötet. Sie blieb auf dem marmornen Fußboden der Kirche liegen, ohne zu explodieren. Heute wird sie im Kriegsmuseum in La Valetta aufbewahrt. Die in der Kirche ausgestellte Attrappe begreifen wir als deutliche Mahnung.
La Valetta, die heutige Hauptstadt des Inselstaates, ist vom britischen Kolonialstil geprägt. Sie wurde von dem französischen Großmeister, dessen Namen sie noch immer trägt, erbaut und beherrscht mit ihren weitläufigen Festungsanlagen und Bastionen den größten Naturhafen Europas. Gleich einem zweiarmigen Fjord schneidet er tief in die Felsinsel ein.
La Valetta beherbergt unzählige Kunst- und Kulturschätze. Das berühmteste Bauwerk, der mächtige Großmeister-Palast, ist heute Sitz der Regierung. Dennoch sind viele historische Räume zur Besichtigung freigegeben. Der Gobelin-Saal ist mit wertvollen Wandteppichen reich ausgestattet, Räume und Hallen des Palastes mit Friesen, Gemälden und antikem Mobiliar bestückt. In den Straßen herrscht geschäftige Betriebsamkeit. In der weitläufigen Fußgängerzone wird ungestörter, abgasfreier Einkaufsbummel zum Vergnügen. Cafés und Restaurants sind gut besucht und von internationalem Sprachgewirr erfüllt.

Antike Metropole Siracusa

Es ist Anfang Oktober. Noch immer wohlige Wärme. Das Thermometer klettert auf 30° C im Schatten. Das Meereswasser ist warm und mollig. Dennoch drängt es uns zum Winterlager nach Sibari.

Wir lichten den Anker. 88 sm, Windstärke 4 aus Südwest und eine bewegte See sind die Weggefährten auf der Überfahrt von Malta nach Sizilien. An der Ostküste steuern wir die weiträumige Hafenbucht von Syrakus an. Die Altstadt liegt auf der Insel Ortigia. Ein schmaler Stichkanal trennt sie vom Festland. Nördlich und südlich der Insel gibt es zwei Häfen, Porto Marmoreo und Porto Grande. Porto Marmoreo ist Fischer- und Yachthafen, Porto Grande der Fährhafen. Hier an der endlos langen, hohen Kaimauer machen wir über Buganker fest. Wir spüren deutlich, die Saison ist zu Ende. Ein einziges Segelboot liegt an der Kaimauer.
Tückisch ist diese Mauer. Ein knapp unter Wasser befindlicher, etwa einen halben Meter herausragender Mauervorsprung erschwert das Anlegen. Wie lang muß eine Gangway eigentlich noch sein, um an Land gehen zu können?! Der Abstand zwischen Badeplattform und Mauervorsprung ist gering. Die Wellen der ein- und auslaufenden Fähren machen uns Sorge. Hält der Ankergrund? Noch wissen wir es nicht! 40 m Kette sind draußen. Der Wind aus Südwest frischt auf. Eine auslaufende Fähre erzeugt erheblichen Schwell. Da passiert es auch schon. *Cora* liegt mit der Badeplattform auf besagtem Vorsprung. Der Anker hat nachgegeben. Es knirscht unüberhörbar. In Windeseile läßt der Käpt'n die Maschinen an und holt vom oberen Steuerstand aus die Ankerkette einige Meter ein, um das Boot vom Mauervorsprung freizubekommen, während die Bordfrau so schnell wie möglich die Heckleinen fiert und dann einzieht. Es zahlt sich aus, wenn Festmacheleinen auf Slip liegen, also rückholbar über Poller gelegt oder durch Ringe gezogen sind.
Wir tuckern unverzüglich zum Porto Marmoreo. Die Dunkelheit bricht herein. Der erste Eindruck: Kein einziger Schlupfwinkel ist im kleinen Hafen zu entdecken. Zwei Clubs haben hier ihr Domizil. Dicht gedrängt liegt Boot an Boot. Das gesamte Hafenbecken ist ausgenutzt. Vor Mooring liegende Yachten und Fischerboote erlauben kaum ein Manövrieren. Der Marinaio des am Südufer gelegenen Clubs weist uns in den Porto Grande. Er kann ja nicht wissen, daß wir da gerade herkommen. Alle Überredungskünste sind nutzlos. Kein einziger Liegeplatz sei frei. Wir versuchen es bei der Lega Navale am Westufer. Auch hier zunächst Achselzucken! Doch dann erbarmt sich der Hafenmeister unser. Er und die Carabinieri schaffen eine schmale Lücke. Wir dürfen neben dem Boot der Polizei festmachen.
Der Hafen ist gut geschützt. Wir verbringen eine ruhige Nacht und genießen einige Tage die Gastfreundschaft der Lega Navale. Als wir bezahlen wollen, heißt es liebenswürdig: »Nein danke, Sie waren unsere Gäste.« Leider hat der Club nur wenige Gastliegeplätze (siehe Hafenporträts). Von hier aus unternehmen wir noch mehrere Ausflüge, denn neben Palermo dürfte Syrakus eine der beeindruckendsten Städte Siziliens sein.
Von den Korinthern gegründet, gehörte sie im Altertum neben Athen, Karthago und Rom zu den bedeutendsten Metropolen der mediterranen Welt. Die mehr als 3000jährige Geschichte offenbart Kunstschätze und Bauwerke aus vielen Epochen. Wir besuchen zuerst die Latomien, Steinbrüche aus griechischer Zeit. Hier wurden 7000 athenische Gefangene, die einzigen Überlebenden des mächtigen Heeres des Nikias, das 413 v. Chr. von den Syrakusern besiegt und vernichtet wurde, eingeschlossen und durchlitten schreckliche Qualen in den zu schauerlichen Kerkern umgewandelten Steinbrüchen.
In unmittelbarer Nähe der Steinbrüche befinden sich zwei der großartigsten Zeugen der Vergangenheit: das griechische und das römische Amphitheater. Nirgendwo auf der Welt erkennt der Besucher die unterschiedliche Zweckbestimmung dieser Monumentalbauten deutlicher: Das griechische mit Bühne und Rängen wirklich ein Theater, das römische mit Kampfbahnen und unterirdischen Gewölben eine Arena.

Sizilianischer Zauber

Griechischer Mythos begleitet uns auf der Weiterreise entlang der Ostküste Siziliens bis Taormina. Bei Aci Trezza fahren wir dicht an die Zyklopen-Inseln heran. Es sind mehrere kleine Felseilande, die dem Hafen des Städtchens vorgelagert sind. Ein zauberhaftes Bild, von dem der Mythos Grausames erzählt! Diese sagenumwobenen Basaltblöcke hat einst der von Odysseus geblendete Riese Polyphem in ohnmächtigem Zorn dem griechischen Helden und seinen Mannen nachgeschleudert.
Genüßlich bummeln wir entlang der Küste weiter nach Norden. Für einen Augenblick taucht am Horizont die Silhouette des Ätna auf. Bald erreichen wir Giardini-Naxos zu Füßen Taorminas. Der größte Vulkan Europas, der aus dem Meere aufgestiegen ist, zeigt sich majestätisch mit einer Höhe von 3375 m. Am Kai und auf der Mole sind Bauarbeiten im Gange. Wir machen neben einer Ketsch aus England fest. Doch nicht lange halten wir es an diesem Liegeplatz aus. Lärm und Staub von Betonmischmaschinen, ständig hin- und herfahrenden Lastkraftwagen und einem überdimensionalen, kreischenden Kran erzeugt, lassen uns Reißaus nehmen. Im weiten Hafenbecken, da wo auch Fischerkähne und Sportboote vor Mooring liegen, werfen wir an geeigneter Stelle den Anker. Hier sind wir relativ ungestört und fahren lieber mit dem Beiboot an Land.
Am folgenden Morgen, als wir gegen 6 Uhr naseweis den Kopf aus der Kajüte strecken, steigt aus drei Kratern des Ätna kräftig Rauch. Das Teatro Greco blickt aus felsiger Höhe von Taormina auf uns herab. Wir sind nichts als ein staunender Punkt, schwoien in unserer *Cora* sitzend und lassen uns von der am Himmel langsam hochsteigenden Sonne wohlig wärmend anstrahlen.
»Taormina, Perle Siziliens, wohl einer der schönsten Orte der Welt, imposant gelegen auf steilem Fels, zu seinen Füßen Isola Bella und die reizvolle Bucht zwischen Cap Schisó und Cap Taormina ...«, so beginnt in unseren Gedanken eine Hymne, die wir singen möchten, berauscht von dem Schönen, was das Auge schaut. »Trinkt, ihr Augen, trinkt aus dem Kelche, den dieses Fleckchen Erde euch reicht!« So könnte der Lobgesang weitergehen.
So herrlich und unvergeßlich sich dieser Tag anschickt, seinen Lauf zu nehmen, so garstig und drohend wendet sich das Blatt am Nachmittag. Dunkle, schwarze Gewitterwolken ziehen auf, verdichten sich mehr und mehr, bis kein Fleckchen des strahlenden Himmelsblau übrig ist. Schon wetterleuchtet es über dem Meer. In den Abendstunden bricht es über uns herein. Wild zucken die Blitze, mal über Taormina, mal über Castellmolo, einem Ort, der wie eine Krone auf königlichem Haupte auf Bergeshöh' thront, mal über dem Ätna und wieder über dem Meer.
Cora liegt in der Bucht, hin- und hergetrieben vom Wind, und läßt geduldig diesen Hexenkessel über sich ergehen. Prasselnd schlagen die dicken Regentropfen auf Deck. Hart klopfen die kleinen, kurzen Wellen an den Bug. Krachend reißt die sich immer wieder straffende Ankerkette an der Kettendurchführung. Sieben Stunden währt das böse Spiel. Die Gewitter wollen und wollen kein Ende nehmen.
Am frühen Morgen gilt unausgeschlafen und zerknirscht der erste Blick dem majestätischen Ätna. Noch immer ist er wolkenverhangen. Schade! Plötzlich, für einen kurzen Augenblick, können wir den Gipfel des Vulkans sehen. Er ist über Nacht weiß geworden, eine Schneekapuze umhüllt ihn. Gestern noch sommerlicher Ätna, heute schon im Winterkleid.
Für diesen Tag beschließen wir, die Klüfte des Alcantara zu besuchen: die Schluchten des Flusses, der zu Füßen der Teufelsspitze, des Pizzo Inferno, entspringt und bei Giardini-Naxos ins Meer fließt. Weit wärmer als bisher angezogen, machen wir uns auf die Suche nach einem Taxi. Bald haben wir eines gefunden, den Fahrpreis ausgehandelt, und los geht es. Rund 20 km führt die Straße durch eine mittelgebirgsähnliche Landschaft.

An den Berghängen befinden sich Oliven- und Orangenhaine, Zitronen- und Eukalyptusbäume, Tamarisken, Oleander und Feigenkakteen. Eine üppige Vegetation, in der Gewitternacht reichlich mit Regenwasser versorgt.
An der Nordostseite des Ätna liegt das Tal, durch das der Alcantara fließt. Am Ziel müssen wir zunächst einmal beinlange Gummistiefel anziehen. Mit einem Fahrstuhl geht es hinab zur Schlucht. Eiskaltes Wasser führt der Fluß. Er schlängelt sich zwischen den erstarrten Lavamassen hindurch. Bei Francavilla stürzt er sich in die Schlucht, in der wir jetzt umherkraxeln. Wind und Wasser haben im Laufe der Jahrtausende »zerrissene« Basaltfelsen entstehen lassen. Mit unseren Stiefeln waten wir vorsichtig gegen die starke Strömung und versuchen, so weit wie möglich an die Kaskaden heranzukommen. Doch es bleibt uns versagt. Die Strömung wird zu stark. Die Stiefel werden gewaltig an die Beine gepreßt. Das Wasser wird zu tief. Wir kapitulieren. Dieses eisige Wasser wollen wir nun doch nicht bis zum Bauchnabel spüren. Also kehren wir um. Das Taxi bringt uns wieder zum Boot zurück.
Am anderen Morgen werden wir in aller Frühe von einem auslaufenden Fischkutter geweckt. Das Knattern seines Motors und das plötzliche Schaukeln unseres Bootes setzen dem süßen Schlaf ein jähes Ende. Munter geworden springen wir aus den Kojen und entscheiden, heute Taormina zu besuchen.
Diesmal nehmen wir den öffentlichen Bus. Wir sitzen gleich hinter dem Fahrer und haben einen herrlichen Ausblick. »Du meine Güte, da braucht der Fahrer aber besondere Fähigkeiten, einen solchen Riesen die Serpentinen hinaufzuschaukeln.« Oftmals geht es mit der Busschnauze haarscharf an der Felswand entlang. Unsere Bewunderung für die Fahrkünste des Piloten steigert sich von Serpentine zu Serpentine. Auf dem großen Parkplatz, etwa 1 km vor Ortsbeginn, ist Endstation. Der Rest ist zu Fuß zu bewältigen.
Unser Ziel ist das Teatro Greco. Vorbei an unzähligen winzigen Shops, Boutiquen und Andenkenläden steigen wir über Kopfsteinpflaster unaufhörlich bergan. Mehr und mehr schnaufen wir. Die Schritte werden langsamer und kürzer. Dann haben wir es geschafft. Das Teatro steht vor uns, mächtig und prachtvoll. Wir genießen den Blick hinab aufs Meer. Im weiten Halbrund lassen wir uns nieder. Hier müssen wir verweilen, hier wollen wir den zauberhaften Ausblick auf die Bucht von Taormina an den Säulen vorbei über die Bühne des Theaters hinweg genießen und in uns aufnehmen.
Anschließend bummeln wir durch die Altstadt. Mit ihren engen verwinkelten Gassen, den unzähligen anmutigen Straßencafés und braungebrannten, fröhlichen Menschen atmet sie einen Hauch von Lebensfreude. Weit schweift der Blick von den Aussichtsterrassen auf das Ionische Meer. An seinen Gestaden, noch zwei Etmale entfernt, liegt Sibari.

Zum Abschluß Schirokko

Das erste Etmal bringt uns nach Le Castella, 122 sm weit, zu einer kleinen Bucht am Cap Rizzuto, 20 sm südlich von Crotone. Schon lange haben wir vor, die hübsche Ankerbucht einmal anzulaufen. Heute gehört sie uns allein, niemand sonst weit und breit. Das mittelalterliche Kastell auf vorgelagertem Fels wirkt geheimnisumwoben und regt unsere Phantasie lebhaft an. Am frühen Abend beginnt es zu blasen. Ausgerechnet Schirokko! Bei Südwind bietet diese Bucht keinerlei Schutz. Wir liften schleunigst den Anker und flüchten vor der immer rauher werdenden See in den sicheren Hafen von Crotone.
Es ist bereits stockdunkel. Irritierende Lichter an Land erschweren das Ausmachen der befeuerten Hafenmolen. Wir suchen und suchen, tuckern hin und tuckern her. Endlich meinen wir, hier muß es sein. Vorsichtig tasten wir uns vorwärts. Es ist die Einfahrt! Die Hafenbeleuchtung ist ausgefallen. Die Scheinwerfer der Autos blenden ungemein. Im Hafenbecken muß der Käpt'n umsichtig manövrieren, die hohe Mole ist nur an bestimm-

ten Stellen als Ankerplatz geeignet. Weite Teile an ihr sind von felsigen Untiefen durchsetzt. Fischer helfen beim Festmachen. Wir sehen kaum die Hand vor Augen. Als wir angelegt und vertäut – mehr ertastet als gesehen – haben, geht die Hafenbeleuchtung an. Rechtschaffen müde fallen wir in die Kojen. Herrlich ruhig ist die Nacht im sicheren Hafen. Schirokko kann im Hafenbecken von Crotone nichts ausrichten. Nur die singenden, pfeifenden Wanten der Segelboote erinnern an den Starkwind auf See.

Am hellen Vormittag, der Käpt'n will sich gerade auf die Suche nach einem Tankwagen begeben, werden wir gefragt, ob wir Kraftstoff benötigen. »Natürlich brauchen wir. Doch wie ist es mit den Transportkosten?« wollen wir wissen. Der Italiener blickt uns nachdenklich an und nennt einen überraschend niedrigen Preis. Eine halbe Stunde später ist der Tankwagen da. Der Kraftstoff kann fließen. *Cora* ist startklar für das letzte Etmal in dieser Saison.

Doch wir müssen ausharren. Von der Mole aus nehmen wir das Meer immer wieder in Augenschein. Es ist viel zu rauh. Knappe 62 sm sind noch zu bewältigen. Am kommenden Morgen wagen wir es. Glatt ist die See. Glutrot steigt die Sonne empor. 20 sm weiter, an der Punta Alice, ist der Himmel pechschwarz und drohend. Eine Windböe jagt die andere. »Alle Luken dicht!« ordnet der Käpt'n an. Ein Gewitterguß prasselt hernieder. Nun müssen wir uns entscheiden: zurück oder weiter? Käpt'n und Bordfrau schweigen, dann der Beschluß: »Weiter, Kurs Sibari!« Sehr bald freuen wir uns darüber, denn was geschieht? Der Regenguß ist heftig, aber kurz. Der Wind schläft ein. Das Meer wird ruhig. Auf spiegelglatter See erreichen wir die Molen des Stichkanals nach Sybaris Marine. Sehr langsam laufen wir zu unserem Liegeplatz. Eine erlebnisreiche, abenteuerliche Saison ist vorüber und wird Erinnerung.

Inselhüpfen vom Sorrent zum Tiber

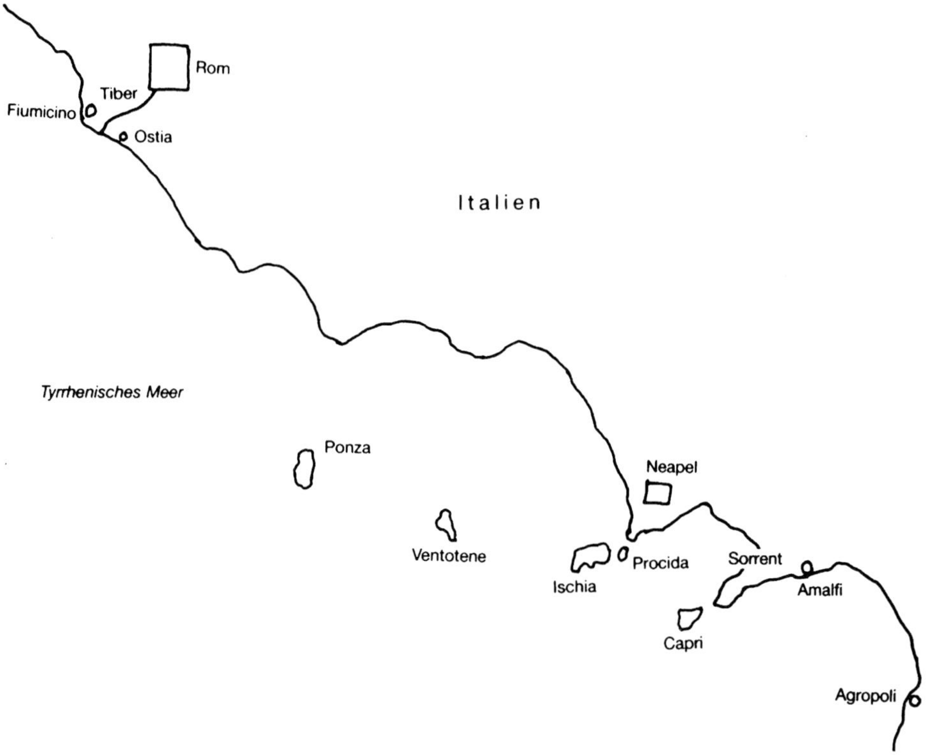

Törninfos mit Traileranreise

Etappen	sm		
Agropoli – Amalfi	29,2	Ischia – Ventotene	24,4
Amalfi – Capri	17,8	Ventotene – Ponza	24,2
Capri – Ischia	22,0	Ponza – Fiumara Grande / Tiber	71,4
			189,0
			(350 km)

Seekarten
I 10, I 9, I 8, I 7 oder D 505, D 506.

Handbücher
Hafenhandbuch Mittelmeer, Teil II Mitte, DSV, Hamburg.
Axel Kramer. Tyrrhenisches Meer. Tulln / Österreich.

Traileranreise
Für Trailerkapitäne empfiehlt es sich, den beschriebenen Törn in umgekehrter Richtung zu planen, also bei Rom an den Steganlagen der Iniziative Nautiche zu beginnen. In dieser Marina stehen Auto und Trailer sicher und bewacht. Anschrift: *Cesare und Angelo Chiaraluce, Via di Tor Boacciana, I-00121 Lido di Roma, Tel:0039/6/5650646.*

Bei einem Törnbeginn in Agropoli bereitet die sichere Auto- und Trailerunterbringung Schwierigkeiten. Hier kann als Ausweg nur einer der umliegenden Campingplätze zur Abstellung der Fahrzeuge empfohlen werden. Ent- und Beladung von Trailern ist in beiden Häfen problemlos möglich.

Entlang der Amalfitana

Pünktlich zum kalendarischen Frühlingsbeginn beginnt auch für uns wieder die neue Saison. Das Auto wird vollgestopft mit allen im Winter besorgten Ersatz- und Zubehörteilen, Konserven, Wäsche, Garderobe und in diesem Jahr sogar mit einer kleinen 12-Volt-Waschmaschine. Dann starten wir nach Sibari, wo wir unser Boot für die Wintermonate wieder einmal alleingelassen haben.

In Sybaris Marine angekommen, gilt der erste Blick unserer *Cora*. Wolkenverhangen der Himmel, kühl die Lüfte, doch sanft schaukelt unser Boot auf winzigen Wellen. Tagelang haben wir zu tun, *Cora* startklar und startfein zu machen.

Zunächst steuern wir Sizilien an, passieren dann die Straße von Messina und können nicht umhin, nochmals einige der Liparischen Inseln zu besuchen. Als unser Kurs schließlich zum italienischen Festland im Golf von Policastro auf die beschauliche, kleine Ortschaft Scario anliegt, in der es nicht einmal ein Taxi gibt, zeigt sich der Stromboli in reger Aktivität und schickt Unmengen glühender Gesteinsbrocken in den blauen Himmel, die mit schwarzen Rauchwolken herniedergehen, als wollte er sagen: »Kommt bald wieder, mein faszinierendes Schauspiel zu bewundern.«

Ein Schauspiel ganz anderer Art beschert uns das spiegelglatte Meer. Zahlreiche Delphine kreuzen den Kurs der *Cora* und begleiten sie ein Stück des Weges, um sich dann in der Weite des Golfs zu verlieren.

Als wir in Sapri bunkern wollen, sehen wir nur noch klägliche Überreste der ehemals stattlichen Hafenmole und des Tankanlegers. Im Januar haben Stürme und wild tobende See die Anlagen zerstört. In Scario dann finden wir glücklicherweise einen Fischer, der uns Diesel heranschafft. Kraftstoff an Bord, Trinkwasser im Tank, *Cora* auslaufklar und Freude auf die nächste Etappe bedeuten noch längst keinen Start. Wieder einmal tobt Neptun und läßt unweit Scario eine Windhose niedergehen. Ein Naturschauspiel, das wir bisher nur aus Filmen kennen. Am folgenden Tag jedoch geht es weiter nach Agropoli.

Ein Törn der Superlative liegt vor uns. Wer die Möglichkeit hat, schon im Juni – vor Beginn der italienischen Ferienzeit also – auf Reisen zu gehen, findet in Häfen und Marinas dieses begehrten Reviers wohl immer einen Liegeplatz.

Sorrent, Capri, Ischia, Procida, Ventotene, Ponza und Fiumara im Tiber – sind das nicht wohlklingende Namen und verheißungsvolle Ankerplätze? Perlenkette der Aphrodite werden die Inseln auf dieser Route genannt.

Von Agropoli aus wollen wir das nahegelegene Paestum besuchen, um die besterhaltenen griechischen Tempel auf italienischem Boden bewundern zu können. Die umliegenden Sümpfe und die daraus resultierende Ausbreitung der Malaria sind der Grund, daß die Stadt etwa 500 n. Chr. von ihren Bewohnern aufgegeben werden mußte. Sumpffieber raffte die Menschen dahin. Fortan hatten Eroberer keinerlei Interesse an der verlassenen Stadt. Diesem Umstand ist es zu verdanken, daß die Anlagen und Tempel bis heute so gut erhalten sind.

Der Poseidon-Tempel, die Basilika und der Athena-Tempel sind einzigartige Beispiele griechischer Architektur. Die Stadtmauer, die das einstige Paestum umgab, ist fast vollständig erhalten. 5 km lang, 15 m hoch, 5 m bis 7 m breit und von einem tiefen Graben umgeben, zeugt sie vom ausgeprägten Bedürfnis der Bewohner nach Sicherheit und Schutz.

gen sehen. Doch der Phantasie bedarf es schon. Einer anderen Sage zufolge badeten an gleicher Stelle dereinst die jungfräulichen Vestalinnen, um Liebesbereitschaft und Liebesfähigkeit in den warmen Quellen anregen zu lassen. Vesta war im Alten Rom die Göttin des Herdfeuers, dessen Flamme von den sechs Vestalinnen gehütet wurde.

Nicht nur Odysseus ist auf Ischia gescheitert, auch Lord Nelson, Englands berühmter Seeheld, versuchte vergeblich, das Schloß der Aragonier zu erobern und auf Ischia Fuß zu fassen. Das hochdroben auf einem im Meer stehenden Lavakegel erbaute Kastell, durch einen Damm mit der Insel verbunden, hat mehrfach die Ischitaner vor Heimsuchungen durch Piraten und Eroberer bewahrt. Bis zu zehntausend Menschen fanden hier Zuflucht und Schutz. Makaberes berichtet die Überlieferung aus der Historie des Klarissinen-Klosters – dem weiblichen Zweig des Franziskanerordens. Verstorbene Nonnen wurden nicht begraben, sondern auf aus Fels gehauenen, stuhlähnlichen Gebilden beigesetzt. Sie verwesten allmählich und sollten so die Lebenden an die eigene Vergänglichkeit mahnen.

Weit schweift der Blick vom Aussichtsrestaurant auf der Höhe des Kastells hinüber zum Festland und zur Insel Procida, dem nur 3,5 qkm großen Vulkaneiland, das bis heute einsam und urwüchsig geblieben ist. Bei klarer Sicht erscheint auch Capri am Horizont. Wer schlecht zu Fuß ist, benutzt den Fahrstuhl, der durch einen Felsschacht zur Burg hinauffährt.

Inseln haben für uns einen unwiderstehlichen Reiz. Wo es nur geht, steuern wir sie an. Also, auf nach Ventotene! Eine ruhige, wenig besuchte Insel, doch bei Tauchern hat sie einen klangvollen Namen. 24 sm sind es zu ihr hinüber. Bei weicher Dünung wird die Überfahrt zu einem besonderen Vergnügen. So klein die Insel ist, sie hat zwei Häfen: den geräumigen Fährhafen aus jüngerer Zeit mit Tankstelle und den urigen Fischerhafen, einen Naturhafen, der schon in der Antike genutzt wurde. Die enge, ja sehr enge Einfahrt bedarf höchster Aufmerksamkeit des Skippers. Beinahe im rechten Winkel geht es nach Umfahren der vorgelagerten Felsuntiefen und Klippen durch eine schmale Zufahrt in den Minihafen. Nur wenige Liegeplätze haben bis an die Pier ausreichende Wassertiefe. Die meisten sind durch weitvorspringende Unterwasserfelsen untief, so daß es sich empfiehlt, über Heckanker festzumachen. Hilfreiche Hände gibt es auf Ventotene immer, und die Boote liegen sicher wie in Abrahams Schoß.

Vor Jahren schon haben wir den Namen Ventotene mit »Insel, die den Wind hält« übersetzt. So zeigt sie sich diesmal tatsächlich. Winde um 5 Bft herrschen an unseren Besuchstagen vor. Die frische Meeresbrise verlockt uns, jeden Tag erneut auf Schusters Rappen die Insel zu erkunden. Die auf halber Höhe gelegene Ortschaft mit winzigen Läden und einladenden Straßencafés läßt uns stets eine Verschnaufpause einlegen.

Am Abend plötzlich herrscht große Aufregung im Hafen. Ein 11 m langes Speedboot aus Rom ist in voller Fahrt aus unerfindlichen Gründen auf die Klippen an der Nordwest-Küste gerast und sekundenschnell gesunken. Die Crew hat gerade noch Zeit gehabt, in großer Hast von Bord zu springen und sich schwimmend an Land zu retten. »Il capitano non a guardato bene« (Der Kapitän hat nicht gut aufgepaßt), heißt es hinter vorgehaltener Hand. Da liegt es nun, das herrliche Motorboot, wenige Meter unter der Meeresoberfläche.

Umgehend helfen Fischer und Taucher des Tauchclubs Ventotene. Regattaballons werden herbeigeholt, unter Wasser am Bootsrumpf befestigt und mit Preßluft aufgeblasen. Tatsächlich gelingt es, das Boot vom Meeresgrund bis zur Wasseroberfläche mit Hilfe der gefüllten Ballons zu heben. Dann schleppen die Fischer das Wrack in den Fährhafen. In Strandnähe wird es vor Anker gelegt. Die hereinbrechende Dunkelheit setzt den Bergungsarbeiten vorerst ein Ende. In aller Herrgottsfrühe des nächsten Morgens fertigen die Taucher passende Sperrholzbretter für das Leck an. Mühsam ist es, die Bretter unter Wasser am Rumpf gegeneinander zu verschrauben, um das Leck zu dichten. Kaum ist

das gelungen, gehen die jungen Leute ans Ausschöpfen. Acht Männer, acht Eimer – einige tausend Liter Wasser wandern zurück ins Meer. Stunde um Stunde vergeht. Millimeterweise taucht der Bootsrumpf auf. Durch die Luken und aus der Plicht schöpfen sie wie die Wilden. Ungezählte Male bücken, ausschütten, bücken, ausschütten. Den ganzen Tag geht das so. Endlich ist es geschafft. Das Wasser ist aus dem Schiff. Am späten Abend wird das Boot in den sicheren Fischerhafen geschleppt und bekommt direkt neben uns seinen Liegeplatz. Man sah ihm nicht an, daß es für einige Stunden auf dem Meeresgrund gelegen hat.
Am folgenden Morgen, wir sind gerade beim Ablegen, trifft ein Trawler aus Gaeta, der nächstgelegenen Hafenstadt am Festland, ein. An Bord sind Mechaniker und Elektriker der dort ansässigen Werft. Wir wissen nicht, ob es ihnen gelungen ist, die Motoren wieder in Gang zu setzen. Mit gemischten Gefühlen verlassen wir den gastlichen Hafen.
Nach diesem Erlebnis sind wir noch aufmerksamer als zuvor, wenn wir an Felsküsten oder Felseilanden schippern. Skipper dürfen übrigens lachen oder auch nicht, seither hat die Bordfrau alle an Bord befindlichen Fender, es sind immerhin ein Dutzend an der Zahl, so fest vertäut, daß diese im Falle des Falles als Auftriebskörper wirken können.

Verzweifelte Suche nach einem Liegeplatz

Ventotene – Ponza, 25 sm trennen diese Inseln voneinander. Ponza ist größer als Ventotene und vom Tourismus längst entdeckt. Zivilisationsmüde Großstadtmenschen finden auf dieser Insel mit ihrer spröden Landschaft ein Stück urwüchsiger Natur. Ponza steigt wie ein riesiger Steinblock aus dem blauen Meer. Sein Hafen ist vorwiegend von Fischkuttern belegt. Yachten haben es schwer, einen geschützten Liegeplatz zu finden. Oftmals müssen sie in der weit offenen Hafenbucht vor Anker gehen. Bei Winden aus westlichen Richtungen kein Problem, doch wehe, es weht aus dem 1. bis 2. Quadranten, dann wird es ungemütlich und an Schlaf ist nicht zu denken.
Wir finden nach langem Suchen einen Platz am Hafenkai, sind aber am Abend von Fischerbooten hoffnungslos eingeklemmt. Die Fender knurren und knarren und drohen zu platzen. Drei von ihnen hängen frei, die beiden nagelneuen, orangeleuchtenden Kugelfender und ein älterer, blauer Rollenfender. Am nächsten Morgen sind diese drei verschwunden, mit einem Messer abgesäbelt. Mit 12-mm-Tauen versehen ließen sie sich gewiß nicht leicht abschneiden, was die aufgezwirbelten Tauenden beweisen. Verärgert und empört begibt sich der Käpt'n zur Hafenmeisterei und erstattet bei der Hafenpolizei die obligatorische Anzeige. Wohl oder übel suchen wir anschließend gemeinsam einen Shipchandler auf und kaufen neue Kugelfender.
Nicht nur unser Boot haben die Spitzbuben in der letzten Nacht heimgesucht. Der Eigner einer großen, gepflegten Motoryacht aus Düsseldorf bemerkt erst jetzt, daß auch bei ihm ein Fender abgeschnitten wurde und verschwunden ist. Nun schickt er seinen Schiffsjungen zum Fenderkauf. Doch wir lassen uns Ponza dadurch nicht vergällen. Wie sagte der Hafenpolizist: «Den Diebstahl hat kein Einheimischer begangen, das können nur Fremde gewesen sein. Die Insulaner stehlen nicht!«
Dem Reiz des Ortes, der sich rund um das Hafenbecken rankt, seiner Farbenpracht und seinem Inselcharme können und wollen wir uns nicht entziehen. Ferien- und Urlaubsstimmung, nicht Alltag, angefüllt mit Hektik und Hast, strahlt Ponza aus. Am Nachmittag verlegen wir *Cora* sicherheitshalber in die Hafenbucht. Doch die Nacht, schwoiend vor Anker, wird unruhig und schlaflos. Wind und Wellen stehen genau in die Bucht hinein. Also, in aller Frühe wieder umlegen. Ein Platz am kurzen Transitkai in der Hafeneinfahrt wird frei. Nichts wie hin und festgemacht.
An einem der nächsten Tage, es ist beinahe windstill, gleiten wir auf spiegelglatter See zum Festland. 71 sm liegen hinter uns, als wir in den Tiber einlaufen. Ständig haben wir

Den Tiber hinauf – auf der Suche nach einem Liegeplatz.

3 m bis 4 m Wasser unter dem Kiel. Im Mündungsbereich sind die Ufer des Tiber zu beiden Seiten von hochbeinigen Trabuccos gesäumt. Diese absenkbaren, an Holzgestängen aufgehängten Fischernetze haben wir schon häufiger an Ufern oder auch an Küsten gesehen.

Langsam tuckern wir flußaufwärts. Links und rechts, so weit das Auge schaut, reihen sich Steganlage an Steganlage, Boot an Boot; dazwischen Werften und Reparaturwerkstätten und hin und wieder ein Restaurant. Die einzige Tankstelle, die wir entdecken, ist augenblicklich außer Betrieb. Verzweifelt suchen wir nach einem Liegeplatz. Einfach an einer x-beliebigen Yacht längsseitsgehen, mögen wir nicht. Nirgendwo ist jemand an Bord. Alles ist wie ausgestorben. Nur Enten und Reiher sind unterwegs. Bald teilt sich das Fahrwasser. Ein Inselchen liegt im Fluß. Die Landschaft wird lieblicher. Da kommt uns ein Motorboot entgegen. Wir befragen die Crew. »Gleich hinter der ersten Straßenbrücke am linken Ufer finden Sie mit Sicherheit einen Liegeplatz«, schallt es freundlich herüber. Wir tuckern gemächlich weiter. Für uns Seebären ist es auch wieder einmal schön, einen Fluß hinaufzufahren. Schilfbestandene Ufer, sich tief zum Fluß herabneigende Trauerweiden, grüne Wiesen und zerbrechlich anmutende Anglerstege ziehen an uns vorüber, in der Ferne überspannt die angekündigte Straßenbrücke den Fluß.

Vor der Brücke Steganlagen für Segelboote, hinter der Brücke die Anlagen für Motorboote. Kein Wunder, die Durchfahrtshöhe reicht für Segelboote mit gesetzten Masten nicht aus. Wir können direkt am Steg festmachen. Iniziative Nautiche heißt die Marina. Sie bietet alles, was wir uns wünschen (siehe Hafenporträts). Freundlich werden wir empfangen. Ein Afrikaner zeigt uns Strom- und Trinkwasseranschlüsse. In der im Umbau befindlichen Bar genießen wir einen Espresso und bestellen Kraftstoff. Gleich am näch-

sten Vormittag wird er per Tankwagen geliefert. Wir sind zufrieden. Wir liegen vor den Toren Roms, am Rande der Ausgrabungsstätten des Antiken Ostia, etwa 5 km von der Tibermündung entfernt. Die Verbindungen zur Ewigen Stadt mit Bus und Vorortbahn sind ausgezeichnet.
Täglich sind wir unterwegs. Kaum eine Stadt beherbergt so unendlich viel Geschichte, Kultur und Kunst. Rom, die Stadt der Brunnen und Plätze, der Museen und Kirchen, spricht für sich selbst. Wir wollen Rom erleben, seinen Zauber spüren. Wir wollen sehen, was zu sehen möglich ist. Doch das braucht Zeit, viel Zeit.
Wir beginnen die Besichtigung dieser einzigartigen Stadt an der Piazza Venezia, dem geografischen Zentrum Roms. Doch dieser viereckige Platz ist weit mehr als das. Er ist auch Mittelpunkt politischen, sozialen und religiösen Lebens. Die vier bedeutendsten Verkehrsadern nehmen hier ihren Anfang. Wir stehen vor dem schneeweißen, prunkvollen Denkmal Viktor Emanuels II., das den Platz beherrscht, und fangen es mit der Kamera ein. Dieses Denkmal versinnbildlicht die Einheit Italiens und ist Symbol seines Heldenmutes und seiner Wiederentstehung. Es birgt den Leichnam eines »Unbekannten Soldaten« aus dem 1. Weltkrieg.
Von hier aus begeben wir uns zum Kapitol. Es steht auf dem Kapitolinischen Hügel, einem der sieben Hügel, auf denen die Stadt erbaut wurde, und ist heute das moralische Zentrum Roms, so wie es das religiöse in der Antike war. Die Kapitolinische Wölfin mit den Zwillingsbrüdern Romulus und Remus erinnert an die Entstehung Roms.
Was der Besucher beim Marsch durch das Antike Rom am Forum Romanum bis hin zum Kolosseum empfindet, wird stark geprägt sein von subjektiven Kenntnissen über Roms lange Historie und seine zahlreichen Traditionen. Die Empfindungen aber, die ungewollt, unkontrolliert hervorquellen beim Besuch des Petersdomes, lassen sich nicht wissenschaftlich fassen. Wir haben auf dem beeindruckenden, gewaltig wirkenden Petersplatz stehend, dem Papst zuhören können, als er zu gewohnter, sonntäglicher Mittagsstunde zu Tausenden von Menschen sprach. Es ist die Rede an die Bürger dieser Stadt, nachdem er aus Polen zurückgekehrt ist.
Wie unterschiedlich werden die Eindrücke sein, die den Besucher beim Gang durch die Vatikanischen Museen oder beim Anblick der Werke Michelangelos in der Sixtinischen Kapelle begleiten. Wir sind so manches Mal sprachlos, vom Kunstwerk gefangen! Die von Michelangelo aus weißem Marmor gestaltete Pieta, die Barmherzigkeit, schlägt uns in Bann. Nicht aus Marmor, aus Fleisch und Blut scheinen Maria und der auf ihrem Schoß liegende, mit Wundmalen gezeichnete Christus zu sein.
Ganz anders dagegen wirkt auf uns das pulsierende Leben im Rom von heute. Betriebsamkeit ohne Ende wie in jeder Großstadt? Nein, mehr als das, eben speziell Rom, eben die Ewige Stadt, in welcher Antike und Neuzeit unauffällig ineinander übergehen und miteinander verwoben sind. Am Ende aber bleibt uns nur die Möglichkeit, eine Münze in den Trevi-Brunnen zu werfen, um sicher zu sein, wieder nach Rom zurückkehren zu können, wie es ein alter Brauch verspricht.

Mit dem Wind nach Spanien

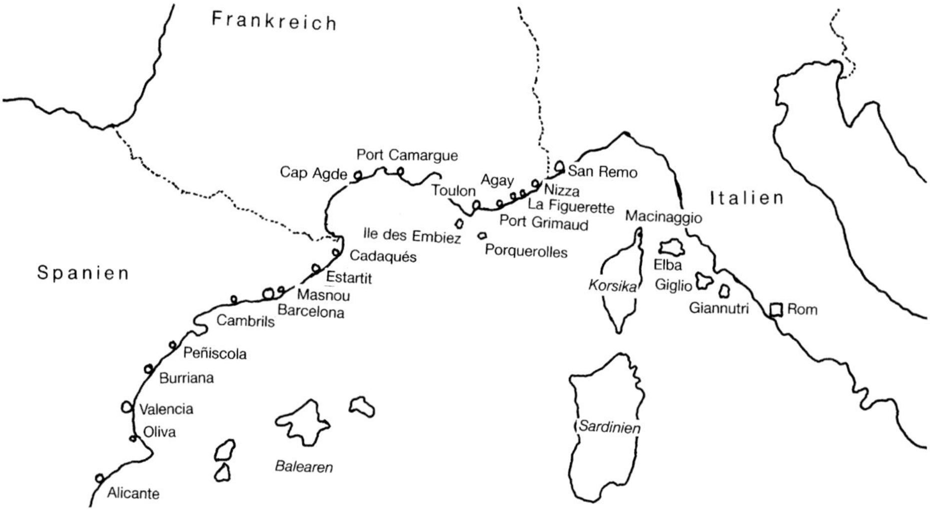

Törninfos

Etappen	sm
Rom / Fiumara Grande – Giannutri	62,0
Giannutri – Giglio	13,5
Giglio – Marciana Marina / Elba	52,0
Marciana Marina – Macinaggio / Korsika	35,5
Macinaggio – San Remo / Italien	98,6
San Remo – Nizza / Frankreich	31,3
Nizza – La Figuerette	22,1
La Figuerette – Agay	5,7
Agay – Port Grimaud	17,6
Port Grimaud – Porquerolles	37,5
Porquerolles – Iles des Embiez	22,8
Ile des Embiez – Port Camargue	86,3
Port Camargue – Cap Agde	35,3
Cap Agde – Cadaqués / Spanien	76,2
Cadaqués – Estartit	26,1
Estartit – Masnou	62,3
Masnou – Cambrils	67,6
Cambrils – Peñiscola	56,7
Peñiscola – Grao Burriana	39,3
Grao Burriana – Oliva	58,0
	906,4
	(1678,7 km)

Seekarten
D 491, D 492, D 493, D 498, D 502, D 504, D 505, D 595, D 596.

Handbücher
Hafenhandbuch Mittelmeer, Teil II Mitte. DSV. Hamburg.
Livre de Bord: Méditerranée. Interval Edition. Marseille / Frankreich.
K. Peters. Hafenführer Spanien, Balearen. Tulln / Österreich.

Unterwegs zur Riviera

Seit unserer Abfahrt in Rom, Fiumara Grande, hüpfen wir wieder einmal von Insel zu Insel. Zunächst geht es nach Giannutri, über Giglio zum Nordwesten von Elba nach Marciana Marina, von da nach Macinaggio an der Nordostküste Korsikas und dann mit einem Sprung von 98,6 sm nach San Remo an der italienischen Blumenriviera. Lange haben wir überlegt, ob wir den Sprung wagen sollten. Gerade in diesem Seeraum haben sich schon viele Mißgeschicke mit Yachten ereignet. Sie gerieten in Seenot, galten längere Zeit als verschollen oder wurden gar nie mehr gefunden.

In früher Morgenstunde machen wir uns bei 2 Bft auf den Weg. Wir sind guten Mutes und neugierig auf das, was wir erleben werden. Am Cap Corse haben wir bleierne See und Dunst. Die Bedingungen sind gut. Wir entscheiden weiterzulaufen. Nach wenigen Seemeilen begegnen wir Delphinen, einem ganzen Rudel, das uns freudig begrüßt und eine geraume Zeit Kunststücke vorführt. Es ist für lange Zeit das letzte Mal in dieser Saison, daß wir die übermütigen, menschenfreundlichen, liebenswerten Tiere erleben. Weder an Spaniens Küste noch im Seeraum der Balearen sind wir diesen lustigen Gesellen erneut begegnet. Schade, wir haben sie sehr vermißt! Bedeuten sie uns doch stets ein gutes Omen.

An allen Reisetagen zuvor haben wir ruhige See, herrlich glattes Wasser zum Dahinschweben und eine angenehme, leichte Brise. Eine Ausnahme beschert die Insel Giglio: Wir erleben Morgenstunden, die wir nicht vergessen werden. Am Nachmittag trübt es sich ein. Dunkle Wolken überziehen den Himmel, der Wind frischt auf. Mit ganzen 5 Bft bläst es, doch die Dünung läuft voll in den Hafen. Da es ein Wochenende im Juli ist, höchste Ferien- und Urlaubszeit also, kommen im Laufe des Tages Yachten aus nah und fern und bevölkern den kleinen Hafen derart, daß bis zum Abend gerade die Ein- und Auslaufschneisen für die Fähren freibleiben. Und das auch nur, weil die Polizei dafür gesorgt hat. Die Boote liegen dichtgedrängt nebeneinander und in Vierer und Fünferreihen voreinander. Kaum, daß wir das Hafenwasser sehen können. Es ist ein abenteuerliches Unterfangen, auf schwankenden Planken von Bord zu Bord zu klettern, um die Kaimauer zu erreichen. Rücksichtslose trampeln mit ihren Schuhen auf alles, was ihnen unter die Füße kommt, seien es Segel oder Polster, stolpern über Leinen und hangeln von einem Boot zum anderen.

Unsachgemäßes Ankern verschiedener Yachten bringt dann in den Morgenstunden das vollendete Chaos. Nachdem wir alle Stunde um Stunde die ganze Nacht durchgeschüttelt worden sind, wohl kaum einer hat ein Auge zugetan, beginnt mit dem ersten Tageslicht der große Aufbruch. Ankerkette auf Ankerkette wird eingeholt, Leinen eingezogen, Anker an Bord gehievt. Die Gefahr des Aneinanderschlagens der Schiffsrümpfe der in der Dünung rollenden Boote erhöht sich ständig. Eine Reling nach der anderen geht zu Bruch, Halterungen für Rettungswesten werden abgerissen, Beiboote in ihren Davits unsanft gegeneinandergeschlagen. Die Nerven der Skipper sind zum Zerreißen gespannt.

Ganz schlimm wird es, wenn ein Boot den Anker eines anderen mit heraufholt. In diesem Auf und Ab die Anker zu entwirren, das ist schon ein halsbrecherisches Kunststück! Wir haben Glück. *Cora* liegt direkt am Kai. Wie durch ein Wunder wird unsere Ankerkette nicht tangiert. Wir sitzen an Deck und halten Wache. Das vor uns liegende Segelboot können wir nur aus Leibeskräften gerade noch abwehren, sonst hätte auch unser Bug eine unschöne Verzierung davongetragen. Das Loch im Fenderkissen erinnert noch heute an diese chaotischen Morgenstunden im Hafen von Giglio.

In San Remo liegen wir in der großen Marina Portosole. Diese Marina ist weit größer als der öffentliche Hafen der Stadt. Für die Liegetage hier haben wir uns viel Arbeit vorgenommen. Werften, Shipchandler und Motorenwerkstätten, alles ist am Platze. Der 2-PS-Außenborder hat auf Ponza seinen Geist aufgegeben. Die Zylinderkopfdichtung ist hin. Das Bordmokick krankt an Kupplungsproblemen. Eingedenk des Fenderdiebstahls will die Bordfrau alle mit dem Bootsnamen beschriften. Seit längerer Zeit träumt sie außerdem von einem Klappfahrrad. In San Remo wird der Traum Wirklichkeit. Bei den Bootsmotoren sind Öl- und Filterwechsel an der Reihe. Eine Schönheitskur würde *Cora* auch nichts schaden.

Frau und Motor

»Motoren sind Männersache und Bootsmotoren erst recht!« so denken Skipper landauf und landab. Doch gehen »ein Mann« und »ein Weib« auf Langzeit-Törn, dann müssen schon beide anpacken können. Und anpacken auf einem Motorboot heißt auch: Umgehen können mit den energiespendenden Kraftprotzen, die Wartung und Pflege brauchen, wenn sie Betriebsstunde um Betriebsstunde anstandslos funktionieren sollen. Und funktionieren müssen sie! Ein Motorboot läuft nun mal nicht mit Windantrieb, hat keine Segel. Das Herz eines solchen sind und bleiben die Motoren. Nicht, daß wir den Motor-Service-Stationen ins Handwerk pfuschen oder gar die Arbeit abnehmen wollen: Inspektionen sind Sache des Fachmannes, doch Kenntnisse in Wartung und Pflege sollte die Crew haben.

Fällt die Bordfrau aus, kein Problem, der Käpt'n beherrscht die Materie! Liegt der Käpt'n auf der Nase, und das ist in San Remo ausgerechnet geschehen, was dann? Hilflos dastehen? Nein, danke! Auch die Bordfrau kennt sich mit den Maschinen aus. Die Dieselmotoren im Bauch unserer *Cora* sind pflegearm und leicht zu warten. Kein Waschfrauen-Deutsch, wenn ich pflegearm sage, sondern auf Motoren bezogen, die von knallharten Männern sinnvoll konzipiert wurden.

Ölstand prüfen, ist ja gelacht, Kühlwasser auffüllen, schnell gemacht. Doch ist die Zeit reif, Filter- und Ölwechsel an der Reih', Ärmel hoch, Ersatzteile und Werkzeug herbei. Erst die Maschinen warmlaufen lassen, dann das Öl absaugen. Natürlich benutze ich dazu eine kleine, elektrische 12-V-Absaugpumpe, die ich an eine der Batterien anschließe. Was mancher Skipper mit Muskelkraft schafft, erreiche ich mit einem Knopfdruck. Etwa 8 l Altöl müssen heraus. Nun den Ölkühler leerlaufen lassen. Auffangbehälter nicht vergessen! Dann kommt der Ölfilter dran. Mit einem Filterschlüssel löse ich diesen. Meist hat er sich ziemlich festgesaugt. Ist das geschafft, folgen nur noch kinderleichte Handgriffe. Den neuen Filter mit 1 l frischem Öl füllen, die Dichtung mit Öl benetzen, und schon kann das Ganze durch das lange Gewinde sicher und genau montiert werden. Von Hand anziehen, fertig! Auch der Ölkühler wird mit 1 l frischem Öl versorgt. Etwa 8 l in die Maschine, Motor anlassen und alles kontrollieren, denn dicht muß der Ölkreis sein! Eine abschließende Ölstandskontrolle darf nicht fehlen.

Regelmäßig muß der Kraftstoffilter kontrolliert werden. Wasser im Diesel ist wie Sand im Getriebe. Also von Zeit zu Zeit Wasser aus dem Kraftstoffilter ablassen. Dabei benutze ich ein glasklares, durchsichtiges Gefäß, lasse die Maschine laufen, damit keine Luft in den Dieselkreislauf gelangen kann und drücke einige Augenblicke den Wasserablaßhahn an der Unterseite des Kraftstoffilters. Die aufgefangene Flüssigkeit weist nur Diesel, keine Wassertropfen auf dem Grund des Gefäßes auf. Somit ist alles in Ordnung. Also wirklich keine Affäre für »zarte Frauenhände«. Selbst das Einsetzen neuer Kraftstoffilter bereitet keine Probleme. Wichtig ist, auch sie gleich randvoll mit Diesel zu füllen. Durch die Entlüftungsschraube eventuell hineingeratene Luft aus dem System herauspumpen, bis ein feiner Dieselstrahl austritt. Diese dann sofort schließen. Motor anlassen, mögliche Restluft im Kraftstoffsystem entfernt die laufende Maschine selbsttätig. Bequemer geht's nicht. Damit wäre die Wartung dieser beiden Flüssigkeitssysteme ausgestanden.

Auch der Keilriemen sollte auf Spannung und mögliche Schäden überprüft werden. Mit Hilfe der vorgesehenen Schnellspannvorrichtung läßt sich stets für die richtige Spannung sorgen, damit er über die Kurbelwelle Lichtmaschine und Kühlwasserpumpe antreiben kann, ohne zu rutschen. Die Lichtmaschine hält die Batterien stets geladen, die Kühlwasserpumpe bewirkt die Zirkulation des Wassers. Ohne geladene Batterien kein Strom zum Anlassen der Maschinen, ohne Zirkulation des Kühlwassers keine vernünftige Betriebstemperatur des Motors. Auch das Kühlwassersystem hat einen Filter, den

Seewasserfilter des Außenkühlkreises. Er muß immer wieder von Schmutz, Unrat und Pflanzenteilen befreit werden. Ein Seewasserfilter, reichlich angefüllt mit Kleinteilen, kann die Seewasserzirkulation so stark reduzieren oder gar gänzlich verhindern, daß die Maschine zischend und fauchend überhitzt und letztendlich festfrißt und verstummt.
Ob Mann oder Frau, wo ist der Unterschied, wenn es darum geht, in Beruf, Sport oder Hobby seinen »Mann« beziehungsweise seine »Frau« zu stehen? Gemeinsam auf See unterwegs zu sein, bedeutet vor allem, gemeinsam Verantwortung zu tragen: Einer für den anderen, der andere für einen.

Mistral – Markenzeichen der Côte

Die Côte d'Azur, die nun vor uns liegt, kennen wir von vielen Besuchen. Zwischen Nizza und Marseille gibt es wohl kein Fleckchen, an dem wir nicht schon gewesen sind. Jetzt in der Hauptsaison wollen wir die Küste in größeren Etmalen passieren, denn es treibt und zieht uns mit Macht nach Spanien. Die Wetterlage ist ruhig und beständig, so daß wir über Nizza, Figuerette und die Bucht von Agay nach Port Grimaud schippern.
Dieses entzückende Lagunenstädtchen wollen wir mit dem Beiboot erkunden. Natürlich ist der Hafen hoffnungslos überfüllt. Wir ergattern gerade noch einen Platz, in den wir sozusagen nur mit Schuhanzieher hineinkommen. Wir liegen längsseits in einem schmalen Kanal, vor dem Bug eine Bogenbrücke, an der Backbordseite die Terrasse eines Restaurants. Bis spät in die Nacht Essensdüfte, Musik, Folklore, Applaus und Gelächter. Da hilft nur eines: mitmachen! Espresso und Cognac für den Käpt'n, ein reichgarnierter Eisbecher für die Bordfrau direkt auf dem Achterdeck vom Kellner serviert und abkassiert.
Unausgeschlafen, aber dennoch zufrieden, starten wir zur Inselgruppe Hyères. Porquerolles ist unser Ziel. Noch immer erlaubt es die Wetterlage, in einer Badebucht vor Anker schwoiend zu übernachten. Doch bereits auf der Weiterfahrt zur Ile des Embiez zeigt Neptun, daß er ausgeschlafen hat. Wenige Seemeilen vor dieser ganz nah am Festland liegenden, kleinen Insel ist die See aufgewühlt und rauh.
Wir suchen Schutz im Hafen der Ferieninsel unweit Toulon. Es ist Juli. Mit Vehemenz bläst es aus Nordwest. Pfeifende Wanten, knarrende Fallen, ächzende Heckleinen, knurrende Fender, schlagende Flaggen, hin- und herrollende Gangways, das ist die Musik, die uns tagelang bei stahlblauem Himmel in den Ohren klingt.
Mistral, welcher Mittelmeerskipper kennt ihn nicht, den stürmischen, kalten Wind, der durch das Rhônetal fegt und weit nach Süden aufs Meer vorstößt. Nichts geht mehr für uns Bootler, aber auch gar nichts. Im Löwengolf, am Cap Corse, dem nördlichsten, langausgestreckten, fingerähnlichen Felszipfel Korsikas und selbst noch in der Straße von Bonifacio, zwischen Korsika und Sardinien, wirft er einen Seegang auf, daß einem Hören und Sehen vergeht.
Zweimal täglich, morgens und abends, laufen wir zur Capitainerie, um die neuesten Wettermeldungen zu erfahren. Jedesmal heißt es erneut: Wind aus Nordwest mit Stärken 7 bis 8 Bft und Seegang 6. Hohe, rollende See, Schaumstreifen, nicht nur Schaumkämme, weiß, überall schneeweiß ist das Meer! Der Wind treibt die Gischt meterhoch. Mit der Weiterreise nach Spanien müssen wir uns noch gedulden, ob wir wollen oder nicht.
»Wer sich in Gefahr begibt, kommt darin um.« Hautnah deutlich wird diese Redewendung an jenem Tag. Wir kommen gerade aus dem Meeresmuseum der Insel, sind noch beeindruckt vom Gesehenen, als wir in etwa einer halben Seemeile Entfernung in der vor uns im Lee der Insel liegenden Bucht eine gekenterte Jolle ausmachen. Zunächst wollen wir nicht glauben, was wir entdeckt haben. Mit Hilfe eines von diesem Aussichtspunkt auf die weite Bucht gerichteten Fernrohres erkennen wir klar: Zwei junge Männer kämpfen verbissen mit der tosenden See. Sie versuchen immer und immer wieder, ihre Jolle

Seenotrettung! Unfaßbar, zig Boote waren an der gekenterten Segeljolle vorbeigefahren, ohne Hilfe zu leisten.

aufzurichten, unzählige Male. Doch vergeblich! Es gelingt ihnen nicht. Deutlich sehen wir, wie mal der eine, dann der andere versucht, auf dem kleinen Schiffsrumpf sitzend, sich auszuruhen, um Kräfte zu sammeln. Aber sie können sich nicht halten. Sie sind völlig erschöpft. Kraftlos gleiten sie ins Meer zurück.
Da kommt eine Ketsch herbei. Sie ist ganz in ihrer Nähe. Welch ein Glück, nun kann es nicht mehr lange dauern, daß die beiden aus dem Wasser gezogen werden. Aber die Ketsch läuft vorbei, geradewegs auf die schützenden Hafenmolen zu. Auch das Fährboot aus Le Brusc, das zur Insel hinüberfährt, passiert die beiden Havaristen, ohne etwas zu unternehmen. Doch nun läuft eine Motoryacht direkt zu den verunglückten Seglern. Aber dann dampft auch sie vorbei!
Wir halten es nicht länger aus. Der Käpt'n eilt zurück ins Museum und berichtet von dem Vorfall. »Umgehende Hilfe ist nötig! Zwei gekenterte Segler kämpfen um ihr Leben. Bis zur Capitainerie hinunterzulaufen, das dauert zu lange, können Sie nicht telefonieren und die Rettungswache alarmieren?« stammelt er aufgeregt in gebrochenem Französisch. Doch das Schicksal schlägt erneut zu: Das Telefon ist defekt! Schnell entschlossen stürzt der Museumsverwalter zu seinem Auto und rast über den holprigen Bergweg hinab zur Marina. Es vergeht geraume Zeit. Uns scheint es eine Ewigkeit. Die beiden Schiffbrüchigen haben längst aufgegeben. Sie hängen in ihren Schwimmwesten an der gekenterten, kielobentreibenden Jolle. Endlich prescht ein großes Zodiac-Schlauchboot aus der Hafeneinfahrt, Kurs Havaristen. Die Rettungsmannen suchen offensichtlich. Sie

können wohl aus ihrer Perspektive die im Wasser Hängenden nicht so leicht ausmachen wie wir von hier oben. Jetzt haben sie die beiden entdeckt und nähern sich ihnen vorsichtig. Sie ziehen die erschöpften, jungen Männer an Bord und kehren umgehend in den Hafen zurück. Uns fällt ein Stein vom Herzen. Ein jeder denkt: »Mit Hilfe rechnen, sollten Skipper nicht auf Hilfe hoffen bleibt unbenommen! Diese beiden jedenfalls haben Glück gehabt!«

Die Tage des Wartens auf günstigere Wetterbedingungen fallen auf der Ile des Embiez nicht schwer. Sie ist eine herrliche Ferieninsel, die der in Frankreich wohlbekannte Weinkönig Paul Ricard erschließen ließ. Er wußte sehr genau, was gestreßte Städter und erholungsuchende Urlauber erträumen. Die Anlage beweist es. Jeglicher Autoverkehr auf der Insel ist untersagt. Die ständig verkehrende Fähre bringt Urlauberfahrzeuge zwar mit, auf der Insel angekommen, müssen sie jedoch abgestellt werden.

Die einer Spielzeugeisenbahn nachempfundene, elektrische Inselbahn fährt mehrmals täglich einen Rundkurs. Wer mag, kann jeden Tag eine andere Bucht aufsuchen, um zu tauchen, zu schnorcheln oder zu schwimmen, wenn er nicht gerade Tennis oder Boule spielen will. Auch auf dem Rücken weißer Camargue-Pferde läßt sich die Insel erkunden. Nur Flamingos, wie uns versprochen wurde, entdecken wir nicht. Nicht einmal in den flachen Salzseen der künstlich angelegten, meeresbiologischen Gärten stolzieren sie umher.

Restaurants, Hotels, Geschäfte – große und kleine – eine Bäckerei für das obligatorische Baguette und Appartementhäuser gruppieren sich um die beiden Hafenbecken. Terrassenförmig angelegt eröffnen Spazierwege auf verschiedenen Ebenen immer neue Ausblicke. Selbstverständlich gibt es beim Besuch im Weinkeller des Monsieur Ricard hinter schweren, hölzernen Toren edle, köstliche Tropfen erlesener Provenienz zu verkosten.

Die gärtnerisch gestalteten Hafenanlagen lassen für Skipper keinen Wunsch offen. Massenbetrieb wird es trotz Hochsaison auf der Ile des Embiez nicht geben. Die Atmosphäre bleibt familiär, gemütlich und anheimelnd. Gemessen an den sonst üblichen Preisen an der Côte d'Azur ist diese kleine Insel obendrein ein preiswertes Paradies.

Fast eine Woche bläst nun schon der Mistral. Wie heißt doch die Regel, von erfahrenen Mistral-Kennern verbreitet: Steht der Mistral bei Nacht auf, bläst er nur am darauffolgenden Tage. Steht er aber am Tage auf, bläst er drei, sechs oder neun Tage lang. Es werden wohl diesmal neun Tage werden, an denen der garstige Wind sich austobt. Selbst zum Baden ist es uns mittlerweile zu kühl. Endlich schläft der Starkwind ein. Daß es nur eine Atempause sein wird, merken wir erst später. Bei 2 Windstärken verlassen wir die gastliche Insel Kurs Westen.

Port Camargue heißt unser Ziel. 86,3 sm liegen vor uns. Bereits nach 6 Stunden haben wir am Wartekai der Supermarina festgemacht. Erst jetzt wird uns bewußt, wie schnell wir dahingeglitten sind. Mit 15 kn hat *Cora* auf weicher Dünung das Rhône-Delta gerundet, Fährengeschwindigkeit also.

Die Anlagen der Marina sind weitläufig wie eine Kleinstadt. 4000 Boote können sich in diesem Gelände versammeln. Uns wird himmelangst bei der Vorstellung, eines der 4000 zu sein. Doch als wir am zugewiesenen Liegeplatz festmachen, sind wir überrascht, wie geschickt und vielgestaltig sich eine derartige Anzahl von Plätzen anlegen läßt. Etwa die Hälfte ist in Privatbesitz. Grünanlagen und Kinderspielplätze, Restaurants und Crêperien, Caféterrassen und Bars, Hotels und Ferienwohnungen, Geschäftszentren und Werkstätten aller Art, vor allem aber Menschen über Menschen, ein Rummel unter blauem Himmel und Sonnenschein! Wir werden uns daran gewöhnen müssen. Die neuen Marinas um den Golf du Lion sind alle von ungeheuren Ausmaßen und einem Trubel erfüllt, den wir nicht mögen. Bereits am nächsten Tag pfeift es wieder aus Nordwest. Der Golf und der Mistral sind offensichtlich ein unzertrennliches Paar! Für Tage werden

wir an Port Camargue gebunden sein. Also nutzen wir die Sturmzeit zu Ausflügen. Der Käpt'n schafft das Mokick an Land und los geht's. Schließlich sind wir im Herzen der Camargue, einer lagunenähnlichen Landschaft, von der wir schon lange geschwärmt haben. Wir wollen Wildpferde in freier Natur beobachten, Flamingos durch die weite, flache Seenlandschaft staken sehen und das von hohen Mauern gänzlich umschlossene, durch alljährliche Zigeunertreffen bekannte Aigues Mortes besuchen. Wildpferde haben wir gesehen, doch nicht in so großer Anzahl, wie wir es uns ausgemalt haben. Flamingos entdecken wir nicht ein einziges Mal, doch das liegt wohl daran, daß wir zur falschen Jahreszeit hier sind.
Aigues Mortes, auf das wir so neugierig waren, hat uns mit seiner eigentümlichen Ausstrahlung auf seine Weise beeindruckt. Kein ortsfremdes Auto darf in die Stadt hinein. Draußen vor den Toren sind große Parkplätze. Nur als Fußgänger ist die im Geviert errichtete Stadt zu erkunden. Bei unserem Mokick drückt der Polizeibeamte ein Auge zu und läßt uns passieren.
Wir nehmen an der kleinen Rhône entlang den Weg zurück in die Yachtstadt. Zwei Segelboote mit gelegtem Mast sind auf dem kanalisierten Fluß unterwegs zum Meer. Wir winken einander zu und begleiten die Yachten ein Stück des Weges an Land. Der Wind pfeift, als wolle er uns vom Mokick fegen. Die Bordfrau klammert sich fest an den Käpt'n. Der steinige Trampelpfad zwingt bald zu einer Rast, um Wirbelsäule und ihr verlängertes Ende auszuruhen.
Für den folgenden Tag ist eine Abschwächung des Starkwindes auf 5 Bft vorhergesagt. Am Tage darauf wollen wir, wenn möglich, zum Cap Agde vordringen, 36 sm weit. Frohgemut starten wir am späten Vormittag. Die See ist noch ziemlich bewegt. Da auf unserem Kurs aber der Mistral als ablandiger Wind wirkt, weil wir relativ dicht unter der Küste nach Westen laufen, kommen wir ganz gut zurecht. Bei Sête allerdings frischt der Wind erneut auf. Wir schätzen ihn auf 6 bis 7 Bft. Jetzt müssen wir uns schnell entscheiden, entweder in den Hafen von Sête einlaufen oder aber weitergehen. Nach kurzer Bedenkzeit und sehr genauer Beobachtung, wie stark das Boot in der See rollt, beschließen wir, unseren Kurs beizubehalten.
Spanien zieht wie ein Magnet. Aber ach, diese 17 sm werden wir nicht so schnell vergessen. Immer kürzer und steiler werden die Wellen, immer stürmischer der Wind. Wir drosseln die Fahrt und kämpfen uns mühsam mit weniger als 6 kn voran. Warum nur haben wir uns nicht für Sête entschieden? Wir würden längst geborgen und sicher im Hafen liegen. So aber tanzen wir auf den Wellen, hin- und hergeworfen wie ein Ball. Jetzt noch beidrehen macht keinen Sinn, ist eher gefährlich.
Greifbar nahe wähnen wir Cap Agde. Doch es sind immer noch 6 sm. Unverdrossen und zielstrebig stampft *Cora* durch die aufgewühlte, brodelnde See. Lang, sehr lang werden diese 6 sm. Über eine Stunde geht es hinauf und hinab. Dumme Gedanken kommen auf. Wenn jetzt eine Maschine ausfällt? Nun denn, die zweite allein wird es auch schaffen. Aber sollten wir nicht sicherheitshalber Schwimmwesten anlegen? Sie hängen griffbereit. *Cora* krängt so manches Mal erheblich. Doch mit unfehlbarer Sicherheit trotzt sie der kochenden See und ihren Gewalten. Ruhig und gelassen steht der Käpt'n am Ruder. In respektvollem Abstand passieren wir endlich Cap Agde und halten Kurs auf die Ile de Brescou. Noch haben wir die Ansteuerungsbake des Hafens nicht entdeckt. Noch halten wir angestrengt Ausschau. Wegen vorgelagerter Untiefen müssen wir sie finden. Die Hafenmolen liegen bereits deutlich sichtbar steuerbord querab. Endlich machen wir das ersehnte, auf einem dicken Betonsockel stehende Ansteuerungsfeuer aus! Zwischen ihm und der Insel drehen wir bei und nehmen Kurs auf die Hafeneinfahrt.
Beim Anmelden in der Capitainerie zeigt der Windmesser der dortigen Wetterstation 8 Bft und geht in Böen auf 9 Windstärken. Mistral ist für jede Überraschung gut. 5 Bft vorhergesagt, doch bis 9 Bft stürmend, das haben wir uns nicht träumen lassen. Wir können

kaum glauben, daß wir bei derartigem Sturm mit unserem kleinen Motorboot draußen waren. Bloß gut, daß wir das nicht schon auf See gewußt haben!
Der Hafen von Cap Agde beherbergt mehrere Steganlagen, die zu einer Supermarina gehören. 2000 Yachten finden hier Platz. Transitgäste sind willkommen. Beim Anlegen ist das Marinapersonal behilflich. Wir erhalten einen Platz an einem der Stege, der zur Hafenpromenade führt. Was sich dort an Menschen in den Abend- und Nachtstunden entlangwälzt, kommt einer Massendemonstration gleich. Dichtes Gedränge und Geschiebe, ohrenbetäubende Musik aus Lautsprecherboxen der rund um das Hafenbecken angesiedelten Restaurants, Bars und Cafés! Verkaufsstände aller Art lassen den Eindruck eines Jahrmarktes entstehen. Gleich am nächsten Morgen treibt es uns weiter. Wir sind froh, daß die Wetterbedingungen es erlauben, endlich Spanien anzusteuern.

España olé

Wir laufen auf Südkurs und haben beinahe achterliche See. Unweit Port Vendres prescht ein Motorboot heran. Die Gendarmerie Nationale macht ihre Aufwartung. Wir werden aufgefordert zu stoppen. Das Boot kommt längsseits. Die Gendarmen verlangen unsere Papiere. Nachdem einer der Beamten mit den Unterlagen unter Deck verschwindet, zuckt es uns blitzartig durch den Kopf: »Was, wenn dies eine Falle ist, und die drei mit unseren Papieren verschwinden?« Keiner von ihnen trägt Uniform. Am Bootsrumpf allerdings prangt gut leserlich »Gendarmerie Nationale«. Warten wir es ab. Der Käpt'n schießt ein Foto, sicher ist sicher. Wenige Augenblicke später erscheint der Gendarm wieder an Deck und reicht die Papiere zurück. Sie wünschen uns: »Bonne route, gute Reise!« Freundliches Lächeln beim Abschied. Nur noch wenige Seemeilen und wir verlassen das französische Hoheitsgebiet.
Die Pyrenäen stoßen bis zur Küste vor. Steil fallen die Felsen zum Meer hinab. Die weiträumige Bucht von Cadaqués ist unser Ziel im Lande der Toreros und Stierkämpfe. Eine tiefeingeschnittene, einigermaßen gut geschützte Ankerbucht! Unzählige Yachten liegen hier unter strahlendem Himmel auf azurblauem Meer. Es beginnt für uns wieder einmal das übliche Spiel. Wo ist das schönste Plätzchen und im Falle des Falles auch das sicherste? Von wo kommen wir am bequemsten an Land? Wo aber hören wir Lärm und Gelächter der erholungssuchenden Menschen am wenigsten? Oh je, wie sollen wir all diese Wünsche koordinieren? Natürlich wollen wir Nachbarliegern nicht so dicht auf die Pelle rücken. Geeigneter Ankergrund soll obendrein vorhanden sein.
Wir lassen diesmal in der äußersten Ecke, die fast ausschließlich von unbewohnt vor Mooring liegenden Kuttern belegt ist, den Anker fallen. Wie sich herausstellt, haben wir gut gewählt. Niemand wird gestört, kein Boot behindert, himmlische Ruhe haben wir obendrein. Der Trubel ist weit von unserem Liegeplatz entfernt.
Das Beiboot befreien wir umgehend aus den Davits, der Außenborder wird vom Käpt'n plaziert. Zufrieden machen wir uns landfein. Spaniens Boden kann betreten werden. Zuerst suchen wir ein Bankhaus. Peseten benötigen wir dringend, sonst können wir nicht einmal Brot kaufen. Ort und Bucht gefallen uns.
Hier im nördlichen Teil der Costa Brava ist die Küste wild und zerklüftet. Zahlreiche Buchten machen sie für den Bootler interessant. Klimatisch allerdings ist dieses Revier unsicher. Was für den Golf du Lion der Mistral ist für die Costa Brava der Tramontana. Seine heftigen Winde vergällen so manchen Aufenthalt in den romantischen Buchten. Doch sichere Häfen gibt es genug. Dicht gesät überziehen sie die Küste. Leider sind sie bei Seegang nicht immer leicht anzulaufen, da sich vor ihren Einfahrten beachtliche Grundseen aufbauen. Bei Bootsleuten ist die etwa 80 sm lange »Wilde Küste« ein beliebtes Urlaubsziel.
Der mittlere Teil, also von Rosas bis Cap Negre, ist mit seinen weiten Sandstränden Sur-

fer-Heimstatt Nummer eins. Ja, ja, der Tramontana! Was hier dem einen »sin Ul« ist dem anderen »sin Nachtigall«. Was Bootswanderer zu Liegetagen zwingt, bedeutet Surfern höchste Wonne. In der weiten Bucht von Rosas treffen sich alljährlich Surfer – ob Anfänger oder Könner – von Rang und Namen, zum wilden Ritt auf dem Brett.
Der südliche Teil ist wiederum von Felseinschnitten und kleineren Buchten durchsetzt. Nicht nur diesem Gebiet, sondern mittlerweile der gesamten Costa Brava hat das spanische Zauberwort »Urbanisation« seinen Stempel aufgedrückt und nur wenige Buchten ausgespart und naturbelassen. Hotelanlagen, Feriensiedlungen, Appartement-Wohnkasernen und die dazugehörige Infrastruktur »zieren« die Wildheit der Küste und haben sie so dem Tourismus voll erschlossen. Ursprünglichkeit und Natur blieben auf der Strecke.
Als wir in den Hafen von Ampuriabrava einlaufen, langsam den Einfahrtskanal entlangtuckern, macht sich Enttäuschung breit. »Einmal Ampuria sehen!« so dachten wir. Hochgesteckte Erwartungen werden durch das Bild ausgedehnter Baustellen zerstört. Unbeschreiblich schmutziges, stinkendes Wasser im weitläufigen Kanalsystem, an dessen Ufern Häuschen mit Liegeplatz direkt vor der Tür errichtet worden sind. Ein Mammutdorf, das uns eher verjagt als anzieht. Es scheint fest in deutscher Hand.
Wozu eigentlich die Tafeln mit Geschwindigkeitsbeschränkung auf 3 kn? Wir treffen nicht ein Boot, dessen Skipper diesen Hinweis beachtet. Schlauch- und Wasserskiboote, Daycruiser und Flitzer sausen umher wie Wasserflöhe. Rücksicht wird sehr kleingeschrieben. »Hoppla, jetzt komm' ich!« gilt als Devise und stolz weht die Schwarz-Rot-Goldene am Heck. Hätten wir nicht einklarieren und bunkern müssen, wir wären sofort umgekehrt.
Es ist Abend, als wir in Estartit ankommen. Reichlich müde und abgekämpft sind wir froh, daß wir ohne viel Umstände einen Liegeplatz zugewiesen bekommen. Freundlich und hilfsbereit geht das Marinapersonal beim Vertäuen zur Hand.
Estartit ist ein schöner Platz. Etwa eine halbe Seemeile vor der Küste liegen die Islas Medas, Felseilande, die Taucher jubeln lassen. Die vorgelagerten Inseln bringen der Marina Schutz vor Seegang und Schwell. Nördlich des Ortes bilden Berge den landschaftlichen Hintergrund, nach Süden erstreckt sich ein ausgedehnter Sandstrand.
Sturm zieht erneut heran. Die ganze Nacht heult und pfeift der Wind, was er nur kann. Die vom Sturm erzeugten Geräusche werden uns nach und nach so vertraut, daß wir sie kaum noch registrieren. Wieder müssen wir länger bleiben, als es unsere Absicht ist. Wieder pilgern wir täglich zum Aushang des Seewetterberichtes. Schnell werden wir mit den spanischen Begriffen für Wettererscheinungen vertraut. Die unbeständige, unruhige Wetterlage läßt in uns den Plan reifen, zunächst nach Oliva an der Costa Azahar zu schippern und erst von dort aus die Balearen auf dem kürzesten Wege anzusteuern.
Club Nautico Oliva soll in diesem Jahr Winterliegeplatz für *Cora* sein. Sinnvoll ist es, die Anlage schon vorher zu besuchen und zu sehen, über Preise und ähnliches Erkundigungen einzuholen, eventuell Absprachen zu treffen und zu wissen, ob die Marina tatsächlich für unsere Pläne geeignet ist. Unruhig und kribbelig sind wir schon, wenn wir das Winterlager für *Cora* noch nicht kennen. Sicherheit und Gelassenheit kommen auf, wenn alles klar ist.

An der Costa Azahar

So sind wir schließlich über Masnou nach Cambrils um das Ebrodelta herum nach Peñiscola geschippert. Viele Seemeilen weit aufs Meer hinaus reichen die vom Ebro hinausgetriebenen Sand- und Geröllablagerungen. In respektvollem Abstand passieren wir den 22 m hohen Gittermast mit Leuchtfeuer am Cap Tortosa.
Die Felshalbinsel Peñiscola ist bei klarem Wetter weithin zu sehen. Hoch oben thront

die Papstburg, in der zu Beginn des 15. Jahrhunderts Papst Benedikt XIII. als Gegenpapst residierte. Die ungewöhnliche Lage der Burg und der sie umrankenden Stadt sind auch heute noch Touristenattraktion par excellence.
Der Hafen liegt zu Füßen der Burg. Er ist ein echter Fischerhafen. Zahllose große und kleine Kutter sind hier beheimatet, denn reiche Fischgründe liegen in unmittelbarer Nähe vor dem Ebro-Delta. Die Arbeit der Fischer bestimmt das Leben im Hafen. Tagsüber ist er nahezu leer. Nur die Frauen flicken Netze und flechten Körbe. Ein einmaliges Schauspiel beginnt, wenn pünktlich um 17 Uhr die Armada der heimkehrenden Kutter wie ein Heuschreckenschwarm in den Hafen einfällt. Vom Dieselgeknatter des ersten Kutters bis zum Motorengebrumm des letzten Fischerbootes dauert es eine halbe Stunde. Danach liegen sie zu fünft und zu sechst als Päckchen am Kai und entladen ihre Fänge.Wehe der Yacht, die es wagt, zu dieser Zeit den Fischerkai zu blockieren!
In der Fischhalle ist Hochbetrieb. Wild schreiend und gestikulierend wird Fischkiste um Fischkiste an den Mann gebracht. Wohl sortiert und geordnet liegen die Früchte des Meeres zum Verkauf bereit. In den Kühlfahrzeugen stapeln sich die Köstlichkeiten und ab geht's ins Landesinnere.
Übrigens – Peñiscola hat keine Marina und nur an der kurzen, nach Südosten verlaufenden Mole Platz für Yachten, so daß auch diese gezwungen sind, im Päckchen zu liegen. Hier zahlen wir auch nur das amtliche Hafengeld.
Wie haben wir doch gesagt: Mit dem Wind nach Spanien! So war es und so geht es weiter. Wir schippern die wenig gegliederte, relativ uninteressante Küste weiter nach Süden und erreichen nach 39 sm den Hafen von Grao Burriana. Grao werden im Golf von Valencia die Häfen genannt, deren Stadt einige Kilometer landeinwärts liegt. Mit 6 Bft hat uns der Wind begleitet. Als wir die hohe, lange Mole ausmachen, atmen wir auf. Bald werden wir im ruhigen Wasser liegen. An der Tankstelle machen wir fest. Es ist Mittagszeit. Drei Fischer hocken auf dem Kai und flicken einträchtig ihre Netze. Von Zeit zu Zeit vernehmen wir tenorähnlichen Gesang. Einer der drei schmettert lauthals ein spanisches Lied. Eine zierliche, junge Katze turnt geschickt und gekonnt auf einem ausgedienten, halbabgewrackten Kran herum. Streunende, ausgehungerte Hunde durchstöbern den Inhalt von Mülltonnen. Ein buntbemalter Fischerkahn nähert sich mit vertrautem Dieselgeknatter und macht vor *Cora* fest.
Gleißend die Sonne über uns, lähmend die Hitze. Die Zeit scheint stillzustehen. Vom Tankwart keine Spur. Die Bordfrau macht sich an die Zubereitung des Mittagessens, da radelt er plötzlich heran, steigt ab und kommt direkt auf uns zu. Diesel, den könnten wir wohl bekommen, doch nicht von seiner Tankstelle. Er habe zollbegünstigten Kraftstoff und dürfe diesen nur an Fischer abgeben. Einen Tankwagen aus der Stadt aber könne er uns bestellen. Wir sind zufrieden. Wir dürfen sogar liegenbleiben. In drei bis vier Stunden würde der Diesel angeliefert. Beruhigt gönnen wir uns eine ausgedehnte Mittagspause und warten geduldig. Wir warten und warten, doch nichts rührt sich. Schließlich heißt es: »Mañana, mañana, morgen um 9 Uhr.« Obendrein werden wir noch vertrieben. In etwa 10 Minuten kämen Fischer. Der Platz an der Tankstelle muß unbedingt frei sein. Zum Glück hat im Hafen von Grao Burriana ein Club Nautico sein Domizil. Wir tuckern hinüber. An den Schwimmstegen liegen viele Segel- und Motorboote, am Transitsteg werden wir freundlich empfangen (siehe Hafenporträts). Wir sollen längsseits festmachen, erhalten Strom und Wasser und können *Cora* von der Salzhaut befreien. Als wir im Clubhaus die Liegegebühren entrichten wollen, erklärt uns der Hafenmeister: »Eine Nacht ist kostenlos, da sind Sie unsere Gäste. Haben Sie unseren Swimmingpool schon gesehen? Wenn Sie mögen …« Natürlich haben wir diese herrliche Anlage längst entdeckt.
Pünktlich um 9 Uhr sind wir am nächsten Morgen an der Tankstelle. Doch wieder müssen wir warten! Gegen 10 Uhr rollt ein kleiner Tankwagen vor. Beim Bezahlen eine freu-

dige Überraschung, kein Aufpreis für den Diesel, trotz Transport. Natürlich lassen wir uns nicht lumpen.
Die vorerst letzte Etappe am spanischen Festland führt nach Oliva zum Club Nautico. Für diese 58 sm beschert uns Neptun nahezu spiegelglatte See. Als wir in den Hafen einlaufen, sind wir angenehm überrascht. Oliva gewinnt auf Anhieb unsere Herzen. Die Marina ist ausschließlich Clubhafen. Hier gibt es keinen Massenbetrieb! Sehr schnell fühlen wir uns heimisch und werden mit dem Marinaverwalter einig. *Coras* Winterlager ist gebucht (siehe Hafenporträts).
Doch noch ist es nicht soweit. Erst wollen wir auf die Balearen und sehen, was es zu erleben gibt. Nur 63 sm trennen uns von San Antonio auf Ibiza.

Balearen – Inseln von unwiderstehlichem Reiz

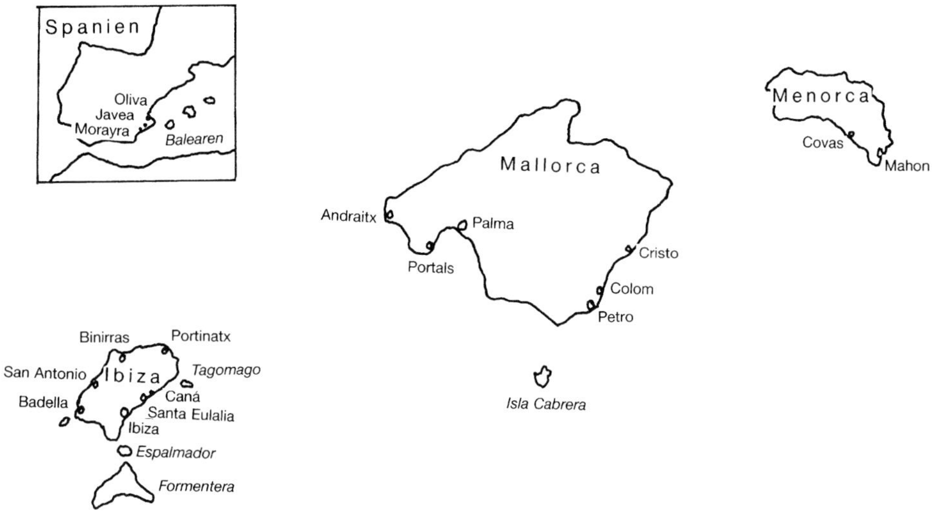

Törninfos mit Taileranreise

Etappen	sm
Oliva – Javea	20,6
Javea – Morayra	9,6
Morayra – Espalmador	67,2
Espalmador – Ibiza	10,1
Ibiza – Cala Caná	11,6
Cala Caná – Portinatx	12,7
Portinatx – Santa Eulalia	15,5
Santa Eulalia – Cala Portals / Mallorca	70,2
Cala Portals – Palma	11,1
Palma – Puerto Petro	45,3
Puetro Petro – Puerto Colom	5,5
Puerto Colom – Puerto Cristo	10,0
Puerto Cristo – Cala Covas / Menorca	47,5
Cala Covas – Mahon	20,2
Mahon – Isla Cabrera	89,3
Isla Cabrera – Palma	38,1
Palma – Andraitx	20,0
Andraitx – Cala Binirras / Ibiza	58,7
Cala Binirras – San Antonio Abad	16,1
San Antonio Abad – Cala Badella	10,5
Cala Badella – Oliva	65,6
	655,4
	(1213,8 km)

Seekarten
D 676, D 681 oder Sp 6A, Sp 7A, Sp 48, Sp 900, Sp 965, Sp 970.

Handbücher
K. Peters. Hafenführer Spanien, Balearen. Tulln / Österreich.
K. Neumann. Spanische Gewässer, Lissabon bis Golf du Lion. Bielefeld.
Yachtfunkdienst Mittelmeer. DHI. Hamburg.

Traileranreise
Von Deutschland über französische und spanische Autobahnen nach Masnou, etwa 20 km nördlich Barcelona, oder nach Oliva südlich Valencia. Masnou eignet sich als Ausgangshafen für die Überfahrt auf eigenem Kiel nach Mallorca, Oliva für die nach Ibiza. In beiden Marinas stehen Auto und Trailer sicher, Kräne sind vorhanden.

Außerdem gibt es Fährverbindungen ab Barcelona nach Mallorca oder ab Denia nach Ibiza, im Sommer auch ab Sète / Südfrankreich nach Mallorca.

Kurs Espalmador

Die Balearen stehen im Ruf, eines der beliebtesten Urlaubsziele zu sein. Dem wollen wir nachgehen. Hat auch nicht endenwollender Tourismus hier und da, vornehmlich auf Mallorca – Betonkomplexe entstehen lassen, Eigentümlichkeit und Ursprünglichkeit machen nach wie vor den Reiz dieser Inselgruppe aus. Gerade für Bootler gibt es auch heute noch unzählige, beschauliche Buchten und einsame Ankerplätze, umgeben von blauen Wassern und grünen Hängen mit goldgelben Stränden. Die drei Hauptinseln –Ibiza, Mallorca und Menorca – sind ein Wassersportrevier mit ungewöhnlichem Flair. Wollten wir alle Inseln umrunden, also auch die vielen kleinen, vorgelagerten Inselchen und Eilande, so müßten wir uns jahrelang in diesem Seeraum tummeln. Leicht kommen mehr als 500 sm Küstenlinie zusammen. Rund 11 000 Liegeplätze stehen für Bootsfans in den diversen Marinas bereit.
Selbst für den Trailerkapitän liegen die Balearen nicht in unerreichbarer Ferne. Fährverbindungen von Barcelona und Denia, im Sommer auch von Sète in Südfrankreich, lassen den Sprung vom Festland zu den Inseln zu einer kleinen Seereise werden, die den Urlaubsspaß erhöht. Doch am schönsten ist es für den »Angefressenen«, auf eigenem Kiel die Balearen anzusteuern. Je nach Wetterbedingungen und Bootsgröße bieten sich zwei Wege an. Unseres Erachtens ist die Marina Masnou, 12 km nordöstlich Barcelona, idealer Ausgangspunkt für die Ansteuerung der 100 sm entfernten Nordspitze Mallorcas, dem Cap Formentor. Von hier sind es dann nur noch wenige Seemeilen nach Puerto Pollensa oder zur Marina Bonaire.
Uns haben Mistral beziehnugsweise Tramontana diese Passage verwehrt. Wir steuern die Balearen deshalb auf der südlichen Route an. Nur 55 sm trennen hier San Antonio Abad auf Ibiza vom Cap San Antonio am spanischen Festland.
Nachdem wir im Club Nautico Oliva *Cora* wieder einmal gewartet und gepflegt haben, besorgen wir für den Inseltörn als letztes Lebensmittel zu Festlandspreisen. Bei ziemlich bewegter See steuern wir Cap Antonio an und gehen in der Bucht von Javea vor Anker. Hier wollen wir die Nacht verbringen, doch aufkommendes Gewitter mit Windstärken um 6 Bft läßt uns lieber noch Cap Nao runden und in der Marina Morayra einen sicheren Liegeplatz aufsuchen. Ein Manöver mit viel Motorkraft wird nötig, um bei den kräftigen, unberechenbaren Gewitterböen in die vorgesehene Lücke einzudampfen. Gewiß keine Freude für einen Anfänger, doch der Käpt'n hat längst Erfahrung und Gelassenheit genug, um mit derlei Unbill zurechtzukommen. Schnelle Hilfe der Marineros erleichtert zudem die Aktion.
Als wir am nächsten Vormittag auslaufen, grüßt von weitem der markante Felsen von Ifach. Ein imposanter Anblick! Wir nehmen Kurs auf die südlich Ibiza liegende, kleine Insel Espalmador. Ein flaches Eiland ohne jeden Hafen, doch mit zwei zauberhaften Strand- und Ankerbuchten: die eine im Nordwesten, Cala Torretas, eingefaßt von bizarren Felsformationen, die andere genau im Süden, weit und weiß, offen zur Insel Formentera, mit dem Flair der Karibik.
Nach etwa vier Stunden erreichen wir die Isla Vedra, ein Felseiland, das steil 400 m aus dem Meer aufragt. Seefahrern ist es Wahrzeichen der Inselgruppe, die in der Antike wegen ihres reichen Pinienbestandes Pityusen genannt wurde. Zu ihr gehören Ibiza, Espalmador und Formentera.
Da es zur Zeit aus nördlichen Richtungen weht, entscheiden wir uns für die »Karibik«. Zwischen den Espalmador vorgelagerten Eilanden Gastabi und Alga hindurch laufen wir bis dicht an den Strand und lassen den Anker auf den Meeresgrund rasseln. Er hält

auf Anhieb. Wir blicken neugierig umher. Die Atmosphäre in dieser Bucht fängt uns ein. Yachten aus aller Herren Länder, azurblaues Wasser, leises Plätschern der winzigen Wellen am Bootsrumpf, Kormorane, die umherpaddeln, ab- und wieder auftauchen, schneeweißer Strand, hier und da einige wenige, schlanke, im Wind sich wiegende Palmen. Dünen, in denen ausgelassen Kinder tollen, Beiboote, die gerudert oder von Motorkraft getrieben zwischen den Yachten hindurch zum Strand eilen. Surfer, die in der sanften Brise lautlos ihre Bahn ziehen und dann und wann ein »Touristenbagger«, der weniger rücksichtsvoll seinen Steg ansteuert. Am späten Nachmittag haben die Ausflugsboote die Tagesgäste zurück nach Ibiza gebracht und zahlreiche Yachten, deren Crews auf Betriebsamkeit und quirliges Hafentreiben nicht verzichten wollen, die Bucht verlassen.
Als die Sonne im Meer versinkt und die verbliebenen Boote in rotgoldenes Licht taucht, überkommt uns eine unvorstellbare Glückseligkeit. Bis zum nächsten Mittag sind die Naturbegeisterten unter sich, dann taucht wieder der erste »Touristenbagger« auf.
Espalmador ist unbewohnt. Es macht Spaß, das Eiland ungeniert zu durchstreifen. Ein winziger Salzsee liegt unweit unserer Ankerbucht. Sein brackiges Wasser ladet nicht zum Bade. Verführerisch dagegen sind die kristallklaren Fluten des Meeres. Am Südostzipfel gibt es zahlreiche Untiefen. An einer Stelle befindet sich eine Furt, durch die die Bordfrau hinüber nach Formentera gelangen möchte. Dem Käpt'n aber scheint das aufspritzende, hin- und herströmende Wasser zu große Anforderungen an körperliche Kräfte zu stellen. Er setzt sich faul auf die Düne und beobachtet die Eskapaden seines Weibes, ständig bereit, ihr im Falle des Falles zu Hilfe zu eilen.
An besagter Engstelle zwischen beiden Inseln strömen die Wasser mit derartiger Gewalt gegeneinander, daß der Bordfrau, zwar nicht ausschließlich gehend, aber watend, vorwärtskämpfend und schwimmend, der Inselsturm nach Formentera gelingt.
In der Mitte der Furt haben die aufeinanderprallenden Wassermassen einen Sandrükken aufgeworfen, der aus dem Meer ragt und unentwegt aus beiden Richtungen überflutet wird. Das Wasser quirlt und strudelt hier, daß es die Füße wegzureißen droht. Die Bordfrau kämpft unter Einsatz aller Kräfte und kann nur, als das Wasser schließlich tiefer wird, schwimmend weiterkommen. Die Wucht des mit starkem Strom aus Ost und West auflaufenden Wassers ist so groß, daß sie abgetrieben wird. Schon will der Käpt'n ihr zu Hilfe eilen, doch da hat sie es bereits geschafft und watet schnaufend die letzten Meter zur Düne auf Formentera. Später das Ganze noch einmal zurück. Japsend, aber mit strahlenden Augen, erzählt sie von den unzähligen großen und kleinen, vor Anker liegenden Yachten in der neuen Marina Cala Sabina.

Die Träume heißen Cala

Banale Trinkwasserprobleme sind es, die dem Karibikzauber auf Espalmador ein Ende setzen. Dieses köstliche Naß ist auf Formentera nur begrenzt zu haben, denn es muß mit Tankschiffen herangeschafft werden. Deshalb entscheiden wir uns für Ibiza auf Ibiza. Nur 10 sm sind es hinüber zum Hafen. Der Anblick des Burgberges mit seiner trutzigen Festung auf steil ins Meer abfallendem Fels ist beeindruckend. Eng ist die Einfahrt in den Hafen. Wir steuern zunächst die Tankstelle an. Diesel erhalten wir, doch Trinkwasser müssen wir am zugewiesenen Liegeplatz in der Marina Ibiza Nueva übernehmen.
In der Marina findet der Skipper alles, was sein Herz begehrt. Zwei Minimarkets fordern für Lebensmittel allerdings saftig überhöhte Preise. Wir bezahlen für 1 kg Kartoffeln das Zehnfache dessen, was wir im Mercado in der Stadt bezahlt hätten. Jedermann sei hier deutlich gewarnt!
Gleich einer »Symphonie in Weiß« die 2400jährige Altstadt von Ibiza, Dalt Vila genannt. Sie rankt sich um die hoch über der weiten Bucht gelegene Festung, umschlossen von dicken, wehrhaften Mauern. Malerische, enge Gäßchen mit kleinen Tavernen und

winzigen Läden, in denen von Kunst bis Kitsch alles feilgeboten wird, machen einen Bummel zum Vergnügen.
In der Unterstadt am Hafen durchstreifen wir das Fischerviertel »La Peña«, ein exotisches Fleckchen. Maurische Einflüsse werden hier überall deutlich. Auf den Straßen und Plätzen am Fährhafen treffen wir ausgeflippte Typen, Hippies und »Bunte Vögel« genauso wie brave Otto-Normal-Verbraucher. Durch Ibizas Straßen und Gassen flaniert ein jeder, um zu sehen und gesehen zu werden. Wir jedenfalls amüsieren uns königlich über so manchen aufgemotzten, herausgeputzten »Auffaller um jeden Preis«. Erst am späten Abend kehren wir zur *Cora* zurück.
Ibiza bei Nacht, Ibiza im Lichterglanz wird besonders im Hafen interessant und reizvoll. Illuminierte Yachten, dezent ausgeleuchtete, blumengeschmückte Decksalons, Skipper in schneeweißen Uniformen mit Phantasietressen, made in Hollywood, so wirkt die Kulisse.
Der Seewetterbericht, ausgehängt an der Capitanía, verspricht für die nächsten Tage eine ruhige Wetterlage. Wir freuen uns darauf. An der Ostküste tuckern wir genüßlich nach Norden. Leider sind hier die zahlreichen Calas mit Hotels und Feriensiedlungen gespickt. Für Stunden gehen wir in der Cala Caná vor Anker. Als Ankerbucht für die Nacht erscheint sie uns ungeeignet, doch zum Baden und Schnorcheln ist sie mit ihren zahlreichen Unterwasserfelsformationen bis hin zur Insel Sa Galera unglaublich schön und reizvoll. Da wir keine Marina anlaufen wollen, dampfen wir noch am Abend an der Isla Tagomago vorbei zur Cala Portinatx. Der stattliche Leuchtturm Moscarte strahlt seine erste Kennung aus, als wir in der klippenreichen Bucht vor Anker gehen.
Portinatx ist eine Doppelcala, die eine Art Sichel bildet, im Osten durch Punta Galera und im Westen durch Punta Mares geschützt. Reiche Vegetation, vornehmlich Pinien, und feinsandiger, goldgelber Strand ergötzen jeden Urlauber. Ergänzt wird das Bild durch kristallklares, transparentes Wasser, dessen unterschiedliche Blautöne durch bewachsenen oder sandigen Meeresboden hervorgerufen werden. Der ständig anwachsende Touristenstrom hat einen Bauboom zahlreicher Ferienwohnungen und Hotels zur Folge. Trotzdem, die Cala ist groß genug, um hier erquickende Urlaubstage zu verleben. Leider wird die Ruhe zur Schlafenszeit durch eine unweit des Strandes liegende Discothek unangenehm gestört.
Mehrmals täglich aalen wir uns im lauen Meereswasser. Schwärme von Fischen und Fischlein lassen sich durch uns nicht stören. Zum Greifen nah begleiten sie uns beim Schwimmen. Ein ungewohntes Erlebnis. Jeden Morgen veranstalten wir für sie eine »Raubtierfütterung«. Wir werfen Brotkrumen ins Wasser und freuen uns über die »Schlacht am kalten Buffet«. Scharen von Fischen geben sich ein Stelldichein. An der Wasseroberfläche quirlt es wie in einem Wildwasser. Hunderte von Mäulern schnappen und packen zu. Jeder will den besten Brocken erwischen. Nun füttern wir den »Nachtisch«. Butterkekse werfen wir ihnen zu. Schnell zerfallen sie in viele kleine Bröckchen. So bekommt ein jeder etwas zwischen die Kiemen. Wir haben doch tatsächlich das restliche Brot und die letzten Kekse an die silbrigglänzenden, hungrigen Gesellen verfüttert. In Strandnähe gibt es ja einen Supermarkt.
Cala Portinatx liegt an der Nordküste Ibizas. Nördliche Winde sind hier eine nicht zu unterschätzende Gefahr. Gerade in Spanien hat der Skipper Probleme, das Wettergeschehen vorab zu erfahren. Der Wetterbericht im spanischen Rundfunk enthält für Bootler keine nützlichen Hinweise. Radio Monte Carlo oder Radio Grasse sind mit ihren guten Seewetterberichten mit unserem Gerät kaum zu empfangen. Bleibt die Information durch die Deutsche Welle, die das Gebiet der Balearen nicht gerade detailliert behandelt. Allerdings können wir in den Hafenmeistereien der Marinas die neuesten Meldungen erfahren, notfalls über Telefon, sofern unsere spanischen Sprachkenntnisse dafür ausreichen. Um in Buchten und an einsamen Ankerplätzen mit eigenen Mitteln für die

Wettervorhersagen gerüstet zu sein, wollen wir künftig einen kleinen Fernseher an Bord nehmen, denn die allabendlich vom Ersten Programm ausgestrahlte Wetterkarte ist ausgezeichnet und gibt zudem gute Hinweise für Seefahrer, auch für die weitere Wetterentwicklung.

Von Portinatx mögen wir uns eigentlich noch nicht trennen, doch wir werden zum Aufbruch gezwungen. Starkwind aus Nordwest, Tramontana, steht voll in die Bucht und läßt es von Minute zu Minute ungemütlicher werden. Wir können nicht einmal mehr wie gewohnt das Beiboot in die Davits hieven. *Cora* krängt und schaukelt derart, daß beim Hochziehen das Beiboot an die Heckwand schlagen würde. Schäden wären unvermeidlich. Uns bleibt nur als Ausweg, den Tender in Schlepp zu nehmen und an einem geschützteren Platz zu bergen. Doch eine aufwendige Prozedur wird es dennoch.

Anschließend dampfen wir zurück nach Santa Eulalia. Im Winschatten der Insel, nach Runden der Punta Grosa, wird das Fahren wieder zu einem Vergnügen. Als wir in die Marina einlaufen, machen wir lange Gesichter. Nur entlang der ersten 50 m der Innenmole dürfen Boote festmachen, ansonsten ist der Hafen gesperrt. Schade, großzügig angelegt und sicher vor allen Winden liegt die hier entstehende Marina Santa Eulalia in diesem Hafenbecken allemal. Leider aber gab es noch vor der Eröffnung einen Konkurs! Wir entdecken eine Lücke am vordersten Ende der von Nord nach Süd verlaufenden Mole, bringen mit reichlich Kette den Anker aus und dampfen ein. Am frühen Abend taucht ein Marinero auf. Sehr freundlich und umständlich erklärt er die verfahrene Situation und kassiert für den Liegeplatz eine Minimalgebühr. Immerhin können wir Trinkwasser übernehmen. Das beste auf Ibiza, wie wir bald merken.

Santa Eulalia selbst wird zu einer angenehmen Überraschung. Nach einem längeren Marsch rund um das Hafenbecken kommen wir in einen Badeort mit Herz. Die palmenbestandene Strandpromenade, deren Eissalons, Cafés und Restaurants zum Schlecken und Schlemmen einladen, gefällt uns sehr. Die Abenddämmerung bricht herein. Kandelaber und Laternen erhellen mit sanftem Licht Straßen und Plätze. Auf einer Terrasse sitzend genießen wir Charme und Anmut dieses liebenswerten Seebades.

Als wir am nächsten Morgen nach einer durchwachten Nacht, da rücksichtslos lärmende Zeitgenossen unsere Nachbarn waren, mit Kurs Mallorca auslaufen, hat sich der Nordwest, wie wir zunächst glauben, abgeschwächt. Noch sind wir im Windschatten Ibizas. Noch machen wir bei weicher Dünung gute Fahrt. Die Horizontlinie allerdings, so müssen wir gestehen, gefällt uns nicht. Ziemlich hohe Zacken von Wellenbergen und die darauffolgenden Wellentäler lassen sich mit bloßem Auge glasklar erkennen.

Der Käpt'n steht am Ruder auf dem Achterdeck. Lautes Motorengeräusch von achtern veranlaßt ihn, sich umzudrehen. Mit hoher Geschwindigkeit rast ein etwa 40 Fuß langes Speedboot direkt auf unser Heck zu. Sein Steuerstand ist unbesetzt. Der Käpt'n der *Cora* reißt das Ruder nach steuerbord. Im Bruchteil einer Sekunde schießt das Motorboot Bordwand an Bordwand vorbei. Uns schlottern die Knie. Nicht einmal im Traum hätten wir uns vorgestellt, daß lebensbedrohende Gefahr von achtern kommen könnte. Wir sind wie erstarrt. Noch benommen vom Schrecken nimmt der Käpt'n das Gas erst einmal ganz weg und atmet tief durch. Wir haben Glück gehabt. Der rücksichtslose Raser verschwindet in der Ferne.

Als wir wieder Fahrt aufnehmen, zeigt das Sumlog nicht mehr an. »Schon wieder«, denken wir. »In jeder Saison wenigstens einmal läßt uns dieses Gerät im Stich. Sicherlich ist die flexible Antriebswelle erneut gebrochen.« Noch etwa 60 sm liegen vor uns. Als wir aus dem Windschatten der Insel Ibiza vollends heraus sind, wird der Wind entsprechend schärfer und die See steiler. Zunächst geht alles noch ganz gut, doch bald wird es happig. Wir müssen die Fahrt erheblich drosseln und die See abreiten. Rauf auf die Welle und zurück ins Wellental, so geht es für Stunden. Manch eine der Wellen überrollt den Bug und läuft die Frontscheiben hinauf. Also noch weiter mit der Fahrt herunter. Mit nunmehr 6

kn stampft unser Boot durch die hohe, steile See. Die Bordfrau am Ruder hat alle Hände voll zu tun. Den Leuchtturm auf der Westhuk der großen Bucht von Palma, dem Cap Figuera, sehen wir schon seit längerer Zeit. Die Sicht ist so klar, daß wir beide Inseln, Ibiza und Mallorca, im Blick haben.
Endlich erreichen wir die weite Bucht der Inselhauptstadt. In der Cala Portals gesellen wir uns zu einigen vor Anker schwoienden Yachten. Nach so aufreibender, anstrengender Überfahrt stürzen wir uns gleich genüßlich in die Fluten. Wie üblich nimmt der Käpt'n seine Schnorchelmaske mit, um die Lage des Ankers zu begutachten, denn wir wollen diese Nacht in der Bucht verbringen. Als er unter den Rumpf der *Cora* schaut, traut er seinen Augen nicht. Der Propeller des mechanischen Sumlogs ist verschwunden. Die flexible Antriebswelle hat sich elegant und in weiten Bögen um die Backbordschiffswelle und -schraube gewickelt.
So sind wir also 60 sm durch rauhe See gestampft! Ein Wunder, daß die biegsame Sumlogwelle sich nicht fest verzurrt und letztendlich die Backbordmaschine blockiert hat. Jetzt wird uns klar, daß der harte Wellenschlag bei der Beinahe-Kollision den Propeller glatt weggerissen, förmlich abrasiert hat. Der Käpt'n ist stinksauer und schwört: »Nie mehr ein mechanisches Sumlog, im Frühjahr ist ein elektronisches fällig! Die letzten Wochen dieser Saison muß es eben ohne eine solche Anzeige gehen.« Jeder Skipper weiß, wie wichtig dieses Gerät als Navigationshilfe ist.
Die weite Bucht von Palma gleicht in den Vormittagsstunden des nächsten Tages einem spiegelglatten See. Sehr bald aber brist der Wind wieder auf und bringt der von Touristen heimgesuchten Großstadt Palma angenehme Frische. Als wir in den weiträumigen Hafen einlaufen, suchen wir einen geeigneten Liegeplatz. Wir tuckern durch das nahezu 4,3 sm lange Hafenbecken, schauen uns die beiden Marinas an und entscheiden, zunächst einmal zu bunkern. Gut ist dieser Entschluß, sehr gut. Wir erhalten gerade noch 230 l Diesel, dann ist der Kraftstoff erschöpft. »Kommen Sie am Montag wieder«, erklärt der Tankwart lakonisch.
Uns zieht es nun zu den öffentlichen Liegeplätzen am Paseo Maritimo an der palmenbestandenen Prachtstraße unmittelbar vor der Stadt. Platz gibt es genug, doch steht Dünung auf den Kai. Bei Südostwind liegen Boote dort immer unruhig. Vor eigenem Anker und gut mit Heckleinen vertäut, lassen wir *Cora* allein zurück und schnuppern bei einem Abendbummel zum ersten Male das hektische Stadtleben von Palma. Weil *Cora* an einer öffentlichen, sehr belebten Straße liegt, fieren wir zur Nacht die Heckleinen und holen außerdem die Ankerkette ein Stück ein. So sind wir weit genug weg vom Kai und vor »ungebetenen Besuchern« einigermaßen geschützt. Daß sich das in Palma bewähren sollte, ahnen wir noch nicht.
Der nächste Tag wird zum Besichtigungstag erkoren. Ziel sind die Festung Almudaina und die gotische Kathedrale. Den Paseo Maritimo entlang, vorbei am Alten Fischerhafen, hinauf zur Festung führt uns der Weg. Ein herrlicher Blick auf Hafen und Stadt ist der Lohn für den strapaziösen Aufstieg. Eine Verschnaufpause an einer der ausgedienten, eisernen Kanonen wird im Festungsviertel für den Käpt'n eingelegt.
Die Kathedrale, ein prachtvolles Bauwerk, ist auf den Grundmauern einer ehemaligen Moschee errichtet. Die schlanken Säulen im Innern betonen ihre Schlichtheit, die durch farbige Fenster und Rosetten bereichert wird. Erhabenheit und Größe bemächtigen sich unser. Im angegliederten Museum bestaunen wir Reichtum, Prunk und kunstvolles Handwerk aus Gold und Silber. Ein Kirchenschatz, der seinesgleichen sucht!
Durch die Altstadt bummeln wir zurück. Das reizvolle Bild ihrer verwinkelten Gassen und Gäßchen mit vielgestaltigen Häuserfronten und Fassaden dringt in die Seele des Betrachters. Als wir wieder bei *Cora* sind, tanzt sie noch immer auf und nieder im ewigen Gleichtakt der auslaufenden Dünung. Mehrere Tage lassen wir uns für Palma Zeit. Allmorgendlich kommt der Wassermann. Auch wir müssen heute Trinkwasser bunkern.

Auf den Spuren der Kalifen: Der Löwenbrunnen der Alhambra in Granada/Spanien.

Unweit Ronda, an den Stauseen des Rio Guadalhorce, erstreckt sich ein beeindruckendes Naturschutzgebiet.

 Mitten durch die Stadt Ronda zieht sich diese atemberaubende Schlucht. Schon Römer und Araber haben Brücken über den Rio Guadalevin geschlagen...

...So liegt es nahe, daß schließlich die von den Spaniern im 18. Jahrhundert erbaute Puente Nuevo zum Wahrzeichen der Stadt wurde.

Die traumhaft schöne Marina La Duquesa verwöhnt den Skipper mit ihren Anlagen und über 330 Liegeplätzen.

Gibraltar! Ein Stückchen »Merry Old England« an der Pforte zum Mittelmeer.

Ceuta – spanische Enklave auf dem afrikanischen Kontinent.

Endstation Tanger/Marokko – das Tor zum Atlantik.

150 **Berbermarkt im Er-Rif.**

Tor zur Königsstadt Meknès.

Kaum zu glauben – ein Restaurant.

152 **An den Küsten dreier Kontinente: Mit den beiden 9-m-Motorbooten *Cora III* und *Cora IV* bewältigten wir die 8000 Seemeilen durchs Mittelmeer.**

Wir beschließen, die mallorcinische Ostküste kennenzulernen. Bis zum Cap Salinas geht es nach Südost. Dann verläuft die zerklüftete Küste nach Nordost, durchsetzt von zahlreichen Buchten. In einigen Calas sind Marinas entstanden. Dort ist ein sicheres Liegen selbst bei Starkwind möglich. Calas ohne Marina werden zum Risiko.
An jenem Morgen, an dem wir Palma verlassen, bläst es mit 7 Windstärken aus Nordost. Bis zum Cap Salinas laufen wir dicht unter der Küste im Lee. Nachdem wir es gerundet haben, kommen uns mächtige Wellen entgegen. Also Gas weg, langsam, langsam! Weiß ist die See, von Schaumkämmen überzogen. Wir sind froh, als wir Puerto Petro erreichen. Eine mehrarmige Cala öffnet sich vor uns, umgeben von Felsen, bewaldet in sattem Grün. Mehrere Yachten schaukeln sanft vor Anker schwoiend. Auch wir wollen zunächst in der Bucht bleiben und erst zur Nacht in die Marina gehen. Vor Einbruch der Dunkelheit brechen wir gerade noch zur rechten Zeit auf. Wir erwischen den letzten Platz in der Minimarina der Einfahrt gegenüber. Viel ruhiger jedoch liegen wir da auch nicht. Der kleine Ort ist schnell durchstöbert. Ein Ausflug am anderen Tag mit Mokick und Fahrrad ins Landesinnere bringt Abwechslung. Gärten, Felder, kleine Anwesen, schmale Straßen und verschlafene Ortschaften vermitteln zum ersten Male den Eindruck vom Inselleben jenseits der Touristenzentren.
Nur 55 sm entfernt liegt die große Kolumbus-Bucht, Puerto Colom. Auch Mallorca also zollt dem Entdecker der Neuen Welt seinen Tribut. Der »Hafen« ist ideal. Selbst wenn es draußen noch so tobt, in Puerto Colom kräuselt sich kaum die Wasseroberfläche. In dieser Riesencala hat am nördlichen Ende eine Marina ihren Sitz. Im total geschützten, westlichen Arm mit flachem Wassser über bewachsenem Grund liegen unzählige Yachten vor Anker. Auch wir finden dort einen geeigneten Platz. Nur das Baden bereitet uns wenig Freude, ist das Wasser doch undurchsichtig und trübe. Unsere Rundfahrt mit dem Beiboot fällt dafür um so länger und interessanter aus. Wir erkunden die Großcala von einem zum anderen Ende und inspizieren die Marina. Den Landbummel nutzen wir zum Einkauf.
Endlich hält Neptun wieder den Atem an. Wir wissen schon gar nicht mehr, wie herrlich es für uns Motorbootler ist, auf ruhiger See dahinzugleiten. Nur 10 sm und wir erreichen die besuchenswerte Cala Puerto Cristo. Der geschützte Teil ist gänzlich mit Steganlagen des Club Nautico ausgelegt. Gleich am ersten Transitsteg werden wir untergebracht. Strom und Wasser stehen zur Verfügung. Am stadtseitigen Ufer erstreckt sich ein feinsandiger Strand. Im Clubgelände in luftiger Höhe gibt es einen Swimmingpool, wie so häufig in den Marinas dieser Clubs.
Am Ende des Hafens, hinter der Werft, in wenigen hundert Metern Entfernung liegen die Cuevas del Drac. Wir haben schon viele Tropfsteinhöhlen gesehen. Was jedoch die Drachenhöhlen bieten, ist für einen romantisch veranlagten Menschen ein tiefgehendes Erlebnis und schwerlich in Worte zu kleiden. Höhepunkt ist der unterirdische See, der zur Bühne für ein begeisterndes Schauspiel wird. Auge und Ohr genießen zu Klängen aus Hoffmanns Erzählungen und zum Wechselspiel farbiger Lichter das Auftauchen von illuminierten Booten, die sanft und geräuschlos den See queren. Die Darbietung ist so dezent und geschmackvoll, daß die einmalige Szenerie den Zuhörer fesselt. Wer Augen hat zu sehen und Ohren zu hören, sollte sich diesen Genuß nicht entgehen lassen.
Einen Augenschmaus völlig anderer Art hält das Meeresaquarium bereit. In über hundert Schaukästen können wir zahlreiche Arten der Unterwasserfauna aus allen Weltmeeren bestaunen. Angefüllt mit einzigartigen Eindrücken fallen wir an diesem Abend hundemüde in die Kojen.
Die ruhige Wetterlage veranlaßt uns, gleich am folgenden Morgen zur nördlichsten der Balearen-Inseln, nach Menorca, aufzubrechen. 45 sm trennen uns von ihrer Südküste. Cala Covas heißt das Zauberwort. Sie ist eine der urigsten und schönsten Buchten, die wir je besucht haben! In ihrem Westarm gehen wir vor Buganker und bringen zwei Landfesten aus. Eine wird zum Fährseil, an dem wir uns mit dem Beiboot hin- und herziehen.

Die Landgänge werden stets Erkundungsausflüge. Das Meer gleicht edelstem Kristall, auf dem *Cora* sanft schaukelt. Jedes einzelne Steinchen erkennen wir auf dem Meeresgrund.
Steile Felswände mit vielen Höhlenwohnungen aus der Bronzezeit umgeben die Bucht. Auch heute noch werden die Höhlen bewohnt, von Aussteigern oder Menschen, die zurück zur Natur wollen, die ein Leben suchen, wie es ihrer Phantasie nach wohl Adam und Eva im Paradies geführt haben. Wir erleben eine Familie, die tagsüber als Nackedeis, nahtlos braun, durch die Umgebung streift oder sich beim Bade vergnügt und abends zu ihrer Höhle zurückkehrt. Mittels einer Leine mit darüberhängenden Badetüchern und Wäschestücken wird der Einblick in das Innere ihres Zuhauses verwehrt. Zu anderen Höhlen, ebenfalls bewohnt, führen am Fels hinabhängende Strickleitern. Eine Cala, die uns sprachlos werden läßt.
Auf einem der Landausflüge entdecken wir eine Süßwasserquelle herrlichsten Bergwassers, das sich lustig sprudelnd ins Meer ergießt. Die Höhlenbewohner kennen sie längst. Sonnendurchflutete Tage, laue Nächte unter sternenübersätem Himmel, Leben in der Natur und mit der Natur lassen uns der Wirklichkeit entrückt sein, obwohl es Wirklichkeit ist.
Als wir schließlich doch die Traumcala verlassen, ist Mahon, die Inselhauptstadt, ein zwar nicht vergleichbares, doch ein ebenfalls beeindruckendes Ziel. Am Ende eines sich 5 km landeinwärts schlängelnden Fjordes liegt der Haupthafen. Viele Ankerplätze lassen sich in den Nebenarmen finden. Wir aber wollen und müssen ins Zentrum. Wir brauchen Diesel, Trinkwasser und Lebensmittel. So nehmen wir wieder einen Club Nautico in Anspruch. An der langgestreckten Uferpromenade sind wir gut untergebracht. Im Clubhaus melden wir uns an. Vom Achterdeck aus beobachten wir das rege Leben und Treiben. Idyllische Feinschmeckerrestaurants, Nobelherbergen altenglischen Stils mit Blick über den weiten Fjord, den einstmals Lord Nelson für die britischen Segelkriegsschiffe eroberte und zum Stützpunkt ausbaute, Boutiquen, die mit Auslagen exquisiter Mode locken, sowie blumengeschmückte, gutbesuchte Bars und Cafés reihen sich aneinander.
Oberhalb der Promenade, erreichbar über mehrere Treppen, das alte Mahon, das stille Mahon! Überhaupt ist Menorca die »Stille Insel« der Balearen, vom Fremdenverkehr nicht überrollt! Bereits 1973 wurde der Bau neuer Hotels und Feriensiedlungen gebremst, um die Entwicklung eines übermäßigen Tourismus zu verhindern. Dies ist gelungen. Menorca ist die Insel der Individualisten. Sie besucht der Urlauber um ihrer selbst willen. Für Skipper ist sie die Insel der herrlichsten Buchten. Die urwüchsigsten Calas liegen an der Nordküste. Wir begnügen uns diesmal mit Cala Covas und dem großen Fjord von Mahon.
Inseln sind immer eine kleine Welt für sich. So ist die Inselgruppe der Islas Cabrera, nahezu 90 sm südwestlich Mahon und nur etwa 35 sm südöstlich Palma, eine ganz andere Welt. Eine Welt, die das spanische Militär zum Sperrgebiet erklärt hat. Doch Bootler haben das Privileg, in den zahlreichen Buchten ankern zu dürfen. Herrliche Buchten, in denen wir häufig allein sind, gut geschützt, Naturhäfen eigentlich, finden wir hier. Doch, da wir das Eiland, das der Inselgruppe den Namen gibt, nur im winzigen Hafenbereich betreten dürfen, verliert es für uns an Reiz, noch dazu, wo dort ein altes Kastell zu erobern wäre. In der kargen Militärkantine sind Skipper gerngesehene Gäste. An Wochenenden sind die Calas vielbesuchte Ziele mallorcinischer Yachten und Yachties.

Nächtlicher Überfall

Wir nehmen zunächst wieder Kurs auf Palma. Von dort aus wollen wir später das westlich der Inselhauptstadt liegende Andraitx ansteuern. Das ausgefallene Sumlog ärgert

uns sehr. Alle Entfernungen sind der Seekarte entnommen, Geschwindigkeiten aufgrund der Drehzahl bestimmt, die wirklich zurückgelegten Seemeilen können wir nur schätzen.
In Palma ist Flottenbesuch. Die amerikanische Mittelmeerflotte liegt mit dem Flugzeugträger Saratoga und mehreren Begleitschiffen auf Reede. Ihnen waren wir schon vor Wochen in den Gewässern vor Nizza begegnet. Am Paseo Maritimo gehen wir auf unseren alten Liegeplatz. Neben uns ist noch eine Lücke frei. Bereits am Nachmittag wird sie von einer Segelyacht aus Wallau/Rhein belegt. Skipper Wolfgang und wir verstehen uns auf Anhieb. Er kennt sich in Palma bestens aus. Er weiß Stories und Geschichten von Eignern und Yachten zu erzählen, die – als wir in Tunesien waren – hier den furchtbaren Orkan miterlebten, der damals über Mallorca raste und schreckliche Verwüstungen anrichtete. Noch heute liegen entsetzlich zugerichtete Boote als Schrotthaufen am Kai. Traurig ihr Anblick. Schade um die einstmals stolzen Schiffe!
Tief in der Nacht werden wir von lauten Schreien aus dem Schlaf gerissen. Schreie, die wir zunächst weder orten noch verstehen können. Aber es muß direkt in unserer Nähe sein. Wir springen aus den Kojen und vernehmen laut und deutlich den Hilferuf eines angsterfüllten Menschen. »Help! Police! Help! Police!« schallt es aus Wolfgangs Yacht. Der Käpt'n greift unverzüglich nach dem Gummiknüppel und eilt auf das Achterdeck. Die Bordfrau schaut aus einem Salonfenster. Wir sehen gerade noch, wie ein schlanker, junger Mann fluchtartig wie eine Gazelle vom Nachbarboot springt und im Dunkel der Nacht eilends verschwindet.
Stöhnend kriecht Wolfgang aus der Kajüte. Er hat bei dem Überfall diverse Blessuren davongetragen. Am ganzen Leibe zitternd läßt er sich in der Plicht nieder. Wir wollen ihn verarzten, doch er wehrt ab. Noch völlig verstört stammelt er Unverständliches. Dann sprudelt es plötzlich aus ihm heraus: »Ausgerechnet heute habe ich die Gangway liegengelassen und auch nicht die Alarmanlage eingeschaltet. Zum Glück aber habe ich ihn den Niedergang hinabsteigen hören. Ich erwischte ihn, bevor er sich umschauen konnte. So hat er nichts stehlen können.« Da taucht der Engländer auf, Wolfgangs Freund. Auch er hat die Hilferufe vernommen und den Eindringling davoneilen sehen. Gemeinsam versuchen wir, Wolfgang zu beruhigen. Bevor wir erneut in unsere Kojen steigen, prüfen wir, ob *Cora* weit genug vom Kai entfernt liegt. Der nächtliche Überfall hat uns alle ganz schön geschockt.
Seit geraumer Zeit haben wir Motorboot-Wetter. Genüßlich tuckern wir zum Westzipfel Mallorcas, nach Andraitx. Diese ebenfalls fjordähnliche Bucht ist ein Naturhafen. Wir suchen bei den vor Mooring schwoienden Dauerliegern zwischen Außenmole und Marina einen Ankerplatz. Es ist Ende September. Die Marina ist »complet«. Die Bucht von Andraitx ist beeindruckend schön und zudem sicher. Dicht bewaldet sind ihre Hänge. Der Hafenort ist anheimelnd. Hier tummeln sich am Kai Fischkutter, die allabendlich ihre Fänge anlanden. Mehrmals täglich fahren wir mit dem Beiboot an Land. Telefonate mit den Daheimgebliebenen stillen unsere Neugier, ob zu Hause alles in Ordnung ist.

Neptuns sanfte Laune

Porto Andraitx ist der ideale Ausgangshafen für die Rückfahrt nach Ibiza, wo wir Cala Binirras ansteuern. Eine einsame Ankerbucht, die nach Nordwesten offen ist. Das kleine Felseiland Islote Bernat, eine gewundene Steinsäule aus Naturfels, ragt mitten in der Einfahrt gen Himmel. Allabendlich bei Sonnenuntergang wird sie zur Silhouette in goldfarbenem Meer. Gleich um die Ecke erstreckt sich die Cala San Miguel zu Füßen einer pyramidenähnlich angelegten Feriensiedlung. Badegäste in Hülle und Fülle! Bei einem Bummel durch die kleine Ladenstraße versorgen wir uns mit Lebensmitteln.
Tagelang genießen wir in dieser Bucht Badefreuden in einem Spätsommer, der nur

milde Lüfte und sonnige Tage beschert. Wind, gar Starkwind, rauhe See, mit weißen Schaumkronen überzogen, was ist das? Wir haben Neptuns sanfte Laune von Herzen gern angenommen. Die Segler aber knurren. So viel Ruhe haben sie nun auch wieder nicht gewollt. Immer nur motoren, das bringt ihnen keinen Spaß und belastet obendrein das Urlaubsbudget.

Langsam erwacht in uns der Wunsch nach Tapetenwechsel. Diesmal aber muß es wieder ein Hafen sein, denn Trinkwasser und Kraftstoff werden an Bord dringend benötigt. Der Versorgungshafen von Ibiza, San Antonio Abad, an der Westküste der Insel gelegen, liegt auf unserem Kurs nach Süden. Also wird er es sein, den wir ansteuern. Gleich beim Einlaufen wird klar, das Hafenhandbuch muß handschriftlich berichtigt werden: Am Molenkopf befindet sich eine Tankstelle, nur an Werktagen vormittags geöffnet.

Wir finden eine Lücke an der Innenmole und haben zum ersten Male auf diesem Törn wirklich große Ankerprobleme. Er will und will nicht halten. Nachdem wir beim dritten Manöver 60 m Kette – alles, was im Ankerkasten ist – ausgefahren haben, sind wir noch immer nicht vom sicheren Halt überzeugt. Der ablandige Wind drückt genau auf den Bug der *Cora* und schiebt sie langsam aber sicher auf die Kaimauer. Wir holen einige Meter Kette ein, auch das bringt nichts. Der Anker slipt über den Grund. Doch Glückskinder wie wir sind, hat der Eigner des neben uns liegenden, großen Kutters unser Problem bemerkt und bietet als sicheren Halt die Bugklampe seines Schiffes an. Er habe eine Mooring im Hafenbecken verankert. Wir führen von dort eine Leine zu unserer Mittelklampe und haben Ruhe.

San Antonio ist ein lebhafter Hafen. Ständig fahren Barkassen und Cruceros dicht an den Ankerliegern vorbei und lassen das Hafenwasser nicht eine Minute zur Ruhe kommen. Sie »baggern« Badelustige und Touristen zu den zahlreichen Calas um San Antonio und führen Rundfahrten zu den vorgelagerten Inselchen durch. In der Stadt herrscht geschäftige Betriebsamkeit. In den Ladenstraßen kennt Kauflust keine Grenzen. Ein unbeschreiblicher Trubel! Doch die Uferpromenade, wunderschön angelegt mit exotischen Pflanzen, von Wasserspielen durchsetzt, ist besuchenswert. Trotzdem, dieser Rummel liegt uns nicht.

Am nächsten Morgen melden wir uns an der Tankstelle zum Bunkern an, denn sie ist stark frequentiert. So schnell wie die Barkassen ihre Touristen aufnehmen und wieder ausspucken, so schnell müssen sie auch bunkern. Lange Gesichter und stocksaure Mienen, wenn der Tankwart sie nicht sofort bedient. Und ein Sportboot hat da schon gar nichts zu suchen!

Es wird Mittag, bis wir zur 10 sm südlich gelegenen Cala Badella aufbrechen können. Sie ist touristisch erschlossen. Das bedeutet, zahlreiche Ferienhäuser und Hotels haben sich angesiedelt. Doch dies ist hier nicht einmal schlecht gelungen. Die hochgewachsenen Pinien, dicht wie ein Wald, beschirmen und verdecken zugleich die Bauten. Die Menschenmassen am Strand jedoch lassen sich nicht übersehen. Auf unserem Boot aber haben wir Ruhe. Die Cala ist groß genug.

Das Barometer fällt, und zwar happig, innerhalb weniger Stunden um 8 Striche, und es fällt weiter. Erste Windwolken am Himmel sind eine deutliche Warnung. Da bahnt sich etwas an. Wir aber wollen auch das letzte Etmal unseres diesjährigen Törns bei ruhiger See zurücklegen. Kurzentschlossen ist *Cora* bereits in früher Morgenstunde unterwegs. Der rasche Entschluß hat sich gelohnt. Noch bei spiegelglatter See legen wir die 65 sm zurück. Der Autopilot hat punktgenau nach Oliva gesteuert. Freundlich werden wir im Club empfangen. Der Winterliegeplatz für *Cora* ist ja bereits reserviert. In den Abendstunden dann bricht es los. Windstärke 6 Bft, heftige Böen, Gewitter toben sich aus.

Wir nutzen die restliche Zeit, unser Boot winterfest zu machen. Am Morgen vor der Abreise wird letzte Hand an die Vertäuung gelegt. Die Schnupperreise zu den Balearen ist Vergangenheit. Unglaublich, wie schnell etwas Schönes zu Ende geht.

Bummel entlang der Weißen Küste

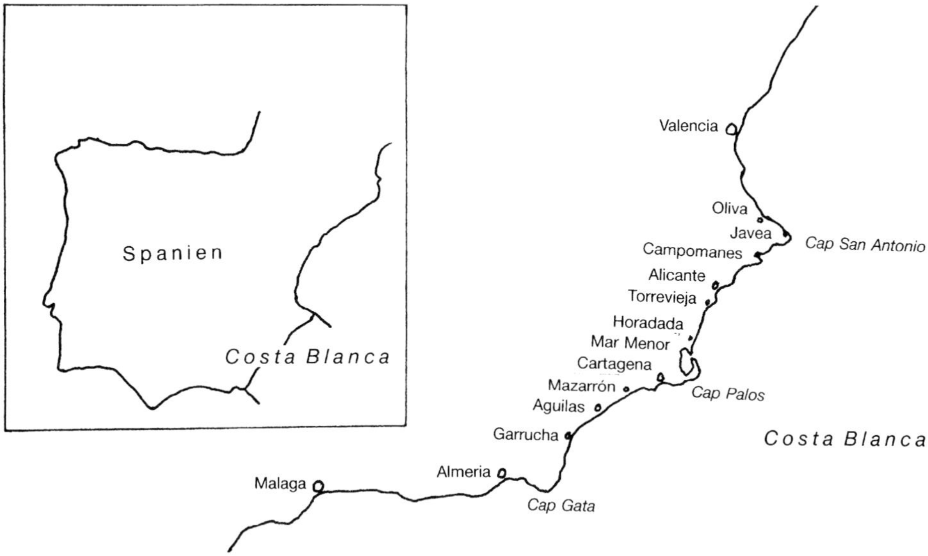

Törninfos und Traileranreise

Etappen	sm
Oliva – Javea	14,7
Javea – Marina Greenwich	19,4
Marina Greenwich – Alicante	32,8
Alicante – Torrevieja	26,9
Torrevieja – Torre Horadada	8,0
Torre Horadada – Tomas Maestre / Mar Menor	8,0
Tomas Maestre / Mar Menor – Puerto Palos	8,4
Puerto Palos – Cartagena	17,5
Cartagena – Mazarrón	15,4
Mazarrón – Aguilas	19,4
Aguilas – Garrucha	20,0
	190,5
	(352,8 km)

Seekarten
D 491, D 490, D 489.

Handbücher
K. Peters. Hafenführer Spanien, Balearen. Tulln / Österreich.
K. Neumann. Spanische Gewässer, Lissabon bis Golf du Lion. Bielefeld.
Yachtfunkdienst Mittelmeer. DHI. Hamburg.

Traileranreise
Über französische und spanische Autobahnen geht es nach Oliva, etwa 75 km südlich Valencia. Im Club Nautico Oliva stehen Auto und Trailer bewacht und sicher. Slip und stationärer 5-t-Kran sind vorhanden. Bis auf Puerto Palos haben alle erwähnten Häfen Kran und Slip, so daß der Törn überall enden kann.

Diesmal hängt *Cora IV* sicher und gerade in den Gurten.

Kurs Nullmeridian

In der nächsten Saison begeben wir uns am zweiten Sonntag im April auf die Reise zur *Cora*. Kilometer um Kilometer spult unser Auto ab. Je näher wir Oliva kommen, je aufgeregter werden wir. Wie hat *Cora* nun wirklich jene schrecklichen Unwetter und Stürme im November des Vorjahres überstanden? Bei telefonischen Rückfragen wurde uns stets versichert, unserem Boot sei nichts passiert. Viele der kleinen, offenen Sportboote sind damals in wenigen Minuten voll Regenwasser gelaufen und auf den Hafengrund gesunken. So romantisch der Hafen in Oliva an ruhigen Tagen, so gefährlich bei Unwettern, da Flußmündung und Hafenzufahrt identisch sind. Das kleine, stets harmlos dahinplätschernde Flüßchen hat sich innerhalb einer halben Stunde zu einem reißenden, tosenden Wildwasser gemausert und einen Teil der Marina-Anlagen überschwemmt, unterspült und fortgerissen.
Spätherbstliche Unwetter sind im Golf von Valencia keine Seltenheit, wie wir nunmehr selbst erfahren müssen. Sogar der stationäre 5-t-Kran hat durch die unvermittelt schnell und mit ungeheurer Gewalt kommenden Wassermassen den Boden unter den Füßen verloren. Die 25-Fuß-Yacht des Polizeipräsidenten von Valencia machte sich selbständig und trieb aufs Meer hinaus. Kein Salvador, sprich Hafenmeister, keiner der Marineros konnte den unfreiwilligen Ausflug der Motoryacht rechtzeitig verhindern. Aber Glück im Unglück, wenige hundert Meter vor der Hafenausfahrt strandete sie unbeschadet. Die hilfsbereiten Fischer, selbst vom Unwetter hart betroffen, holten den Ausreißer an seinen Liegeplatz zurück.
Als wir nun heute in Oliva eintrudeln, gilt der erste Blick unserer *Cora*. Tatsächlich, sie hat keinerlei Schaden genommen! Strahlender Sonnenschein und laue Lüfte umfangen Boot und Crew. Die Frühjahrsarbeiten können beginnen – und es sind zahlreiche! Wir haben in den Wintermonaten wieder Idee um Idee geboren, die nun in die Tat umgesetzt werden.

Schließlich fährt der bestellte Autokran vor und setzt *Cora* an Land. Nicht ohne Ängste ist diese Prozedur für Käpt'n und Bordfrau. Stark buglastig hängt unser Boot in den Gurten. Zum Glück sind diese zum Bug und zum Heck mit Leinen fixiert. Der Käpt'n hat aus Sicherheitsgründen zuvor darauf bestanden. So geht letztendlich alles gut. *Cora* steht für einige Tage sicher und fest aufgepallt an Land. Während die Marineros das Unterwasserschiff reinigen, abschmirgeln und für den neuen Unterwasseranstrich vorbereiten, montieren wir Zinkanoden. Dann wird ein elektronisches Sumlog das defekte mechanische ersetzen. Letztendlich bringt im Schweiße ihres Angesichts die Bordfrau das gesamte Schiff auf Hochglanz.
Nach einigen Tagen rollt der Autokran erneut heran. Vorsichtig wird unser Boot angehoben, zum Wasser geschwenkt und seinem Element übergeben. Erst Mitte Mai sind Wetter und See aus unserer Sicht angemessen, um auf Reisen zu gehen. Nur wenige Seemeilen nach Osten und wir erreichen Cap San Antonio. Zwei Seemeilen weiter liegt das Schwesterkap Cabo de la Nao. Die See ist beinahe spiegelglatt. Wir genießen das sanfte Auf und Ab, wissen wir doch, daß die beiden Kaps zu den gefährlichen und gefürchteten an der Costa Blanca, der Weißen Küste, gehören. Als Gäste im Yachtclub von Javea verbringen wir die erste Nacht.
Aus nahezu 200 m Höhe fallen die steilen Felswände beider Kaps senkrecht zum Meer hinab. Malerisch liegt die Marina unterhalb des kleinen Ortes Puerto Javea, der auch Aduanas del Mar genannt wird, weil der Golf von Valencia und der von Alicante hier aneinandergrenzen. Romantisch schön ist Javea, die Anlagen der Marina gediegen und gepflegt, doch wie so oft schweben die Preise in höheren Regionen. Braunroter Fels, von Agaven durchsetzt, leuchtet in der goldenen Abendsonne als einzigartiger Kontrast zum azurblauen Meer! Absolut ruhig jedoch liegen die Boote im Yachtclub nicht. Winde aus Südwest bis West schütteln die Yachten ordentlich durch.
Von nun an wird unsere Reise bis zum Cap Gata vorbei an Cap Palos stets auf südwestlichen Kursen führen. Sind wir in Javea bereits auf 00°11' östlicher Länge, so nähern wir uns langsam aber sicher dem Nullmeridian. In Campomanes ist es soweit. Schon auf der Mole verkünden große Tafeln mit unübersehbaren Lettern: Marina Greenwich, 00°00'00". Wer denkt schon daran, an der spanischen Mittelmeerküste einen Hafen dieses Namens zu finden (siehe Hafenporträts). Er wird aber auch nach seinem Erbauer Luis Campomanes Marina Campomanes genannt. Diesem Architekten ist die exponierte Lage an jenem wildzerklüfteten Küstenabschnitt zu verdanken, obwohl in unmittelbarer Nähe der Hafen von Altea mit ausgedehnten Anlagen des dortigen Yachtclubs liegt. Ganze 4 sm trennen beide Marinas.
Herrscht in Altea quirliges Leben und Treiben, ist in Marina Greenwich die Welt zu Ende. Steile Felswände, unzugänglich und naturbelassen, schluchtenreich und romantisch. Ende der Fahrstraße auf dem Parkplatz vor dem Marinagelände. Ruhig und abgeschieden, beinahe weltvergessen, liegen wir hier. Die Gebühren sind während unserer Anwesenheit ausgesprochen niedrig. Der Hafen ist vor allen Winden gut geschützt und wohl auch als Winterliegeplatz empfehlenswert. Tauchen Probleme an Boot oder Motor auf, in Campomanes werden sie für den Skipper nicht zum Problem. Die im Marinagelände liegende Werft Belliure führt Reparaturen jeder Art aus.
Wer sich aber versorgen muß, ist auf ein Taxi oder aber auf einen an Bord befindlichen, fahrbaren Untersatz angewiesen. Das Städtchen Altea, das sich um die auf einem Hügel erbaute Kirche mit weithin leuchtender, blauer Kachelkuppel rankt, liegt immerhin 6 km entfernt. Das Angebot im Minimarkt der Marina ist unzureichend und dürftig. Selbst Brot muß am Vorabend bestellt werden.

Alicante – gestern und heute

Nach ruhigen, erholsamen Tagen reizt uns zur Abwechslung Großstadttrubel. Wir steuern Alicante an. Langsam tuckern wir durch das geräumige Hafenbecken hin zum Königlichen Yachtclub. Doch schroff und unfreundlich werden wir abgewiesen. Der Marinero deutet unerbittlich auf die öffentlichen Liegeplätze am Paseo Maritimo.
Erinnerungen werden wach. Wie freundlich wurden wir hier vor Jahren aufgenommen. Heute dürfen wir nicht einmal in die unmittelbare Nähe der Steganlagen. Versonnen blickt der Käpt'n auf seine Armbanduhr. Die Geschichte dieser Uhr wird unvergessen bleiben. Damals, im August 1976, waren wir mit *Cora II* zu Gast im Real Club de Regatas von Alicante. Nach dem Duschen hat der Käpt'n besagte Uhr vergessen, läßt sie liegen. Als er es bemerkt, eilt er in den Duschraum zurück, sie zu holen. Doch sie ist bereits fort, stibitzt. Am Abend erzählen wir nahezu beiläufig dem Präsidenten des Clubs von unserem Mißgeschick. Er ist empört: »Im Königlichen Yachtclub wird nicht gestohlen. Sie bekommen ihre Uhr zurück.« Er läßt sie sich genau beschreiben und, als er erfährt, daß wir am nächsten Morgen weiterfahren wollen, notiert er unsere Heimatadresse. Wir schmunzeln. Sein Verhalten sehen wir als trostreiche Geste. Bald ist der ärgerliche Vorfall vergessen.
Kurz vor Weihnachten dann, wir sind seit Monaten wieder zu Hause, erhalten wir ein Päckchen aus Spanien, Absender Real Club de Regatas, Alicante. Nanu, ein Trostpflaster zu Weihnachten wegen der gestohlenen Armbanduhr? Aber nein, es ist die Armbanduhr vom Käpt'n mit dem winzigen Sprung im Glas und feinen Kratzern am Gehäuse. Sie ist es, nicht etwa eine andere. Dazu ein Kärtchen: »Mit herzlichen Grüßen, im Königlichen Yachtclub wird nicht gestohlen!!!« So ändern sich die Zeiten.
Zügig steuern wir den Kai am Paseo Maritimo an. Viele Liegeplätze stehen zur Auswahl, die Hochsaison hat noch nicht begonnen. Wir suchen eine geeignete Stelle aus. Der Anker rasselt auf den Hafengrund. Gekonnt und sicher bugsiert der Käpt'n das Heck der *Cora* zum Kai. Behende klettert die Bordfrau durch das Beiboot, springt an Land und nimmt die Festmacheleinen entgegen. Nahezu lautlos läuft das Ritual ab: Beiboot absenken und neu vertäuen, Gangway herablassen und belegen, Ankerkette nachziehen und blockieren, Sonnendach aufspannen, Achterdeck einrichten und nach Strom- und Wasseranschluß Ausschau halten. Wasser gibt es, Strom jedoch nicht, also wird der Generator, wenn nötig, die Stromerzeugung übernehmen.
Wie üblich erscheinen Zoll und Polizei. Der Käpt'n bekommt Schreibarbeit: Formulare, Formulare! Die Bordfrau übernimmt die Aufgaben des Smutje. Nach einem leckeren Mahle steht die wohlverdiente Ruhepause auf dem Programm. Den Spaziergang am frühen Abend unternehmen wir mit gemischten Gefühlen. Das Boot am öffentlichen Kai einer Großstadt liegen zu haben, bedeutet nicht Sicherheit und Schutz wie in einer Marina. Wir fieren wiederum wie schon in Palma die Heckleinen, doch Sicherheit gewährt das noch lange nicht. Am nächsten Morgen kassiert ein städtischer Angestellter die öffentlichen Hafengebühren und Wassergeld.
Sehenswürdigkeiten gibt es in Alicante wenige. Das Eindrucksvollste ist und bleibt die Palmenpromenade. Sie lädt zum Flanieren, Schlendern und Trödeln ein. Lohnenswert aber ist ein Ausflug nach Elche. Bald 30 km landeinwärts liegt diese kleine Stadt mit ausgedehnten Palmenhainen. Nirgendwo sonst in Spanien gedeihen Palmen in Wäldern wie in diesem Gebiet. Die jungen Bäume werden innerhalb des Landes zwecks Neuanpflanzungen zu horrenden Preisen weiterverkauft. Wer auf seinem Grundstück diesen exotischen Schmuck haben will, muß tief in die Tasche greifen.
Großstadt hin, Großstadt her, bevor wir Torrevieja anlaufen, steuern wir, 12 sm von Alicante entfernt, die vielbesuchte Isla Tabarca an. Das sollte jedoch kein Skipper an Wochenenden tun, denn dann versammeln sich dort Yachten aus Alicante und Santa Pola,

und obendrein schippern Ausflugsdampfer mehrmals täglich Scharen von Badegästen auf das Eiland.
Der Minihafen im Nordwesten der Insel bietet wenigen Yachten Platz. Die Badebucht im Süden ist nur unzureichend geschützt. Es empfiehlt sich nicht, hier bei unsicherer Wetterlage zur Nacht zu ankern. Die Anlagen der Marina in Santa Pola bieten Raum genug, sind nur 5 sm entfernt und sicher. Besser 5 sm gefahren, als das Risiko zu tragen, stundenlang in der Badebucht vor Tabarca durchgeschaukelt zu werden.
Der Name Tabarca kommt nicht von ungefähr. Er ist von der vor Tunesien liegenden, gleichnamigen Insel entlehnt. Versklavte Spanier wurden von den Mauren dorthin verschleppt. Im 18. Jahrhundert gelang es Spanien, seine Landsleute heimzuholen und hier anzusiedeln. Zur Erinnerung an die schrecklichen Zeiten der Sklaverei nannten die Heimkehrer das Inselchen vor Alicante ebenfalls Tabarca.
Als wir am frühen Nachmittag Kurs auf Torrevieja nehmen, gibt uns Neptun ordentlich eins auf die Mütze. Wir knüppeln auf südwestlichem Kurs gegenan, bei einer Wellenhöhe zwischen einem und zwei Metern, und sind froh, als wir endlich die Hafenmolen ausmachen. Nun kann es nicht mehr lange dauern, dann ist der schützende Hafen erreicht. Doch leider steht beachtlicher Schwell in das Hafenbecken.
Der Yachtclub hält für Fahrtenskipper Liegeplätze am Kopf seiner Steganlagen bereit. Aus Hafenführern wissen wir, der Ankergrund in Torrevieja bietet keinen sicheren Halt. Ausgerechnet jetzt wird uns ein Platz ohne Mooring zugewiesen. Zudem frischt der Wind mehr und mehr auf. Wir bringen 60 m Kette aus. Innere Unruhe veranlaßt uns, zusätzlich eine Leine zu einer in der Nachbarschaft liegenden Mooringtonne zu ziehen. Doch wirklich sicher fühlen wir uns nicht. Zum Glück schläft der Wind in den späten Abendstunden ein.
Im gepflegten Clubhaus meldet der Käpt'n uns an und berichtet hocherfreut, als er wieder an Bord kommt, ein herrliches Caféhaus läge direkt am Hafenbecken. Dem wollen wir umgehend einen Besuch abstatten, um den Heißhunger auf ein Stück Kuchen zu stillen. Ungezählte Enten und Fische tummeln sich auf und im Wasser vor der Caféterrasse und liefern sich eine Schlacht am kalten Buffet. Kein Wunder, immer wieder fliegen Weißbrotbröckchen zu ihnen hinab. Der wilde Kampf um das größte Stück, mit quicklebendigem Geschnatter ausgetragen, erfreut die ebenfalls schlemmenden Gäste.
Allabendlich wandelt sich die kurze Palmenpromenade vor dem Clubhaus zu einem Bazar. Fliegende Händler, vornehmlich aus Marokko, bieten ihre Waren feil. Teils haben sie Klapptische aufgestellt, teils hocken sie auf den glänzenden Steinplatten, ihr Angebot kunstvoll um sich dekoriert. Gegenüber der Promenade befinden sich gut besuchte Restaurants, Eisdielen und Bars, aus denen mehr oder weniger laute Musik herüberschallt. Wir haben genug von dem Trubel und kehren zur *Cora* zurück.
Im Marinabüro sehen wir uns nach dem Seewetterbericht um. Doch es hängt keiner aus. Als wir danach fragen, werden wir auf die telefonische Vorhersage der meteorologischen Stationen verwiesen. Nur sie zu verstehen, fällt selbst Spaniern schwer, da die auf Band gesprochene Ansage in unglaublichem Tempo abläuft. Wie gut, daß der Käpt'n darauf bestanden hat, unser altes, transportables Schwarzweiß-Fernsehgerät an Bord zu nehmen. Im Ersten Programm folgt nach der Nachrichtensendung gegen 21 Uhr, von Montag bis Freitag, der detaillierte und anschaulich dargestellte Seewetterbericht für die folgenden 24 Stunden, aufgegliedert nach Seegebieten. Die verwendeten Symbole sind eindeutig und leicht verständlich. Ohr und Auge können kooperieren. Wollten wir in unserer Muttersprache informiert sein, Fehlanzeige! Für die Deutsche Welle ist die Vorhersage für das westliche Mittelmeer bereits bei den Balearen zu Ende. Wie gesagt, unverständlich für die vielen deutschsprachigen Skipper, daß Costa Blanca, Costa del Sol, Mar Alboran und die Straße von Gibraltar unberücksichtigt bleiben! Wir meinen, ein Service, den die Deutsche Welle längst hätte aufnehmen sollen.

Am nächsten Tag überrascht uns ein spiegelglattes Meer. Genüßlich bummeln wir ganze 8 sm weiter nach Süden und suchen die Marina Torre Horadada. Ein Skipper hat davon erzählt. In Hafenführern ist sie nicht erwähnt. In der Seekarte finden wir den Torre und richten unseren Kurs dorthin. Es klappt auf Anhieb. Der Torre liegt steuerbord querab. Doch Achtung, das Echolot, auf 2-m-Tiefenalarm gestellt, warnt schrill. Umgehend ändern wir den Kurs, ziehen einen großen, seewärtigen Bogen, um allen Gefahren aus dem Weg zu gehen. Gleich an der Marinaeinfahrt entdecken wir die Tankstelle. Rote Kugelfender schützen den Anleger. Ein Marinero eilt herbei, stellt sich als Hafenmeister, Tankwart und Mädchen für alles vor und fragt erstaunt: »Wie haben Sie denn hierher gefunden? Bei uns dampfen doch alle vorbei!«
Wir bunkern Diesel, übernehmen auch gleich Trinkwasser und bitten um einen Liegeplatz für ein oder zwei Nächte. Miguel weist uns einen Platz an einem der fünf Kopfstege zu, schwingt sich auf sein Moped und ist hilfsbereit zur Stelle, bevor wir anlegen. In diesem Club Nautico fühlen wir uns ausgesprochen wohl. Das gerade fertiggestellte Clubhaus mit seiner reizvoll gestalteten Terrasse ist leider noch geschlossen (siehe Hafenporträts). Mehrmals schlendern wir hoch oben auf der Mole entlang, schauen über das sanft wogende Meer und suchen am Horizont die der Zufahrt zum Mar Menor vorgelagerte Insel, Isla Grosa, zu entdecken.

Kleines Meer ganz groß

Mar Menor – das Kleine Meer mit großen Möglichkeiten für Wassersportler ist unser nächstes Ziel. Es liegt in der Mitte der Costa Blanca, unmittelbar nördlich des gefürchteten Cap Palos. Das Kleine Meer erstreckt sich entlang der schmalen, 22 km langen Nehrung La Manga, erkennbar durch zwei stattliche Leuchttürme. Der eine steht auf der Nordostmole der Zufahrt zum Verbindungskanal ins Mar Menor, der andere, weithin sichtbar, kündet Cap Palos an. La Manga bedeutet Ärmel oder Schlauch. Diese Nehrung ist auch sehr schmal: an ihrer engsten Stelle nur 100 m, an ihrer breitesten erreicht sie 800 m.
Als wir in den betonnten Verbindungskanal einlaufen, müssen wir warten. Eine Straßendrehbrücke versperrt die Weiterfahrt. Mit einer Durchfahrtshöhe von 2 m bleibt nur kleineren Booten der Weg frei. Eine große Hinweistafel hat uns schon vorgewarnt. Die Brücke ist von 7 bis 22 Uhr geöffnet, jeweils in den ersten 15 Minuten jeder Stunde. Noch 10 Minuten, dann ist die volle Stunde erreicht. Im engen Durchfahrtskanal halten wir *Cora* so gut es geht auf der Stelle. Tatsächlich, pünktlich erscheint ein Brückenwärter und öffnet. Langsam dreht sich die Brücke und gibt die Durchfahrt frei. Wenige Meter noch und wir erreichen Puerto Tomas Maestre. Eine Marina mit allem erdenklichen Komfort empfängt uns. Zuerst wird dem Auge mit Palmen und exotischblühenden Kakteen in einer parkähnlichen Anlage geschmeichelt, dann erscheint mit höfischer Eleganz der Hafenmeister persönlich – in schneeweißer Uniform – und weist den Liegeplatz zu. Distinguiert beobachtet er die Arbeiten seiner Marineros beim Vertäuen. Eine Elite-Truppe in Blauweiß! Passende Adapter für Strom- und Wasseranschlüsse werden von ihnen montiert.
Bei der Anmeldung erhalten wir einen umfangreichen Prospekt mit Seekarte vom Mar Menor, Hafenplan und, wie nicht anders zu erwarten, Immobilienangeboten nebst Preisliste. Klangvolle Bezeichnungen wie Bungalow Optimist, Bungalow Los Delphines, Bungalow Los Corales und Bungalow Las Palmeras beflügeln unsere Phantasie.
Der Service in der Marina ist perfekt. 1300 Boote finden Platz. Doch was nützt die schönste Anlage, wenn der Magen knurrt und die Urlaubskasse einen Restaurantbesuch verbietet? Gibt es letztlich nicht auch Skipper, die die eigene Küche vorziehen und sich lieber selbst versorgen wollen? Nicht einmal ein Minimarkt ist in annehmbarer Entfer-

Gleitschirmfliegen hinter einem PS-starken Speedboot.

nung. Nein, 4 km müssen wir traben, um zum Supermarkt in der nächstgelegenen Feriensiedlung zu gelangen. Ein kleines Lebensmittelgeschäft dürfte wohl neben den zahllosen Restaurants und Frühstücksbuffets sowie Shops und Boutiquen noch Raum finden im komfortablen Puerto Tomas Maestre. Die Liegegebühren sind ebenfalls komfortabel, sprich saftig! Eines darf jedoch nicht unerwähnt bleiben, die Werft im nördlichen Teil der Marina hat Arbeitskräfte für jede Art von Reparaturen. Ein Travellift von 50 Tonnen und einer von 15 Tonnen sowie ein Slipway für Schiffe bis zu 100 Tonnen stehen zur Verfügung.

Neben Puerto Tomas Maestre gibt es rund um das Mar Menor weitere 6 Marinas unterschiedlicher Größe. Sie alle sind Club Nauticos mit eigenen Steganlagen. Zwei Campingplätze im südwestlichen Teil des Kleinen Meeres runden das Angebot ab. Ideal für Urlauber mit Schlauchboot.

Im Mar Menor kennt der Wassersport keinerlei Einschränkungen durch Wind und Wellen. Nicht einmal Starkwind bringt dem Kleinen Meer nennenswerten Seegang. Hier lassen sich alle nur erdenklichen Wassersportarten genüßlich ausüben. Vom Aalen auf der Luftmatratze bis zum Dahinjagen auf dem Wassermotorrad, vom Gleiten auf dem Surfbrett bis zum rasanten Segeln mit der Jolle, vom sportlichen Wasserskilaufen bis zum Schirmfliegen hinter PS-starken Speedbooten, von Badefreuden im herrlich warmen, doch leider trüben Wasser bis zum Ankern vor einer der Inselchen mit Motor- oder Segelyacht, alle haben Raum, alle können ihren Lüsten frönen.

Das Mar Menor hat eine Ausdehnung von 50 Quadratmeilen. Von Nord nach Süd beträgt sie 11,5 Meilen, von West nach Ost 5,5 Meilen. Die durchschnittliche Wassertiefe liegt zwischen 5 und 6 m. Flachwasserzonen in Ufer- und Inselbereichen weist die Seekarte aus. Das Kleine Meer ist ein Salzwassersee mit den Inseln: Isla Mayor, Isla Perdiguera und ganz im Süden Isla del Ciervo, Rondella und Sujeto. Auch wir lassen uns von dem Zauber dieser kleinen Welt einfangen und zu mehrtägigem Verweilen verführen.

Am gefürchteten Cap Palos

Bevor es uns weiter nach Süden drängt, müssen wir bunkern. Den Dieselmotoren gönnen wir diesmal zusätzlich Desolite zur Reinigung der Einspritzdüsen. Schlag 9 Uhr erreichen wir die Drehbrücke, beobachten gerade noch ihren letzten Schwenk und laufen ungehindert aus, Kurs Cap Palos. Oh ja, Cap Palos! Wenig erfreuliche Berichte haben wir von ihm gehört. Wir erinnern uns an die Erlebnisse eines amerikanischen Ehepaares: »Lieber zehnmal über den Atlantik segeln, als noch einmal Cap Palos runden«, meint der Skipper. Sie büßten hier ihren Schiffsmast ein. Mit einer unvermittelt starken Böe köpfte der Wind den Mast ihres Schiffes und ließ das obere Ende auf Deck krachen. Wir haben Glück. Das Wetter ist ruhig, die See leicht gekräuselt. Kaum vorstellbar, daß es hier so grauenvoll toben kann. Als wir die Nase um das Kap stecken, drückt steile, kurze See gegenan. Der Wind bläst deutlich frisch. Wild zerklüftet, von Wind und See zernagt, mit zahllosen Riffen und Felsuntiefen durchsetzt ist dieses Kap. Die Zufahrt zum Schutzhafen Puerto Palos, der zu Füßen des schwarzweiß geringelten, 80 m hohen Leuchtturmes in der Cala Avellán errichtet wurde, gleicht einem Slalomkurs. Kaum auszumachen sind die farblosen, unscheinbaren Fahrwassertonnen in der Gischt sich brechender Wellen.

Wer nie diesen Schutzhafen bei günstigen Seebedingungen anlief, die Slalomfahrt zwischen den Riffen hindurch also nicht kennt, sollte von dem Versuch, ihn bei stürmischer See anzusteuern, absehen. Hinzu kommt, daß zwar ein Club Nautico im Hafenbecken seine Stege hat, doch keinerlei Transitplätze zur Verfügung stellt. So bleiben schutzsuchenden Yachten wie auch Fischkuttern nur beschränkte Liegemöglichkeiten im Einfahrtskanal. Geschützt liegen wir dort schon, doch von Ruhe kann nicht die Rede sein, weder von See noch von Land.

Cap Palos ist Ausflugsort und Sommerfrische der nahen Großstadt Cartagena. So ist in den Restaurants am Einfahrtskanal, in denen der Gast vorzügliche Fischgerichte genießen kann, verständlicherweise Hochbetrieb bis spät in die Nacht, und die neugierigen Blicke der Touristen reißen nicht ab.

Der nächste Tag wird zu einem unfreiwilligen Liegetag. Wind aus Südwest mit Stärke 6 Bft ist genau das, was wir nicht gebrauchen können. Da aber diese windige Ecke landschaftlich interessant und wild ist, freuen wir uns im Grunde über diesen Ruhetag. Wir setzen die Gehwerkzeuge in Bewegung und machen uns auf einen Erkundungsgang.

Palos ist im alten Zentrum wirklich ein uriger Fischerort, umgeben von Sommervillen mit herrlichen Gärten bis hinauf zum Leuchtturm. Der Badestrand liegt im Norden des Kaps. Sehnsüchtig blicken wir auf das hier ruhige Meer. Doch bereits am Tag darauf können wir weiterfahren. Die Diesel brummen satt und gesund. Wir steuern vom Achterdeck aus. Nur 17 sm sind es nach Cartagena.

Was für Deutschland Kiel-Laboe, ist für Spanien Cartagena, Flottenbasis seiner Marine. Der geräumige Hafen, in einer weiten Bucht gelegen, ist Heimstätte für zahlreiche Kriegsschiffe. Vornehmlich U-Boote sind hier stationiert, da vor Cap Palos ein ausgedehntes Übungsgebiet liegt, wie die Seekarte ausweist. Wir erleben zweimal, wie ein U-Boot einläuft und die Matrosen auf Deck antreten. Ohne Reling, ohne Handlauf, ohne jede Möglichkeit, sich im Falle des Falles halten zu können, stehen die Jungs in Hab-Acht-Stellung wie die Zinnsoldaten.

Wir haben beim Club Nautico festgemacht und fühlen uns dort geborgen, sind aber unentwegtem Schwell ausgesetzt. Als wir aus dem Clubhaus treten, stehen wir auf einem großen Platz. In Wasserfontänen gehüllt entdecken wir ein U-Boot. Es ist das erste U-Boot der Welt. Stolz scheint die Stadt auf dieses Prunkstück zu sein, Tradition und Marineherrlichkeit dokumentierend. Kein Ansichtskartenstand ohne die Abbildung jenes Gefährts. Eigentlich wollen wir auch das Marinemuseum besichtigen, doch hier heißt es

lakonisch: Geschlossen, Urlaubszeit! Bald kennen wir Cartagenas Innenstadt auswendig, so häufig sind wir durch Fußgängerzone und Einkaufsstraßen gebummelt.
Wohl verproviantiert nehmen wir Kurs auf Mazarrón. Ein 20stöckiges Hochhaus ist gute Ansteuerungshilfe. »Langer Lulatsch« taufen wir es, als wir es ausmachen. Der Club Nautico Mazarrón hat sich einen reizvollen Winkel ausgesucht. Die kleine Insel Adentro und die Halbinsel Punta Negra schützen die versteckt liegende Marina. Zwischen Halbinsel und Insel durchzufahren, ist nicht möglich. Untiefen und Klippen verwehren den Weg. Gleich an der Einfahrt hat der Club seine Bunkerstation angelegt. Handzeichen genügt, und der Hafenmeister kommt (siehe Hafenporträts). Angenehm ist es schon, stets zu wissen, daß in diesem Lande an allen Bunkerstationen gleiche Preise verlangt werden.
Die Ortschaft Puerto Mazarrón wird praktisch nur von Touristen besucht. Der wenig gepflegte Badestrand ist nicht gerade einladend, doch die klaren Fluten an den vorgelagerten Klippen und Felseilanden locken zum Baden und Schnorcheln. Der Ort selbst bietet nichts. Die Marina ist aber gepflegt: Das Clubhaus mit seiner Terrasse, von der aus der Blick weit über das Meer schweift, ist nicht nur einen Besuch wert. Das an der mimosenbestandenen Marinapromenade gelegene Restaurant, vom Hafenmeister betrieben, hat seinen guten Ruf mit Fischspezialitäten erworben.
Im Marinagelände steht eine Halle der Werft Alpha Marine. Fleißig, bis zum Einbruch der Dunkelheit, wird dort gearbeitet. Ob Fischerboot, Motor- oder Segelyacht, ob Maschine, Antrieb oder Schiffsausrüstung, alles wird hier repariert.

Wasser im Schiff

Am nächsten Morgen, uns drängt es weiterzufahren, klettert der Käpt'n auf die Mole, um das Meer in Augenschein zu nehmen. Neugierig verfolgt die Bordfrau seine Aktion, denn wir haben ein Zeichen ausgemacht. Sein Daumen zeigt nach oben. Also unter Deck alles, was auf der Fahrt durcheinanderpurzeln könnte, wegräumen. Der Käpt'n begleicht die Liegegebühren. Dann heißen seine Kommandos: »Gangway hoch! Beiboot verzurren! Leinen los!« Langsam tuckern wir durch das Hafenbecken zur Ausfahrt. Ein letzter Blick und schon sind wir unterwegs nach Aguilas.
Nur 19 sm und die kleine Stadt liegt vor uns. Die Bucht – vom Monte de Aguilas und vom Monte de la Aguilica eingerahmt – beherbergt den Fischerhafen und die durch eine rechtwinklig verlaufende Mole geschützten Steganlagen des Club Nautico. Dicht gedrängt, Rumpf an Rumpf, liegen hier Boote an den Schwimmstegen und kleinere Yachten im Schutze der Mole. Wir halten es kaum für möglich, in dieser Enge einen Platz zu finden. Doch da winkt schon ein Marinero und zeigt auf die einzige geeignete Lücke. Glück haben wir wieder einmal!
Als wir den Landgang antreten, fallen uns zahllose Rattenteller an den Festmachern auf. Runde Plastik- oder Metallscheiben, durch ein enges Loch in der Mitte paßrecht auf die Leinen gezogen, sollen den »lieben Tierchen« den Zugang zu den Booten verwehren. Wer hat sie schon gerne zu Gast an Bord?
Aguilas liegt in der trockensten Küstenregion Spaniens. Staub, eine Unzahl von Insekten, überall herumliegender Unrat und der von Plastiktüten übersäte Strand laden nicht gerade zum Verweilen. Schön aber ist der Blick von der alten Kastellruine über Stadt und Meer. Auf dem Rückweg beschließen wir, morgen nach Garrucha weiterzufahren.
Eine ruppige See, aufgewühlt von 6 Windstärken, läßt den Käpt'n knurren: »Das ist nicht gerade nach meinem Geschmack. Selbst 20 sm sind da zuviel!« Wir drosseln die Fahrt. Reiten statt gleiten, so geht es bis Garrucha. Zu allem Überfluß leuchtet plötzlich am Armaturenbrett eine rote Warnlampe auf. Wasser im Schiff! Wasser unter dem Motor an backbord! Das hat gerade noch gefehlt. Rauhe See und absaufen? In aller Eile nimmt der Käpt'n die Bodenbretter hoch und starrt suchend in die Bilge. Ein Leck im

Rumpf? Wo nur, wo? Unsinn! Das Wasser schwappt ausschließlich unter der Backbordmaschine. Das Schott ist nicht überflutet, die Bilgenpumpe im Kiel nicht vom Wasser erreicht. Wie aber kommt es unter die Backbordmaschine? Gelassen fahndet der Käpt'n nach der Ursache. Als er in Höhe des Keilriemens neben der Backbordmaschine steht, wird er von einem feinen Wasserstrahl erfaßt. Er flucht unflätig. Doch wenig später schüttelt er sich vor Lachen. Peu à peu, aber ununterbrochen fördert die Seewasserpumpe in feinstem Strahl besagtes Naß ins Schiff. »Donnerwetter, eine so rechtzeitige Reaktion durch unsere selbstmontierte Wasserwarnanlage, das freut mich. Stellen wir also die Backbordmaschine ab«, ordnet er beruhigt an. Der Tanz auf den Wellen aber geht weiter. Mit einer Maschine läuft *Cora* von nun an die letzten Meilen nach Garrucha. Hier allerdings ist kaum Hilfe zu erwarten, wie uns gleich beim Einlaufen klar wird.
Garrucha ist ein Fischerhafen, für Yachten wenig gastlich, stets unruhig vom ewigen Schwell, erzeugt durch unablässig ein- und auslaufende Fischkutter. Heute steht zudem erhebliche Dünung in den Hafen. Dichtgedrängt liegende Yachten an der mittleren, kurzen Pier tanzen im Takt der Wellen rhythmisch auf und ab. Wir finden am äußersten Ende gerade noch eine Möglichkeit, mit dem Heck über eigenen Anker anzulegen. Das Festmachen wird recht schwierig, da nur wenige Poller vorhanden sind. Wir haben etwa 40 m Kette ausgebracht und hoffen, daß der Anker hält. Es bleibt bei der Hoffnung. Der Wind legt derart zu, daß wir es nicht wagen, das Boot zu verlassen. Ankerwache muß sein! Gegen Abend dann drückt eine wie ein D-Zug dahinjagende Böe unsere *Cora* mit dem in den Davits hängenden Beiboot unsanft an die Pier. In Windeseile holt der Käpt'n die Ankerkette, die Bordfrau die Festmacheleinen ein. Auch diesmal bewährt sich, daß diese auf Slip liegen. Binnen weniger Sekunden verlassen wir die ungastliche Stätte und dampfen hinüber zu den im Schutze der Mole liegenden Fischkuttern.
Das Wochenende steht bevor. Unser Glück! Vor Montag früh laufen die Kutter sicherlich nicht aus. Ein Gespräch mit dem Fischer, an dessen Trawler wir festmachen wollen, bestätigt: Montag früh 6 Uhr gehen sie wieder auf See. An diesem Platz sind wir sicher und geborgen.
Am nächsten Tag kümmern wir uns um die defekte Seewasserpumpe. Viel zu machen ist da nicht. Den aufgepreßten Wellendichtring kann nur eine Fachwerkstatt erneuern. So muß vorerst wasserdichtes Fett herhalten. Und siehe da, es funktioniert! Nur noch ab und an tropft es aus der defekten Pumpe. Gut gefettet ist halb gewonnen! Wir nehmen uns vor, bei Sheppard in Gibraltar, einem der bekanntesten Schiffsausrüster, die Pumpe fachgerecht reparieren zu lassen oder eine neue zu kaufen.
Nach getaner Arbeit machen wir uns zum ersehnten Stadtbummel auf. Über fünf große, im Päckchen liegende Fischkutter müssen wir klettern, um an Land zu gelangen. Bordwand hinauf, Bordwand hinunter, ab in die Hocke, um unter zwei in kurzem Abstand straffgespannten Stahltrossen hindurchzutauchen. Dann wieder Bordwand hinauf, Bordwand hinunter und so weiter und so weiter. Endlich an Land müssen wir Netzen und riesigen Teerfladen ausweichen. Als wir das Hafengelände verlassen, erstaunt uns die breite Palmenpromenade. Fast menschenleer, wie ausgestorben ist an diesem Sonntag der Ort. Wir haben Mühe, jemanden zu finden, den wir nach dem Postamt fragen können. Touristen haben sich nach Garrucha noch nicht verlaufen.
Als wir bei hereinbrechender Dunkelheit zurückkehren, warnen wir uns gegenseitig vor den Stahltrossen. Und dennoch – zuerst rennt die Bordfrau mit der Brille gegen eine und verletzt sich am Nasenrücken. Dann weist sie den Käpt'n auf einen großen Teerbatzen am Boden hin. Fasziniert achtet er fortan nur noch auf Teer. Die Stahltrossen sind vergessen. Da ist es auch schon passiert. Er schlägt mit dem Schädel derart gegen eine rostige Stahltrosse, daß er das Gleichgewicht verliert und beinahe rücklings in einen verölten, alten Eimer stürzt. Mit beiden Händen hält er den Kopf und stöhnt. »Was ist passiert?« fragt die Bordfrau besorgt. Schweigend nimmt er die Hände beiseite. Drei tiefe

Abschürfungen zieren blutverschmiert seine Stirn. Noch zwei Kutter gilt es zu überwinden, dann haben wir unser Boot erreicht und können die Wunden desinfizieren.
Am Montagmorgen müssen wir um 6 Uhr ablegen. Die Fischer wollen auslaufen. Also wird der Wecker auf 4.30 Uhr gestellt. Eineinhalb Stunden reichen längst, um auslaufklar zu sein. Als wir beim Frühstück sitzen, der Käpt'n ist noch recht verschlafen, mäkelt er: »Und Du glaubst wirklich, daß es in einer Stunde hell ist? Es ist doch noch stockfinstere Nacht!« Dann fällt sein Blick auf die Uhr. »Oh, nein, es ist ja erst 4 Uhr. Wir sind doch viel, viel zu früh! Das kommt davon, wenn Du ohne Brille auf die Uhr schaust und bereits vor dem Klingeln des Weckers glaubst, die Zeit sei heran!« Im Salon legen wir uns nochmals aufs Ohr. Punkt 6 Uhr verläßt *Cora* in der ersten Morgendämmerung den Hafen, Kurs Costa del Sol.

Auf den Spuren der Kalifen

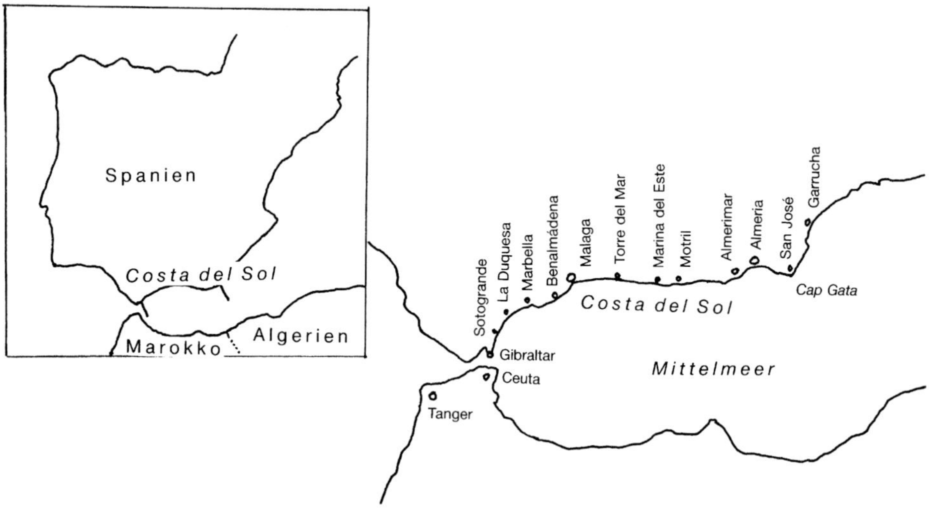

Törninfos mit Traileranreise

Etappen	sm
Garrucha – San José	26,7
San José – Almeria	15,3
Almeria – Almerimar	23,3
Almerimar – Motril	38,8
Motril – Marina del Este	11,8
Marina del Este – Torre del Mar	18,6
Torre del Mar – Benalmádena	24,8
Benalmádena – Marbella	22,7
Marbella – La Duquesa	17,1
La Duquesa – Sotogrande	8,4
Sotogrande – Gibraltar	19,3
	226,8
	(420 km)

Seekarten
D 498, D 488.

Handbücher
K. Peters. Hafenführer Spanien, Balearen. Tulln/Österreich.
K. Neumann. Spanische Gewässer, Lissabon bis Golf du Lion. Bielefeld.
Yachtfunkdienst Mittelmeer. DHI. Hamburg.

Traileranreise
Die Traileranreise über deutsche, französische und spanische Autobahnen ist sehr lang. Mindestens eine Übernachtung sollte eingeplant werden. Die Küstenstraße nach Malaga ist gut ausgebaut, streckenweise mehrspurig. Die Ortsdurchfahrten jedoch erfordern Zeit. Da Garrucha als Ausgangshafen nicht empfehlenswert ist, wähle der interessierte Skipper gleich die Marina Almerimar. Hier stehen Auto und Trailer bewacht und sicher. Kran und Slip sind vorhanden. Auch das berüchtigte Cap Gata ist so umgangen. Alle weiteren angeführten Häfen, einschließlich Gibraltar, verfügen ebenfalls über Be- und Entlademöglichkeiten sowie Bewachung.

Spiegelbild arabischer Welt

Wer wie wir mit dem Motorboot zum »östlichen Badewannenrand des Mittelmeeres« geschippert ist, läßt es sich nicht nehmen, auch den westlichen zu erreichen. »Entlang der Küsten dreier Kontinente« haben wir das Mittelmeer befahren: Europa, Asien und Afrika. Nun wollen wir entlang der Costa del Sol bis hinaus auf den Atlantik nach Tanger/Marokko.

Zwischen Cap Gata und Gibraltar erstreckt sich die spanische Sonnenküste. In früher Morgenstunde sind wir unterwegs. Das Meer ist spiegelglatt. Die Herzen der Motorbootler schlagen höher. Marina San José wird der erste Hafen sein. Er liegt geschützt in einer Bucht, 2 sm nördlich des gefürchteten Cap Gata. Eine feine Sache, so nahe an einem gefährlichen Kap eine Marina zu finden (siehe Hafenporträts).

Die Anlage des Club Nautico San José ist erst vor wenigen Jahren entstanden und noch weitgehend unbekannt. Doch, wer sich dahin verläuft, wird herzlich aufgenommen. Die Lage der Marina ist landschaftlich einmalig schön. Steile, schroffe Felswände begrenzen den kleinen Hafen landwärts. Kristallklares Meer in der weiten Badebucht.

Die Ortschaft San José wirkt wie ein reines Ferienzentrum, jedoch ohne erdrückende Hochhausbauten und graue Betonklötze. Mehrere Restaurants verwöhnen Urlaubsgäste und Scharen von Wochenendausflüglern, die aus dem nahen Almeria anreisen. Spezialitäten sind Meeresfrüchte wie Krusten- und Schalentiere. Ein leckerer Schmaus für Gaumen und Augen. Uns bereitet es Freude, einige Tage zu verweilen, bevor Wind und Wellen es zulassen, Cap Gata zu runden. Langsam erwacht in uns Neugier auf Almeria. Hier beginnt der Törn »Auf den Spuren der Kalifen«. Lange haben wir es uns ausgemalt, auf den Spuren derer zu wandeln, die an der Spitze des Islam standen, als rechtmäßige Nachfolger Mohammeds. Drei Jahrhunderte hat die islamische Welt das spanische Andalusien geprägt. Noch heute sind Granada, Sevilla, Cordoba und Ronda für den Besucher einmalige Höhepunkte wegen ihrer maurischen Vergangenheit.

Almeria kommt aus dem Arabischen und bedeutet »Spiegel«, ein Spiegelbild der arabischen Welt! Hoch über dem Hafen thront die Alcazaba aus der Zeit der Kalifen. Als wir beim Yachtclub um einen Liegeplatz nachsuchen, werden wir unwirsch abgewiesen. Transityachten haben am öffentlichen Kai festzumachen. Platz genug gibt es dort. Doch weder Wasser- noch Stromanschluß sind zu finden. Selbst Festmacher sind rar. Die Höhe der Kaimauer erinnert daran, daß sie ursprünglich wahrlich nicht für Sportboote gedacht war. Wir legen uns hinter eine Ketsch aus Gibraltar, längsseit, wie alle anderen.

Die Crew der Ketsch, sechs junge Leute aus Deutschland, beiderlei Geschlechts, die unflätig miteinander umgehen, und zwei Pädagogen. Später erfahren wir, daß es sich um gestrauchelte Jugendliche handelt, die an Bord eines Schiffes, auf engem Raum, resozialisiert werden sollen. Ein Versuch, der gut gemeint ist, doch der Erfolg wird selbst von den Pädagogen sehr gering eingeschätzt.

Ständig kontrolliert die Polizei in regelmäßigen Zeitabständen das Gelände. Zwielichtige Gestalten tauchen unvermittelt auf, lungern herum und verschwinden wieder. Diverse Einwegspritzen entlang der hohen Kaimauer stimmen uns nachdenklich. Eine Hochburg des illegalen Drogenhandels? Almeria, die Stadt in der Sonne, im Schatten der Drogen? Wir wagen es nicht, von Bord zu gehen, obwohl wir leidenschaftlich gern die Alcazaba durchstöbert hätten.

Levante im Anzug

So hält es uns auch nicht lange in Almeria. Gleich am nächsten Morgen geht es weiter nach Almerimar. Dunst und glatte See beherrschen das Bild. Kein Lüftchen regt sich. Als wir die weite Bucht von Almeria verlassen, haben wir Mühe, die Küstenlinie auszumachen. Die Luftfeuchtigkeit ist so hoch, daß *Cora* klatschnaß ist und unsere Haare wie nach einem Duschbad aussehen. Wir wissen, was das bedeutet. Luftfeuchtigkeit solcher Art kündet in diesem Seeraum Sturm aus Ost an. Levante ist im Anzug! Da gibt es nur eines für Skipper: ab in einen sicheren Hafen, besser noch in eine gutgeschützte Marina. Und das ist Almerimar.

Endlich taucht der rote Turm der Capitanía schemenhaft aus dem Dunst auf. Dann können wir die Molenfeuer ausmachen. Am Wartekai legen wir an. Der Käpt'n erledigt die Formalitäten. Von den vier geräumigen Hafenbecken sind nur zwei belegt. Viel, viel Raum trotz Hochsaison. Wir erhalten einen Liegeplatz im ersten Becken. Hilfreich geht ein Marinero zur Hand. Selbst der elektrische Anschluß mit Spezialstecker wird von ihm montiert.

Wir sind uns darüber im klaren, daß wir hier einige Tage liegen werden müssen. So hieven wir Fahrrad und Mokick gleich am Ankunftstag von Bord. Noch in der ersten Nacht beginnt es zu stürmen.

Vier Tage lang heult und jault der Wind seine Sturmmelodie. Der ständig aufgepeitschte Sand sticht beim Strandbummel an den nackten Beinen wie tausend Stecknadeln. Die See ist aufgewühlt und tobt. Selbst das Baden bereitet uns eher Mißvergnügen als Freude. So durchstöbern wir das exotische Hinterland mit unseren fahrbaren Untersätzen. Der Käpt'n hat es gut, ihn treibt Motorkraft. Die Bordfrau muß strampeln, und das verlangt Muskelkraft. Der Wind zaust in Haaren und Kleidern, treibt Sand in Augen und Ohren, wirft manchmal schier die Bordfrau samt Fahrrad um. Dennoch, wir lassen es uns nicht verdrießen. Stahlblauer Himmel, strahlender Sonnenschein und wohlige Wärme begleiten uns auf den Ausflügen. Almerimar ist so groß, daß wir es zu Fuß kaum bewältigen könnten (siehe Hafenporträts).

Die weite Küstenebene bis hin nach Almeria ist von Gemüse- und Fruchtplantagen durchsetzt. Unter riesigen Plastikgewächshäusern werden hier vornehmlich Tomaten, Melonen und Gurken gezogen, die in den Wintermonaten als frisches Gemüse in ganz Europa verkauft werden.

Wenige Kilometer von Almerimar entfernt entdecken wir weite flache Salzseen, in denen Scharen von Flamingos stehen. Aufgeschreckt durch kräftiges Händeklatschen steigen sie majestätisch zu Hunderten gen Himmel, kreisen zunächst im Formationsflug über uns, um sich schließlich an entlegener Stelle der Lagune erneut niederzulassen. Faszinierend diese großen, weißen Vögel mit leuchtendem Orangerot am stahlblauen Himmel.

Almerimar ist wiederum eine der in Spanien so beliebten Urbanisationen, mit denen insbesondere die Costa del Sol reichlich ausgestattet ist. Ferienwohnungen, Appartementhäuser, Hotels, Golf- und Tennisanlagen bis hin zu Reitställen sowie zahlreiche Marinas zieren diesen Küstenabschnitt. Im touristischen Ballungsgebiet um Malaga und Torremolinos jedoch wird von See her gesehen aus der Zierde ein Alptraum. Häßliche Betonfassaden, gen Himmel ragend, verschandeln die Landschaft.

Jeder Sturm hat sich irgendwann einmal ausgetobt. Wenn wir ehrlich sind, das ohrenbetäubende Geheul in den Wanten der Segelyachten um uns herum können wir kaum noch ertragen. Und weiter geht es nach Westen. Als wir die Marina verlassen, empfängt uns eine weite hohe Dünung. Die Fahrt nach Motril wird zu einem Genuß. Fast 40 sm legen wir in drei Stunden zurück. Die doppelte Zeit wäre für Segler schon ein Traum. Selbst die gefürchtete Düse zwischen Sierra Nevada und Sierra de Gádor bei Adra, übrigens eine der starkwindreichsten Ecken der Costa del Sol, verschont uns vor harten Nordostwinden.

Der Club Nautico Motril ist mit seinen Steganlagen auf Gäste eingerichtet, liegt doch dieser Ort nur 75 km von Granada entfernt. Wer die Alhambra besuchen möchte, ist bestimmt nicht schlecht beraten, sein Schiff in der Obhut dieses Clubs zu lassen. Die Straße von Granada allerdings ist eng, kurvenreich und stark befahren. Sie führt auf landschaftlich ansprechender Route über zwei Pässe, wobei der Moropaß eine Höhe von 860 m erreicht. Auf diesen Abstecher sollte niemand verzichten. Bequemer, aber nahezu doppelt so weit, ist dieser Ausflug ab Malaga. Auf gut ausgebauten Schnellstraßen erreicht der Interessierte Granada in der gleichen Zeit, doch dem Auge wird auf der Fahrt weit weniger geboten.

Im Club Nautico Motril begegnet uns ein jeder sehr freundlich. Gäste sind im Club gern gesehen. Die herrlichen Grünanlagen werden mit Akribie gepflegt. Auch ein Swimmingpool liegt auf dem Gelände. Die Bar im Clubhaus mit schattiger Terrasse bietet allerlei Schleckereien. Hier lassen wir es uns so recht wohlergehen.

Eine ungewöhnliche Marina

Vor uns liegt einer der schönsten Küstenabschnitte: zerklüftet, mit kleinen Kiesstränden und tropischer Vegetation. Einmalig ist diese Kulisse! Die zahlreichen Badebuchten um Almuñecar sind leider zum Ankerliegen zur Nacht ungeeignet. Sie sind weit offen und bieten keinerlei Schutz. Doch seit mehreren Jahren ist nahe der Punta del Mona eine Traummarina entstanden. Als wir einlaufen, halten wir den Atem inne. Der Torre des Empfangsgebäudes schneeweiß, mit Schnitzereien auf braunem Holz, der Baukunst der Muselmanen nachempfunden. Der große, bizarre Fels mitten in die schützende Mole einbezogen, gärtnerisch üppig, beinahe künstlerisch angelegt! Das vielgestaltige Porthotel und die zierlichen, den Hang hinaufkletternden Ferienwohnungen – ein »Traum aus 1001 Nacht«. Bei hereinbrechender Dunkelheit dann alles angestrahlt oder mit sanftem Licht in Nischen und Winkeln ausgeleuchtet, übersät von Blumen und blühenden Kakteen, eine Farben- und Lichterpracht, von der wir einfach nicht genug in uns aufnehmen können.

Golf, Tennis, Squash, Reiten, Sauna, Swimmingpools – und wer gar die Badehose mit dem Skianzug vertauschen möchte, dem steht von Oktober bis Mai in Zukunft ein Hubschrauberdienst zur Verfügung, der sportlich vielseitig interessierte Skipper in 15 Minuten ins Schneeparadies der Sierra Nevada entführt und ebenso gewiß wieder zurück zu den geliebten, lauen Fluten des Mittelmeeres bringt. Eine Marina, gepflegt bis ins Detail, in einer einzigartigen Landschaft! Exklusivität, die ganz bewußt auch in den Preisen zum Ausdruck kommt. Sicherlich nicht jedermanns Sache, doch der Slogan: »A very personal discovery« – eine sehr persönliche Offenbarung – zeigt deutlich, welches Flair Marina del Este umgibt. Unbestritten – Marina del Este ist eine der ungewöhnlichsten und exklusivsten Marinas des Mittelmeeres, die wir kennen (siehe Hafenporträts).

Auf unserer Weiterreise laufen wir den Fischerhafen von Torre del Mar an, der gern von Yachties besucht wird. Welch ein Gegensatz zu Marina del Este. Aber das ist es, was wir mögen. Einmal nahe der High Society, dann wieder beim breiten Bootsvolk, zu dem wir uns zählen. Hier wird Seemannschaft groß geschrieben! Hier wird ungefragt geholfen! Hier lautet die Devise: Einer für alle, alle für einen. Ungezwungene, zwischenmenschliche Begegnungen, frei von inneren Belastungen, nach denen wir uns alle in unserer auf eigene Vorteile bedachten Gesellschaft sehnen, sind unter diesem Fahrensvolk das unglaublich beeindruckende Bindeglied. Klar, daß wir es in diesem Hafen wegen drängender Fülle schwer haben, einen Liegeplatz zu finden. Doch da zeigt es sich schon. Die Skipper rücken ihre Boote enger zusammen. Sie helfen, indem sie eine Lücke für uns freimachen. Wir dampfen ein.

Als die Nacht hereinbricht und das Leben in den Discos erwacht, sind wir hellentsetzt. Wieder einmal meinen wir, der Discjockey habe seine Lautsprecheranlage bei uns an Bord installiert. Wir werfen uns in den Kojen schlaflos hin und her und stehen schließlich wütend auf, weil wir doch keine Ruhe finden. Bis in die frühen Morgenstunden geht das

Lärmen, immer wieder vom Jolen Betrunkener untermalt. Endlich schlafen wir gegen 5 Uhr ein. Doch nur kurz währt das Vergnügen. Nun rollen die Fischer an, mit Autos, Mopeds und Fahrrädern, stets geräuschvoll und beredt. Uns treibt es zerknirscht wieder aus den Federn. Anker auf!

Im Herzen Andalusiens

Die gewaltige Anlage von Benalmádena – fast nahtlos zusammengewachsen mit Torremolinos und Malaga – wird unser nächstes Ziel. Vorbei an endlosen Betonfassaden, riesigen Hotelanlagen – Klein New-York scheint vor uns zu liegen – werden wir förmlich von der Bauwut in dieser Region erdrückt.

Im langsam aufsteigenden Morgennebel suchen wir die Molen von Benalmádena. Doch Beton schluckt Beton! Wo sind nur die Molen? Wo sind die Molenfeuer? Plötzlich machen wir das weiße Blitzfeuer der Ansteuerungstonne aus. Wir haben die Einfahrt erreicht. Auch hier wird rund um das stadtseitige Marinagelände gebaut und gebaut. Ein Glück, daß wenigstens noch ein schmaler Streifen Strand vor der Promenade übriggeblieben ist.

Uns wird ein Liegeplatz am hinteren Schwimmsteg des Einfahrtkanals zugewiesen. Um in die Capitanía zu gelangen, hat der Käpt'n 1,5 km zu marschieren, da er um das gesamte Hafenbecken traben muß. Wutschnaubend kommt er mit dem Stecker für den elektrischen Anschluß zurück. Und dann passiert, was in solchen Fällen wohl passieren muß. Der Superstecker ist defekt! Nun rufen wir über Funk, über Kanal 9, die Capitanía und bitten um ein einwandfreies Exemplar. Und siehe da, es wird gebracht. Der Käpt'n ist hocherfreut und ausgesöhnt. Ein Service, der sich sehen lassen kann!

Trotz Enge, Betriebsamkeit, schaulustiger Touristen, Baulärm, vieler bewohnter Yachten und quirligem Leben rundum gefällt es uns in Benalmádena ausgesprochen gut. Wir fühlen uns sehr wohl. Faszinierend ist das Yachtleben in dieser »weißen Marina«. Wir können heute schon erahnen, daß sie eines Tages das Gesicht eines Yachthafens zeigen wird, der die »Träume aus 1001 Nacht« auf geheimnisvolle Weise Wirklichkeit werden läßt (siehe Hafenporträts). Hier lassen wir unsere *Cora* für einige Tage allein, um mit einem Mietwagen das Landesinnere zu erkunden.

Wer im Herzen Andalusiens weilt und sich nicht umschaut, kann den Reiz dieser Region nicht erfassen. Andalusien, das Land des Flamenco, des Stierkampfes und der Zigeuner, wird immer lebendig und unvergessen bleiben. Von Malaga aus lassen sich alle berühmten geschichtsträchtigen Orte wie Cordoba, Ronda, Sevilla und Granada mit dem Auto ansteuern.

Uns führt der Weg zunächst nach Granada. Die Alhambra zieht uns magisch an. Vor Jahren sahen wir sie zum ersten Male. Doch seit wir sie gesehen haben, hegen wir den Wunsch, sie erneut zu besuchen. Heute ist es nun soweit. Der Käpt'n steuert eines der ungezählten Autos durch das Gewühl auf Malagas Hauptverkehrsader. Überholt wird, wo Platz ist. Stoßstange an Stoßstange, wie eine nicht endenwollende Blechlawine, schlängeln sich die wohllackierten Zivilisationskisten durch die Stadt. Mitteleuropäische Verkehrsregeln kann der Käpt'n getrost vergessen. Augen in alle vier Himmelsrichtungen müßte er haben und dann Gas, Bremse, Gas, ab und an die Hupe betätigt, den Winker raus, vorwärts marsch. Nach drei Tagen hat er sich aklimatisiert und tanzt fröhlich im Walzertakt durch das Gewühl. Lebensfreude auf andalusisch!

Die Rote Burg der maurischen Herrscher aus dem 13. und 14. Jahrhundert, die Alhambra in Granada, mit ihren Säulenhöfen, Wasserspielen und dem berühmten Löwenbrunnen ist ein prachtvolles Zeugnis arabischer Baukunst. Das an Romanik, Gotik oder Barock gewöhnte Auge ist entzückt von der verspielten Zierlichkeit der Säulen, den filigranartig gemeißelten Verzierungen, Brüsseler Spitzen gleich, von den geschwungenen,

glaslosen Fensterbögen und den unzähligen, offenen Rinnen für Wasserläufe. Luft, die überall ungehindert die Gebäude durchfluten kann, und Wasser in ständiger Fließbewegung, beides Symbole des Lebens, sind für Moslems unerläßliche architektonische Elemente. Die Gärten des Generalife in unüberschaubarer Blütenpracht, durchzogen von Alleen tropischer Gewächse, bescheren dem Besucher einen Rausch von Farben und Formen, Düften und Vogelgesang.
War in Granada der Mensch Baumeister, so ist es in Ronda die Natur. Ronda, erbaut auf mehreren Hügeln, ist ein Städtchen geteilt von der tiefen Schlucht des Rio Guadalevin. Schon Römer und Araber haben Brücken über diese Schlucht geschlagen. Die Puente Nuevo der Spanier aus dem 18. Jahrhundert ist zum Wahrzeichen der Stadt geworden. Der Blick von hier in den schroffen Abgrund ist atemraubend. Die nahegelegene Stierkampfarena ist wohl die berühmteste in Spanien. Die Corridas dieser Stadt sind die farbenprächtigsten.
Unweit Ronda, an den Stauseen des Rio Guadalhorce, erstreckt sich ein mehrere Quadratkilometer großes Naturschutzgebiet, das uns ob seiner Schönheit und Unberührtheit gefangen hält. Das klare Blau der Wasser, Spiegelbild des strahlenden Himmels, und sattes Grün der Bäume und Sträucher, durchflutet von goldenem Sonnenschein, hellgelbe Sandstrände und schattige Plätze zum Ausruhen und Verweilen für Wanderer lassen fassungsloses Staunen über die Schönheit unserer Erde aufkommen.
Ein Höhepunkt ganz anderer Art ist Cordoba, ehemaliger Kalifensitz und Mittelpunkt arabischer Kultur in Spanien. Die heutige Kathedrale, ursprünglich die muselmanische Aljama-Moschee, gleicht mit ihren tausend Säulen einem »Palmenhain aus Stein«. Ein imposantes, zutiefst beeindruckendes Bauwerk! Bereits in den »Erzählungen aus 1001 Nacht« erwähnt, zählt sie zu den schönsten Gebetshäusern der Welt.

Schönheiten, Schaulustige und Sugar-Daddies

Marbella, Marbella – klangvoller Name in der Jet-Set-Society, Tummelplatz weiblicher Schönheiten auf der Suche nach Sugar-Daddies, ist von arabischen Scheichs bereits vor Jahren verlassen worden. Die schier endlose Kette von Hotels, Bungalows und Appartementanlagen, einst mit Ölgeldern erbaut, hat aber auch heute noch Anziehungskraft und strahlt das »gewisse Etwas« auf Besucher aus. Es scheint, als flösse bereits beim Flanieren über Marbellas Prachtstraße das Geld aus dem Portemonnaie, bevor es überhaupt geöffnet wird! Nur einmal schnuppern und die Nase voll haben, ist unsere Reaktion.
So ist des Bleibens nicht lange. Wir verlassen den kleinen, ja viel zu kleinen Hafen von Marbella. Yachten einer Größe der Jet-Set-Gesellschaft gemäß finden nicht einmal Platz in ihm. Doch da ist längst Abhilfe geschaffen. Puerto José Bañus ist der eigentliche Yachthafen Marbellas. Dorthin unternehmen wir einen Abstecher per Taxi. Puerto Bañus müssen wir gesehen haben. Wären wir über See eingelaufen, wir hätten einen Liegeplatz am äußersten, hinteren Ende des langgestreckten, beinahe rechteckigen Hafenbekkens nahe dem Arbeitskai der Werft zugewiesen bekommen.
Acht Stege ragen in das Becken hinein. Gleich hinter der Einfahrt die Plätze für die Größten, mit Bordhubschrauber und Wappen versteht sich. Dann drängen sich die Großen und wetteifern, wer wohl den schönsten blumengeschmückten Decksalon hat. Die Crew in Livree, die weiblichen Schönheiten im Abendkleid oder barbusig. Nun ja, die Konkurrenz ist groß!
Von Steg zu Steg werden die Yachten kleiner, bis zum Raum für das Bootsvolk. Die Träume in Weiß auf dem Wasser werden umrahmt von Träumen aus Chrom und Lack an Land: Rolls-Royce, Cadillac, Ferrari – nie zuvor haben wir eine solche Ansammlung derartiger Luxuskarossen gesehen. Das Publikum entlang der Hafenpromenade mondän

oder auffallend gekleidet, in Cafés oder Bars sitzend, einen kühlen Drink oder pechschwarzen Espresso schlürfend, gelangweilt im aufwendig dekorierten Eisbecher rührend oder geschwollen daherredend, amüsiert uns. Längere Zeit beobachten wir das Gehabe der sich zum Jet-Set-Zählenden, ein Alptraum, ein Wachsfigurenkabinett aus unserer Sicht. Wie heißt es so schön: Geld beruhigt. Zuviel Geld macht spinnert, fügen wir spontan hinzu. Angefüllt von dem Gesehenen lassen wir uns wieder in ein Taxi fallen. Wir wissen nicht, was stärker in uns nachklingt, Staunen oder Wundern?

Geschwindigkeitsrausch

Auf der Weiterfahrt nach Westen – wir haben gerade den Yachthafen von Estepona passiert – hat die weiche Dünung den Käpt'n verführt, die Gashebel auf den Tisch zu legen. *Cora* zeigt, was sie kann. Mit 23 kn fliegt sie geradezu über das Wasser. Die Motoren arbeiten mit Höchstdrehzahl. Der Käpt'n steht am Steuerstand auf dem Achterdeck. Geschwindigkeitsrausch, so nennt man das wohl! So schnell sind wir noch nie über das Meer »geschwebt«. Die weiße Heckspur fliegt schnurgerade hinterdrein und verliert sich nach und nach in der hohen, weiten Dünung. Ein herrlicher Anblick! Wir möchten gerne noch länger so dahingleiten.
Viel zu schnell liegt vor uns Marina La Duquesa. Englische Freunde haben auf diesen zauberhaften Hafen ein Loblied gesungen. In der Tat, sie haben nicht übertrieben. Mit seinen 330 Liegeplätzen, in einer reizvoll schönen Anlage, ist diese Marina zur Königin unserer Herzen aufgestiegen. La Duquesa eignet sich für alle Jahreszeiten, perfekt gelegen in landschaftlich schöner Umgebung und klimatisch wohltuend rund ums Jahr. Was Wunder, La Duquesa liegt auf der gleichen geographischen Breite wie Kalifornien!
Die Atmosphäre ist familiär und anheimelnd, und jeglicher Service wird geboten. Die Preise sind unter den gegebenen Voraussetzungen ungewöhnlich zivil. Von der Marina gelangen wir direkt durch ein Tor in der Begrenzungsmauer zum Strand. Autos müssen draußen bleiben. Geräumige Parkplätze liegen vor den Toren der Marina. Rund um das Hafenbecken ranken sich Kolonnaden mit hübschen Boutiquen, Cafés und Shops, auf den darüberliegenden Terrassen Restaurants mit Blick auf Hafen und Meer. Supermarkt, Metzger und Bäckerei runden das Angebot für die Skipper ab (siehe Hafenporträts).

Delphine, Affen ... Gibraltar

Wieder einmal fällt es uns schwer weiterzufahren. Doch die Straße von Gibraltar, begrenzt durch die Säulen des Herkules, hat unwiderstehlichen Reiz und zieht uns mächtig an. Die letzte spanische Marina vor Gibraltar öffnete ihre Tore erst im Sommer 1988. Die Hafenanlagen für 535 Boote sind fertiggestellt, die Werft hat ihren Betrieb aufgenommen. Der tragkräftigste aller Travellifte in Marinas steht hier. Er packt sage und schreibe 150 Tonnen. Ansonsten war Sotogrande noch eine Baustelle. Allerdings befriedigt das, was inzwischen zur Verfügung steht, gewiß alle Ansprüche, die Yachteigner an Marinas stellen (siehe Hafenporträts).
Ganze 17 sm sind es noch bis zu dem berühmten Felsen, der über Jahrhunderte Geschichte gemacht hat. Es ist windstill. Die See ist bleiern, unbeweglich und glatt. Längst grüßt der stolze Fels, seinen Gipfel in Morgennebel gehüllt. *Cora* zieht schnurgerade ihre Bahn. Wir sind aufgeregt. Bald werden wir den Atlantik erreichen. Doch vorher sollen wir ein atemraubendes Schauspiel erleben.
Delphine kommen in Rudeln auf unser Boot zu, umringen es, tauchen hinab und wieder auf, schwimmen unter dem Kiel hindurch, springen aus dem Wasser, als wollten sie sagen: »Ihr habt es geschafft. Ihr seid von Ost nach West durchs Mittelmeer gezogen. Wir

geben Euch jetzt das Geleit.« Zu dritt und zu viert schwimmen sie wenige Zentimeter vor dem Bug auf unserem Kurs dahin, als wollten sie *Cora* die letzten Seemeilen nach Gibraltar ziehen. Wir liegen bäuchlings am Bug, hören ihre fröhlichen Pfeiftöne, versuchen, sie zu streicheln. Es fehlen nur wenige Zentimeter, dann hätten wir ihre Rücken berührt. Wir ahmen ihr Pfeifen nach und erhalten Antwort. 45 Minuten geht das so. 45 Minuten beobachten wir wie gebannt das Treiben der lustigen, verspielten Gesellen. Wir sind fassungslos und überwältigt von dem Kontakt zwischen den Delphinen und uns, zwischen Tier und Mensch in freien Gewässern. Ein unbeschreibliches Erleben, sind doch Delphine für Seeleute und Skipper ein Symbol des Glücks! Als wir die Meerenge fast erreicht haben, tauchen sie ab und verschwinden in den lauen Fluten des Mittelmeers. *Cora* aber läuft zielstrebig weiter, mit einer Crew an Bord, vor Glück taumelnd.
Wir runden Europa-Point mit dem markanten Leuchtturm vor der Kulisse des steilaufragenden Felsens. Eine weite, weiche Dünung schlägt *Cora* entgegen. Sie begleitet uns bis zu den Yachthäfen Gibraltars. Die beiden Marinas Sheppard und Marina-Bay liegen am nördlichen Ende der Stadt direkt neben der Landebahn des Flughafens. Um es gleich vorwegzunehmen, der Fluglärm in Gibraltar ist eher aufregend und macht neugierig. Als störend empfinden wir ihn nicht (siehe Hafenporträts).
Da sind wir nun auf diesem Zipfel Ihrer Majestät von Großbritannien und begreifen ganz schnell, warum die Briten diesen einzigartigen Felsen nicht an Spanien zurückgeben wollen. Er ist längst ein »Stückchen Merry Old England« und würde gewiß seine Identität verlieren, zögen die Affen und somit die Briten ab. Wie verspricht doch der berühmte Ausspruch: »Solange Affen in freier Wildbahn den Fels bevölkern, bleibt Gibraltar britisch, selbst wenn diese dafür importiert werden müssen!« Im 2. Weltkrieg griff Sir Winston Churchill rettend ein. Als die Anzahl der Affen beängstigend zurückging, ordnete er Importe gesunder Tiere aus Marokko an. Mindestens 24 Affen sollen sich auf dem Fels tummeln. Noch heute bereiten die possierlichen Tiere den Schaulustigen Freude.
Die Einklarierungsformalitäten beim Emigration-Officer sind typisch britisch. Am Hofe geschult, unter dem Bildnis der Queen genehmigt, mit königlichem Stempel besiegelt! Nach dieser höfisch-höflichen Prozedur legen wir am Schwimmsteg von Sheppard's Marina an. Der Vorteil der Unabhängigkeit von Ebbe und Flut, in Gibraltar sind es immerhin 2 m Tidenhub, ist nicht zu unterschätzen. Auf eines werden wir gleich aufmerksam gemacht: Mit dem Wasser ist strengstens hauszuhalten! Es ist Trinkwasser und darf in keinem Falle zur Bootswäsche benutzt werden. Trinkwasser wird aus Marokko importiert. Schade, daß hier nicht längst eine Brauchwasseranlage installiert worden ist.
Nun stürzen wir uns in das Erlebnis Gibraltar! Kaum, daß wir das Hafengelände verlassen, schreiten wir durch das nördliche Stadttor. Vorbei an den Kasematten (Befestigungsanlagen) schlendern wir zur Main-Street. Sie ist die Hauptverkehrs- und Geschäftsstraße, eine Freude für Schaufensterbummler und Kauflustige. »Im Gleichschritt marsch!« hätten wir rufen wollen, so dicht an dicht schieben und drängen die Menschen, um vorwärtszukommen. Das Leben und Treiben dieser Straße ist der Pulsschlag Gibraltars. Markenuhren, elektrische und elektronische Geräte, Schmuck, Parfum, Tabak, Spirituosen und Kaschmirwolle werden zollfrei verkauft, wie übrigens auch der Kraftstoff. Unter Glanz und Gloria findet einmal wöchentlich am Palast des Gouverneurs die prachtvolle Zeremonie der Wachablösung statt. Vom Stadtkern führt eine Seilbahn zum höchsten Punkt Gibraltars, mit Zwischenstation bei den freilebenden Affen. Ein hinreißender Ausblick bietet sich vom Gipfel über die Meerenge von Gibraltar auf den afrikanischen Kontinent, auf Andalusien und die Bucht von Algeciras. Unser Spaziergang führt weiter zur berühmten Tropfsteinhöhle St. Michael's Cave. Die Hauptkammer ist ein einzigartiges Auditorium für Konzerte, Ballette und Schauspiele.
Auf dem Fuß- und Treppenweg steigen wir hinab zum Queen's Gate, wo sich Affen und

Touristen tummeln. Das Apes-Keepers-Office, versehen mit militärischem Emblem, ist eher eine unscheinbare, garagenähnliche Betonkammer, in der zwei Angehörige der britischen Marine residieren. Sie sind abgestellt zur Fütterung der für Großbritannien so wichtigen Tiere. Die Affen sind nicht gefährlich, aber diebisch. Sie stehlen wie die Raben. Ob Handtaschen, Jacken, Fotoapparate oder Kassettenrecorder, nichts ist vor ihnen sicher. Vergnüglich sitzen sie im undurchdringlichen Gestrüpp der Bäume und Sträucher und beäugen die Schaulustigen. Es drängt sich die Frage auf, wer eigentlich wen bestaunt.

Wie könnte es anders sein, hier oben kündet eine Steintafel von einem historisch bedeutsamen Augenblick: »An diesem Punkt standen HM Queen Elisabeth II. und HRH der Duke of Edinburgh und schauten über Gibraltar während eines Besuches auf dem Felsen. 10./11. Mai 1954.

Weiter führt unser Weg zum Maurischen Schloß, das in seiner heutigen Form aus der Mitte des 14. Jahrhunderts stammt. Sein rechteckiger Turm beherrscht das Bild des nördlichen Stadtteiles. Lebensgroße Modelle veranschaulichen dramatische Begebenheiten aus der langen Geschichte Gibraltars. Auch das eine typisch britische Spezialität: Wachsfiguren! Im Historischen Museum werden die Vielzahl der Belagerungen und die Seeschlacht von Trafalgar dem Besucher nahegebracht. Britische Spuren allüberall. Demzufolge behandelt auch der staatliche englische Gesundheitsdienst im Health-Center Patienten ungeachtet ihrer Nationalität zu ungemein niedrigen Honoraren.

In den Gewässern um Gibraltar gibt es immer Delphine. Diese Gewässer sind ein favorisierter Platz, an dem die Meeressäugetiere ihre Jungen zur Welt bringen und ihnen den Weg ins Leben weisen. Ausflugsboote, auffällig als »Dolphin Safari« gekennzeichnet, fahren täglich hinaus, um Touristen die Möglichkeit zu geben, Delphine zu beobachten. Sie werben gar mit dem Slogan: Geld zurück, wenn keine Delphine zu sehen waren.

Der Eindrücke gibt es viele in Gibraltar. Das Nadelöhr zwischen Europa und Afrika ist britisch geprägt. Die einstige Seefahrernation hat ihm ihren unverwechselbaren Stempel aufgedrückt. Abschied von Gibraltar bedeutet Abschied vom Abendland. Nur 8 sm trennen uns noch von Afrika!

Endstation Tanger

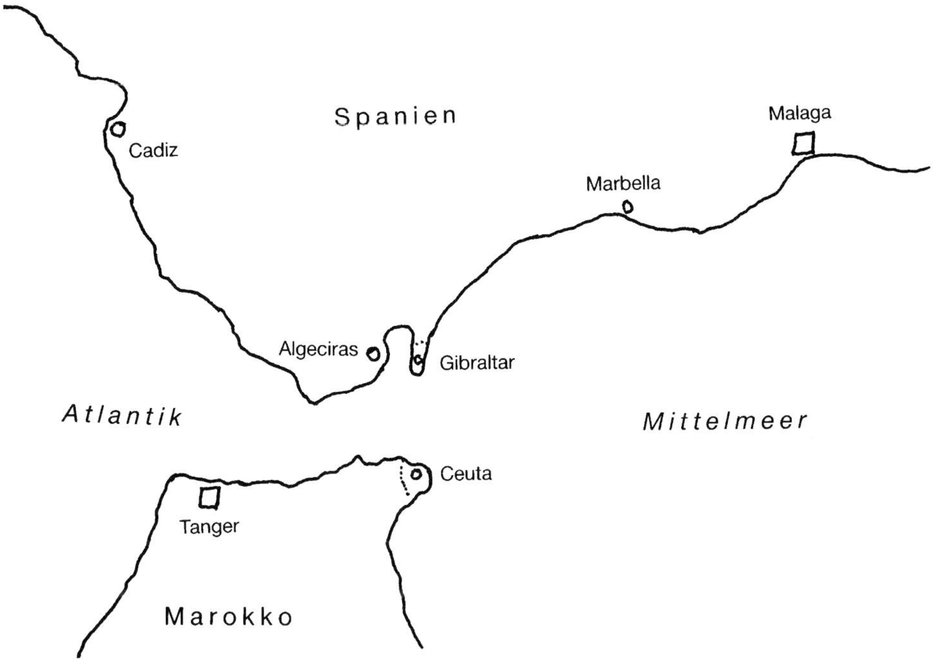

Törninfos

Etappen	sm
Gibraltar – Ceuta	18,3
Ceuta – Tanger	28,9
	47,2
	(87,4 km)

Seekarte
D 309.

Handbücher
K. Peters. Hafenführer Spanien, Balearen. Tulln / Österreich.
K. Neumann. Spanische Gewässer, Lissabon bis Golf du Lion. Bielefeld.
Yachtfunkdienst Mittelmeer. DHI. Hamburg.

In der Meerenge unterwegs

Gibraltar gegenüber liegt auf dem afrikanischen Kontinent die spanische Enklave Ceuta. Sie ist unser Ziel. Doch wer hier an ihrer engsten Stelle die Meerenge von Gibraltar queren will, muß sich genauestens mit dem Wettergeschehen vertraut machen. Nicht nur Windstärke und Seegang sind von Bedeutung, sondern auch Gezeiten. Sie verursachen Strömungen, die in der Mitte der Straße am stärksten auftreten und zu beiden Kontinenten hin schwächer werden. Stehen Wind und Strömung gegeneinander, ist bei auflaufendem Wasser, vom Atlantik ins Mittelmeer also, die höchste Dünung zu erwarten. Jeweils eine Stunde vor Hoch- beziehungsweise Niedrigwasser läuft in Küstennähe die

Strömung bereits entgegengesetzt zurück. So unerläßlich dieses Wissen für Segler ist, der Skipper eines Motorbootes sollte ebenfalls trotz starker Maschinen mit der immerhin bis zu 7/8 Knoten laufenden Strömung rechnen. In keinem Falle starten, wenn Starkwind und Strömung gegeneinanderstehen!
Wir errechnen für uns als Auslaufzeit zwei Stunden vor Niedrigwasser. Bei Windstärke 4 Bft empfängt uns in der Mitte der Meerenge eine weite, weiche Dünung mit etwa 3 m Wellenhöhe. Es sind langschwingende Wogen. *Cora* fährt die Wellen hinauf, um auf dem Kamm den Bug zu senken und die Talfahrt anzutreten. Es läuft wunderbar, weit angenehmer als bei der uns bisher im Mittelmeer bekannten kurzen, steilen See. Unser Magen reagiert wie in einem schnellstartenden oder starkabbremsenden Fahrstuhl. Auch er hebt und senkt sich jeweils.
18 sm zeigt das Sumlog bei der Ankunft in Ceuta, obwohl die Entfernung über Grund von Sheppard's Marine kommend nur 10 sm beträgt. Es ist das zweite Mal, daß wir den afrikanischen Kontinent auf eigenem Kiel erreichen. Herzklopfen haben wir schon während der Querung dieser nicht ungefährlichen und starkbefahrenen Seeschiffahrtsstraße. Doch Freude erfüllt uns, als wir in den Yachthafen von Ceuta einlaufen. Er liegt gut geschützt innerhalb des großen öffentlichen Hafens.
Weniger groß ist die Begeisterung, als wir *Cora* vom Schwimmsteg aus sehen. Schwarze Öl- und Teerflecken haften am gesamten Rumpf. Am schlimmsten ist es am Bug. Bis hinauf zum Ankerkettendurchlaß schmierige, häßliche Flecken!
Die Schwimmstege in Ceuta sind neu. Für jeden Liegeplatz gibt es Strom- und Wasseranschluß. Kraftstoffe jeder Art und Motorenöle sind hier besonders preisgünstig. Wir allerdings verkneifen uns ein Bunkern, da wir immer wieder eindringlich vor verunreinigtem Diesel gewarnt worden sind.
Für größere Boote ist der Yachthafen ungeeignet. Er ist zu eng und zu winklig. Diese machen besser an der Außenmole der Marina fest. Besonders bei stärkerem Wind ist ein Anlaufen der niedrigen Schwimmstege nicht unproblematisch. Die Marineros kommen ungefragt und helfen beim Anlegen und Vertäuen. Selbst die Formalitäten werden von ihnen erledigt.
Ein originelles Drei-Länder-Eck! Ausklarieren englisch, Einklarieren spanisch und bei unserem Landausflug nach Tétouan Einreisen marokkanisch. Alles verläuft zügig und anstandslos: mit einem spanischen Taxi zur Grenze, mit einem marokkanischen weiter nach Tétouan, der Weißen Stadt. Sie liegt zu Füßen des Rif-Gebirges. Noch heute zeigt die Stadt in vielerlei Hinsicht spanische Einflüsse. Die Medina (Altstadt) hat ihre andalusische Vergangenheit bewahrt. Die Souks, wie überall nach Zünften geordnete Einkaufsgassen und -gäßchen, vermitteln das fremdartige und für den Europäer faszinierende Flair des Orients. Der Palast des Sultans bildet die Krönung eines Besuches der von Zypressen, Eukalyptus- und Mandelbäumen durchzogenen Stadt. Hier sind wir wirklich in einer anderen Welt, aber in einer Welt, die uns mit magischen Kräften fesselt und bezaubert!
Wieder einmal sind es ganz banale Gründe, die uns zwingen, Ceuta fluchtartig zu verlassen. Wieder einmal ist es eine im Hafenrund so »beliebte« Discothek, die bis in die frühen Morgenstunden mit unerträglichem Gehämmer nervt. Am Wochenende dann soll es bis 6 Uhr früh gehen. Das ist für uns Grund genug nach Tanger auszulaufen.

Tanger – Tor zum Atlantik

Tanger, was wurden wir vor dieser Stadt gewarnt, förmlich beschworen! Verbrechen, Diebstahl und Rauschgift würden die Stadt beherrschen. Touristen seien gefährdet, würden gezwungen, Drogen zu kaufen oder würden mit Steinen beworfen, sollten sie dem Drängen der Händler nicht nachgeben. Derart intensive Beschwörungen und deutliche Warnungen haben letztlich Spuren hinterlassen. Wir sind verunsichert.

Verfängliche Situation: Zwischen den Ankerleinen benötigt der Käpt'n eine ruhige Hand.

Sollen wir unserem Vorsatz untreu werden, sollen wir nicht? Sollen wir auf Marokko auf eigenem Kiel angelaufen verzichten und den Beschwörungen Rechnung tragen? Die ehemals internationalisierte Stadt Tanger, Tor zum Atlantik, soll doch Endstation unserer Mittelmeerreise von Ost nach West sein. Wie gewichtig und vielleicht auch berechtigt waren vor Jahren Warnungen vor dem Libanon und Israel! Und dennoch, im nachhinein sind wir froh und zufrieden, daß wir uns damals von unserem Plan nicht haben abbringen lassen. Auch heute wollen wir nicht zurückschrecken. Also auf zum Atlantik, auf nach Marokko, Kurs Tanger!

Wir haben Glück! Obwohl kurzfristig und spontan entschieden, spielt Neptun mit. Er bietet ein Meer mit angenehmer Dünung und Wind mit 3 Bft. Interessiert betrachten wir die afrikanische Küste. Bis auf 14 km nähert sich das Rif-Gebirge dem europäischen Festland. Mit dem Djebel Abyla, dem Gegenstück Gibraltars, sehen wir die legendäre zweite »Säule des Herkules« aus nächster Nähe. Für die Seefahrer der Antike begann hier die Schattenwelt des Hades. Die Phönizier schließlich wagten erste, zaghafte Schritte in die weite Welt des Ozeans.

Nach zwei Stunden erreichen wir die Bucht von Tanger, nachdem *Cora* Cap Malabata gerundet hat. Wir tuckern sehr langsam in den sich weit ausdehnenden Hafen und suchen den Yachtclub. Gut geschützt, etwas versteckt, liegt er gegenüber der Fischerkaje. Vorsichtig tasten wir uns durch ein verwirrendes Ankerleinenlabyrinth, ausgelegt von buntbemalten Fischerbooten, hin zur Kaimauer unterhalb des Clubgebäudes. Wir werden längst beobachtet und schießlich freundlich herangewinkt.

Ein älterer Herr mit rotem Fes, würdig dreinblickend, weist dringend darauf hin, über

Heckanker anzulegen und geht hilfreich zur Hand. Bei Niedrigwasser gibt es an der Kaimauer keine ausreichende Wassertiefe für Wellen und Ruder. So klettern wir über den Bug an Land. Wie immer als erstes die Frage nach Strom und Trinkwasser. Beides steht zur Verfügung. Mit großem Aufwand wird das Stromkabel von der Steckdose im Clubhaus fachgerecht in luftiger Höhe zur *Cora* verlegt. Wasser darf auch für die Bootswäsche benutzt werden. Als Begrüßungstrunk wird Kaffee für die Bordfrau und Bier für den Käpt'n kredenzt!

Bei den Einklarierungsformalitäten werden unsere Pässe einbehalten, im Gegenzug marokkanische Identitätspapiere in arabischer Schrift ausgehändigt, auf denen wir nicht einmal unsere Namen entziffern können. Damit aber steht uns Marokko offen, und darauf freuen wir uns mächtig.

Das Hafengelände in Tanger hat von der Stadt her nur einen einzigen Zugang. Ein großes Tor, an dem durch Polizei und Zoll ein jeder kontrolliert wird, markiert ihn. Sehr bald merken wir, in Tanger ist alles anders, als es uns erzählt worden ist. Der Yachtclub ist Tag und Nacht bewacht, Diebstahl nahezu ausgeschlossen. Rauschgift wird uns nirgenwo angeboten, geschweige denn aufgedrängt. Selbst Belästigungen durch um Bakschisch bettelnde Kinder halten sich in Grenzen. Allerdings können wir uns den beschwörenden Worten und Gesten der Verkäufer und Händler in den Souks kaum entziehen. Sie wissen die Schwächen neugieriger Touristen geschickt zu nutzen. Mit nicht zu überbietender Aufdringlichkeit verfolgen sie potentielle Käufer – und das sind Touristen in ihren Augen immer – kilometerweit durch die verschlungenen Pfade und Gassen der Medina.

Andere bieten sich direkt als Führer durch die Altstadt an. Die Führung aber endet mit Sicherheit sehr bald in einem Teppich- oder Lederwarenshop, wie auch wir erfahren müssen, obwohl wir in das Volkskunstmuseum wollten. Trotzdem – der exotische Reiz orientalischer Märkte und Basare nimmt uns gefangen und schlägt uns in seinen Bann. Wir sind unserem ungewollten Führer nicht böse. Ohne ihn hätten wir besagte »Heilige Hallen« bestimmt nie betreten.

Zwischen den Jahrtausenden

Auf Entdeckungsreise durch Marokko gehen wir mit fachkundiger Führung. Im Reiseunternehmen Maghreb-Tours buchen wir eine mehrtägige Busrundreise durch das Landesinnere. Übrigens kommt das Wort »Maghreb« aus dem Arabischen, bezeichnet das Gebiet zwischen Atlantik und Syrte, und bedeutet »Land des Westens«. Zum Maghreb gehören die nordafrikanischen Länder Tunesien, Algerien und Marokko.

Cora überlassen wir der Obhut des Yachtclubs, der zu unserem Erstaunen bereits im Jahre 1926 gegründet worden ist. Als wir mit Sack und Pack von Bord gehen, bedeutet uns der Hafenmeister, er werde das Boot einige Meter weit ins Hafenbecken ziehen lassen und an zwei Moorings entsprechend vertäuen, damit niemand an Bord gelangen könne.

Unsere Reise führt durch das Rif-Gebirge zum Mittleren Atlas, zur Heiligen Stadt Moulay Idriss, zu den Königsstädten Meknès und Fès und zu Berbermärkten, vorbei an Lehmhüttendörfern und zahllosen Ziegenherden. Im Laufe der Jahrtausende hat Erosion das Rif-Gebirge zernagt. Steile Bergflanken und enge Schluchten sind entstanden. Tiefeingeschnittene Canyons, in ihren Senken mit blühendem Oleander bestanden, haben es dem Menschen erschwert, Wege und Straßen anzulegen. Ist der Libanon die Schweiz des Vorderen Orients, so ist Marokko die Schweiz Nord-Afrikas!

Als wir Moulay Idriss erreichen, wird uns erklärt, daß diese Stadt für die Moslems des Maghreb von gleicher Bedeutung ist wie Mekka für die islamische Welt schlechthin. Nichtgläubige haben vor Sonnenuntergang die Heiligen Mauern zu verlassen. Sie beher-

In den Königsstädten Meknès und Fès scheint die Zeit über Jahrhunderte hinweg stillzustehen.

bergen das von den Gläubigen verehrte Grab Moulay Idriss I., einem direkten Nachkommen des Religionsstifters Mohammed. Auf zwei Felsen erbaut, schmiegt sich der Ort an das steil emporsteigende Gebirgsmassiv.

In den Königsstädten Meknès und Fès glauben wir, zwischen den Jahrtausenden zu wandeln. In den zahllosen Handwerksbetrieben in den engen Gassen der Souks haben wir die Zeiten verloren. So muß es einst zu Christi Geburt gewesen sein: Färben, töpfern, Gold, Silber und Kupfer schmieden, transportieren der Waren auf Eseln und Maultieren, schneidern und schustern – in kleinen Nischen mit verschränkten Beinen auf Tischen oder Schemeln hockend –, klöppeln und spinnen, Gewürze feilbieten und orientalische Duftwässer anpreisen, ein Leben und Arbeiten mit Gelassenheit, voll Demut und Hingabe.

Islamischer Tradition gemäß genießen die Alten hohes Ansehen. Jahrzehnte haben sie als Händler auf Märkten und in Basaren ihr Geld verdient, um nun ihren Lebensabend im Heimatdorf verbringen zu können. Auch Arme und Bettler finden überall offene Herzen und gebende Hände. Ein Verhalten, an dem sich viele Europäer ein Beispiel nehmen könnten, denen Menschlichkeit immer mehr zum Fremdwort wird!

Als wir wohlbehalten nach Tanger zurückkehren, ist es weit nach Mitternacht. Auf leisen Sohlen betreten wir das Clubgebäude, als müßten wir mit einem Schritt 2000 Jahre überwinden. Urplötzlich steht der Nachtwächter vor uns, um uns herzlich zu begrüßen und zu erfragen, ob uns die Reise durch sein Land gefallen habe. Umgehend bringt er uns zu einem hölzernen Ruderboot, bittet uns einzusteigen und legt ab. Wir müssen heute nacht *Cora* vom Wasser aus über die Badeplattform erklimmen. Sie liegt derart landfern, daß wir nur so an Bord gelangen können.

Mit den leisen Ruderschlägen ins Wasser klingen Tage aus, die uns wie ein Traum vorgekommen sind. So kann das Leben sein, wenn man Augen hat zu sehen, Ohren zu hören und Sinne zu fühlen!

Unsere Reise durch das Mittelmeer vom Orient zum Okzident ist an ihr Ende gelangt. Eine Reise. die uns mit Höhen und Tiefen, Abenteuern und Erlebnissen, Erfreulichem

und Betrüblichem, menschlichen Begegnungen und wahren Freundschaften an den Küsten dreier Kontinente bereichert und erfüllt hat.
Landschaften formen Kulturen, Kulturen prägen Menschen und Menschen verbinden Menschen, wenn sie nur arglos und freundschaftlich aufeinanderzugehen.
Wind und Wellen aber rufen uns nach wie vor unüberhörbar deutlich zu:
Skipper, wann kommst Du?

Gedanken im Jahre 1994

In unserer schnellebigen Zeit ist es durchaus denkbar, daß der eine oder andere unserer erwähnten und beschriebenen Häfen sein Gesicht im Laufe der letzten Jahre mehr oder weniger verändert hat oder noch verändern wird, was aber der Grundaussage zu den einzelnen Porträts gewiß keinen Abbruch tun wird.
So wie wir Menschen uns entwickeln und verändern, so verändern wir mit uns auch die Welt, in der wir leben. Das Leben auf See aber wird seine romantische und abenteuerliche Ausstrahlung für denjenigen niemals verlieren, der in seinem Bann steht. »Wir sind Angefressene!« wie unter Skippern liebevoll gesagt wird.
Wer heute liest, was wir noch vor wenigen Jahren in Jugoslawien gesehen, erlebt und erfahren haben, fragt sich unweigerlich: »Was ist geschehen? Wo haben Menschen, wo haben die politischen Führungskräfte dieser Region, Herz und Verstand gelassen? Warum ist es immer wieder und zu jeder Zeit möglich, daß Differenzen durch Kriege ausgetragen werden? Da müssen Menschen Not und Elend, Hunger und unendliche Verzweiflung ertragen, die unschuldig und hilflos in diese Verwicklungen geraten sind. Warum nur steht Krieg nicht längst am Pranger und wird von der Menschheit zum Tode verurteilt?

Ein völlig anderer Hinweis

In den **Nachrichten für Seefahrer**, dem Amtsblatt des Deutschen Hydrografischen Instituts, Hamburg, Heft 18 vom 3. Mai 1985, 116. Jahrgang, Nr. 1937-2013 erschien auf S. 723, Nr. 2031, Mittelmeer V 1978, unter dem Kapitel 2013 **Berichtigungen zu den Seehandbüchern** folgende einzutragende Änderung:
»S. 127. Unter Zeile 22 füge ein:
Ein Sperrgebiet ist bei Kato Pyrgos (35°11' N, 32°41' E) eingerichtet; dort erreicht die Demarkationslinie zwischen dem griechischen und türkischen Teil Zyperns die Küste. Aus Sicherheitsgründen ist an dieser Küstenstrecke ein Abstand von mindestens 3 sm vom Land zu halten.
(18/85 – Bericht vom 10. 04. 1985)«
»S. 137. Unter Zeile 33 füge ein:
Ein Sperrgebiet ist zwischen Akra Pidalion und Ammochostos eingerichtet; dort erreicht die Demarkationslinie zwischen dem griechischen und türkischen Teil Zyperns die Küste. Man sollte von dieser Küstenstrecke mindestens 3 sm ableiben.«
(18/85 – Bericht vom 10. 04. 1985)«
Beide Hinweise sind aufgrund unserer freiwilligen Mitarbeit beim **Deutschen Hydrografischen Institut** eingegangen und für die Bearbeitungen der nautischen Veröffentlichungen dienlich gewesen. Jeder Leser wird sich erinnern, wie wir aus Israel kommend unwissentlich in eines der Sperrgebiete geraten sind, da diese in der neuesten Seekarte noch nicht ausgewiesen waren.

Anhang

Skipperwortschatz

Abdrift – durch Strömung oder Wind verursachtes Abtreiben eines Schiffes
abschotten – mit einer Querwand wasserdicht abtrennen
Achterdeck – Deck auf dem hinteren Teil eines Schiffes
Achterleine – hintere Leine zum Festmachen an Land
achterlicher Wind – Wind von hinten
achtern – hinten
Anemometer – Windstärkenmeßgerät
Anker lichten – den Anker vom Meeresgrund an Bord holen
Ankerwinde – mechanisches oder elektrisches Gerät zum Ankerlichten
Archipel – Inselgruppe
aufpallen – abstützen
ausklarieren – Abmeldung bei Zoll und Polizei eines Staates
Autopilot – Selbststeueranlage

Backbord – linke Seite eines Schiffes in Fahrtrichtung gesehen
Badeplattform – am Heck eines Bootes angebrachte Plattform, um von Bord aus ins Wasser steigen zu können
Barometer – Luftdruckmesser
Baum – ein am Mast eines Segelbootes beweglich befestigtes Rundholz zum Halten des Segels
Beaufort – Maßeinheit der Windstärke (Bft)
Beiboot – kleines, zusätzliches Boot
Bilge – Kielraum
Bilgenpumpe – Pumpe zum Entleeren des Kielraumes
Boje – auf dem Grund verankertes, schwimmendes Seezeichen
Bug – vorderer Teil eines Schiffes
Bugkorb – vorderer Teil der Reling
bunkern – Betanken eines Schiffes

C – Celsius, Maßeinheit für die Temperatur, Exempel: 32° C = 32 Grad Celsius auf der Temperaturskala mit 100° als Siedepunkt
Capitainerie – Hafenmeisterei (frz.)
Capitaneria – Hafenmeisterei (ital.)
Capitanía – Hafenmeisterei (span.)
Catamaran – Segelboot mit zwei Rümpfen
chartern – ein Schiff mieten
Costituto – Fahrterlaubnis für italienische Gewässer
Crew – Schiffsmannschaft
Crewliste – Mannschaftsliste

Davit – kranähnliche Vorrichtung am Heck eines Bootes zum Aufhängen und wieder Hinablassen des Beibootes
Davitschuh – Halterung für den Davit
Deck – waagerechte Wand im Schiffskörper, begehbar
DHI – Deutsches Hydrografisches Institut
Dinette – Eß- und Sitzecke
DMYV – Deutscher Motor-Yacht-Verband
DSV – Deutscher Segler-Verband
dümpeln – in den Wellen auf und niederschaukeln
Dünung – Bewegung des Meeres in kurzen oder langen, gleichmäßig rollenden Wellen
Echolot – Tiefenmesser
einklarieren – Anmeldung bei Zoll und Polizei nach erfolgter Einreise in ein Land
Etappe – Teilstrecke
Etmal – die von einem Schiff auf See zurückgelegte Strecke in Seemeilen innerhalb von 24 Stunden

Fender – Schutzkissen
Festmacher – Leine zum Festmachen eines Schiffes
fieren – ein Tau ablaufen lassen
Flaggenzertifikat – Urkunde, die Heimatland und -hafen, sowie Schiffsdaten enthält
Fuß – englische Maßeinheit, 1 Fuß = 30,5 cm

Gangway – Laufsteg zum oder vom Schiff
Gelbe Flagge Q – Flagge aus dem Flaggenalphabet: An Bord alles gesund. Außerdem: Schiff muß einklarieren
GFK – Glasfaserkunststoff
gieren – Abweichen eines Schiffes vom Kurs durch schlingernde Bewegungen

Handlauf – Haltestange am Schiffskörper
Hardtop – festes Schiffsdach
Havarie – Seeschaden, den Schiff oder Ladung erleiden
Heck – hinteres Ende eines Schiffes
hieven – hochheben
Hoheitsgewässer – seewärtige Grenze eines Staates, 12 Seemeilen von der Küste entfernt
Hygrometer – Luftfeuchtigkeitsmesser

Kai – Ufermauer in Häfen zum Anlegen für Schiffe
Kaje – (niederd.) für Uferbefestigung; Kai
Kajüte – Wohnraum auf Schiffen
Kiel – Grundbalken eines Schiffes
Kielwasser – Wasserspur hinter einem fahrenden Schiff
kn – Knoten, Geschwindigkeit in Seemeilen
Klampe – Belegmöglichkeit für die Festmacheleinen an Bord eines Schiffes
Koje – Schlafstelle auf Schiffen
krängen – nach einer Seite legen
Kreuzsee – durch sich kreuzende Wellen entstehender, gefährlicher Seegang
Kurs – Fahrtrichtung eines Schiffes

Landfall – Erkennen einer Küste
Landfeste – Festmacheleine vom Schiff zum Land
längsseits gehen – zwei Boote legen sich der Länge nach nebeneinander
Lee – die dem Wind abgekehrte Seite, Windschatten
lenzen – auspumpen, leerpumpen
Luv – die dem Wind zugekehrte Seite, Windseite

manövrieren – geschicktes Ausführen einer Schiffsbewegung
Marina – gewerbliche Hafenanlage für Sportboote, meist mit Strom- und Wasseranschluß
Marinaio – Marinapersonal (ital.)
Marinero – Marinapersonal (span.)
mittschiffs – in der Mitte der Längs- oder Querrichtung eines Schiffes
Mole – Steindamm, der einen Hafen oder eine Hafeneinfahrt vor Seegang schützt
Mooring – Hafenanker, Ankerplatz
Mooringtrosse – starkes Drahtseil zur Verbindung mehrerer Moorings

Navigation – Führung von Schiffen nach Seekarte, Kompaß und Peilung
Navigationsbesteck – Stechzirkel, Kursdreieck, Lineal und Bleistift
Navigationslichter – farbige und weiße Lichter zur sicheren Erkennung der Fahrtrichtung eines Schiffes bei Nacht oder unsichtigem Wetter
Navigator – für die Navigation zuständiges Crewmitglied

Pantry – Schiffsküche auf Sportbooten
Peilfunk – Empfänger zur Richtungsbestimmung
Peilung – Richtungsbestimmung mit Hilfe des Peilfunks oder des Kompasses
Pier – Hafendamm, Anleger für Schiffe
Plicht – offener Sitzraum im hinteren Teil eines Schiffes
Poller – Holz-, Metall- oder Steinpfosten in Häfen zur Befestigung von Schiffsleinen
Propeller – Schiffsschraube

querab – seitlich vom Schiff

Reede – Ankerplatz vor Häfen
Reling – Schiffsgeländer aus Edelstahl- oder Aluminiumrohren rund ums Schiff
Riff – Fels im Meer
Ruder – Schiffssteuer
Ruderlageanzeige – Gerät, das die Stellung des Ruders anzeigt

schippern – mit einem Boot fahren
Schirokko – warmer Mittelmeerwind aus südlichen Richtungen

Schraube – Schiffspropeller
Schwell – in Häfen hineinlaufende Dünung
schwoien – sich vor Anker im Wind drehen
Seekarte – Karte der Meere und Küsten, die alle für die Schiffahrt wichtigen Informationen enthält
Seemeile – Längenmaßeinheit auf See: 1 sm = 1,852 km
Slipanlage – betonierte, schräg ins Wasser führende Bahn, auf der Boote zu Wasser gelassen oder aus dem Wasser gezogen werden
sm – Abkürzung für Seemeile, 1 sm = 1,852 km
Smutje – Seemannssprache: Schiffskoch
Steg – Landverbindung, an der Sportboote festmachen können
Steuerbord – rechte Seite des Schiffes in Fahrtrichtung gesehen
Sumlog – Geschwindigkeitsmesser

Tampen – Tauende
Törn – Seereise
trailern – Transportieren eines Bootes auf einem Anhänger
Transitgäste – durchreisende Gäste
Transitlog – Durchreisegenehmigung
Travellift – fahrbarer Kran
trimmen – Ladung und Ballast gleichmäßig verteilen
Trimmklappen – Vorrichtung zum Trimmen mittels Klappen am Heck eines Bootes, die bei Fahrt eine Lageveränderung bewirken
Trockendock – Anlage, in der Schiffe zu Reparaturen trockengestellt werden
Trosse – starkes Drahtseil oder Tau

vertäuen – Festmachen eines Schiffes
verzurren – Befestigen von Ladung und so weiter

Welle (Schiffs-) – runde Stahlstange zur Kraftübertragung
Wellenbock – Halterung für die Schiffswelle unter dem Rumpf

Das waren die Boote

Cora III, eine Birchwood 29:
Länge 8,87 m,
Breite 3,17 m,
Tiefgang 0,91 m,
Motorisierung: 1 Ford Turbo-Diesel 150 PS.

Cora IV, eine Birchwood 31, Commodore:
Länge 9,45 m,
Breite 3,35 m,
Tiefgang 0,98 m,
Motorisierung: 2 Mercruiser Turbo-Diesel (BMW D 636) zu je 180 PS.

Vorbemerkung zu den ausgewählten Hafenporträts

Die im folgenden beigefügten ausgewählten Hafenporträts können und sollen gängige Hafenführer keineswegs ersetzen, sie jedoch sinnvoll ergänzen. Sie werden dem Skipper eine zusätzliche Hilfe sein, denn viele der aufgeführten Häfen sind in der vorhandenen Literatur nur unzureichend oder werden hier erstmalig beschrieben.

Marina Tel Aviv / Israel (32°04' N, 34°45' O) – »Topsicher für Sonnenanbeter und Sportbegeisterte«

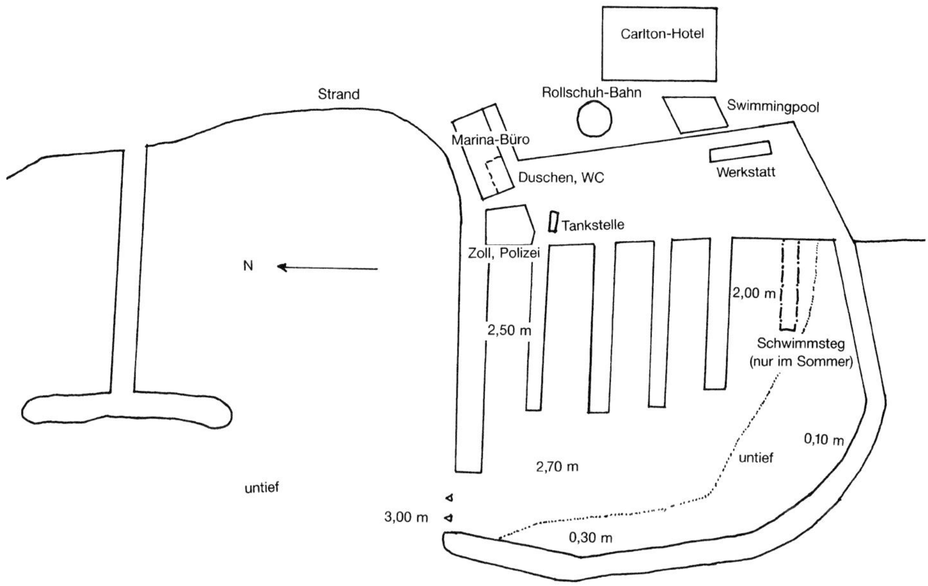

Die Marina Tel Aviv ist ein Hafen, der das ganze Jahr über sichere Liegeplätze für Yachten bis zu 2,50 m Tiefgang bietet. Winterliegeplätze an Land sind nur in begrenzter Anzahl vorhanden.

Sicherheit wird in Tel Aviv großgeschrieben. Das gesamte Marinagelände ist eingezäunt und außerdem rund um die Uhr bewacht. Am einzigen Zugang zum Hafen befinden sich Polizei, Zoll und das Marina-Büro. Die Crews der im Hafen liegenden Yachten erhalten einen Marina-Ausweis, um die Kontrollen zu erleichtern. Gäste und Besucher müssen am Eingang abgeholt werden. Dem verständlichen Sicherheitsbedürfnis der Israelis gemäß sind die Kontrollen sehr penibel, aber stets höflich.

Trinkwasser und 220-V-Stromanschlüsse befinden sich auf den Stegen. Festmachebojen liegen aus. Zahlreiche Warmwasser-Duschen, Toiletten und Telefon sind im Marinagebäude untergebracht. Gleich am Fuße des ersten Steges ist die Tankstelle. Kran und Werkstatt sind vorhanden. Arbeiten an Boot und Motor werden von Fachkräften ausgeführt. In der Stadt (10 Minuten Fußmarsch) sind alle Versorgungsmöglichkeiten gegeben.

Die Ansteuerung der Marina ist nicht unproblematisch. Die Zufahrt wird zwar ständig ausgebaggert, ist jedoch nicht betonnt. Ortsfremde Yachten sollten nur bei Tag und zur Zeit des Hochwassers die Marina anlaufen. Als Ansteuerungshilfe dient das würfelförmige Carlton-Hotel, auf dessen Dachaufsatz der Name gut zu lesen ist. Peilt der Skipper von Nord kommend das Carlton-Hotel 120° backbord querab, halte er auf den befeuerten Molenkopf zu, runde ihn in engem Abstand, laufe zwischen den beiden roten, winzigen, durch Toppzeichen gekennzeichneten, in der Einfahrt liegenden Bojen hindurch und steuere den ersten Steg an, um zunächst die Formalitäten zu erledigen. Anschließend weist der Hafenmeister einen geeigneten Liegeplatz zu.

Achtung, unbedingt zu beachtende Empfehlung: Vor dem Einlaufen in israelische Hoheitsgewässer (12-sm-Zone) und später bei jeder Schiffsbewegung innerhalb israelischer Gewässer ist Sprechfunkkontakt auf UKW-Kanal 16 mit der israelischen Navy dringend angeraten!
Anschrift: *Marina Tel Aviv, POB 16285, 63324 Tel Aviv/Israel, Tel.: 00972/3/282972.*
Werkstatt in der Marina: *Duba-Workshop, Herr Duba, Werkstattmeister, Tel.: 00972/3/292347.*

Haifa – Mount Carmel Yachtclub/Israel (32°49' N, 35°01' O) – »Steganlagen im Schatten der Industrie«

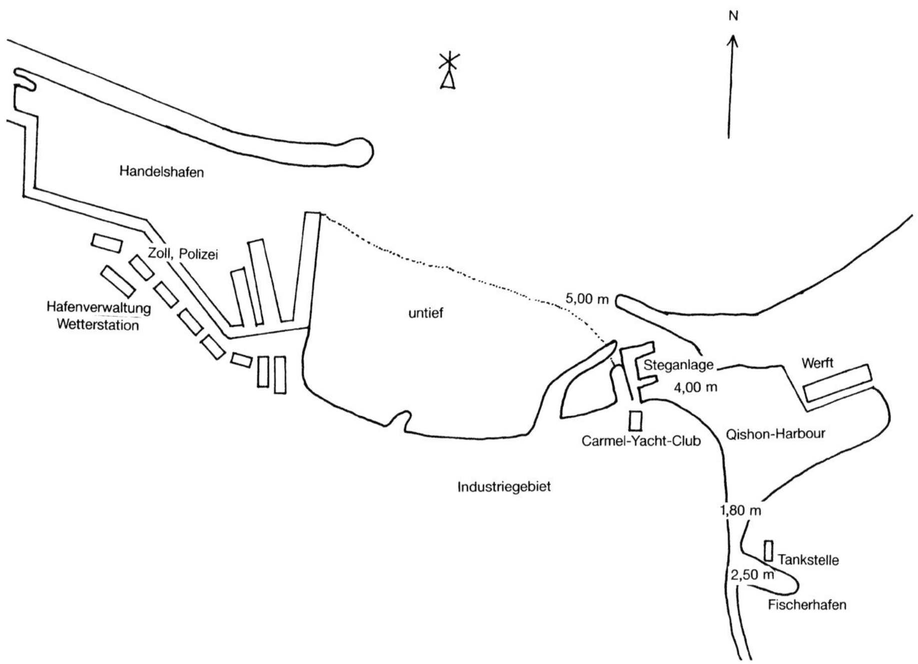

Der Handelshafen Haifa ist für Yachten gesperrt. Sie sind auf die Steganlage des Carmel-Yacht-Clubs im Vorhafen des Qishon-Harbour angewiesen.
Die Ansteuerung Haifas ist bei sichtigem Wetter leicht. Der Mount Carmel und der auf halber Höhe stehende Baha'i-Tempel mit seiner goldenen Kuppel sind weithin zu sehen. Dicht nordöstlich im Industriegebiet der Stadt machen wir zahllose Öltanks sowie ein riesiges Elektrizitätswerk aus. Die Hafeneinfahrt zum Qishon-Harbour ist befeuert.
An der F-förmigen Steganlage des Clubs gibt es stark gechlortes Trinkwasser und einen einzigen 220-V-Stromanschluß. Festgemacht wird zwischen Dalben. Eine Art Clubhaus ist an Wochenenden bewirtschaftet. Toiletten und Duschen sind nicht vorhanden. Telefon steht nicht zur Verfügung. Versorgungsmöglichkeiten sind in der Nähe nicht gegeben. Mit Bus oder Taxi ist im 3,5 km entfernten Haifa alles zu erhalten. Eine Dieseltankstelle befindet sich im nahegelegenen Fischerhafen.
In dieser Anlage liegt das Boot außerordentlich unruhig. Ursache ist der durch regen Schiffsverkehr ausgelöste Schwell. Wasser und Luft starren vor Schmutz. Die im Industriegebiet angesiedelten chemischen Fabriken sorgen zudem für Geruchsbelästigung. Mäuse und Ratten bevölkern bei Tag und Nacht das Clubgelände.

Zum Einklarieren kommen Zoll und Polizei per Boot aus dem Handelshafen herüber. Reisepässe werden einbehalten. Zum Ausklarieren muß jeder Skipper persönlich in den 4 km entfernten Handelshafen, um die Pässe zurückzuerhalten.
Anschrift: *Carmel-Yacht-Club, Qishon Harbour, Haifa/Israel.*
Auskünfte erteilt: *Haifa Port, Tel.: 0 09 72/4/51 81 11.*

Marina Akko/Israel (32°55' N, 35°04' O) – »Kleine Marina in arabischer Enklave«

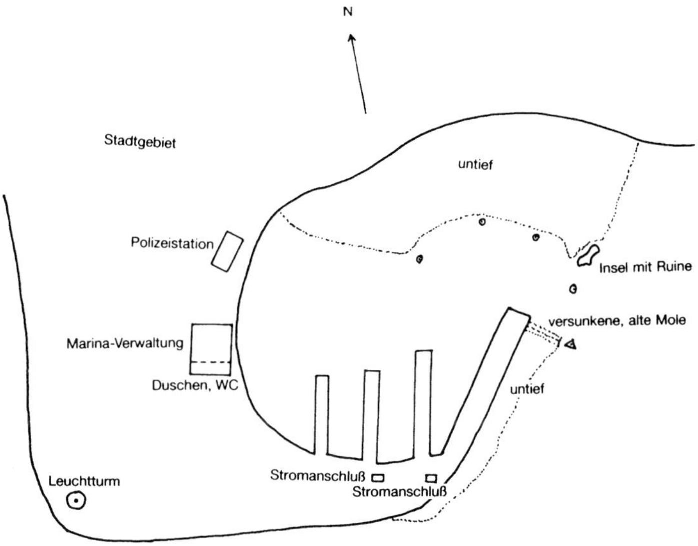

Akko ist eine vorwiegend von Arabern besiedelte Stadt 3 sm nördlich Haifa. Der Hafen von Akko beherbergt eine kleine Marina. Sie liegt vor allen Winden gut geschützt unterhalb der ausgedehnten Festungsanlage.
Die Zufahrt ist undefinierbar betonnt. Das nördliche Ufer ist untief. Beim Einlaufen lasse der Skipper die kleine, etwa 7 m hohe Insel mit Ruine steuerbord und achte an backbord auf die der Hafenbefeuerung unmittelbar vorgelagerte, versunkene, alte Mole. Drei Stege mit Festmachedalben gehören zur Marina. Auf allen Stegen gibt es Trinkwasser. Am 1. und am 2. Steg sind mehrere 12-V- und 24-V-, jedoch nur ein 220-V-Anschluß installiert. Ein langes Kabel ist erforderlich. Duschen, Toiletten und Telefon sind im Marinagebäude untergebracht. Kraftstoff wird durch Vermittlung des Marina-Büros per Tankwagen geliefert. Eine Polizeistation befindet sich im Hafengelände. Ideale Einkaufsmöglichkeiten bietet der nahegelegene, orientalische Markt in der pittoresken Altstadt.
Der Hafen Akko ist dem Qishon-Harbour in Haifa in jedem Falle vorzuziehen. Ein- und Ausklarierungsformalitäten sind in Akko selbst nicht möglich. Sie lassen sich jedoch mit Zustimmung der örtlichen Polizei per Bus oder Service-Taxi in Haifa erledigen.
Anschrift: *Marina Akko, Akko-Haifa/Israel, Tel.: 0 09 72/4/91 89 90.*

Hafen Famagusta/Nordzypern (35°07' N, 33°57' O) – »Sicherer Hafen am UNO-Sperrgebiet«

Der Hafen von Famagusta (türkischer Name: Magosa) ist Handels- und Fährhafen. Hauptumschlag im Frühjahr sind Orangen. Weder eine Marina noch ein Club sind im Ha-

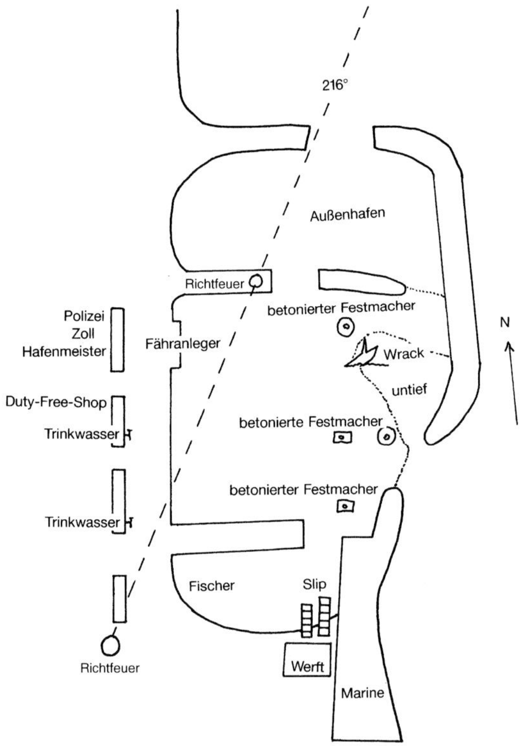

fen zu finden. Relativ sichere Liegeplätze für Yachten jeder Größe werden vornehmlich an der auch von Frachtern und Fischkuttern genutzten Pier zugewiesen.
Dem Hafen von Famagusta ist von Süd kommend ein Sperrgebiet der UN-Truppen vorgelagert, das damals in der Seekarte nicht ausgewiesen war. Um Schwierigkeiten zu vermeiden, ist von der Küste ein Abstand von 3 sm unbedingt einzuhalten. Die den Hafen von Famagusta ansteuernden Yachten laufen also zunächst weit draußen an Famagusta vorbei, bis die Ansteuerungsfeuer in Linie 216° liegen. Siehe dazu Seekarte D 1088 Plan F. Die betonnte Hafenzufahrt führt in den Außenhafen. Ist dieser passiert, mache der Skipper zunächst in der Nähe des Fähranlegers fest. Hier befinden sich Polizei, Zoll, Gesundheitsbehörde und Hafenmeister.
Nach dem Einklarieren weist der Hafenmeister einen geeigneten Liegeplatz zu. Im Duty-Free-Shop ist zollfreier Einkauf möglich. Kraftstoff wird auch hier per Tankwagen gebracht. Ideale Einkaufsmöglichkeiten gibt es in der nahegelegenen Altstadt. Nur zwei Trinkwasserhähne befinden sich im weitläufigen Hafengelände. Werft und Slip für Boote jeder Größe sind vorhanden.
Anschrift: *Port Headquarter, Hafen Famagusta, Nordzypern, Tel.: 00357/3/862726. Port Office, Tel.: 00357/3/862748.*

Kyrenia/Nordzypern (35°20' N, 33°19' O) – »Zauberhafter Rundhafen vor märchenhafter Kulisse«

Der Rundhafen von Kyrenia (türkischer Name: Girne) ist der schönste Nordzyperns. Nicht nur landschaftlich außerordentlich reizvoll gelegen, strahlt er zudem eine anhei-

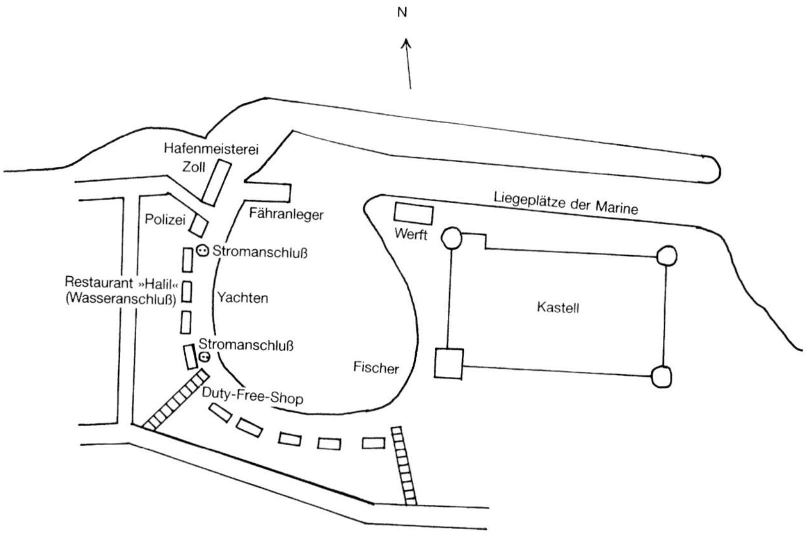

melnde Atmosphäre aus. Er beherbergt zwar keine Marina, bietet jedoch etwa 20 Yachten vor eigenem Anker Liegemöglichkeiten.
Durch das weithin sichtbare, massige Kastell ist die Ansteuerung leicht. Die befeuerte Hafeneinfahrt befindet sich am Ostende des Kastells. Eine etwa 350 m lange Zufahrt führt in das eigentliche, vor allen Winden gut geschützte Hafenbecken. Zoll, Polizei und Hafenmeisterei liegen direkt am Fähranleger.
Im Duty-Free-Shop ist zollfreier Einkauf möglich. Kraftstoff wird per Tankwagen angeliefert. Alle Versorgungsmöglichkeiten gibt es in unmittelbarer Nähe. Zahlreiche gemütliche Restaurants säumen das Hafenbecken. Für die Trinkwasseranschlüsse am Kai wird ein Schlüssel im Restaurant »Halil« ausgehändigt. Zwei 220-V-Stromanschlüsse sind installiert. Besonders angenehm empfanden wir, daß das Hafengebiet Fußgängerzone ist. Der Hafenmeister ist in allen Fragen behilflich, sei es Taxi, Mietwagen, Arzt, Seewetterbericht und ähnliches mehr. Überwintern läßt es sich an Bord des Schiffes in diesem idyllischen Hafen kostengünstig und problemlos. Crews, die ihre Boote jedoch verlassen, sollten für zuverlässige Betreuung sorgen und außerdem das Setzen einer Mooring veranlassen.
Anschrift: *Harbour Court, Hafen Kyrenia, Nordzypern, Tel.: 00357/7/452141.*

Iniziative Nautiche, Fiumara Grande / Italien (41°44' N, 12°14' O) – »Romantischer Flußhafen vor den Toren Roms«

Die Marina Iniziative Nautiche liegt in der südlichen Tibermündung, Fiumara Grande, vor und hinter der ersten, den Fluß überspannenden Brücke, Ponte della Scafa, am linken Ufer.
Von See kommend ist die Ansteuerung der Tibermündung relativ leicht. Dicht nördlich der Einfahrt steht ein ausgedienter, hoher, steinerner Leuchtturm. Die Wassertiefen im Fluß zwischen 3 m und 4 m erlauben auch größeren Yachten ein Anlaufen der im Tiber befindlichen Marinas und Steganlagen. Die Ufer des Tiber sind nahezu beidseitig 6 km zu Berg mit Marinas und Steganlagen gespickt. Boote über Boote entlang des ruhigfließenden Gewässers! Eine willkommene Abwechslung zum Bootswandern auf bewegtem Meere!

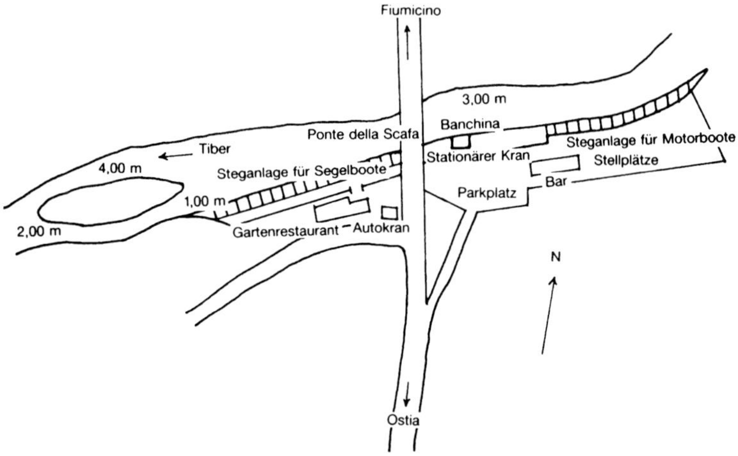

Iniziative Nautiche liegt etwa 5 km flußaufwärts. Vor der Brücke von See kommend befinden sich die Liegeplätze für Segelboote, hinter der Brücke dann die für Motorboote. Dort ist neuerdings eine 150 m lange, zementierte Banchina mit komfortablen Liegeplätzen angelegt. Die entlang des Ufers stehenden Holzstege, an denen 250 Boote liegen können, verfügen alle über Strom- und Brauchwasseranschlüsse. Der Strom ist mit 16 Ampère abgesichert. Der Verbrauch von Strom und Wasser ist im Tagespreis inbegriffen. Etwa alle 100 m sind Trinkwasseranschlüsse installiert. Müll- und Abfallbeseitigung gehören zum Service. Im Bereich der Steganlagen für Segelyachten sind 2 Toiletten und 2 kalte Duschen, in dem für Motorboote 3 Toiletten und 2 Warmwasser-Duschen. Die zahlenmäßig noch unzureichenden Sanitäranlagen sind gepflegt und werden weiterhin ausgebaut.
Das etwa 2 km lange Ufergelände ist eingezäunt, beleuchtet und rund um die Uhr bewacht. Das Eingangstor öffnet sich über einen Telecommander, der an die Eigner der dort liegenden Boote, Dauer- oder Gastlieger, ausgegeben wird. Eine Teleüberwachung (Infrarot) für die Nacht ist vorgesehen.
Eine Bar mit Terrasse, auf der jeden Sonntag zwischen 13 und 15 Uhr aus der eigenen Küche von Anfang Mai bis Ende September leckerer Mittagstisch (italienische Hausmannskost) serviert wird, befindet sich im Bereich der zementierten Banchina. Die hervorragende Köchin ist Monica Chiaraluce, Ehefrau von Cesare, die mit Liebe und viel Phantasie die köstlichsten Gerichte zaubert.
Im gleichen Gebäude ist auch das Büro der Cousins untergebracht. Angelo und Cesare Chiaraluce bauen mit erstaunlichem Geschick und viel Umsicht ihre Anlage ständig aus und verbessern sie zum Wohle der Bootseigner und Skipper. Außerdem liegt ein preiswertes Restaurant, das ausgezeichnete Menüs anbietet, direkt neben dem Marinagelände.
Im Winter können die Boote an Land stehen. Wegen möglichen Hochwassers ein interessanter Aspekt! Allerdings sind derartige Hochwasser des Tiber sehr, sehr selten. Zwei Kräne stehen zur Verfügung. Ein stationärer Kran mit 6,5 Tonnen Tragkraft für Motorboote befindet sich im zementierten Uferbereich. Ein Autokran mit gleicher Tragkraft für Segelboote ist ebenfalls ständig einsatzbereit. Alle Arbeiten, die eine Werft auszuführen hat, sind hier möglich, da jederzeit Fachkräfte aus der näheren Umgebung und auch aus Rom herbeizitiert werden können. Wir selbst haben unter anderem ein neues Schanzkleid maßgerecht in einer nahegelegenen Segelmacherei anfertigen lassen. Dort wird ausgezeichnete Arbeit geleistet.

Anschrift: *International Sails, – Vele Incarbona – François Incarbona, I-00054 Fiumicino (Roma), Via Passo Buole 209, Tel.: 0039/6/6451983.*
Die Boote werden auf carelli (Rollwagen) von einem Traktor zum Winterlager oder bei notwendigen Überholungs- und Reparaturarbeiten zu vorgesehenen Stellplätzen transportiert.
Seit einigen Jahren vertreiben Angelo und Cesare Chiaraluce obendrein Sportboote des Herstellers Draco. Sie führen natürlich auch alle anfallenden Arbeiten an den neuen Booten aus. Die Nachfrage nach schnellen, sportlichen und aufwendigen Booten scheint groß im Römischen Raum!
Der Flughafen Roma / Fiumicino ist ganze 6 km entfernt. Anläßlich der Fußballweltmeisterschaft 1990 eröffnete die Metro die Strecke Flughafen – Roma / Innenstadt, so daß Stadtbesuche nunmehr mit dem Autobus bis zum Flughafen und von dort mit der Metro in die Metropole möglich sind. Die Bushaltestelle liegt an der Ponte della Scafa unmittelbar am Marina-Ausgang, etwa 50 m zu Fuß. Mit dem Bus Nr. 02 kann der Interessierte nach Ostia fahren, mit der Nr. 04 anschließend zum Antiken Ostia. Die Busse verkehren alle halbe Stunde.
Im nahegelegenen Ostia gibt es sehr gute Versorgungsmöglichkeiten. Supermärkte bieten alles, was das Herz erfreut. Benötigt der Bootler einen Shipchandler, fährt er besser mit dem Bus in die Gegenrichtung nach Fiumicino. So eignet sich dieser romantische Flußhafen ausgezeichnet für Gastlieger, die Rom und Umgebung besuchen und kennenlernen wollen.
Für Trailerkapitäne ist diese Marina ebenfalls ausgesprochen interessant, denn die Autobahn endet am Internationalen Flughafen Roma / Fiumicino, also nur 6 km entfernt, so daß die Steganlagen der Iniziative Nautiche problemlos angefahren werden können. Eine vorherige Anmeldung sollte schriftlich oder telefonisch am besten in Englisch oder Italienisch erfolgen. Park- und Abstellplätze für Auto und Trailer sind ausreichend vorhanden.
Anschrift: *Angelo Chiaraluce und Cesare Chiaraluce, Vicolo Boacciana SNC (Ponte della Scafa), Tel.: 0039/6/5650646 und 5651016.*

Scauri auf Pantelleria / Italien (36°46'04" N, 11°57'55" O) – »Idyllischer Hafen für den Sprung nach Afrika«

In der Straße von Sizilien – nahezu auf halbem Weg zwischen der sizilianischen und der tunesischen Küste – liegt der Hafen Scauri auf der Insel Pantelleria. Der Hafen ist bisher in der einschlägigen Literatur nicht erwähnt. Doch bereits seit einigen Jahren verfügt Pantelleria über diesen Ausweichhafen.
Das Anlaufen des im Norden der Insel gelegenen Haupthafens Pantelleria ist bei Starkwind, 6 Bft und mehr, aus nördlichen Richtungen wegen der sich vor der Hafeneinfahrt aufbauenden Grundsee gefährlich bis unmöglich. Um das ganze Jahr über bei jeder Wetterlage den Fährbetrieb und damit die Versorgung der Insel und seiner Bewohner aufrechterhalten zu können, wurde an der Südwestküste der Ausweichhafen Scauri gebaut. Er bietet Fischkuttern, Yachten und Sportbooten sichere Liegeplätze. Fähren legen am Fähranleger außerhalb des Hafenbeckens an. Im Hafenbecken selbst sind zwei Schwimmstege verankert, die Schlauchbooten, Daycruisern und kleineren Segelbooten (etwa bis 8 m Länge) Liegemöglichkeiten bieten. Auf den Schwimmstegen sind Wasser- und Stromanschlüsse vorgesehen. Größere Yachten machen am nordwestlichen Kai über Bug oder Heckanker fest, an der daran anschließenden Mole können Boote auch längsseits liegen. Der vordere Teil der Mole wird häufig von Fischkuttern genutzt.
Das Hafengelände ist beleuchtet. Zwei Müllcontainer sind im Hafenbereich aufgestellt. Ein kleiner Slip liegt am Ostufer des Hafenbeckens. Er ist leider sehr kurz. Nach weni-

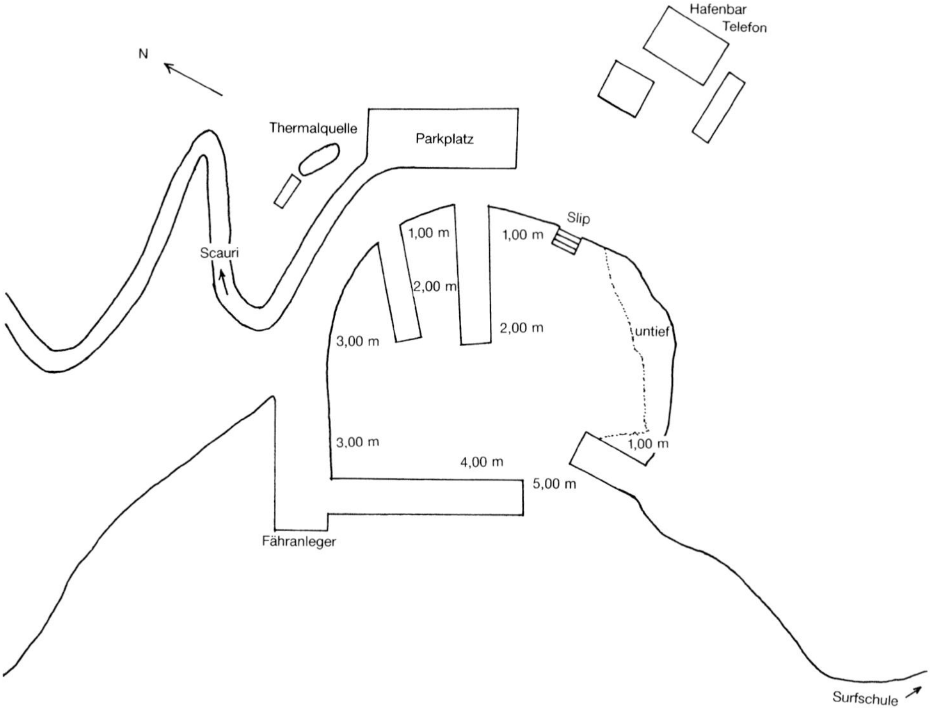

gen Metern erschwert eine Abbruchkante das Slipen, deshalb ist es nur für leichtere Boote zu empfehlen. Etwas oberhalb der Slipanlage befindet sich eine Hafenbar, in der im Notfall geringe Mengen Trinkwasser an Skipper abgegeben werden. Gerichte wie Spaghetti und Pizza können jederzeit auf der Terrasse der Bar verzehrt werden. Weit schweift zudem der Blick über das Meer hin nach Afrika. 40 sm sind es zum tunesischen Kélibia. Ein Selbstwähltelefon ermöglicht die Verbindung in alle Welt.
Um sich mit Lebensmitteln zu versorgen, wird ein Gepäckmarsch notwendig. Zum hoch über dem Hafen gelegenen Ort Scauri sind es 2,5 km. Wer Kraftstoff in größeren Mengen benötigt, fährt am besten in den Haupthafen Pantelleria. Dort wird Kraftstoff »auf Rädern« angeliefert. Ist der Bedarf gering, kann er auch von der Tankstelle im Ort Scauri per Kanister geholt werden.
Kosten für das Liegen in Scauri fielen bei unserem Aufenthalt nicht an. Ob sich das zwischenzeitlich geändert hat, darüber konnten wir nichts mehr in Erfahrung bringen. Attraktion des Hafens ist eine Thermalquelle, die ein kleines, wannenähnliches Felsbecken mit 36° C warmen Wasser speist.
Zum Baden im Meerwasser wird die südöstliche Seite des Hafenbeckens genutzt. Sie ist untief und von Felsen durchsetzt. Dort ist stets klares, sauberes Wasser anzutreffen. Abwasser der Ortschaft oder der Hafenbar werden nicht ins Hafenbecken geleitet! Insgesamt ein überaus romantischer und sicherer, bei Tage recht lebhafter, zur Nacht sehr ruhiger Ankerplatz. Außerhalb der Hafenanlage in einer sich anschließenden Bucht im Süden hat eine Surfschule ihr Domizil. Telefonisch und postalisch ist der Hafen Scauri auf Pantelleria über den Haupthafen Pantelleria Marina Militari zu erreichen.
Anschrift: *Pantelleria Marina Militari, Pantelleria, Italien, Tel.: 0039/923/911605.*

Syrakus, Porto Marmoreo / Italien (37°03' N, 15°18' O) – »Ausgangsbasis für einen Törn nach Malta«

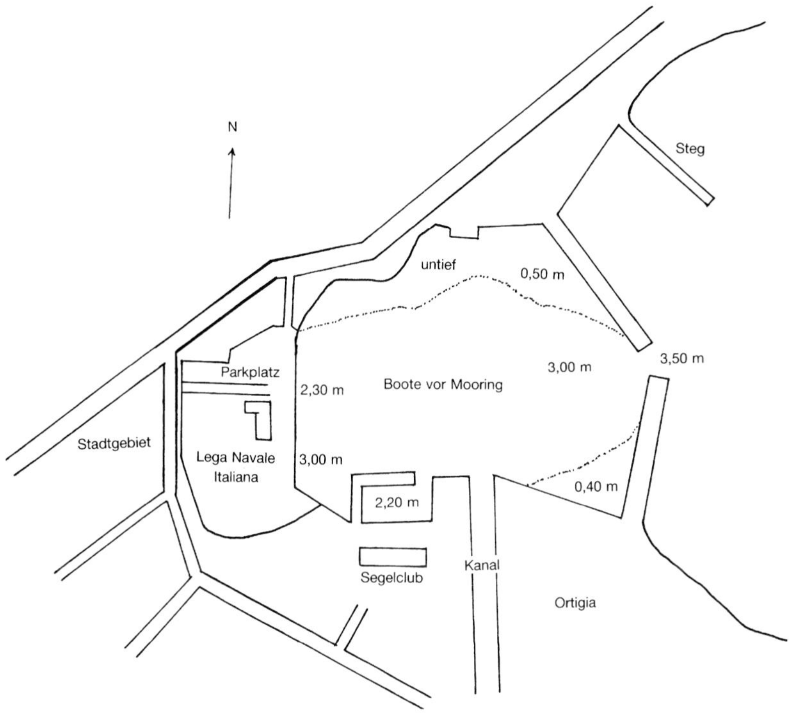

Syrakus hat zwei Häfen, den großen Fährhafen Porto Grande und den kleinen, gut geschützten Fischer- und Yachthafen Porto Marmoreo. Bei der Annäherung an Porto Marmoreo von Süd muß die Klippe Scoglio dei Cani, die östlich vor der auf der Insel Ortigia gelegenen Altstadt liegt, beachtet werden.

Im Porto Marmoreo haben ein privater Segelclub am Südufer und die Lega Navale Italiana am Westufer ihre Domizile. Im Hafen ist wenig Raum zum Manövrieren, da zahlreiche Boote vor Mooring liegen. Die Lega Navale verfügt leider nur über wenige Gastliegeplätze. Strom und Wasseranschlüsse sind vorhanden. Die sanitären Anlagen überraschen: zwei Bäder, eine Dusche und ausreichend Toiletten, jeweils für Männlein und Weiblein getrennt.

Das Gelände ist rundherum eingezäunt und ständig bewacht. Zwei Kräne, für 12 und für 3 Tonnen, stehen zur Verfügung. Alle Reparaturen an Boot oder Motor sind im Clubgelände möglich. Die Arbeitskräfte kommen aus Fachbetrieben in Syrakus. Kraftstoff muß per Tankwagen herangeschafft werden. Auto- und Trailerabstellmöglichkeit ist im Clubgelände vorhanden. Da die Zufahrt stets verschlossen ist, müssen Gäste zunächst den an der Nordseite befindlichen Personeneingang benutzen. Bank, Post und Versorgungsmöglichkeiten sind in der Stadt zu finden. Erste Geschäfte gibt es schon nach etwa 500 m. Der Club hat bei unserer Anwesenheit 220 Mitglieder und beherbergt etwa 100 Boote. Alljährlich wird eine Segelregatta ausgetragen, Siracusa-Malta-Siracusa, die auf eine lange Tradition zurückblicken kann. Alles in allem eine Adresse, die empfehlenswert ist, zumal Transitgästen mit ausgesuchter Freundlichkeit und Hilfsbereitschaft entgegengekommen wird.

Anschrift: *Lega Navale Italiana, Sezione di Siracusa, Presidente Rag. Enrico Cannarella, Porto Marmoreo, Siracusa/Sicilia, Tel.: 0039/931/69147.*

Drei tunesische Marinas

Die tunesische Küste ist 85 sm von Sizilien entfernt. Von der Insel Pantelleria aus sind es nur noch 40 sm. Mit anderen Worten für Fahrtenskipper ein Katzensprung. Warum nicht mal Tunesien? Warum nicht mal Afrika? Schließlich ist Afrika doch ein interessanter Kontinent, den der Mittelmeerfan ansteuern kann. Abgesehen von dem Reiz afrikanischen Lebens hat Tunesien landschaftlich und kulturhistorisch einiges zu bieten, seien es die Wüste und Oasen, das antike Karthago oder moslemische Heiligtümer. Landessprache ist arabisch. Mit französischen Sprachkenntnissen jedoch kommt ein jeder kreuz und quer durchs Land.

Bootler sind gerngesehene Gäste. Für sie wurden herrliche Marinas angelegt. Die Skipper profitieren von den deutlich niedrigen Preisen in diesem Lande. Gerade der Motorbootler wird es zu schätzen wissen, wenn er für einen Liter Diesel unter 1 DM bezahlen muß. Kaum vorstellbar, daß 1 Liter Motorenöl um 2 DM bleibt. Die Liegegebühren in den Marinas sind ebenfalls moderat, Wasser- und Stromkosten werden auf unterschiedlicher Berechnungsbasis extra erhoben, aber auch sie sind mehr als akzeptabel.

Die drei vorhandenen Marinas, Sidi Bou Saïd an der Nordküste, Port El Kantaoui und Marina Cap Monastir an der Ostküste, sind private Unternehmen, gut geführt und gepflegt, und entsprechen weitgehend europäischem Standard.

Marina Sidi Bou Saïd (36°52' N, 10°21' O) – »Sichere Hafenanlage vor den Ruinen Karthagos«

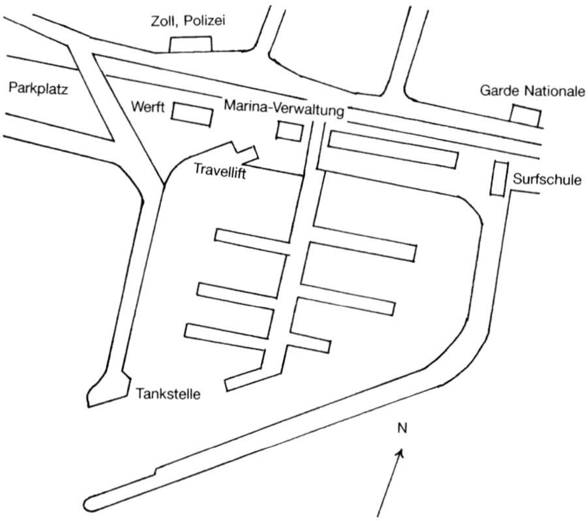

An der Nordküste Tunesiens, im Golf von Tunis, liegt die Marina Sidi Bou Saïd. Sie verfügt über 320 Liegeplätze und ist gut belegt, zumindestens in den Sommermonaten. Das Festmachen an Mooringtrossen ermöglicht selbst bei Starkwind ein absolut sicheres Liegen.

Strom- und Wasseranschlüsse, sanitäre Anlagen, Bewachung rund um die Uhr, Travellift bis 26 Tonnen, Slip für kleinere Boote, Hafentankstelle von 7 Uhr bis 23 Uhr in Betrieb, Minishop, in dem wir Getränke und Lebensmittel ordern können und ein Restaurantschiff – alles vorhanden, was Skipper begehren. Fachgerechte Reparaturen allerdings sind nicht ohne Probleme. Trotz aller Improvisationskünste fehlen Ersatzteile und Fachkräfte. Dennoch bemüht sich der Hafenmeister, für Holz- und Kunststoffarbeiten von Fall zu Fall geeignete Arbeitskräfte aus diesbezüglichen Werkstätten herbeizuholen. Ersatzteile müssen aus Deutschland oder anderen europäischen Ländern eingeflogen werden.

Einklarierungsformalitäten, Geldwechsel und Mietwagenbestellung werden von der Capitainerie erledigt. Ein internationales Telefon steht zur Verfügung. Das Marina-Büro ist auf UKW, Kanal 16, erreichbar. Arbeitskanal ist Kanal 6.

Anschrift: *Cap. B. Wjima Hamed, Marina Sidi Bou Saïd, Tunisie, Tel.: 00216/1/741645.* Stellvertretender Marina-Direktor ist Monsieur Souissi Lazhar. Korrespondenz ist in französischer oder englischer Sprache möglich. Sidi Bou Saïd hat S-Bahn-Verbindung mit der Landeshauptstadt Tunis und mit Karthago. Erwähnenswert ist noch, daß Taxis sehr preisgünstig sind.

Port El Kantaoui (35°52' N, 10°36' O) – »Gepflegte Marina mitten im Orient«

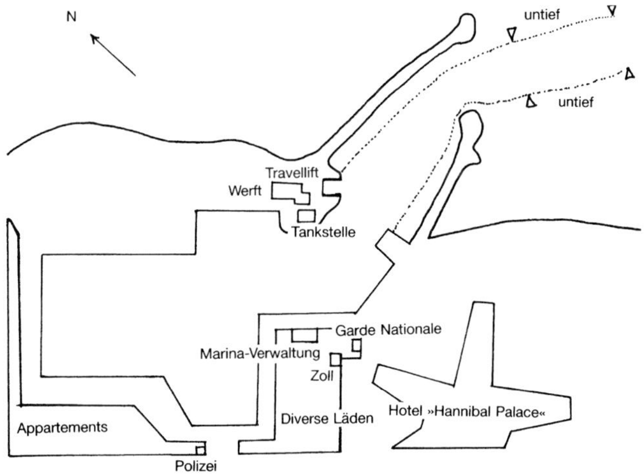

Die Marina Port El Kantaoui liegt im Golf von Hammamet an der Ostküste Tunesiens und ist in ein Touristenzentrum mit Hotels, Appartementhäusern, Ladenstraßen und ähnlichem integriert. Dort gibt es nahezu alles, um die Bedürfnisse der Feriengäste und der Skipper zu befriedigen: Supermarkt, Schiffsausrüster, Boutiquen, Bank, Post und internationales Telefon, Wäscherei und Reinigung, Restaurants, Reisebüro und Autovermietung.

Die Marina verfügt über 200 Liegeplätze. Die Kapazität soll durch Schwimmstege auf 350 Liegeplätze erweitert werden. Auch hier liegt unser Boot vor Mooringtrossen. Das Personal ist beim Festmachen ebenso behilflich wie schon das Personal in Sidi Bou Saïd. Strom- und Wasseranschlüsse sind an jedem Liegeplatz installiert. Die Marina ist rund um die Uhr bewacht. Es sei jedoch nicht verschwiegen, daß jedermann ungehindert Zugang zur Marina hat.

Die Capitainerie ist gleichzeitig Marina-Verwaltung und erledigt mit Ausnahme der Zollkontrolle alle notwendigen Formalitäten. Sie kann von See auf UKW, Kanal 16, gerufen werden. Arbeitskanal ist auch hier Kanal 6. Sanitäre Einrichtungen sind bei voller Auslastung der Marina in keinem Falle ausreichend: 6 Duschen und 6 Toiletten. Nahe der Hafeneinfahrt befinden sich Tankstelle, Werft, Slip und Travellift, der bis zu 40 Ton-

nen trägt. Die Tankstelle hat keine festgelegten Öffnungszeiten. Der jeweilige Tankwunsch ist in der Capitainerie anzumelden.
In der Werft sind Holz- und GFK-Arbeiten durch Fachkräfte möglich, ebenso Motorenwartung und -reparaturen, vornehmlich für Volvo. Ersatzteile, die der Skipper nicht selbst mitführt, müssen zumeist importiert werden. Die entsprechend geschulten Arbeitskräfte kommen aus der 10 km entfernten, einzigen Sportbootwerft des Landes, aus Hergla. Amüsant jedoch ist die Preisfestsetzung. Die Kosten für eine Arbeitsstunde sind im voraus nicht zu erfahren. Nach beendeter, vom Marina-Direktor begutachteter Arbeit legt dieser den Preis fest.
Anschrift: *Cap. Béchir Meemmâche, Capitainerie de Port El Kantaoui/Tunisie, Tel.: 00216/3/420111.*
Korrespondenz ist in französischer oder englischer Sprache möglich. Von Kantaoui bestehen gute Verkehrsverbindungen und Ausflugsmöglichkeiten zu den Sehenswürdigkeiten des Landes. Mehrtägige, organisierte Wüstensafaris werden ebenfalls angeboten. Zum Flughafen Monastir / Skanes sind es 25 km. Hierher gibt es preiswerte Charterflüge von deutschen Flughäfen.

Marina Cap Monastir (35°47' N, 10°50' O) – »Umrahmt von Wüste und Strand«

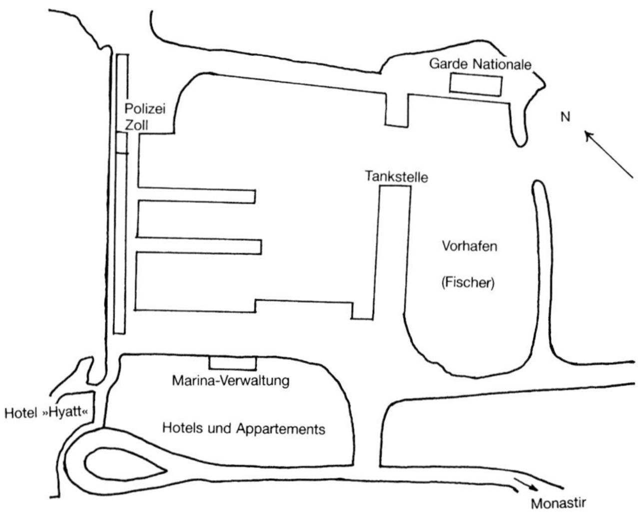

Marina Cap Monastir, die neueste der drei Anlagen, ist ebenfalls in ein Touristenzentrum integriert. Ihr Preisniveau lag bei unserer Anwesenheit deutlich unter dem der anderen beiden. Sie gewährt den Mitgliedern des Trans-Ocean-Club 20 Prozent Preisnachlaß.
Die Marina verfügt über 400 Liegeplätze, die Kapazität kann durch Schwimmstege auf 500 erweitert werden. Auch hier liegt unser Boot vor Mooring. Strom- und Wasseranschlüsse sind an jedem Liegeplatz installiert. Die sanitären Anlagen bestehen aus 3 Duschen, 1 Bad und 3 Toiletten, jeweils für beide Geschlechter. Auf der Mole des Innenhafens befindet sich die Hafentankstelle. Zoll und Polizei, ebenso Garde Nationale, haben ihre Büros im Marinagelände. Die Marina ist rund um die Uhr bewacht. Allerdings hat wie schon in Kantaoui jedermann ungehindert Zutritt.
Rund um das Hafenbecken gibt es Restaurants, Bars und Appartementhäuser. Eine La-

denstraße mit kleinen Geschäften ist vorhanden, aber während unseres Aufenthaltes noch nicht bezogen oder vermietet, daher bestehen Versorgungsmöglichkeiten vorläufig nur im 1,5 km entfernten Stadtzentrum. Es sei nicht verschwiegen, Reparatur- und Wartungsservice stecken noch in sehr kleinen Kinderschuhen, obwohl der Marina-Direktor außerordentlich bemüht ist, Hilfen zur Verfügung zu stellen. Ein 50-Tonnen-Travellift ist vorgesehen. Ist dieser geliefert, sollen auch Wartung und Reparatur rund ums Boot möglich sein. Dem Skipper bleibt ja bis zu dieser Änderung die Möglichkeit, Travellift und Werft im nur 18 sm entfernten Port El Kantaoui zu nutzen. Eine Überwinterung des Bootes in der Marina Cap Monastir ist durchaus zu empfehlen. Sidi Bou Saïd und Port el Kantaoui sind dafür längst nicht so gut geeignet.
Das Marina-Büro ist von 8 Uhr bis 20 Uhr geöffnet, während dieser Zeit auch auf UKW, Kanal 16, erreichbar.
Anschrift: *Cap. Mansour Chaabane, Marina Cap Monastir, 5000 Monastir/Tunisie, Tel.: 00216/3/60950.*
Korrespondenz ist in französischer, englischer und auch in deutscher Sprache möglich. Die Entfernung zum Flughafen Monastir/Skanes beträgt rund 10 km.

Club Nautico Burriana/Spanien (39°51' N, 00°04' O) – »Gastfreundlicher Club an der Costa Azahar«

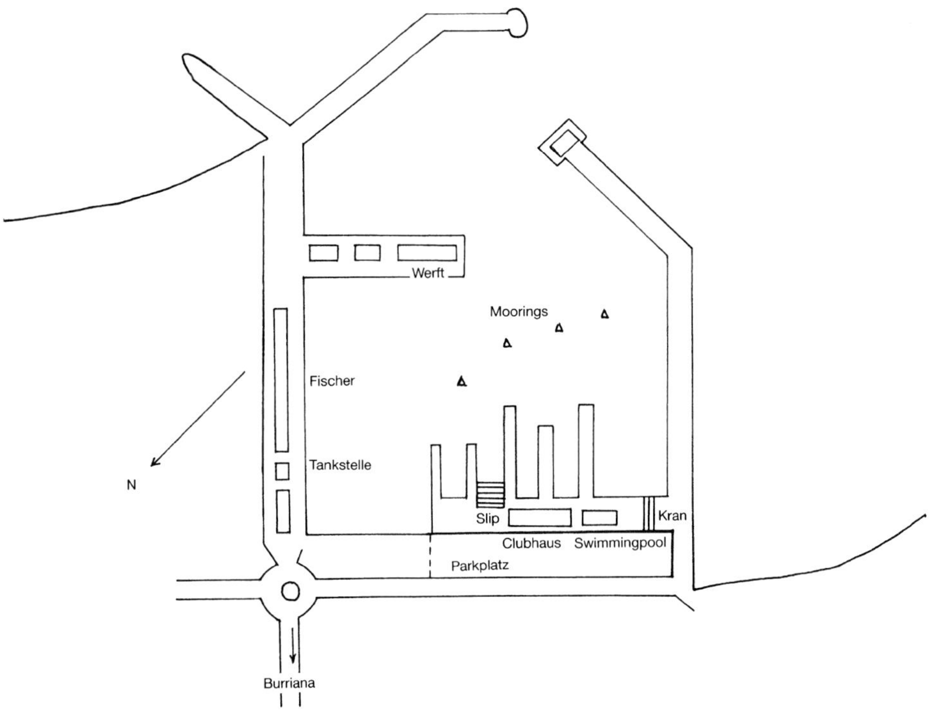

Etwa 29 sm nördlich Valencia liegt der Hafen Grao Burriana. Grao werden im Golf von Valencia die Häfen genannt, deren Stadt einige Kilometer landeinwärts liegt. In diesem Falle sind es 3 km.
Früher wurden hier in der Zeit von Ende November bis Anfang März Orangen und

Zwiebeln verladen und verschifft. Heute ist der recht geräumige Hafen Heimstätte für einige wenige Fischkutter. So ist es nicht verwunderlich, daß sich vor Jahren der Club Nautico Burriana, CNB, hier etabliert hat.
Er verfügt an seinen festverankerten Schwimmstegen über 260 Liegeplätze. Sogar Yachten bis zu 20 m Länge finden Anlegemöglichkeiten. Der Mittelsteg direkt vor dem Clubhaus ist für Transityachten reserviert. Strom- und Wasseranschlüsse sind jedoch nur am Fuße dieses Steges vorhanden. Sehr lange Wege per Schlauch beziehungsweise per Kabel ergeben sich somit. Angenehm überrascht waren wir, daß dieser kleine Club in der ersten Nacht Transityachten kostenloses Gastrecht gewährt. Die folgenden Nächte sind dann kostenpflichtig.
An den übrigen Stegen des CNB sind Strom- und Wasseranschlüsse in Reichweite installiert. Ein leistungsfähiger Kran und ein Slip für kleinere Boote stehen zur Verfügung. Auf der Mittelpier des Hafens befindet sich eine Werft. Dort werden GFK-Boote gebaut und alle Reparatur- und Überholungsarbeiten ausgeführt.
Die Anlage des CNB bietet sichere Winterliegeplätze. Für Yachten, die länger als 20 m sind, liegen vier starke Moorings vor den Stegen aus. Das gesamte Areal ist eingezäunt. Es macht einen sehr gepflegten Eindruck. Das Clubhaus mit großer Terrasse, Restaurant und Bar bietet auch Toiletten, Duschen und Telefon. Der Swimmingpool mit Parkanlage spricht für sich. Die Geschäftsräume liegen in der ersten Etage des Clubhauses. Supermarkt und Bäckerei findet der Skipper in 300 m Entfernung.
Die Hafeneinfahrt ist befeuert. Ihre sehr hohen Molen sind gut auszumachen. Die Wassertiefe in der Einfahrt beträgt 6 m. Von See kommend halte jeder Skipper sein Boot vom Molenkopf an steuerbord gut frei, denn dort ist es untief. Der CNB ist über UKW-Sprechfunk auf Kanal 16, Arbeitskanal 9, zu erreichen.
Die Versorgung mit Kraftstoff ist in Burriana nicht ganz unproblematisch. Die Tankstelle am Kai unterhalb der Fischhalle beliefert ausschließlich Fischkutter mit zollbegünstigtem Diesel. Der hilfsbereite Tankwart jedoch vermittelt die Anlieferung von »Kraftstoff auf Rädern« ohne jeden Aufpreis für den Transport. Wartezeiten lassen sich nicht vermeiden.
Burriana hat übrigens direkten Autobahnanschluß, so daß es auch für Trailerkapitäne ein leichtes ist, diese Hafenanlage zu erreichen.
Anschrift: *Club Nautico Burriana, Grao Burriana/Castellon, España, Tel.: 0034/64/586073 und 585905.*

Club Nautico Oliva/Spanien (38°56' N, 00°06' W) – »Kleine Hafenanlage mit familiärer Atmosphäre«

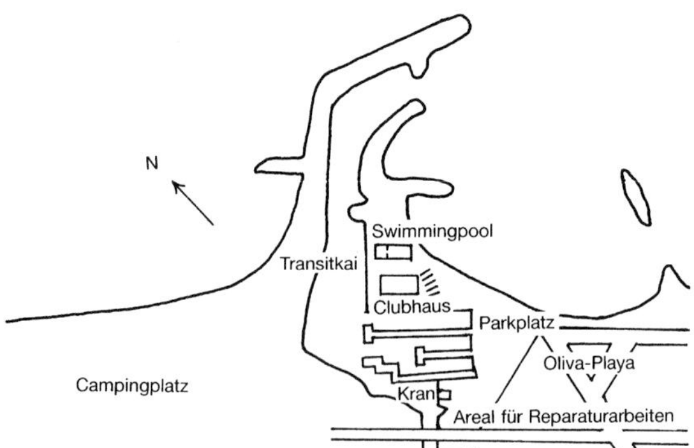

Seit 1980 gibt es zwischen Gandia im Nordwesten und Denia im Ostsüdosten an der Costa del Azahar im Golf von Valencia eine kleine, sichere Hafenanlage im Ferienort Oliva Playa. Ihre Koordinaten verdeutlichen, Oliva ist ein außerordentlich günstiger Ausgangspunkt für einen Törn zu den Balearen. Ganze 65 sm sind es zum Hafen San Antonio Abad auf Ibiza.

Die Marina ist für Yachten bis zu 15 m Länge und 2,50 m Tiefgang geeignet. Die Wassertiefe in der befeuerten Einfahrt und dem sich anschließenden Kanal wird durch einen kleinen Saugbagger ständig auf dem angegebenen Niveau gehalten. Der Hafenplan zeigt, daß das eigentliche Hafenbecken vor rauher See gut geschützt und selbst bei Sturm sicheres Liegen gewährleistet ist. Transityachten machen am langen Kai im Einfahrtskanal vor dem Clubhaus fest. Bei längerem Verweilen wird ein Liegeplatz im Hafenbecken zugewiesen.

Der Hafen eignet sich vorzüglich zum Überwintern von Sportbooten und Yachten, sei es im Wasser, sei es an Land. Boote allerdings, die schwerer als 5 Tonnen sind, können vom clubeigenen, stationären Kran nicht an Land gesetzt werden. Es kann jedoch jederzeit auf Kosten des Eigners ein Autokran aus Oliva bestellt werden.

An den Liegeplätzen gibt es Trinkwasseranschlüsse versehen mit clubeigenen Schläuchen und 220-Volt-Stromanschlüsse mit 10 Ampère abgesichert. Müll- und Abfallbeseitigung gehören zum Service. Von den 360 Liegeplätzen (38 für Boote bis zu 5 m, 307 für solche bis zu 10 m und 15 für Boote bis zu 15 m Länge) stehen 90 für Gäste zur Verfügung. Eine Tankstelle für Benzin und Diesel wird im Hafengelände eröffnet. Im gepflegten Clubhaus befinden sich Gemeinschaftsräume Restaurant, Bar, Toiletten, Duschen sowie die Geschäftsräume des Club Nautico Oliva und seines Hafenkapitäns

Anschrift: *Salvador Morell Mestre, Club Nautico Oliva, 46780 Oliva/Valencia, España, Tel.: 0034/6285/3423.*

Vor dem Clubhaus in Höhe der Restaurantterrasse liegt ein Swimmingpool mit sich anschließendem Kinderplanschbecken. Zwei Duschen gehören selbstverständlich zum Pool.

Club Nautico Oliva ist über UKW-Sprechfunk, Kanal 16, Arbeitskanal 9, zu erreichen. Die Anlage ist eingezäunt, beleuchtet und rund um die Uhr bewacht, auch im Winter. Eine stattliche Anzahl von Parkplätzen steht zur Verfügung. Dort können auch Trailer abgestellt werden. Oliva hat in 6 km Entfernung einen direkten Autobahnanschluß. In unmittelbarer Nachbarschaft des CNO, am weitläufigen Sandstrand, befindet sich ein gut geführter Campingplatz. In Oliva Playa, wenige hundert Meter entfernt, gibt es alle erdenklichen Versorgungsmöglichkeiten, sogar ein Schiffsausrüster mit Volvo-Vertretung ist am Platz.

Ein 800 qm großes Areal ist für Reparatur- und Überholungsarbeiten reserviert. Seit Herbst 1987 hat sich im ehemaligen Gebäude des Roten Kreuzes eine Motorenwerkstatt etabliert. Zwei Rettungsboote des spanischen Cruz Roja sind nach wie vor im Hafen stationiert. Besonders angenehm fiel uns das stets freundliche und hilfsbereite Marinapersonal auf.

Der Club Nautico Oliva zählt zur Zeit 754 Socios (Mitglieder). Die für spanische Verhältnisse noch günstigen Liegegebühren für Gastboote sind erfreulich und hoffentlich von längerer Dauer. Bei einem Aufenthalt des Bootes von 6 Monaten und mehr werden je nach Dauer gestaffelte Rabatte gewährt. Alles in allem eine interessante Adresse!

Marina Greenwich/Spanien (38°27'06" N, 00°00'00") – »Exponierte Marina auf dem Nullmeridian«

Wer vermutet schon, daß Marina Greenwich an der Costa Blanca in Spanien liegt? Verfolgen wir den Nullmeridian südwärts, so finden wir zwischen Calpe und Altea tatsäch-

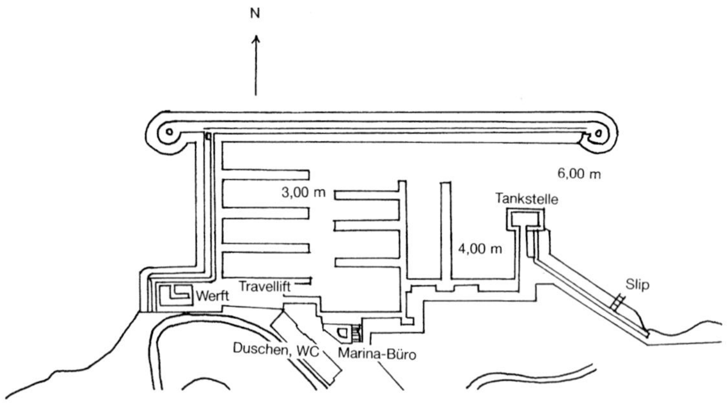

lich auf der Breite 38°27'06" eine Marina dieses Namens. Große Tafeln verkünden deutlich in Riesenlettern 00°00'00" Marina Greenwich!
Sie wurde 1983 eröffnet und ist auch unter dem Namen seines Erbauers Luis Campomanes bei Insidern bekannt. 560 Liegeplätze nehmen Boote aller Größen bis hin zu 30 m Länge auf. 110 Plätze davon stehen Transityachten zur Verfügung.
Bei jeder Wetterlage und jeder Windrichtung liegen die Boote absolut sicher und geschützt. Die Einfahrt ist befeuert. Der Service ist perfekt: Strom und Wasser an jedem Platz, vier Sanitärblöcke mit Duschen, warm und kalt, sinnvoll im Hafengelände verteilt, Minimarkt für Notbedarf – Brot muß einen Tag vorher bestellt werden – , Ambulanz, Telefon, mehrere Restaurants, ausreichend Parkplätze, Bewachung rund um die Uhr. Die Tankstelle für Diesel und Benzin ist von 10 Uhr bis 20 Uhr geöffnet. Ein 50-Tonnen-Travellift, eine Slipanlage und ein stationärer Kran bis zu 5 Tonnen stehen zur Verfügung. In der leistungsfähigen Werft Belliure werden Reparaturen jeder Art ausgeführt. Allerdings muß meist mit Wartezeiten bis zu 14 Tagen gerechnet werden, sofern nicht vorher – schriftlich oder telefonisch, der Werftmeister spricht Englisch – ein fester Termin vereinbart wurde. Die Hafenmeisterei ist auf UKW-Kanal 16, Arbeitskanal 9, tagsüber erreichbar.
In 3 km Entfernung hat Marina Greenwich Autobahnanschluß. Bis zum Flughafen Alicante sind es etwa 60 km. Eine Autovermietung befindet sich im Marinagelände. Wie in Spanien üblich, gibt es auch hier Appartements zu mieten oder zu kaufen. Der nächste Campingplatz liegt 4 km entfernt am Cap Negret, Camping Miami Beach. Als Ausgangspunkt für einen Törn zu den Balearen erscheint uns Campomanes noch geeignet. Nach Ibiza oder Formentera sind es rund 70 sm.
Eines allerdings sollte nicht unerwähnt bleiben: Ist ein Skipper ohne jeden fahrbaren Untersatz, sei es Fahrrad oder Mokick, auf Törn, sind die 6 km Entfernung zur nächsten größeren Ortschaft Altea ein Handicap, denn erst dort sind alle Versorgungsmöglichkeiten gegeben.
Anschrift: *Club Nautico Mascarat, Puerto Deportivo Luis Campomanes, Ptda. Mascarat, E-03590 Altea (Alicante), Tel.: 0034/(9)65/842200.*

Marina Torre Horadada/Spanien (37°52'00" N, 00°45'03" W) – »Insider-Treff am Mar Menor«

»Die meisten fahren bei uns vorbei. Wie haben Sie hierher gefunden?« so fragte uns der Hafenmeister beim Festmachen am Steg. In keiner Seekarte, in keinem einschlägigen

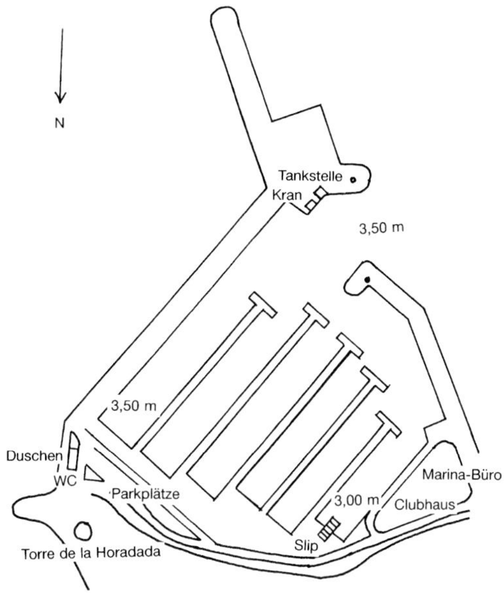

Hafenführer erwähnt ist auch dieser bereits seit 1980 bestehende Yachthafen des Club Nautico Torre Horadada nur Insidern bekannt. Er liegt 7 sm nördlich der Zufahrt zum Mar Menor. Die Islas Hormiga und das Taucherparadies am Cap Palos sind etwa 12 sm entfernt.

Nachdem wir den niedrigen, stilvoll restaurierten, von der Guardia Civil genutzten Torre de la Horadada von Nord kommend in gebührendem Abstand passiert hatten – die Untiefen reichen hier eine knappe halbe Seemeile auf See hinaus – waren die Molenfeuer des nach Südwesten offenen Hafens zu erkennen. Die Wassertiefe in der Einfahrt beträgt 3,50 m, im Hafenbecken minimal 2,00 m. Gleich hinter dem steuerbordseitigen Molenkopf liegt die Tankstelle. Diesel und Benzin sind erhältlich. Angenehm ist, daß die Anlegestelle durch große Kugelfender gut geschützt wird. Hier steht auch der clubeigene, stationäre 4,5-Tonnen-Kran. Gäste werden freundlich aufgenommen. Hafenmeister Miguel, Faktotum für alles, weist einen Platz zu.

Die Anlage verfügt über 500 Liegeplätze. Selbst in der Hochsaison ist jederzeit ein Unterkommen zu finden. Überall sind Strom- und Wasseranschlüsse vorhanden. Das Gardena-Stecksystem für die Wasserversorgung hat jedoch seine Tücken. Viele Anschlüsse sind bereits gebrochen. Es wäre sinnvoll, dieses System durch ein anderes zu ersetzen. Der Sanitärblock am äußeren Molenfuß ist dürftig, der im neuen Clubhaus kann sich sehen lassen, ist aber leider nicht immer zugänglich.

Die Marina ist von Zypressen umstanden, eingezäunt und rund um die Uhr bewacht. Ausreichend Parkplätze unter Schattendächern sind angelegt worden. Ein Slip für kleinere Boote ist vorhanden. Für Müllbeseitigung wird gesorgt. Versorgungsmöglichkeiten sind im nahegelegenen Ort nach zehn Minuten Fußweg gegeben, seien es Lebensmittel, Restaurant, Apotheke, Post, Telefon und ähnliches.

Anschrift: *Club Nautico Torre Horadada, c/o Rechtsanwalt Martinez-Moya, Plaza San Nicolás, Edif.Almenas III, Murcia/España, Tel.: 0034/(9)68/216005, Marina-Tel.: 0034/(9)65/351687.*

Puerto Deportivo Mazarrón / Spanien (37°34' N, 01°15' W) – »Versteckte Marina für Kenner und Schlemmer«

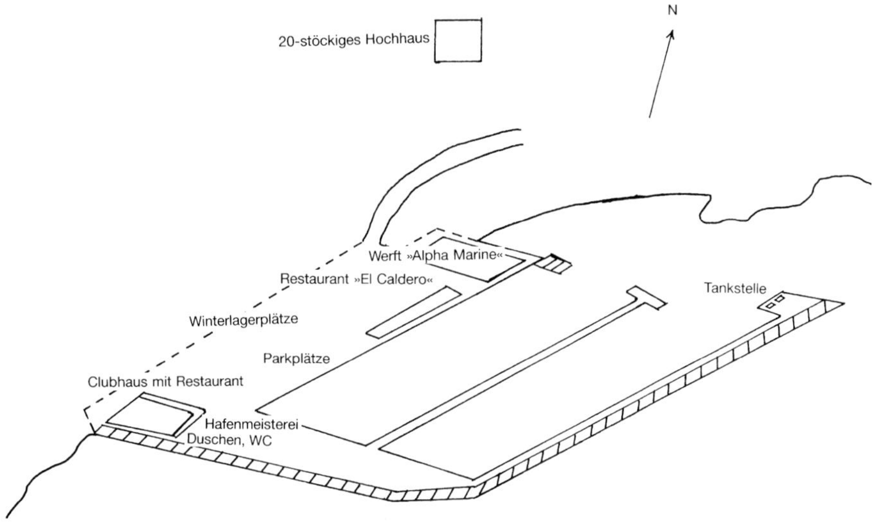

Mazarrón verfügt über zwei Häfen, den Fischerhafen und die Marina, Club de Regatas. Im Fischerhafen sind Yachten unerwünscht. Er liegt etwa 1 sm nördlich Punta Negra, auf der ein gut sichtbarer Leuchtturm steht. 1 sm westlich findet der Bootler den Yachthafen. Von Nordwest kommend muß die Isla Adentro unbedingt an steuerbord bleiben, da zwischen ihr und dem Festland Klippen und Felseilande eine Durchfahrt unmöglich machen. Nach Passieren der Insel gelangt der Skipper zur klippenfreien, 3 m tiefen Zufahrt der Marina. Ein weithin sichtbares, 20stöckiges Hochhaus dient gut als Ansteuerungsmarke. Die Einfahrt ist befeuert. Die Wassertiefe im Hafen beträgt durchschnittlich 2,50 m.

Gleich am backbordseitigen Molenkopf befindet sich die Tankstelle. Hier gibt es von 7 Uhr bis zum Einbruch der Dunkelheit Diesel, Normalbenzin und Super. Die Marineros des Clubs sind aufmerksam und hilfsbereit. Sie machen sich beim Einlaufen einer Yacht umgehend bemerkbar, um einen geeigneten Liegeplatz zuweisen zu können. Boote von 6 bis 15 m Länge finden sichere Anlegemöglichkeiten. Wie fast alle Marinas in Spanien hat auch Mazarrón Moorings. Der eigene Anker darf nicht benutzt werden.

An allen Liegeplätzen gibt es Strom- und Trinkwasseranschlüsse. Da für die Trinkwasserentnahme spezielle Adapter erforderlich sind, schaffen die Marineros einen clubeigenen Schlauch mit entsprechendem Verbindungsstück heran, der meist mehreren Booten zur Versorgung dient. Die Marina ist rund um die Uhr bewacht. Ausreichend Parkplätze sind vorhanden. Die sanitären Anlagen befinden sich im Clubhaus. 4 Duschen und 6 Toiletten erscheinen uns – zumal in der Hochsaison – leider als nicht ausreichend.

Das Clubhaus mit seinem gepflegten Restaurant, der Bar und der großen Caféterrasse liegt an exponierter Stelle. Die Terrasse bietet einen exzellenten Ausblick auf Hafen, Meer und Küste. Im Erdgeschoß des klimatisierten Clubgebäudes ist das Büro des Hafenmeisters untergebracht. Öffnungszeiten: 10 Uhr bis 14 Uhr und 16 Uhr bis 20 Uhr. Die Marina ist über UKW-Sprechfunk, Anrufkanal 16, Arbeitskanal 9, zu erreichen.

Ein weiteres Restaurant »El Caldero«, es gehört dem Hafenmeister, hat wegen seiner leckeren und schmackhaften Fischspezialitäten einen guten Ruf. Es liegt ebenfalls im Marinagelände. Ein Shipchandler hat im gleichen Gebäudekomplex seine Geschäftsräume. Besonders vorteilhaft für Skipper, die Probleme mit Boot oder Motor haben, ist Mazarrón, denn »Alpha Marine«, eine spanische Werft, unterhält in diesem Yachthafen einen Reparaturbetrieb, der nichts zu wünschen übrigläßt. Alle erdenklichen Arbeiten an Boot oder Motor können fachgerecht ausgeführt werden. Slip und fahrbarer 5 Tonnen-Kran stehen hier zur Verfügung. Für schwerere Yachten wird ein Autokran angefordert.

Von 200 Liegeplätzen sollen nach Auskunft des Hafenmeisters 50 für Transitgäste zur Verfügung stehen. Der Hafen ist zum Überwintern eines Bootes geeignet. Auch ein Winterlager an Land ist möglich.

Anschrift: *Club de Regatas Mazarrón, E-30860 Puerto Mazarrón (Murcia), Hafenmeister Agustin Lopez Cano, Tel.: 0034/(9)68/594011.*

Puerto Deportivo San José/Spanien (36°45'18" N, 02°06'06" W) – »Zufluchtstätte an der Wind- und Wetterscheide«

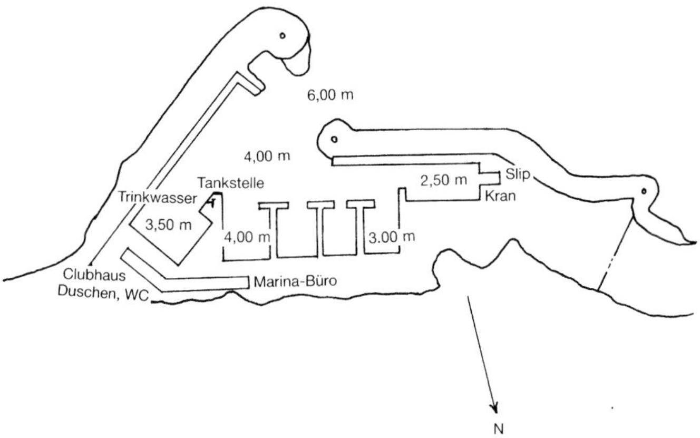

Etwa 7 sm nordöstlich vom berühmt-berüchtigten Cap Gata entfernt, am Rande der schutzbietenden Badebucht von San José, erstreckt sich in landschaftlich schöner Lage der kleine Hafen des Club Nautico San José. Unweit knickt die Küste nach bislang südwestlichem Verlauf kraß nach Westen hin zur Meerenge von Gibraltar ab, wodurch das vorspringende Cap Gata zur Wind- und Wetterscheide wird.

Im Juli 1984 eröffnete der Club seine gastlichen Anlagen. Mit 183 privaten und 45 Gastliegeplätzen bietet er Transityachten nicht nur bei widrigen Wind- und Wetterverhältnissen die Chance, einen sicheren Unterschlupf zu finden. Wir haben es selbst erfahren, bei Windstärke 6 Bft, in Böen bis zu 8 Bft, macht der Levante uns und vielen Segelyachten das Leben schwer. Unglaublich aufmerksam und bereit, schnelle und sichere Hilfe zu leisten, kaum daß eine Yacht die Molenfeuer passiert hat, zeigen sich die Marineros an diesem Tage.

Der Club hat bei unserer Anwesenheit 309 Mitglieder. Nach wie vor ist es möglich, dem Club beizutreten. Als Mitglied erhält ein jeder auf die Hafengebühren einen Rabatt von 55 Prozent. Aber auch für Nichtmitglieder sind die Preise human. Bei einem Aufenthalt von mehr als 12 Monaten gibt es 30 Porzent Preisnachlaß.

Die Hafeneinfahrt zeigt nach Südwesten und ist etwa 35 m breit. Die Wassertiefe beträgt dort 6 m, im Hafenbecken zumeist 4 m, die Zufahrt zum stationären 8-Tonnen-Kran ist 2,50 m tief. Dort ist auch eine kleine Slipanlage. Im Areal des Krans sind Arbeiten am Boot möglich: Reinigen des Unterwasserschiffes mit Druckwaschanlage, Antifouling-

Anstrich und ähnliches. Für Reparaturarbeiten am Schiff oder Motor müssen Fachkräfte aus Almeria herbeigeholt werden.
Die Trinkwasserversorgung ist, als wir im Club zu Gast sind, noch problematisch. An einem einzigen Wasserhahn wird die abgenommene Trinkwassermenge per Wasseruhr gemessen und berechnet, da der Hafen wie bereits in der Planung vorgesehen noch nicht an das öffentliche Trinkwassernetz angeschlossen ist. Zapfsäulen für Brauchwasser gibt es genug. Die Hafenanlage ist rund um die Uhr bewacht und macht einen sauberen und gepflegten Eindruck. Duschen sowie Toiletten – speziell für Transitgäste – befinden sich im Clubgebäude. Das kleine, gemütliche Restaurant mit Bar bietet Leckereien, Speisen und Getränke.
Vom 1. Juli bis zum 1. September finden alljährlich Segelkurse in den Klassen Optimist, Junior (Boote bis zu 6 m Länge) und für Senioren auch mit größeren Booten statt. Der nächstgelegene Flughafen ist Almeria, rund 35 km entfernt.
Versorgungsmöglichkeiten jeder Art, einschließlich ärztlicher Betreuung, 24-Stunden-Dienst, findet der Skipper in einigen hundert Metern Entfernung. Korrespondenz kann in deutscher Sprache geführt werden.
Anschrift: *Club Nautico San José, c/o Julián de la Puente Sánchez, Hafenmeister, San José (Almeria), España, Privattelefon: 0034/(9)51/229855.*

Puerto Deportivo Almerimar / Spanien (36°42' N, 02°48' W) – »Ankerplatz am Fuße der Sierra Nevada«

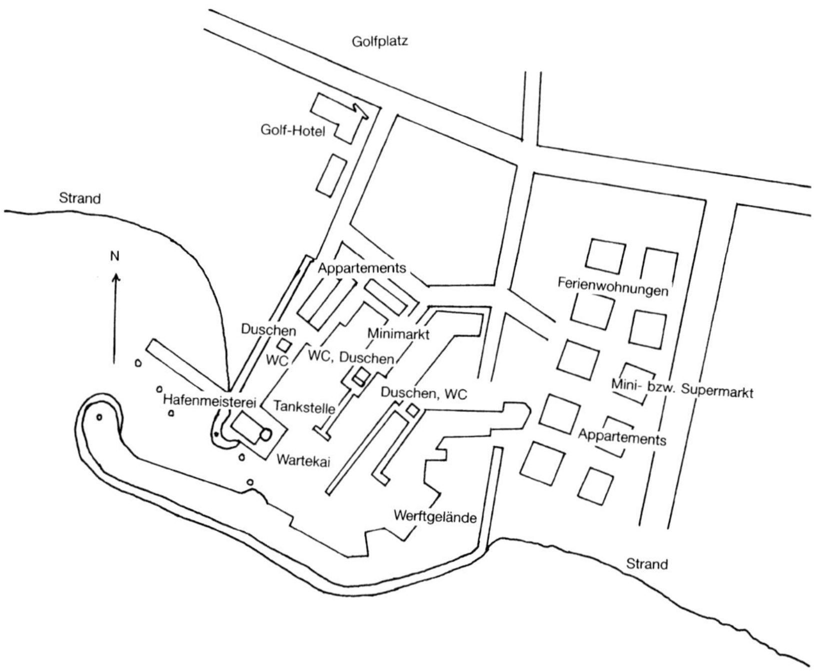

Wie es in Spanien häufig der Fall ist, so ist auch die Marina Almerimar am Rande einer ausgedehnten Feriensiedlung entstanden. Das Areal liegt etwa 35 km westlich Almeria und 20 km östlich Adra. Zum Flughafen von Almeria sind es knapp 40 km.
In diesem Küstenabschnitt wird vornehmlich Obst und Gemüse angebaut, das unter riesigen Plastikdächern zu jeder Jahreszeit heranreift. Von See erscheint die Ebene mit ih-

ren kilometerweiten Plastiküberspannungen durchsetzt zu sein von unzähligen, das Sonnenlicht flirrend widerspiegelnden Wasserflächen. Kein Wunder, daß sich in dieser weiten Ebene am Fuße der bis zu 3400 m aufsteigenden Sierra Nevada häufig Starkwinde ein Stelldichein geben. Doch an den starken Moorings in den verschiedenen Hafenbekken der Marina liegen die Boote bei jeder Wetterlage absolut sicher.
1978 wurde Puerto Almerimar eröffnet und bietet heute 1200 Yachten von 6 bis 60 m Länge Platz. An jedem Liegeplatz sind Strom- und Wasseranschlüsse installiert. Hier geht der Service so weit, daß die Marineros erforderliche Spezialstecker für den Stromanschluß nach Hinterlegung einer Kaution montieren. Leihgebühren werden nicht erhoben. Es sollte nicht unerwähnt bleiben, wie angenehm uns die zuvorkommende Hilfs- und Einsatzbereitschaft des Marinapersonals berührte.
Die sanitären Anlagen sind bei eventueller Auslastung des Yachthafens keinesfalls ausreichend, schon jetzt sind es zu wenige. Derzeit liegen Boote nur im ersten und zweiten der vier Hafenbecken, also Platz gibt es noch genug.
Nach Runden des Steuerbordmolenkopfes gelangt der Skipper in die 5 m tiefe Hafeneinfahrt. Bojen kennzeichnen die Fahrrinne. Die Hafenmeisterei mit ihrem bereits von See auszumachenden Kontrollturm liegt hinter dem backbordseitigen Molenkopf. Sie ist tagsüber auf UKW-Sprechfunk, Anrufkanal 16, Arbeitskanal 9, erreichbar. Ein detaillierter Seewetterbericht hängt täglich neu aus. Transityachten machen zunächst am Wartekai fest, um die notwendigen Formalitäten in der Hafenmeisterei erledigen zu können. Gleich nebenan gibt es an der Servicestation tagsüber zu jeder Zeit Diesel, Normal und Super. Die Wassertiefe in den Hafenbecken beträgt zwischen 2 und 3 m.
Die weiträumige, großzügig angelegte Marina wird rund um die Uhr durch stationäre und rollende Vigilancia, ein Bewachungsunternehmen, kontrolliert. Die Versorgung von Boot und Crew ist in der Saison von Mai bis September doppelt gegeben, zum einen direkt am Hafenbecken, wo ein Minimarkt, ein Shipchandler, eine Wäscherei und zwei Restaurants angesiedelt sind, und zum anderen in der angrenzenden Feriensiedlung in etwa 1,5 km Entfernung, wo zwei Supermärkte, Shipchandler, Restaurants, Cafés, eine Boutique und ärztliche Hilfe im 24-Stunden-Dienst zur Verfügung stehen. Auch im Winter ist hier einer der Supermärkte geöffnet.
Die Werft besteht aus einem Areal, auf dem 150 Boote Platz finden, gegebenenfalls dort überwintern und Bootler selbst Überholungsarbeiten ausführen können. Fachkräfte für Wartungs- und Reparaturarbeiten müssen aus Almeria herbeigeholt werden. Ein 60-Tonnen-Travellift und ein Kran stehen zur Verfügung.
Alle erdenklichen Sportarten in und auf dem Wasser müssen nicht erst angeführt werden, in Almerimar sind sie selbstverständlich zu betreiben. Darüber hinaus sind Anlagen für Golf und Tennis vorhanden. Der exotisch südländische Golfkurs wurde von Weltmeister Gary Player entworfen. Im dazugehörenden 4-Sterne-Golfhotel sowie in den Appartements und Villen der Urbanisation kann man sich jederzeit einmieten.
Noch zu erwähnen wäre, daß Puerto Almerimar bei unserem Aufenthalt ausgesprochen preiswert war.
Anschrift: *Puerto Deportivo Almerimar, E-04700 El Ejido/Almeria, España, Tel.: 0034/(9)51/481350 und 481354.*

Marina del Este/Spanien (36°44' N, 03°43' W) – »Paradies an wildromantischer Küste«

Im Osten der andalusischen Küste liegt ein kleines Paradies, das diesen Namen in der Tat verdient. Marina del Este – 1981 wurden die ersten handfesten Arbeiten in Angriff genommen – liegt 1 sm vom bekannten Badeort Almuñécar entfernt an einer wildzerklüfteten, romantischen Küste. Wie aufwendig die Arbeiten waren, lohnt zu erzählen.

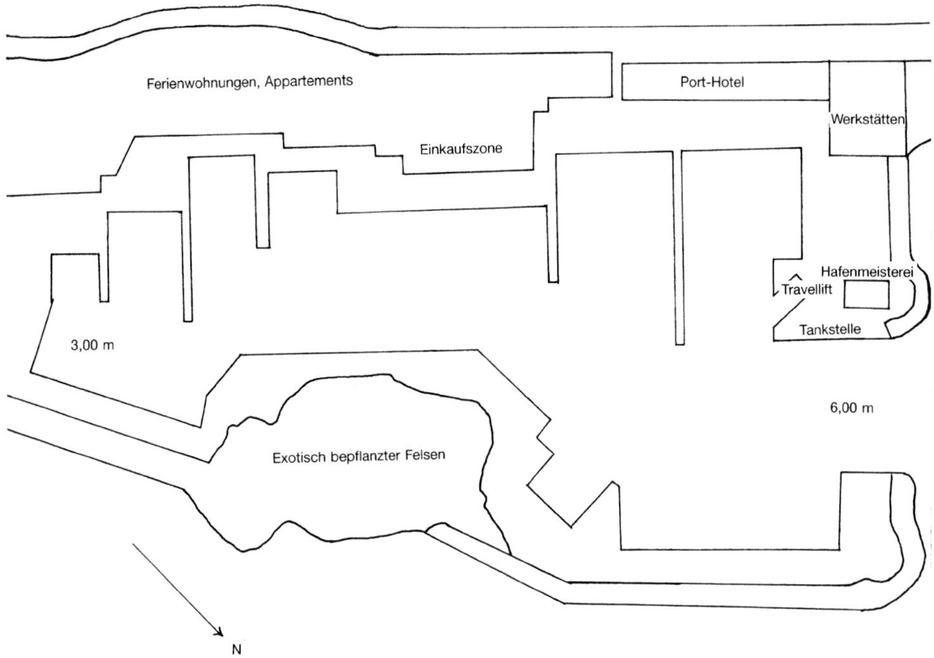

Ein Peñon, eine Felshalbinsel, wurde durch Heraussprengen unzähliger Kubikmeter Felsgestein zur Insel geboren und als traumhaft schöner, exotisch bepflanzter Fels in den Verlauf der von Süd nach Nordwest weisenden Hafenmole einbezogen. Selbst Tropfsteinwände überraschen und erfreuen den Besucher. Eine Treppe aus Naturstein führt hinauf zum Fels, zum »Balkon Europas«, so möchten wir sagen. Weit schweift der Blick übers Meer nach West, Ost und Nord und über die einmalige Kulisse dieses ungewöhnlichen Hafens.

Sein schneeweißes Port-Hotel, seine vielgestaltigen Appartementhäuser, seine Bungalows, die kleine Ladenstraße, der im maurischen Stil erbaute Tower an der Hafeneinfahrt und die unzähligen blühenden, in allen Farben leuchtenden Blumenrabatten, von sich wiegenden Palmen beschirmt, verzaubern den Betrachter und veranlassen ihn ungewollt zu träumen. Hier wurde eine Atmosphäre geschaffen, die schwerlich an den Küsten des Mittelmeeres ihresgleichen findet.

Mit den Worten »A very personal discovery...« wirbt Marina del Este dafür, daß sich jeder einzelne Besucher dieses Paradies selbst entdecken soll. Den schönsten tropischen Garten Europas zu schaffen, eingebettet in die urwüchsige, wilde Natur der zerklüfteten Felsküste, war das Ziel des Erbauers.

Diese höchst exklusive Hafen- und Ferienanlage will von vornherein ein bestimmtes Publikum ansprechen, eben das, das sich Exklusivität leisten will und kann. Entsprechend dieser Maxime sind Preisgestaltung und Angebot an sportlichen Vergnügungen gehalten. Dennoch oder vielleicht gerade deswegen ist Marina del Este einen Aufenthalt wert.

Die Marina liegt an der Küstenstraße von Almeria nach Malaga. Der Yachthafen umfaßt 228 Liegeplätze für Boote von 8 bis 30 m Länge. 75 Prozent der Plätze sind Wohnungseigentümern vorbehalten, der Rest ist für Transityachten vorgesehen. Eine Halle mit 98 Trockenplätzen ermöglicht die Lagerung von Booten bis zu 6 m Länge.

Die Hafenmolen sind befeuert. In der Einfahrt beträgt die Wassertiefe 6 m, im Hafenbecken minimal 3 m. Eine Tankstelle für Diesel und Benzin liegt gleich am Anmeldekai.

Dort sind auch Hafenmeisterei, Radiostation (UKW-Sprechfunk Kanal 9), Wettervorhersage, Zoll und Polizei im Kontrollturm untergebracht. Zu den Service-Einrichtungen gehören Geschäfte für Schiffszubehör, Reparaturwerkstätten und ein Travellift für Yachten bis zu 30 Tonnen. Selbstverständlich sind Strom- und Wasseranschlüsse an jedem Liegeplatz installiert. Allerdings tauchten hier erstmals jene voluminösen Superstecker auf, die wir entlang der Costa del Sol noch öfter angetroffen haben. Geschickt die Lösung: Stromkosten werden nicht erhoben, doch die Leihgebühr für die jeweils in den Hafenmeistereien auszuleihenden Stecker beträgt pro Tag zwischen 1,50 DM und 3,00 DM. Hegt ein Skipper die Absicht, einen derartigen Stecker zu erwerben, muß er 80 DM bis 100 DM berappen.
Direkt am Hafen an einer Palmenpromenade zieht sich die Einkaufszone entlang: Minimarkt, Restaurant, Bars, englischer Pub, Bank, Autoverleih und Telefon. Die Sanitärblöcke im Hafenbereich werden noch während unserer Anwesenheit fertiggestellt, ebenso das luxuriöse Port-Hotel, ein Vier-Sterne-Hotel.
Selbstverständlich sind in Marina del Este in der angrenzenden Strandbucht alle möglichen Wassersportarten zu betreiben, sei es Schwimmen, Tauchen, Surfen, Segeln oder Wasserski. Darüber hinaus kann im großzügig angelegten Areal auf gepflegten Plätzen Tennis, Paddletennis, Squash oder Golf gespielt werden. Reiten – selbst das eigene Pferd kann mitgebracht werden, Stallungen sind vorhanden – und sich an Swimmingpools aalen gehören zu weiteren Vergnügungen. Sauna wird natürlich auch geboten. Last not least, wer es ganz exotisch liebt, steigt um vom Wasserski auf Winterski. Per Hubschrauber gelangt der Feriengast in 15 Minuten vom azurblauen Meer in die schneeweiße Bergwelt der Sierra Nevada. Doch das ist verständlicherweise nur bis Ende Mai zu verwirklichen. Das gediegene Clubhaus bietet Restaurant, Café und Bar und ist Treffpunkt für gesellige Stunden, zur Winterzeit am offenen Kamin.
Auch Transityachten haben die Möglichkeit, hier zu überwintern, sei es mit oder ohne Crew. Umfang und Kosten des gewünschten Service sind Vereinbarungssache.
Anschriften: *Büro in Spanien: Marina del Este, Punta de La Mona, E-18690 Almuñécar/ Granada, Tel.: 0034/(9)58/640350. Büro in England: Marina del Este, 5000 Chesham House, 150 Regent Street, London W1R 5FA, Tel.: 01-439-6288.*

Puerto Deportivo de Benalmádena/Spanien (36°36' N, 04°31' W) – »Großzügige Hafenanlage für Überwinterer«

Benalmádena hat sich zu einer großzügigen »Hafenanlage in Weiß aus 1001 Nacht« gemausert. Nicht Club Nautico und nicht Club de Regatas, sondern rein kommerziell orientiert ist die Marina Benalmádena. Sie liegt im Herzen der Costa del Sol am Rande der Ferien- und Urlaubszone von Torremolinos. Sie ist in mehrfacher Hinsicht interessant. Zum Flughafen Malaga sind es ganze 9 km. Er ist mit öffentlichen Verkehrsmitteln wie Bus und Bahn erreichbar, also ideal zum Crew-Wechsel!
Klimatisch gesehen ist Benalmádena ungewöhnlich gut geeignet zum Überwintern für Boot und Crew. Von der Anlage her fällt die Marina aus dem Rahmen. Künstlich angelegte Halbinseln, um die sich Liegeplätze gruppieren, geben ihr das besondere Gepräge. Im vorderen Teil auf den Piers spenden Palmen Schatten, und blühender Oleander erfreut das Auge.
Am landseitigen Teil des Hafenbeckens sind vielgestaltige Immobilienkomplexe mit Ferienwohnungen, Appartements, Geschäften, Boutiquen, Cafés, Bars, Restaurants und einem unterirdischen Parkhaus entstanden. Alles ist weiß getüncht und wirkt mit seinen maurischen Fassaden und seinen phantasievollen Formen unter gleißender Sonne ungemein reizvoll.
Im Hafenbecken gleich hinter der Einfahrt finden große Yachten ihre Liegeplätze. Im

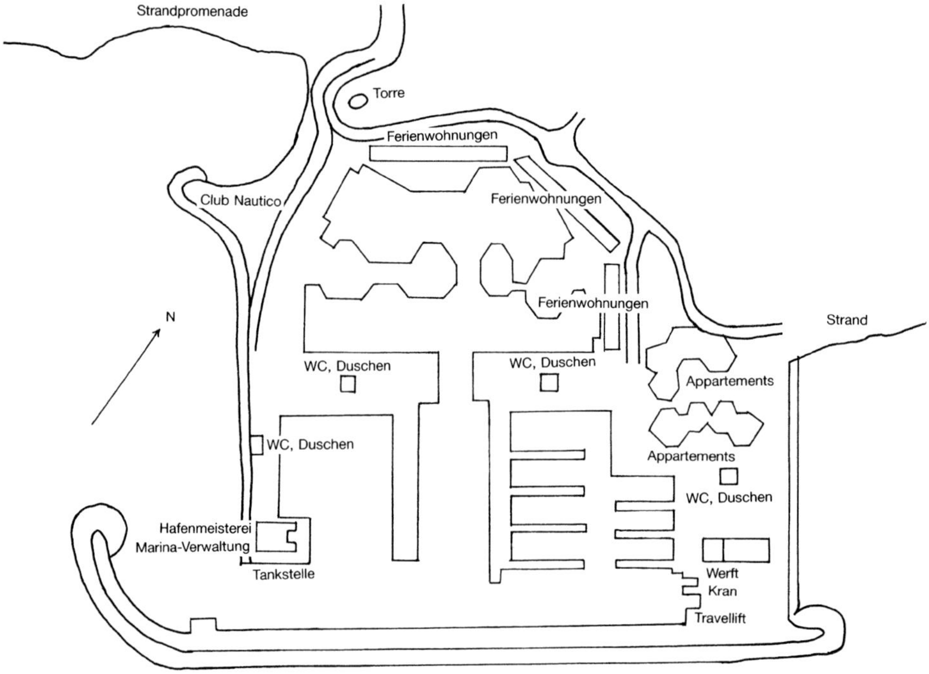

sich anschließenden Bereich sind Schwimmstege ausgelegt, die vornehmlich Transitgästen angeboten werden. Der stadtseitige Hafenteil ist für Dauer- und Winterlieger vorgesehen. Selbstverständlich gibt es überall Wasser- und Stromanschluß. Für den Stromanschluß bedarf es allerdings des voluminösen Supersteckers, den wir erstmals in Marina del Este kennenlernten. Die Leihgebühr betrug 2 DM. Bei einer Überwinterung nicht nur des Bootes, sondern auch der Crew ist es sinnvoll, einen derartigen Stecker zu erwerben, denn Stromkosten werden nicht extra erhoben.
Im weitläufigen Hafengelände – es sind immerhin von der Werft bis zur Capitanía 1,5 km – stehen sinnvoll verteilt vier Sanitärhäuschen mit Duschen und Toiletten, stets verschlossen. Einen Schlüssel dazu erhalten die Crews gegen Kaution in der Anmeldung. Je nach Liegeplatz ist es eben doch ein kleiner Gepäckmarsch zu diesen Minianlagen. Weite Wege auch zu den Müllcontainern und -tonnen, die an Wochenenden mehr als gefüllt sind.
Dennoch – wir fühlen uns in Benalmádena ausgesprochen wohl. Das turbulente Leben in der angrenzenden Stadt mit unendlich viel Abwechslung und guten Versorgungsmöglichkeiten ist wohl gerade für längere Aufenthalte interessant und anziehend. Zu beiden Seiten der Marina erstrecken sich Badestrände. Am Playa Poniente findet sich außerdem eine Strandpromenade mit vielen Restaurants und kleinen Shops.
Benalmádena ist vor allen Winden gut geschützt. Die Hafeneinfahrt ist befeuert. Die Wassertiefe beträgt hier 5 m, in den verschiedenen Hafenbecken zwischen 3 und 4 m. Am Backbordmolenkopf steht das Gebäude der Capitanía, in dem auch Polizei und Zoll untergebracht sind. Die Hafenmeisterei ist wie in allen Puerto Deportivo auf UKW-Sprechfunk, Anrufkanal 16, Arbeitskanal 9, erreichbar. Täglich wird der neueste Seewetterbericht ausgehängt. Ein Wartekai für Transityachten liegt direkt vor der Capitanía. Gleich daneben befindet sich die Tankstelle, an der Diesel, Normal und Superbenzin in der Zeit von 8 bis 20 Uhr, ausgenommen einer Mittagspause, gebunkert werden kann.

Wir empfinden es stets als sehr angenehm, schon beim Einlaufen bunkern zu können und darüber hinaus überall in Spanien gleiche Kraftstoffpreise vorzufinden.
Am nordöstlichen Ende der weitläufigen Anlage mit ihren tausend Liegeplätzen hat die Werft ihr Domizil. Ein Kran und ein 30-Tonnen-Travellift stehen zur Verfügung. Alle Arbeiten an Boot und Motor können ausgeführt werden.
Das Marinagelände ist für jedermann zugänglich, jedoch eine rollende Bewachung, die sogenannte Vigilancia, ist im Hafen präsent.
Gemessen an der Tatsache, daß der Skipper in Benalmádena inmitten des weithin bekannten Urlaubsgebietes Torremolinos liegt, sind die Liegegebühren angemessen. Hinzu kommt, daß bei längerem Aufenthalt und Bezahlung im voraus ein Rabatt ausgehandelt werden kann.
Anschrift: *Puerto Deportivo de Benalmádena, Avda. Juan Luis Peralta, 29639 Benalmádena/Malaga, España, Tel.: 0034/(9)52/442944 und 441344.*

Puerto Deportivo La Duquesa/Spanien (36°21' N, 05°14' W) – »Traumhafte Marina mit andalusischem Flair«

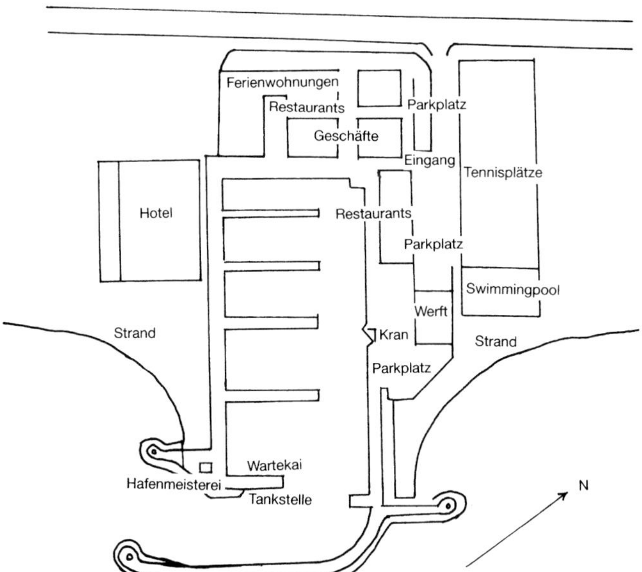

Worte können nur unzureichend ausdrücken, wie nachhaltig uns Marina La Duquesa beeindruckt hat. Nirgendwo im Mittelmeer gibt es eine Marina ihrer Art. Sie liegt auf der gleichen geografischen Breite wie Kalifornien zwischen dem in der Antike als eine der beiden Säulen des Herkules bezeichneten Felsen von Gibraltar und Marbella, dem Jet-Set-Tummelplatz unserer Tage. Sie ist ein Urlaubsdomizil zu jeder Jahreszeit. Palmen, Orangen- und Zitronenbäume, Blumen in leuchtenden Farben gedeihen im Überfluß. Sonnenanbeter und Sportbegeisterte finden perfekte, klimatische Bedingungen. Kurzum – La Duquesa ist wirklich einmalig! Überdies sind die klassischen andalusischen Städte Ronda, Sevilla, Cordoba und Granada in wenigen Autostunden zu erreichen. Andalusien, das Land des Flamenco, des Stierkampfes und der Zigeuner, ist von magischer Faszination und wird immer lebendig und unvergessen sein.
Die kommerziell betriebene Marina ist Teil eines zauberhaften Immobilienkomplexes

und beherbergt 330 Liegeplätze. 200 davon sind verkauft oder dauervermietet. Yachten bis zu 20 m Länge finden sichere Plätze. Die Wassertiefe beträgt 4 m in der Einfahrt, auf 2 m abnehmend an den Liegeplätzen für kleinere Boote. Die Einfahrt ist befeuert. Am backbordseitigen Molenkopf liegen Empfangsgebäude, Wartekai und Tankstelle. Diesel, Normal- und Superbenzin werden tagsüber abgegeben. Die Hafenmeisterei ist über UKW-Sprechfunk, Anrufkanal 16, Arbeitskanal 9, zu erreichen.
Besonders angenehm ist in La Duquesa die Anmeldung. Die Hafenmeisterei erledigt für den Skipper die Formalitäten bei Zoll und Polizei. Weiterhin empfinden wir es als ungemein wohltuend, daß der Bereich rund um das Hafenbecken Kfz-frei ist. Ausschließlich zum Be- und Entladen dürfen Autos – und dies auch nur zu festgelegten Zeiten – das Hafengelände befahren. Natürlich ein Handicap für Lieferanten und auf dem Landwege anreisende Crews. Doch wer es weiß, richtet sich eben danach. Für ausreichende Parkmöglichkeiten innerhalb und außerhalb des Hafengeländes ist gesorgt. Der Flughafen von Malaga ist 75 km, der von Gibraltar nur 30 km entfernt.
An jedem Liegeplatz sind Strom- und Wasseranschlüsse installiert. Sanitäre Anlagen befinden sich im Empfangsgebäude und am landseitigen Marinaeingang. Unmittelbar in der Nähe gibt es ein »Telefonica«, eine Telefonzentrale des staatlichen Fernsprechdienstes. In der leistungsfähigen Werft werden alle notwendigen Arbeiten an Boot und Motor von Fachkräften ausgeführt. Der stationäre Kran hebt Boote bis zu 60 Tonnen.
Die gesamte Anlage ist einem exotischen Garten gleich. Der westliche Teil des Hafenbeckens ist umsäumt von Appartements und Ferienwohnungen. Die aufgelockerte, niedriggehaltene Bauweise der Gebäude spiegelt die traditionelle, andalusische Architektur wider. In den anheimelnden Ladenstraßen unter Kolonnaden reihen sich Geschäfte, Restaurants und Bars aneinander. Auch Supermarkt, Metzger und Bäckerei sowie eine preiswerte Autovermietung fehlen nicht. Über den Kolonnaden befinden sich breite Terrassen, von denen wir einen herrlichen Blick über die Hafenanlage hinaus aufs Meer bis hin nach Afrika genießen können. Zu beiden Seiten der Marina erstrecken sich weite Strände.
Wassersport läßt sich in jeder Form betreiben, auch Golf, Tennis und Reiten sind möglich. Kaum ein Wunsch bleibt offen. Wer nicht ins Meer springen will, kann im Swimmingpool baden. Daß eine so sorgfältig gehegte und gepflegte Anlage rund um die Uhr bewacht ist, versteht sich in La Duquesa von selbst. Sicherer kann sein Boot wohl niemand wissen. Auf Liegegebühren werden bei Vorauszahlung Rabatte gewährt: 10 Prozent bei vierteljährlicher Vorauszahlung, 15 Prozent bei halbjährlicher und 20 Prozent bei jährlicher.
Anschrift: *Puerto De La Duquesa, Manilva/Malaga, España, Tel.: 0034/(9)52/890100.*

Puerto Deportivo Sotogrande/Spanien (36°17'26" N, 05°16'10" W) – »Neues Juwel am Tor zum Atlantik«

Sotogrande ist ein Kleinod, gelegen am Tor zum Atlantik. Sie ist die letzte Marina an der Costa del Sol wenige Seemeilen vor Gibraltar. Bei klarem Wetter ist vom Hafengelände aus der berühmte Felsen deutlich zu sehen. Die Marina wurde erst 1988 eröffnet. Das weitläufige Hafengelände ist gepflegt und hübsch angelegt. 535 Liegeplätze für Boote zwischen 8 und 50 m Länge stehen zur Verfügung. An jedem Liegeplatz sind Anschlüsse für Strom, Trinkwasser, Telefon und Fernsehen (16 Kanäle) installiert.
Gleich hinter der 5 m tiefen Hafeneinfahrt steht auf der massiven, steuerbordseitigen Mole der Kontrollturm mit Hafenmeisterei, Zoll und Polizei. Die Einfahrt ist befeuert. Die Wassertiefen im großzügig angelegten Hafenbecken betragen minimal 3 m. Die Hafenmeisterei verfügt über Wetterstation, Radar, Funk, Telefon, Telex und Telefax. Täglich hängt der neueste Seewetterbericht aus. Wie in allen spanischen Marinas

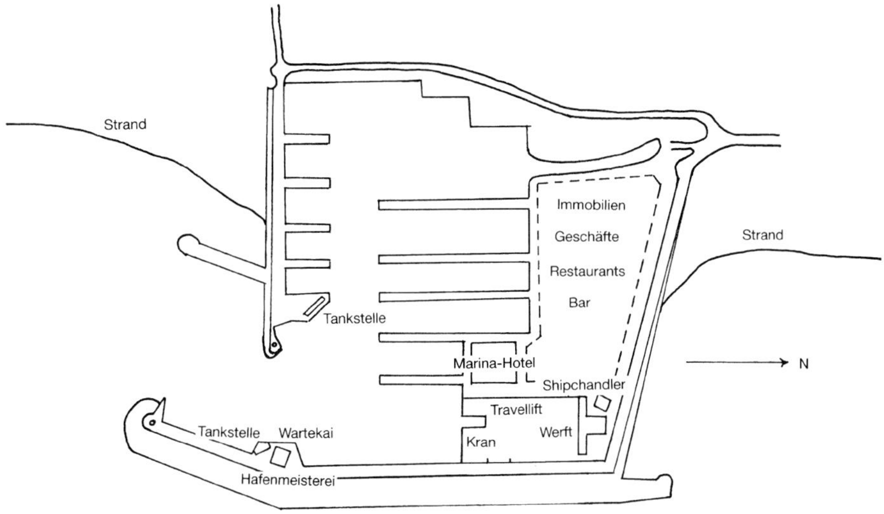

wird auch hier über UKW-Sprechfunk, Anrufkanal 16, Arbeitskanal 9, Ansteuerungshilfe gegeben.
Zwei Tankstellen versorgen Boote mit Normal- und Superbenzin, Diesel, Additiven und Ölen. Die Werft verfügt über Freigelände und Hallen. Alle erdenklichen Arbeiten an Schiff, Motor, Elektrik und Schiffselektronik können ausgeführt werden. Sogar die spanische Marine läßt hier Reparaturen durchführen. Ein 150-Tonnen-Travellift, übrigens der tragkräftigste aller Marinas in Spanien, und ein mobiler Kran sorgen für sicheres An-Land-Setzen und Zu-Wasser-Lassen der Boote. Selbst ein Taucher steht in den Diensten von Puerto Sotogrande, um bei Unterwasserproblemen helfend eingreifen zu können. Ein gutsortierter Schiffsausrüster befindet sich am Platze.
Sanitäre Anlagen stehen den Skippern im Marinahotel, in der Werft und in der Hafenmeisterei zur Verfügung, außerdem solche innerhalb des Hafenkomplexes. Absolut sicheres Liegen der Boote ist in dieser Marina gewährleistet. Die Marina ist eingezäunt und die Zufahrt mit Schranken und Aufsichtspersonal gesichert. Ein Bewachungsunternehmen ist rund um die Uhr im Einsatz. Klimatisch bietet diese landschaftlich attraktive Gegend mit weiten Sandstränden und bewaldeten Hügelketten unweit Gibraltar einen angenehmen Aufenthalt zu jeder Jahreszeit. Auf die Liegegebühren werden bei Vorauszahlung Rabatte gewährt: bei monatlicher Vorauszahlung 5 Prozent, vierteljährlich 10 Prozent, halbjährlich 15 Prozent und jährlich 20 Prozent.
Sportarten wie Reiten, Polo (Stallungen sind vorhanden), Golf und Tennis können ebenso ausgeübt werden wie Wassersport nach Lust und Laune.
Puerto Sotogrande liegt 18 km nördlich Gibraltar bei km 134,7 der Nationalstraße 340. Malaga ist gut 100 km entfernt.
Anschrift: *Puerto Sotogrande, E-11310 Sotogrande/Cádiz, Tel.: 0034/(9)56/795255 und 615252, Fax: (34-56)615337, Telex 78198PDSG E, Habour's Control Tower, Tel.: 0034/56/790000.*

Gibraltar Yachthafen/Großbritannien (36°08' N, 05°21' W) – »Yachthafen zu Füßen der Säulen des Herkules«

Ein Fleckchen »Merry Old England« ist die britische Kronkolonie Gibraltar am südwestlichsten Punkt Europas. Auf dem europäischen Kontinent stellt sie der Überlieferung zu-

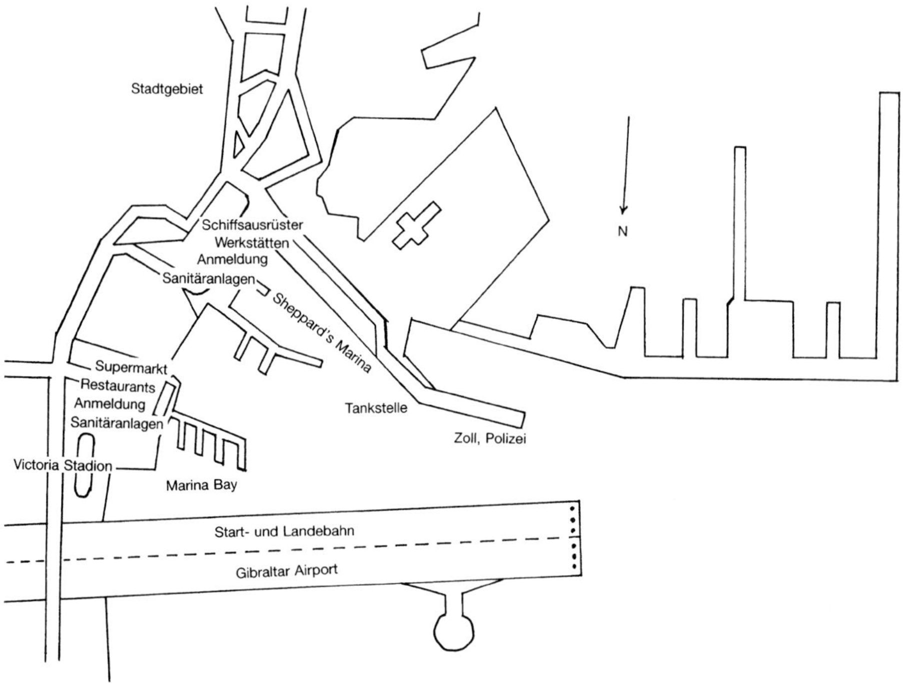

folge eine der beiden Säulen des Herkules dar. Auf dem afrikanischen Kontinent ist es der Berg Abyla, der die zweite Säule bildet. Die Meerenge zwischen beiden Kontinenten bedeutete den Seefahrern vor 4000 Jahren das Ende der Alten Welt.

280 Jahre ist Gibraltar in britischem Besitz. Für Sportskipper unserer Tage ist es ein außergewöhnlicher Ankerplatz. Wer Großbritannien kennt, wird begreifen, daß die Briten Gibraltar niemals aufgeben wollen. Wie heißt es im Volksmund so schön: Solange Affen den steilen Fels in freier Wildbahn bevölkern, so lange bleibt Gibraltar britisch, selbst wenn diese lustigen Gesellen dafür importiert werden müssen.

Der Yachthafen beherbergt zwei Steganlagen, Marina Bay und Sheppard's Marina. Sie liegen am nördlichen Ende der ausgedehnten Hafenanlagen zu Füßen der Stadt, unmittelbar am Rande der Rollbahn des Flughafens. Transityachten finden in beiden Marinas Anlegemöglichkeiten. Wer irgendwie geartete Probleme an Boot oder Motor hat, sollte Sheppard's Marina ansteuern. Der weltbekannte Schiffsausrüster Sheppard unterhält hier Werkstätten und ein Ersatzteillager, das sich sehen lassen kann. Selbst eine notwendig werdende Bestellung von Ersatzteilen wird innerhalb weniger Tage erledigt. Die Teile werden aus England ohne sonderlichen Aufpreis bei angemessener Vorauszahlung eingeflogen. Allerdings sind die Fachkräfte bei Sheppard während der Saison voll ausgelastet, so daß bei Reparaturen entweder der Skipper selbst Hand anlegen muß oder Wartezeiten für ihn entstehen. Ist keine Hilfe nötig, empfiehlt es sich, Marina Bay anzulaufen. Die Preise liegen hier zwar etwas höher als bei Sheppard, aber die kurzen Wege zu Restaurants und dem berühmten Supermarkt Liptons, der keinen Wunsch offenläßt, sind von Vorteil.

Selbstverständlich haben beide Marinas Trinkwasser- und Stromanschlüsse. Ein englischer Stecker ist erforderlich, der hier problemlos für 2 englische Pfund zu erwerben ist. Da es kein Brauchwasser gibt, ist das Waschen der Boote mit Trinkwasser verständlicherweise strikt untersagt. Die Gewinnung von Trinkwasser ist in Gibraltar längst nicht aus-

reichend. Es muß zusätzlich importiert werden. Sanitäre Anlagen sind in beiden Marinas vorhanden, doch sie entsprechen in keinem Falle dem heutigen Standard.
Die Einreiseformalitäten müssen vor Einlaufen in den Yachthafen am steuerbordseitigen Molenstumpf erledigt werden. Die Abfertigung durch Marine-Offiziere in Zoll- und Polizeifunktion erfolgt unbürokratisch und schnell und vor allem sehr höflich und zuvorkommend. Das Ausklarieren wird von der Marina-Verwaltung übernommen. Gleich anschließend auf besagter Mole befindet sich eine Tankstelle für Normal- und Superbenzin, Diesel und Öl.
Die Hafenzufahrt ist befeuert. Die Wassertiefe im Yachthafen beträgt minimal 3 m. Die Marinas erscheinen uns relativ sicher, doch nicht immer ruhig, denn westliche Winde, die über die weite Bucht von Algeciras kommen, bauen erheblichen Schwell auf.
Unbestritten ist Gibraltar ein Ansteuern wert, bietet es doch unvergeßliche Eindrücke. Eine Seilbahn führt hoch hinauf zum Felsen. Atemraubend die Aussicht dort oben in alle Himmelsrichtungen: nach Afrika, über die Landenge hinweg nach Andalusien, aufs Mittelmeer und den Atlantik! Hier oben führt der Weg zur Maurischen Burg, zur Sankt Michaels-Höhle und vorbei am Revier der wildlebenden Affen zu den Befestigungsanlagen im Norden des Felsens.
Der südlichste Punkt Gibraltars ist Europa-Point mit seinem markanten Leuchtturm. Typisch englische Tradition vermittelt die Wachablösung am Wohnsitz des Gouverneurs. Das Non-Plus-Ultra für den Skipper dürfte die Begegnung mit Delphinen und vielleicht sogar mit Killerwalen in der Bucht von Algeciras oder in der Straße von Gibraltar selbst sein. Sie sind hier so zahlreich, daß jeder Skipper diese menschenfreundlichen Tiere mit Sicherheit bei ruhiger Wetterlage vom eigenen Boot aus beobachten kann.
Die Einkaufsmöglichkeiten in der Main-Street und in ihren engen Seitengassen sind beeindruckend. Niedrige Preise bei elektrischen und elektronischen Geräten, Parfüm, Alkoholika Zigaretten, Schmuck und Uhren verführen zudem. Der Skipper sollte aber darauf achten, daß ihm jeweils britische Pfund als Wechselgeld herausgegeben werden, da Gibraltar-Pfundnoten nur am Ort als Zahlungsmittel gelten und nirgendwo sonst umgetauscht werden können. Wer ärztliche Hilfe benötigt, weiß sich im nahe dem Yachthafen gelegenen »Health Office« zu niedrigen Honorarsätzen gut versorgt.
Anschrift: *H. Sheppard & Co., Waterport, Gibraltar, Tel.: 00350/75148 und 77183.*